Charlas de sobremesa

Charlas de sobremesa
Conversación en español

TERESA CARBALLAL

Yale University

MARGARITA RIBAS GROEGER

Massachusetts Institute of Technology

Yale UNIVERSITY PRESS

New Haven and London

Published with assistance from the Louis Stern Memorial Fund.

Yale University Press books may be purchased in quantity for educational, busi-
ness, or promotional use. For information, please e-mail sales.press@yale.edu
(U.S. office) or sales@yaleup.co.uk (U.K. office).

Editors: Tim Shea and Sarah Miller
Publishing Assistant: Ashley E. Lago
Manuscript Editor: Katherine Faydash
Production Editor: Ann-Marie Imbornoni
Production Controller: Katie Golden

Designed by Newgen North America
Set in New Baskerville type by Newgen
Printed in the United States of America.

Library of Congress Control Number: 2015944116
ISBN: 978-0-300-19162-2 (paper : alk. paper)

A catalogue record for this book is available from the British Library.

This paper meets the requirements of ANSI/NISO Z39.48-1992 (Permanence
of Paper).

10 9 8 7 6 5 4 3 2 1

Para Chris y Gabriella

CONTENTS

PREFACE

In Spanish-speaking countries conversation is, besides a natural form of communication and exchange of ideas, a great source of pleasure, an art to be cultivated, an activity that receives a lot of attention and time. People usually will make time for a coffee break with a friend, with its opportunity for a chat, no matter how busy they are or how hectic their day. This emphasizes the personal and cultural significance of the spontaneous exchange of ideas, experiences, anecdotes, opinions and existential questions. A Spanish conversation course ideally would re-create the pleasure and substance of those *tertulias* and *charlas*.

Charlas de sobremesa is a product of many years of teaching and directing a conversation course at Yale University. It has been tested by students and teachers and revised constantly to enhance the material and activities while incorporating our class experiences.

The main objective is to make students capable of engaging in conversations about a large variety of subjects, including abstract or controversial issues, using an enriched vocabulary and improving fluency. We have tried to avoid the simplistic or trite topics that often bedevil foreign-language texts and to include material that not only provides information but also opens the door to many interpretations, opinions, and lively discussions. It has been our experience that the old proverb *de la discusión nace la luz* proves true in conversations when participants, students in this case, feel free to express their opinions and listen to those of others. Often, after discussing a text or a film, students acknowledge that they have discovered new facets of the subject and even change their initial positions. Besides, the rhythm and intensity typical of a discussion provide an excellent opportunity to practice our linguistic skills and help to make the use of the language more spontaneous and natural.

The issues included in the chapters are very diverse, some lighter and others very serious, but all of them have universal significance. They are not just questions of the moment or of importance only to a small group of people; all students will be able to connect with them even if they strongly disagree with the content of a text or an opinion, and they will always be in a position to participate in the conversation. The subjects of the different chapters can be organically connected; students will often notice the many common points between a short story, a film, and an ethical question they have analyzed in different parts of the course, and this is good for their language proficiency and serves as an intellectual challenge.

One of the great assets of this book is the range and originality of the activities that precede and follow each text. There are probably more activities than professors will want to use in a class, but they can choose among them and tailor them to their groups. The activities are planned for a truly student-centered class, with work in pairs, groups of three or four students, and whole-class discussions. In each case, there are opportunities not only for comprehension, analysis, and discussion of the texts but also for exchanges about personal experiences and improvised dialogues or role-playing.

The online Instructor's Manual provides guidance for each chapter and sometimes for individual classes. The manual incorporates ideas from colleagues who were part of the team teaching this course over the years. It includes class plans, additional material when appropriate, clarifications and notes on the texts in the book, and ways to connect the different texts in a chapter and the different chapters in the book.

The following paragraphs amplify the information and ideas already developed here. The book has distinctive traits in both content and structure. At a glance they are the following:

1. The sources provide substantial information about an issue and always offer different perspectives. I have avoided sources that are purely informative because they don't engage students in the classroom. In each unit, students can see that every issue is more complicated than it seems. The content is never simplistic or cliché.
2. The subjects chosen have universal resonance (e.g., love, ethical problems, revenge, fear, power, money). Even if stu-

dents don't know anything about the specific issue, they are able to link it to their knowledge and experiences.

3. I made a point of varying the types of activities in each unit. There are always comprehension questions, because class discussion cannot advance if students don't understand the text; these are meant mostly to guide students as they read. There are close-reading suggestions when appropriate, analysis and discussion points, recommendations for improvised conversations, and task-based activities.

4. I have alternated serious subjects (e.g., the emergence of indigenous movements, the global water crisis) and lighter ones (e.g., consumerism, the detective story, love and friendship). The goal is to have students engage in substantial conversations while maintaining an atmosphere that permits humor as well as the expression and exchange of personal experiences and ideas.

5. Each essay or newspaper article is organically connected to a literary text, usually a short story, and/or a film, and often to the previous and following chapter. In an oral exam, I asked students to find connections among the sources they had read in the first part of the semester. They made very interesting observations about the thread that linked a short story on the family, an interview on ethical problems, and a crime story with the idea of revenge in a short story and a film. They felt a sense of accomplishment in being able to understand the connections, explore the issues in more depth, and reinforce and extend their vocabulary.

6. The book's photos and images not only illustrate the content of the texts but also serve as resources in class activities.

7. A separate chapter offers guidelines for three movies that have been very successful with students, and activities for a fourth movie incorporated into the chapter discussion on the water crisis. The activities for all the films are extensive and encourage students' creativity. The Instructor's Manual provides detailed information and background useful for professors.

8. The book includes detailed instructions for whole-class debates or discussion panels on ethical problems, indigenous movements, and immigration; an activity on allocating money; and role-playing exercises on political persecution and ecological problems. All of these have been succesful with students, giving them an opportunity to run the class and have an enjoyable, iluminating experience.

9. The text provides a variety of activities for three short novels. These novels are presented in order of increasing difficulty, from *Rosaura a las diez* to *Crónica de una muerte anunciada*, and finally *La invención de Morel*. The activities for each of the novels are varied and detailed, guiding students and teachers to focus on the most significant points, and often providing a rich and thorough background. *La invención de Morel* is not usually part of Spanish-language programs, and at first glance it appears to be a difficult text for third-year students. I worked very hard to develop guidelines that could overcome the problems it poses. Perhaps because it was a challenge, and certainly because the novel is excellent and its themes resonate with modern students, the experiment was a resounding success. We decided to keep the book in our program for succesive semesters.

10. The text, class activities, and information in the Instructor's Manual are so extensive and detailed that teachers are likely to find they do not need to do additional work to prepare for classes.

ACKNOWLEDGMENTS

This book is the product of years of teaching and directing an advanced conversation course at Yale University. It is a project shaped over time by many people, from the colleagues who were part of the team to the students who took the course and whose engagement, enthusiasm, and criticism helped define the most useful and provocative material and activities.

I can't possibly name all those who contributed to this work over the years, but I am grateful to all my teaching colleagues who shared with me their insights, knowledge, and creativity.

I am especially indebted to my coauthor, Margarita Groeger, who preceded me in directing the advanced conversation class and who left the blueprint of a successful course for all of us who followed her.

Among my many friends and colleagues at Yale, I want to thank Alicia van Altena, from whom I learned the art and science of teaching a foreign language; Terry Seymour, Lourdes Sabé, Margherita Tortora, and Pilar Asensio, for their camaraderie, their inspired contributions to class activities, and their valuable guidance in the selection of materials; Sebastián Díaz, a patient and supportive colleague who brought to my attention many interesting texts, one of which found its way into this book; Sonia Valle, for her encouragement to write this book well before I had considered it; and Sybil Alexandrov, for her unabated support and for sharing with me her knowledge of contemporary Latin American authors.

From thousands of miles away, in Argentina, my sister Margarita Beatriz Carballal and my nephew Mariano Alejandro Vilar helped me immensely locating authors and valuable resources that were out of my reach.

I want to thank all the reviewers of the manuscript. Their observations were sharp and constructive, and they deserve credit for many improvements to the book.

Many thanks to my first editor, Tim Shea, for his enthusiasm about the project and the patience and cheerful support with which he guided me; to Sarah Miller, my new editor, who steered the book to publication; and to all the people at Yale University Press. Special thanks to Katherine Faydash, a wise and insightful copyeditor whose comments made me work hard and made the book better, and to Ann-Marie Imbornoni and Jay Harward, who were wonderful guides in the last stretch of the process.

And finally, my endless gratitude to Chris and Gabriella, my husband and daughter, for giving me their warm, exaggerated encouragement and their expert guidance to bring this book to life.

Teresa Carballal

El arte de la conversación

Conversar es una parte esencial de nuestra vida social, afectiva y profesional. Para muchas personas, también es un arte que podemos cultivar.

En este capítulo introductorio, vamos a reflexionar sobre el acto mismo de conversar. ¿Qué hace a una conversación interesante o memorable? ¿Por qué a veces conversar es difícil? ¿Cómo hacer de una charla una experiencia valiosa?

El capítulo incluye tres textos y una sección de citas:

1. *El arte de conversar (I)*, por Renny Yagosesky, y el artículo periodístico *El arte de conversar (II)* analizan distintos tipos de conversación y estrategias para comunicarnos mejor.

2. *Instituciones de la conversación*, por Gabriel Zaid, hace una reflexión histórica y filosófica sobre el significado de la plática en la vida de las comunidades y de los individuos.

3. La sección *La conversación: Citas*, es una recopilación de citas de personas famosas sobre el tema de la conversación.

Vocabulario esencial

Sinónimos de conversar

platicar, charlar, dialogar, parlar

Sustantivos y adjetivos relacionados

charla, plática, diálogo, conversación, tertulia, coloquio
(sustantivos)

charlatán, charlatana (sustantivo o adjetivo)

parlante, conversador, conversadora (adjetivos)

Otras palabras y expresiones útiles

comunicarse, discutir, expresarse, intercambiar opiniones
entablar un diálogo: iniciar o dar comienzo a un diálogo
interlocutor, interlocutora: una de las personas que toma parte
    en un diálogo
prestar atención: observar, estar atento
el temor al que dirán: el temor a lo que la gente va a decir o a la
    reacción social

Actividades pre-lectura (en parejas)

1. En opinión de Uds., ¿qué se necesita para ser un/a buen/a conversador/a?
2. ¿Uds. se consideran buenos para iniciar y/o mantener una conversación? Expliquen por qué.
3. ¿Cuáles factores facilitan y cuáles dificultan una buena conversación?
4. ¿Cuáles son sus temas preferidos de conversación? ¿De qué temas prefieren no hablar en una conversación con un grupo de amigos? ¿Qué temas de conversación les resultan más aburridos? ¿Más intrigantes? ¿Más complicados? ¿Más apasionantes? ¿Más divertidos?
5. ¿Creen Uds. que se puede aprender a conversar? ¿Es la conversación un arte? Expliquen por qué.
6. ¿Creen Uds. que las nuevas tecnologías (correo electrónico, IM, etc.) facilitan la comunicación por ser informales, breves y no invasivas, o nos aíslan más al excluir el contacto personal directo o, al menos, la conexión por medio de la voz, como en el teléfono?

El arte de conversar (I) (selección)

Dr. Renny Yagosesky

Los seres humanos somos seres parlantes. Necesitamos y amamos hablar, pues este don nos permite conocernos, conocer y armonizar la convivencia social. Lamentablemente cometemos graves errores en la conversación cotidiana y nos auto-generamos conflictos y enemistades. . . . Siga leyendo.

Desde que la evolución nos permitió adquirir el lenguaje articulado, de palabras con significado, interactuamos a diario por medio de la conversación.

Conversamos para obtener o dar información, motivar, entretener, convencer o persuadir.

Aunque charlar con otros puede parecer a simple vista algo fácil, sencillo e intrascendente, ha tenido que pasar mucho tiempo para que podamos hacerlo. Hablar nos da la posibilidad de comunicarnos pero no la garantiza, pues saber hablar no significa saber comunicarse. A juzgar por las estadísticas de divorcios, rupturas comerciales y violencia creciente, pareciera, más bien, que son pocos los que conducen sus conversaciones de manera lo suficientemente adecuada, que les permita evitar, reducir o suprimir la tendencia creciente a la conflictividad.

Puede decirse que existen, en esencia, dos tipos de conversación: una que llamaremos catártica y otra que denominaremos dirigida.

En el primer tipo de conversación, la pretensión de quien habla es divertirse, distraerse, relajarse. Se busca entablar un diálogo ligero sin predisposiciones temáticas, para compartir y sentirse bien emocionalmente.

La conversación dirigida u objetiva, busca obtener un resultado previsto, distinto a la mera distracción. Se quiere llevar al interlocutor a pensar, sentir o hacer algo. Por esta razón, se requiere atender a cada detalle que pueda afectar el resultado deseado.

El éxito de cada uno de estos tipos de conversación puede obtenerse siguiendo algunas reglas básicas de eficacia comprobada.

Lo primero que nos toca hacer es cerciorarnos[1] del tipo de conversación de la cual se trata: catártica o dirigida.

En una buena conversación catártica las indicaciones a seguir son las siguientes:

- Exprésese y permita al otro expresarse libremente.
- Escuche atentamente y de manera relajada.

---

1. asegurar la verdad de algo

- Evite discutir y competir.
- Evite tratar temas complejos.
- Sea conciliador y evite tratar de probar que Ud. tiene razón.
- Aproveche para conocer mejor a su interlocutor.

En el segundo caso las cosas cambian. Aquí, en virtud de que existe un objetivo preestablecido, todo tiene importancia, por lo que se espera que usted:

- Reconozca el valor de la imagen y los roles.
- Sea cuidadoso al elegir el momento y lugar.
- Valore el tiempo dedicado a la conversación.
- Elija adecuadamente su lenguaje.
- Escuche más y hable menos.
- Esté atento a las necesidades de comunicación del otro.
- Se muestre racional y negociador.
- Sepa dar *feedback* adecuado y oportuno.
- Se concentre en el tema sin dispersarse.
- Sea cortés y respetuoso.
- Haga preguntas.
- Respete las opiniones distintas.
- Tenga sutileza al expresar sus opiniones.

De manera contrastante a lo que ha sido expresado, veremos que un mal conversador:

- Se distrae.
- No da *feedback.*
- Cambia bruscamente el tema.
- Se muestra impaciente y nervioso o arrogante e impositivo.
- Intenta ganar la conversación.
- Acusa.
- Rechaza las opiniones contrarias.
- Habla más de lo que escucha.
- Muestra poca cortesía y respeto por los otros y sus ideas.

En conclusión, un buen conversador tiene consciencia de sí mismo y de lo que sucede en sus conversaciones, por lo que permite que su interlocutor se sienta bien expresando con amplitud sus ideas y sentimientos.

Fuente: Dr. Renny Yagosesky, GestioPolis, octubre 2005, http://www.gestiopolis .com/canales5/rrhh/arteconver.htm.

El arte de conversar (II): Hablamos mucho, pero decimos muy poco

En Navidad, casi todos intentamos acercarnos un poco más a la familia.

Especialmente, a esos parientes a los que apenas vemos o que más dificultades nos plantean a la hora de relacionarnos. Son unas fechas en la que, cada año, parece reeditarse la obligación de ser felices por dos semanas y de llevarse bien con todo el mundo, o al menos, de aparentarlo.

Es la familia, junto con el de las amistades, el ámbito en el que se escenifica principalmente este propósito de enmienda. Porque casi todos, sin excepciones, sabemos que en materia de relaciones humanas tenemos mucho que aprender y mejorar.

No estamos ante un tema trivial: las consultas de psicólogos y psiquiatras están llenas de personas que acuden a ellas en busca de alguien que les escuche. Según los expertos en relaciones humanas, la soledad será uno de los problemas sociales más acuciantes del próximo milenio en los países más desarrollados.

Comunicarse, un acto creativo

Nuestro *modus vivendi* aumenta el riesgo de quedar aislados de los demás. Por eso es tan necesario mejorar nuestra comunicación en general, reivindicar el placer de la conversación y aumentar el interés por confrontar con los demás nuestras vivencias, opiniones y sentimientos.

Partiendo desde el principio, la comunicación es un acto creativo cuyo éxito no se mide sólo por el hecho de que el otro entienda lo que decimos, sino también porque aporte su propio mensaje.

La interacción humana, la comunicación, es la base en la que se forja la convivencia, y una necesidad humana tan esencial como el descanso o la comida. Es en la comunicación donde la persona se construye como el ser complejo que es y donde se produce la socialización. Es un camino, una vía desde la que nos encontramos a nosotros mismos mediante el diálogo con los otros.

Las palabras, sin duda, son fascinantes y nos conviene disponer de un amplio léxico y usarlo con precisión y con toda la libertad posible. Ahora bien, las palabras no pueden aspirar a constituir la totalidad del mensaje, "son sólo el comienzo, detrás de ellas está el cimiento sobre el cual se construyen las relaciones humanas. El cuerpo es el mensaje." Los expertos hablan también de la comunicación no verbal (apariencia física, postura, gestos, contacto corporal y expresión facial, especialmente la mirada y la boca), y del para-lenguaje (tono, volumen y timbre de voz, cadencia, inflexiones y silencios). Algunos especialistas aseguran que del total de la percepción de los interlocutores con los que nos comunicamos, el 55% depende de nuestro lenguaje corporal, el 38% del para-lenguaje y sólo el 7% de las palabras que utilizamos. En realidad, esta aseveración no es tan radical: nuestras experiencias iniciales son necesariamente no verbales. Los bebés no hablan, pero aprenden sin parar. La verbalidad viene después. Pero no nos engañemos, la palabra es insustituible. Palabra, voz y gestos forman, pues, un conjunto indisociable en cualquier conversación y, por extensión, en las relaciones humanas. Birdwhistell sostiene "que el lenguaje corporal y el hablado dependen uno del otro. Cualquiera de ellos aisladamente no nos dará el sentido completo de lo que una persona dice." Por eso nos parece tan importante ver a quien habla con nosotros, y no nos gusta abordar ciertos temas por teléfono.

Libertad de expresión

Nuestra Constitución reconoce la libertad de expresión como derecho de los ciudadanos. Pero, ¿nos comunicamos con entera libertad? No sólo renunciamos al tacto (cada día nos tocamos menos), restringimos los gestos o controlamos la expresión de nuestra mirada ante algunos interlocutores: lo hacemos también con la información verbal. Pensamos, quizá inconscientemente, que lo que

perdemos en expresividad lo ganamos en protección. El resultado
de este planteamiento es lamentable, además de paradigmático
de nuestra época: normalmente, hablamos mucho y decimos bien
poco. Y así, sin darnos cuenta, llegamos a unos paupérrimos[2] niveles
de expresividad y a una comunicación tan elemental que cuando
necesitamos elaborar y transmitir mensajes con contenidos proble-
máticos, densos o complejos, caemos víctimas del temor y la duda:
¿sabré decir con precisión lo que quiero?

Este miedo no es casual. Proporcionar información sobre
sentimientos, emociones, complejos o querencias lo asociamos con
desnudarnos psicológicamente. Tememos abrirnos a los demás,
pensamos que si se nos conoce a fondo nos convertiremos en más
vulnerables. Todos somos, a nuestro modo, débiles, pero flaquezas[3]
y limitaciones forman parte indisoluble de nuestra personalidad y
hemos de convivir con ellas sin ocultarlas a toda costa de la percepción ajena. No se trata de airear nuestros problemas o miedos, sino
de afrontarlos con madurez, incluso hablando de ellos. Quien se
expresa con libertad y sin temor al "qué dirán" o "qué pensarán" es
quien mejor se conoce y se acepta como es. Y nadie transmite mejor
idea de sí mismo ni es más fuerte ante posibles agresiones del exterior que quien se conoce y se acepta como es.

Conversar: Una necesidad y un arte

- Seamos conscientes de que nuestra forma de ser y estar en el
  mundo, el tipo de convivencia que creamos a nuestro alrededor, es entera responsabilidad nuestra.
- Hablemos de nosotros y desde nosotros. Huyamos de los estereotipos y de las conversaciones exclusivamente banales.
- Gestionemos positivamente nuestras limitaciones y miedos.
  A casi todos nos gusta la gente natural y sincera. Aunque no
  sean perfectos ni admirables.
- Compartamos opiniones, sentimientos y emociones con quienes nos rodean. No seamos tan reservados, y hagamos saber a
  los demás lo que pensamos, necesitamos y queremos.

---

2. un superlativo de *pobre*, extremadamente pobre
3. debilidades

- Atendamos a nuestra respiración, tono y modulación de voz: nos informan de nuestras emociones y ayudan a que transmitamos bien el mensaje. Tengamos en cuenta también nuestro movimiento corporal y expresión facial.
- Miremos a la cara de la persona que tenemos enfrente, tanto cuando nos toca hablar como cuando escuchamos. Utilicemos la sonrisa como señal de aceptación y acercamiento, no como disimulo o para caer bien.
- Escuchemos de verdad. Hagamos sentir a la otra persona que es importante para nosotros. Quien sabe escuchar y se interesa por los sentimientos de sus interlocutores, es más querido por los demás. Y sus mensajes son escuchados con más atención y cariño.
- Aceptemos opiniones diferentes a las nuestras, aunque no las compartamos. Y reflexionemos sobre ellas.
- Eliminemos los obstáculos que frenan la comunicación: acusaciones, exigencias, juicios de valor, prejuicios, generalizaciones o estereotipos, negatividad y silencios tortuosos.
- Sepamos del espacio vital y de los límites que cada persona quiere mantener ante nosotros, para que no se sienta invadida en terreno que entiende exclusivo.

Reivindiquemos la ternura y la afabilidad en la charla. El riesgo de resultar empalagosos[4] no debe desanimarnos: pecamos[5], casi siempre, de lo contrario.

Fuente: Eroski Consumer, http://revista.consumer.es/web/es/19991201/interiormente/.

Instituciones de la conversación (selección)

Gabriel Zaid

De todas las opciones para el éxtasis comunitario, la conversación es la dilecta de Gabriel Zaid. En el siguiente ensayo,

---

4. excesivamente dulces o afectados
5. nos apartamos de la norma por exceso o defecto

el poeta medita sobre la forma en que el arte de platicar ha librado las restricciones que la realidad no cesa de imponerle.

De la vida cotidiana se pasa a la conversación como haciendo una pausa. Es un tiempo distinto, contemplativo. Salimos del mundo en el que estamos sumergidos, como el nadador saca la cabeza, o el caminante se detiene, para situarse o maravillarse. La experiencia es de libertad: desconecta de las presiones inmediatas y recrea. Ser en ese momento es una plenitud, dan ganas de quedarse ahí para siempre.

Entre las muchas formas de convivir, ésta parece la culminación del *Homo sapiens*. Comunicándose, la vida sube a más, toma conciencia de su propia realidad, sumergida en la realidad. En sus grandes momentos, la conversación es una comunidad en éxtasis . . .

¿Cómo vivir en ese nivel? ¿Cómo transformar la realidad en éxtasis compartido, o al menos instituir lugares y momentos para vivir así? No han faltado iniciativas, desde la prehistoria: cantar, bailar, jugar, reunirse junto al fuego y contar maravillas. . . .

Hay muchos tipos de comunidades en éxtasis: las voces y el *tam tam* de la tribu en el trabajo rítmico, el coro, la liturgia, el teatro, la arenga carismática, los juegos, el jazz improvisado, la mutua comprensión, el amor recíproco y, desde luego, la conversación. . . . También hay muchos tipos de conversación (chismes, anécdotas, mitos, refranes, teorías y discusiones) que sirven para explicarse y criticar la realidad, para añorar mejores tiempos o soñar en un futuro mejor.

Algún Max Weber de la conversación debería fijar tipos ideales y documentar sus formas, para estudiarlas sin perderse en las confusiones de su evolución. Debería separar instituciones afines. De la conversación nacieron, por ejemplo: la tertulia, la academia, el monasterio, la universidad, la imprenta.

Debería comparar formatos: por ejemplo, de las tertulias en el ágora de Atenas, la Hekademeia,[6] las termas romanas, los gimnasios, las peregrinaciones a la Meca, los atrios medievales, los pasillos, las antesalas, los lugares de estudio y de trabajo, los cafés, las cantinas, así como los lugares abiertos a la recepción social en palacios y casas.

---

6. el sitio de la Academia de Platón, fuera de los muros de Atenas

La tertulia nace de la cultura oral y la prolonga, pero el tipo ideal debe situarse (por comodidad) en los tiempos de la cultura letrada: en las reuniones de personas que leen. (Sería difícil estudiar las formas prehistóricas, aunque siguen vivas de muchas maneras.) Especialmente, cuando aparece la discusión crítica de las ideas tradicionales sobre el mundo, la vida y la conducta. Especialmente, en aquellos grandes tertuliantes que fueron Sócrates, Platón y Aristóteles.

La conversación socrática puede ser llamada tertulia, aunque no tuvo la continuidad de la platónica: reuniones de los mismos amigos, en los mismos lugares; cierta vaga colegialidad que, al paso de los años y los siglos, se transforma en instituto, se vuelve escuela. Toda interlocución sostenida durante muchos años genera mutuas influencias, perfila afinidades y contrastes, hace escuela. Pero ya es otra cosa recibir novicios y formarlos, cobrándoles o no: operar una escuela, un gimnasio intelectual donde se hagan ejercicios y se impartan conocimientos. De unas instituciones salen otras.

Platón recreó las conversaciones de Sócrates, pero nadie hizo lo mismo con las suyas. Tiende a suponerse que eran semejantes, pero no se sabe realmente cómo eran, ni cómo se llegó de la conversación socrática a la tertulia más organizada que fue la Academia, ni cómo la Academia se volvió centro de enseñanza. En todo caso, cuando los sucesores de Platón convierten su carisma en institución pedagógica, se alejan de la tertulia. Prefiguran la escuela de novicios que ya aparece en la Regla de San Basilio (siglo IV), un admirador de Platón, que se fue de ermitaño y acabó como obispo fundador de repúblicas platónicas: los conventos. . . .

Aristóteles transforma la tertulia en otra dirección: la colegialidad patrocinada, que reaparece en Alejandría, en Bagdad y en las reales academias de las monarquías europeas. A pesar de su dependencia del poder, en estas academias hay un fuerte sentido de colegialidad que recuerda la tertulia y su estructura horizontal, igualitaria, de pequeña escala. Cuando Cristina de Suecia visitó la Academia Francesa, preguntó si la reunión sería de pie, y le explicaron que no; que, desde los tiempos de Ronsard, en la tertulia de Saint-Victor, que Carlos IX visitó varias veces, los académicos se sentaban, como el rey.

Como institución, la real academia está en un punto medio entre la tertulia y la universidad. La libertad, igualdad y estructura horizontal son máximas en la tertulia, mínimas en la universidad. Las jerarquías, estructura vertical, número de participantes, formalización de procedimientos y presupuestos son máximos en la universidad, mínimos en la tertulia. La tertulia es el logos ácrata, personal, coloquial. La universidad es el logos burocratizado, impersonal, reglamentado.

Lo peculiar de las tertulias de café salta a la vista por comparación. Participantes: amigos muy opinadores, que analizan el mundo a su leal saber y entender. No es un coloquio de especialistas, ni una discusión entre desconocidos, ni una charla de amigos sobre su vida personal. Número: varios (no es una conversación entre dos), pero no tantos que la conversación se fragmente en grupos (como sucede en las recepciones y cocteles). Duración: cuando menos una hora (no es una conversación de paso, breve o apresurada). Puntualidad: elástica. Regularidad: no es una sola reunión, convocada para discutir tal o cual cosa, ni una reunión casual, sino habitual (en el mismo lugar, los mismos días, a las mismas horas, las mismas personas), aunque tampoco es parte de un ciclo, curso o seminario. Libertad: las reuniones no son obligatorias, todos opinan de todo, no hay agenda, autoridad ni moderador que fije temas, dé la palabra, silencie, haga resúmenes, formule conclusiones o entregue diplomas. Formalidad: ninguna, nadie va como representante de algo o de alguien, sino por su cuenta; no hay figura jurídica: nombre registrado, estatutos, actas, votaciones, mesa directiva, categorías de miembros, obligaciones, derechos, procedimientos de admisión y expulsión. Lugar: generalmente público, pero no de cara al público (como las mesas redondas). Propósito: ninguno, fuera de conversar, sostenidamente (por un buen rato, por enésima vez). Consumo: ligero, pero no de pie (no es un banquete, ni un cóctel). Presupuesto: ninguno, cada participante paga su cuenta, y, si llega a haber un patrocinador[7] limita a pagar el consumo. Nadie cobra ni paga por asistir o pertenecer a la tertulia.

Las primeras academias europeas fueron tertulias de renacentistas que leían, escribían, editaban, hacían música, pintura, escultura. . . . Las academias renacentistas nacieron como tertulias, contra la universidad. . . .

---

7. persona que apoya o financia una actividad

Pero la escala es determinante. Un cuarteto de cuerdas puede funcionar como una tertulia, una orquesta necesita un director. El crecimiento puramente horizontal se vuelve insostenible, y lleva al crecimiento vertical. . . . Las universidades empiezan como cooperativas horizontales, pero acaban como burocracias piramidales, subordinadas a otras: eclesiásticas, políticas, sindicales, empresariales.

A pesar de lo cual, hasta en las academias patrocinadas y las universidades megalómanas, puede caer del cielo o renacer de las cenizas lo mejor de la tertulia: la simple y sabrosa conversación inteligente.

Fuente: Gabriel Zaid, artículo publicado en *Letras Libres*, No. 58, julio de 2006, http://www.letraslibres.com/revista/convivio/instituciones-de-la-conversacion.

Comentario de un lector

Surge en mí un sentido de nostalgia, ya que la tertulia es una costumbre casi desaparecida. Recuerdo las tertulias en casa de mi abuelo y la diversidad de opiniones que eran expresadas por personajes de la política, la jurisprudencia, y un sinfín de contextos. De mi asistencia como niño a estas tertulias aprendí a escuchar, intervenir, interrumpir, discrepar, acordar. Además adquirí con el ejemplo valores de tolerancia y respeto. —8 de julio de 2006

La conversación: Citas

"Las conversaciones siempre son peligrosas si se quiere esconder alguna cosa."

—Agatha Christie, escritora británica

"Toda conversación tiene un momento favorable en que poder terminarla; no lo desperdicies. Las últimas palabras son de efectos más duraderos que las primeras, por lo que deben ser particularmente bien ponderadas."

—José Ortega y Gasset, filósofo y ensayista español

"El mejor medio para salir airoso de una conversación difícil es irse a ella sin preparación alguna."

—André Maurois, escritor francés

"El papel más honroso en una conversación corresponde al que da la ocasión a ella, y luego al que la dirige y hace que se pase de un asunto a otro, pues así uno dirige la danza."
—Francis Bacon, filósofo, estadista, científico y autor inglés

"La conversación es una ilusión. Sólo hay monólogos que se entrecruzan."
—Rebecca West, autora y periodista inglesa

"Una buena conversación debe agotar el tema, no a sus interlocutores."
—Winston Churchill, político y primer ministro británico

"La conversación debe tocar todo, pero no debe concentrarse en nada."
—Oscar Wilde, escritor, poeta y dramaturgo irlandés

"Una conversación con un hombre inteligente es más provechosa que el estudio de muchos libros."
—Henry W. Longfellow, poeta estadounidense

"La noble conversación es hija del discurso, madre del saber, desahogo del alma, comercio de los corazones, vínculo de la amistad, pasto del contento y ocupación de personas."
—Baltasar Gracián, escritor y filósofo español

"La confianza contribuye más que el ingenio a la conversación."
—Anónimo

"La razón de que haya tan pocas personas que resulten agradables en la conversación estriba en que cada cual piensa más en lo que se propone decir que en lo que están diciendo otros, y nunca escuchamos cuando estamos deseosos de hablar."
—François de La Rochefoucauld, autor francés

"Un placer como el de una conversación perfecta es necesariamente raro, porque los que son sabios rara vez saben hablar y los que hablan rara vez son sabios."
—Lin Yutang, escritor chino

"Yo me he arrepentido muchas veces de haber hablado pero nunca de haber callado."

—Jenócrates, filosofo griego

"El silencio es el ingenio de los necios."

—Jean de La Bruyère, escritor francés

"Sombra y noche es el silencio; día de luz, la palabra."

—Constantino Kavafis, poeta griego

"Bienaventurados los que no hablan, porque ellos se entienden."

—Mariano José de Larra, escritor y periodista español

Actividades post-lectura

I. Comprensión (en parejas o grupos de 3)

Contesten las siguientes preguntas de acuerdo a la información que han leído en los artículos:

1. ¿Cuáles son los principales objetivos de las conversaciones?
2. ¿Qué tipos de conversación menciona el artículo de Yagosesky? ¿Qué otros tipos de conversación se les ocurren a Uds.?
3. Sin mirar los dos textos sobre el arte de conversar, den algunos consejos a un amigo/a para mantener una buena conversación catártica y para una buena conversación dirigida. (Usen el imperativo y la segunda persona del singular, porque hablan con una persona amiga a quien tratan de 'tú'.)
4. Evalúense a sí mismos en ambos tipos de conversaciones, catártica y dirigida. ¿Cuáles prefieren? ¿En cuáles se consideran más aptos? ¿Cuáles errores cometen más frecuentemente durante una conversación?
5. ¿Cuáles son los puntos centrales del artículo *El arte de conversar (II): Hablamos mucho, pero decimos muy poco?*

6. De acuerdo al artículo de Zaid, ¿Qué conexiones hay entre
    tertulia, academia y universidad?
7. Sin mirar el texto de Gabriel Zaid, expliquen qué es lo pe-
    culiar de las tertulias de café (estructura, número de parti-
    cipantes, duración, puntualidad, regularidad, formalidad,
    lugar, objetivo, etc.).

II. Análisis y discusión (en grupos de 3 o 4)

¿Qué conexiones pueden hacer entre el tema de la conversación y
el del uso del tiempo? ¿Creen Uds. que pasar largos ratos conversando es un mal uso del tiempo? ¿Es una actividad muy útil e importante? ¿Creen Uds. que no es útil pero es agradable y necesaria? ¿Es
una forma de entretenimiento pero no es necesaria? Expliquen.

III. Citas (en grupos de 3)

Repasen las citas sobre la conversación e indiquen lo siguiente:

1. ¿Cuáles son las citas que les parecen más inteligentes o pers-
    picaces y por qué?
2. ¿Con qué citas están más en desacuerdo y por qué?
3. Hagan Uds. sus propias citas sobre la conversación con la
    intención de que, cuando sean famosos, las citas puedan ser
    publicadas.

IV. Práctica (en grupos de 4 o 5)

Sin ningún plan previo, entablen una conversación. Hablen por 12
a 15 minutos. Luego van a explicar a la clase los temas que trataron;
cómo se inició la conversación; qué nivel de participación hubo;
qué tema generó más interés o menos interés y cualquier otro
punto interesante sobre la dinámica de su conversación.

V. Creación (en parejas)

Elijan una de las fotos abajo e inventen y dramaticen una conversación entre los participantes.

CAPÍTULO 1

Nuevas y viejas familias

En este capítulo vamos a analizar y discutir los cambios ocurridos en la institución familiar en las últimas décadas. Incluye los siguientes textos:

1. *Diez modelos de familia*, por Leonor Hermoso, un artículo periodístico que describe distintos tipos de familias españolas modernas a través de algunos casos específicos
2. *Sin hijos por elección*, por Beatriz San Román, analiza la posición y las razones de quienes deciden no tener hijos
3. *Un alto en el camino*, por Carmen Martín Gaite (cuento)
4. *La salud de los enfermos*, por Julio Cortázar (cuento)

Los dos últimos narran historias en las que el tema central es la relación entre individuos y sus familias.

Materiales y actividades en la red

En esta unidad se verán cuatro cortometrajes que tratan sobre las relaciones familiares y cómo sus miembros enfrentan los cambios y los retos de la vida familiar en la época actual. A cada cortometraje le siguen preguntas de discusión, actividades de práctica oral (para grabar en VoiceThread u otro método que permita a los estudiantes grabar su voz y escuchar a sus compañeros) y de composición. Se incluye ejercicios de vocabulario y gramática (pretérito e imperfecto).

1. *As de corazones*
   Dirección: Silvia González Laá; País: España; Año: 2006
2. *El mueble de las fotos*
   Dirección: Giovanni Maccelli; País: España; Año: 2009;
   Producción: Zampano Producciones

3. *El misterio del pez*
    Dirección: Giovanni Maccelli; País: España; Año:
    2008; Producción: Zampano Producciones; Género:
    Animación
4. *Des-conocidos*
    Dirección y guión: David del Águila; País: España; Año:
    2006; Producción: 29 Letras

Vocabulario esencial: Familias

cohabitación, convivencia (sust.): acto de vivir junto a otra persona o personas en el mismo domicilio; no implica ninguna relación jurídica o legalmente sancionada

el/la cónyuge (sust. masc. y fem.): esposo o esposa

conyugal (adj.): que se refiere al matrimonio, a la pareja de esposos

familia monoparental: familia en que los hijos viven sólo con un adulto, sea el padre o la madre

familia ensamblada: familia que se forma cuando dos individuos previamente divorciados y con hijos forman una nueva familia en la que viven juntos con los hijos de los matrimonios anteriores y en muchos casos con hijos de la nueva pareja

hermanastro/hermanastra: hijo/a de uno de los cónyuges con respecto al hijo/a del otro

herencia: conjunto de bienes que los herederos reciben cuando una persona muere

huérfano/huérfana: una persona que no tiene madre ni padre (también puede decirse "huérfano de padre" o "huérfano de madre" si sólo uno de los progenitores ha muerto)

lazos: ver "vínculos"

madrastra: esposa del padre en relación a los hijos llevados por éste al matrimonio

medio hermano/a: Se dice de las personas que tienen la misma madre o el mismo padre pero no son hijos de los dos

nupcias (primeras, segundas, terceras, etc.): casamiento, boda (*"Se casó en segundas nupcias con . . ."*)

padrastro: marido de la madre, respecto de los hijos que ella ha tenido antes del matrimonio

pareja de hecho: una pareja que no está oficialmente casada aunque las dos personas cohabiten y compartan el resto de las obligaciones de los esposos

procrear: engendrar, multiplicar una especie

vínculos: uniones, ataduras de una persona o cosa con otra, relaciones, lazos

Diez modelos de familia

Leonor Hermoso

Vocabulario

Las palabras aparecen en orden de aparición en el texto.

lustro: periodo de cinco años

abocarse: dedicarse a la consideración o estudio de un asunto; entregarse de lleno a hacer algo

"de un plumazo": indica el modo expeditivo o rápido de abolir o suprimir algo

grupúsculos: grupos muy pequeños

colectivos: grupos

el/la esteticista: persona que presta cuidados profesionales de embellecimiento a sus clientes

costurera: mujer que tiene por oficio coser, o cortar y coser, ropa

apetecer: tener ganas de algo o desearlo

derechos sucesorios: relacionados con la sucesión, o sea el conjunto de bienes, derechos y obligaciones que se transmiten a un heredero

semivacío (sust.): un espacio o concepto casi vacío o casi falto de contenido

encorsetado/a (*lit.*): tener puesto un corsé; estar restringido/a, limitado/a en sus movimientos

desvalorizar: quitar valor, consideración o prestigio a alguien o algo

fecundación artificial: unión de la célula reproductora masculina a la femenina que es producida por medios no naturales, como la inseminación artificial o la fecundación *in vitro*

"con todas las de la ley": hacer algo sin omitir ninguno de los requisitos indispensables para su perfección o buena ejecución

guardería: lugar donde se cuida y atiende a los niños pequeños

parir: dar a luz hijos

desubicación: efecto de situar o colocar a alguien o algo fuera de su lugar

"en solitario": solo o sola, sin pareja

fallar: equivocarse, fracasar, no tener éxito

realizarse: sentirse satisfecho por haber logrado cumplir lo que se deseaba

aguantarse: tolerarse aunque sea molesto o desagradable

exiguo/a: muy pequeño/a, mínimo/a, insuficiente

Práctica de vocabulario

I. Contesten, en parejas, las siguientes preguntas:

1. ¿Qué relevancia tiene el tema de la herencia y los derechos sucesorios en la discusión de las "nuevas familias"?

2. ¿Creen que las parejas que cohabitan sin casarse tienen más o menos probabilidades de separarse que las parejas casadas, o no hay diferencias apreciables?

3. ¿Piensan Uds. que los vínculos amorosos más casuales son más honestos que los tradicionales vínculos formales y "permanentes" o son un síntoma de decadencia social?

4. ¿Por qué creen Uds. que tantos más hombres (65%) que mujeres (30%) vuelven a casarse después de un divorcio?

II. Observando la foto abajo, escriba en hoja separada un párrafo de 10-12 líneas relacionado con esta familia y utilizando al menos 4 de las palabras del vocabulario básico.

Actividades pre-lectura (en parejas)

1. Describan detalladamente a una familia que Uds. conozcan (puede ser la propia) que corresponda claramente al modelo de familia tradicional. Expliquen cómo es la diná-

      mica de las relaciones familiares (autoridad, distribución
de tareas, derechos de los miembros, reglas, valores, etc.) e
indiquen lo que Uds. consideran positivo o negativo en esa
estructura familiar.

2.   Describan luego a una familia no convencional que Uds.
conozcan (puede ser la propia) con los mismos detalles
de la actividad anterior y evaluando los aspectos positivos y
negativos.

3.   ¿Piensan Uds. formar una familia algún día? ¿Qué tipo de
familia esperan o desean tener?

Diez modelos de familia

Leonor Hermoso

En sólo dos lustros, uno de cada dos matrimonios españoles estará
abocado al divorcio. Mientras, 300.000 parejas homosexuales educan a sus niños en España y el 50,1% de las mujeres dice no tener
ninguna intención de procrear, por lo que son familias de inmigrantes las que están equilibrando nuestra balanza demográfica. Algunos
expertos hablan de cambios o incluso crisis en la familia tradicional
española. Otros aseguran que ésta tiene mejor salud que nunca. Es
la revolución silenciosa del nuevo siglo.

La familia es el valor básico para el 98,9% de los españoles, según la Encuesta Europea de Valores 2000. Los otros principios fundamentales son el trabajo, seguido de los amigos y el tiempo libre. Pero, ¿qué es exactamente una familia?, ¿las parejas de hecho pueden considerarse familias?, ¿y las de homosexuales?, ¿y las madres solteras? La administración española defiende que familia es "un grupo de personas que, residiendo en la misma vivienda, comparte algunos gastos en común y están vinculadas por lazos de sangre o políticos." Esta concepción, válida hasta ahora, está cayendo en desuso en toda Europa y puede que también lo haga en España. Justamente para salvar exclusiones de grupos familiares más modernos, la legislación alemana la define desde el año pasado como "una relación en la que hay niños." Así, de un plumazo, se legitima a nuevos y "distintos" grupos que en media Europa luchan por sus derechos, y se prevé que en muy poco tiempo lleguen a sustituir o a igualar en número a la familia tradicional nuclear.

De hecho, la fórmula papá/mamá/la parejita está en crisis en países como el nuestro, donde la media de hijos, 1,07 por mujer en edad fértil, ha caído drásticamente en las últimas dos décadas. Tenemos el porcentaje de hijos más bajo de toda Europa (2,4 por mujer fértil) y estamos por debajo del reemplazo demográfico necesario para garantizar un futuro estable. Y eso que en España el 80% de los habitantes vive en grupos familiares, frente al 63% de los europeos.

Tampoco deja de sorprender que, con una cifra tan baja de reemplazo demográfico, seamos —según datos del Censo— el país de la Unión Europea (UE) con menos hogares de una sola persona. Para Amando de Miguel, catedrático de Sociología de la Universidad Complutense de Madrid, estas contradicciones explican que "no hay ninguna indicación de que nuestra familia vaya a parecerse a las europeas. Lo extraño no es que aparezcan cada vez más grupúsculos diferentes, sino que esa tendencia, tan clara en Europa, apenas se está trasladando a nuestras fronteras." Carmen Valdivia, catedrática de Psicopedagogía de la Universidad de Deusto, opina de otra forma: "El modelo tradicional está sufriendo cambios importantes. En fenómenos como las madres solteras, familias reconstituidas (segundas nupcias) u homoparentales nos movemos en proporciones muy parecidas a las de Alemania e Italia, aunque en menor medida que en el norte de Europa."

Las cifras de divorcio también siguen creciendo a nuestro alrededor. Según datos de la UE, de las parejas europeas que se casaron en los años 60 se han divorciado el 14%. De las que lo hicieron en la década de los 80, 20 años después, lo han hecho el doble. En Italia, las cifras de divorcio han subido un 30%, mientras que en el Reino Unido se rompen dos de cada cinco matrimonios. En España hay 3 millones de divorciados y, según nuestro Instituto Nacional de Estadística, el número de divorcios se ha incrementado en un 47%. "La tasa de divorcio sube, pero sigue siendo la más baja del mundo," comenta Amando de Miguel, algo que parece certificar la Encuesta Europea de Valores 2000: el 75% de los españoles cree que el matrimonio no está pasado de moda.

Aún somos, junto a Italia y Alemania, el país europeo que más apoya la institución del matrimonio. En el otro extremo está Francia, que se abre de pleno a fórmulas alternativas diferentes como las parejas de hecho o las madres solteras. "Los cambios en la familia española vienen operándose desde los años 60, a raíz de todas las transformaciones sociales, educativas y religiosas que se dieron en esa década," comenta Carmen Valdivia. Pertenezcamos o no a la Europa de la "alta velocidad" en cuestiones de parentesco, lo cierto es que en nuestro país están apareciendo nuevas formas de unidades familiares que, aunque no amenacen a la familia tradicional, sí que nos están señalando que existen otros colectivos con los que hemos de convivir y, en ciertos casos, habría que legalizar.

Al borde de la legalidad

"Yo no creo que el matrimonio esté pasado de moda o no, es una actitud que tienes ante la vida. Hoy por hoy, a mí no me apetece nada. Mi novio y yo somos más libres siendo pareja de hecho, no necesitamos un papel que demuestre nada," cuenta Yolanda, que lleva dos años viviendo con Carlos, su novio, y casi una década de relación. La UE advierte que el número de parejas de hecho se ha incrementado en Europa un 12% respecto a los años 80, y que la mitad de los niños escandinavos y franceses nacen fuera de matrimonios. En España, la regulación de las parejas estables de hecho es muy confusa. Como no hay ninguna ley nacional, las comunidades autónomas se han lanzado a regularlas generando una profusión legislativa sin precedentes. Unas leyes exigen dos años de convivencia previa y otras no.

En Cataluña, por ejemplo, todos los homosexuales tienen derechos sucesorios forzosos a favor del conviviente, mientras que las parejas heterosexuales no. Cataluña, Aragón y Navarra recogen el derecho a percibir una pensión compensatoria e indemnizaciones en caso de ruptura, determinados derechos laborales y a percibir una parte de la herencia, pero en otras comunidades no existe ningún registro de parejas de hecho. Este semivacío legal origina un peligro claro para los niños fruto de estas uniones, pues en caso de ruptura se encuentran desprotegidos. Pero, igual que hay quien defiende su normalización, existen grupos que prefieren no estar encorsetados. Según el abogado Antonio Acevedo, asesor jurídico en temas de familia, "Equiparar la unión de hecho al matrimonio supone desvalorizar esta institución, crear un matrimonio de segunda categoría destinado a quienes no desean someterse a relación alguna."

Donde hay total unanimidad respecto a la necesidad de una regulación legislativa es en la familia homoparental (cuyos progenitores son homosexuales). Estudios de la Universidad Complutense de Madrid demuestran que seis de cada 10 españoles se muestran favorables al reconocimiento legal de las parejas homosexuales. Una de estas parejas, Eva y Geli, ha concebido y está educando a N.T., una preciosa niña de tres años. Aunque la niña quiera por igual a sus dos mamás, legalmente sólo Eva (su madre biológica) cuenta ante la ley. "Cuando decidimos tener a la niña, más que preocuparnos por su aceptación social nos preocupaba el vacío legal que hay. Legalmente yo no existo. Es mi hija, pero no puede heredarme como tal, no puedo pedir permiso en el trabajo si enferma, tampoco puedo alegar cargas familiares al INEM [Instituto Nacional de Empleo, actualmente denominado SEPE, o Servicio Público de Empleo Estatal] si me quedo en paro, ni tengo derecho a hacer la declaración de la renta con Eva, mi compañera, y eso que llevamos 22 años juntas," se lamenta Geli.

Hijos sin padre

N.T. es una de las 375 niñas y niños que, según colectivos gays [la palabra hace referencia tanto a hombres como a mujeres homosexuales], nacen cada año en España mediante fecundación artificial de mujeres lesbianas. "Yo he tenido un hijo porque he querido, necesitaba sentir algo, trasladarle algo. Me encantaría que un día nuestra hija nos viera como un sitio donde volver, ése es para mí el concepto de familia," añade Geli. Según colectivos gays, en Estados Unidos el número de hijos de lesbianas conseguidos por inseminación artificial asciende a 100.000 al año, y hay más de tres millones de niños viviendo en familias gays. En Francia, la Asociación de Padres Gays y Lesbianas afirma que el 7% de los gays y el 11% de las lesbianas tiene hijos. En Alemania, el Senado de Berlín estima que existe un millón de homosexuales padres y madres en el país. Estudios elaborados por el Colectivo de Lesbianas y Gays de Madrid ponen de manifiesto que el 20% de los gays y el 30% de las lesbianas se casa en algún periodo de su vida con parejas heterosexuales, con las que tienen unos hijos que, probablemente, terminen creciendo en hogares homoparentales reconstituidos. Todo esto, de espaldas a la ley o, al menos, en la absoluta ignorancia de ésta (en España no existe ninguna norma que regule los derechos y obligaciones de las parejas homosexuales).[1]

Sólo en Finlandia, Suecia, Dinamarca y EEUU [Estados Unidos] (salvo en el Estado de Florida) se reconoce la custodia compartida de las parejas homosexuales, como es el caso de la cantante Melissa Etheridge y su pareja, que comparten la custodia de dos niñas. Desde septiembre de 2000 Holanda ha equiparado totalmente (en pensiones, derechos de herencia, adopción, [etc.]) las parejas homosexuales a las heterosexuales. . . .

En la misma situación legal que las familias homoparentales se encuentran los 18.000 transexuales que, según la Federación de Asociaciones de Transexuales, hay en España. Sólo cuando consiguen un cambio total de sexo y que se les reconozca en el DNI [Documento Nacional de Identidad] (como el caso de la actriz Bibiana Fernández, casada legalmente desde marzo de 2000), pueden llegar a contraer matrimonio "con todas las de la ley." Mientras, hay 2.000 transexuales en España que viven en familia o ya han formado la suya propia. Eva, una chica en cuerpo de chico de 20 años, está esperando un cambio de sexo: "Dentro de unos años me imagino for-

---

1. Ver actualización de esta información al final del artículo.

mando una familia, con mi marido, mis hijos, mi casa, mi perro . . . , como todas. Yo tengo instinto maternal y, aunque ahora no estoy preparada para educar a un niño, sí que me gustaría hacerlo en el futuro." Elisa, su madre, quiere una vida para Eva muy parecida a la suya, "feliz, con sus hijos y un hombre al lado." Según publicaciones médicas, se calcula que la transexualidad tiene una incidencia de un caso por cada 30.000 varones y uno por cada 100.000 hembras (en Europa habría unos 30.000 hogares con personas transexuales), aunque asociaciones que los agrupan piensan que este ratio es mucho mayor (uno por cada 18.000 habitantes). "El número exacto de parejas transexuales y homosexuales que hay en España es una minoría que no cuenta en las estadísticas," comenta de Miguel. Además, la regulación de sus derechos es un tema controvertido porque, si bien estas uniones se van viendo como algo "normal," la posibilidad de que una pareja homosexual o transexual eduque a un niño es mirado con reticencias por el 63% de la sociedad, según estudios de la Universidad Complutense.

Niños: Artículo de lujo

La confusión y profusión familiar está servida en todo menos en la cuestión niños. Tres de cada diez niños españoles son hijos únicos. "Tenemos la tasa de natalidad más baja del mundo porque los hijos son muy importantes para los españoles. Me explico: Aquí los padres se lo gastan todo en los hijos hasta los 30 años (según un informe sociológico de la Universidad Complutense, entre los 28 y 30 años aún encontramos un 43% de los varones y un 31% de las mujeres que conviven con sus respectivos padres). Aunque tengan trabajo, la mayoría vive gratis en casa de los padres. Esto no ocurre en ningún país del mundo," postula Amando de Miguel. Esta emancipación tardía unida a un cierto egoísmo social ha creado a los padres más viejos de la historia de España, como cuenta el antropólogo especialista en familia Javier Aranguren: "Ha habido un cambio de valores en el cual el valor éxito profesional se ha equiparado al valor éxito en la vida o felicidad. La gente piensa que si tiene hijos pronto puede perder oportunidades laborales."

Con todo mimo

Juan y Sara han tenido a Clara, su primera hija, a los 36 años: "En España, cuando la gente quiere acabar con la universidad tiene 25 años; luego tiene que establecerse en el trabajo, algo que consigue al borde de los 30, por eso los hijos se dejan para más tarde," opina Juan. Las ventajas de estos niños planificados al milímetro son claras: "Un padre mayor ofrece a un niño un ambiente más relajado, un lugar donde el objetivo es él, y todo el cariño de dos personas se encauza hacia el mismo sitio." Consecuencia de este retraso de las paternidades, es que haya aumentado el número de parejas que no pueden tener hijos porque lo han dejado para "demasiado tarde." En España hay más de medio millón de parejas con problemas para tener descendencia; entre otras causas, porque la maternidad se está retrasando a edades muy tardías. Ante esta situación biológica, la única solución posible es la adopción, algo que hicieron Rafael y Puri, dos profesionales de 40 años: "Nosotros nos casamos tarde y queríamos tener hijos. Fuimos conscientes de que éramos mayores para intentarlo por la vía biológica, así que consideramos la adopción como un camino muy viable, sobre todo después de ver el famoso documental *Las habitaciones de la muerte*, sobre la situación en la que viven las niñas chinas en los orfanatos."

Esta pareja ha adoptado dos niños chinos, Rafael, de cuatro años y Clara, que tiene 15 meses. Según asociaciones de adopción, el pasado año 3.000 parejas españolas consiguieron tener un hijo gracias a este método, en 1999 fueron 2.000 y en 1998, 1.500. Un fenómeno claramente en alza. Los niños adoptados en España proceden, principalmente, de Rumanía, Rusia (la ex diputada de Esquerra Republicana de Cataluña, Pilar Rahola, acaba de adoptar a Ada, su tercera hija, una niña siberiana. Pilar ya tiene una hija biológica de 21 años y un niño de nueve años, también adoptado), China y Colombia. No es de extrañar, pues las adopciones nacionales están cerradas a nuevas solicitudes en Madrid, Andalucía y Cataluña, donde aún hay muchas parejas en listas de espera. "El número de adopciones que hay en España (más del doble que cualquier nación del entorno) indica la importancia que se le concede a los hijos en nuestro país," comenta Amando de Miguel. "Las adopciones cada

día son más sencillas. Cuando adoptamos a Rafa sólo tuvimos seis semanas de permiso por maternidad para estar con él, 10 menos que
los padres biológicos. Fue horrible: estuvimos dos semanas en China
y al mes de llegar me tuve que poner a trabajar y el niño, con dos
añitos y recién venido de otro país, 10 horas de guardería . . . Con
la adopción de Clara ha sido distinto, las leyes ya habían cambiado y
disfrutamos del mismo permiso de maternidad que los padres biológicos," cuenta Puri, la madre de las criaturas.

Adopciones millonarias

El conjunto de trámites (incluido el viaje y la estancia) que requiere
una adopción internacional cuesta entre 10.000 y 18.000 euros, y
a veces se demora hasta año y medio. "Pero merece la pena, desde
que te entregan la foto del niño, en España, tú ya sientes que tienes
un hijo. Y cuando te lo dan, es precioso . . . Me imagino que es
como dar a luz, se debe de tener la misma sensación," analiza Puri.
"Nuestros hijos nos están enseñando que el vínculo de la sangre no
tiene ningún valor, moriríamos por ellos," añade Rafael. "Tendrán
que aprender a vivir sabiendo que son de otra raza, pero eso no
nos preocupa. La sociedad está preparada para familias como la
nuestra."

Otras familias que son aceptadas de buen grado por la mayoría
de la sociedad (siempre y cuando haya trabajo) son las inmigrantes.
Gracias a ellas, nuestra balanza demográfica se está equilibrando y
en España aún nacen niños suficientes para el reemplazo genera-
cional. Según el INE, en 1991 había en España 360.000 inmigrantes
y en 2000, unos 900.000. La agencia Eurostart ha declarado que en
Europa hay más de tres millones de inmigrantes clandestinos. María
y su familia son de los legales, llegaron a España de los primeros,
en el 90. Como el 86% de los grupos familiares inmigrantes, el suyo
está desestructurado, con su marido e hijo mayor aún en Santo
Domingo. "En España hay más ayuda a las familias que en la República Dominicana," cuenta María, "aquí es más fácil tener hijos y
cuidarlos que en mi país; sin embargo, allí las familias tienen tres
hijos más que aquí. Yo creo que a las dominicanas nos gusta más
parir que a las españolas." Para el antropólogo Javier Aranguren,

"el horror de la inmigración es que cuando una familia pierde sus puntos de referencia, sus tradiciones, los lugares a donde solían ir juntos, o incluso a parte de su familia, se incrementa la soledad y el sentimiento de ciudadanos de segunda clase." Respecto a las tensiones internas de estos grupos, aparte de la desubicación cultural y la desestructuración familiar, asociaciones de inmigrantes señalan los problemas de relación conyugal que supone para ellos el que sea la mujer el principal sostén económico de la familia (para ellas siempre es mucho más fácil encontrar trabajo).

Si bien es cierto que en España hay 700.000 separaciones legales al año, también lo es que existe una creciente recomposición familiar mediante las segundas y terceras nupcias. El 65% de los varones divorciados y el 30% de las mujeres vuelve a casarse, según datos del CIS [Centro de Investigaciones Sociológicas]. Eso sin contar con otros tipos menos formales de familias. Santiago tiene 59 años y tres hijos: dos de su primer matrimonio y Carla, una niña de 10 años fruto de su relación con Blanca, una divorciada que ya tenía otra hija de una unión anterior. "Carla sabe perfectamente que no estamos casados, pero no siente ninguna diferencia respecto a los demás hijos porque para nosotros son todos iguales, tanto los de nuestros primeros matrimonios, que son ya mayores, como ella," cuenta Blanca. "Es cierto que hay bastantes hombres en España que no asumen que un hijo es para toda la vida, independientemente de la pareja con quien lo han tenido. Para muchos parece que el hijo va unido a su pareja y, una vez se rompe la relación, rompen también con los hijos sin que las leyes hagan nada para protegerlos," añade.

Igualdad de derechos

Para Santiago, la solución sería equiparar los derechos de los matrimonios a los de la pareja de hecho: "Yo tengo las mismas responsabilidades hacia mi hija estando casado que sin estarlo, igual que hacia mi compañera. Las parejas de hecho deberían tener los mismos derechos que los matrimonios formalmente constituidos." Algo que confirma el antropólogo Aranguren: "Que las parejas de hecho reclamen unos derechos que hasta ahora sólo tenían los matrimonios señala que en el fondo está la intuición natural de que el hombre y la mujer están hechos para vivir siempre juntos."

Pero el 31% de los españoles no es tan romántico y piensa que un niño no necesita un hogar con padre y madre para ser feliz (Encuesta Europea de Valores 2000). De ahí que se respete a la mujer que decide asumir la maternidad en solitario, bien por inseminación artificial, adopción o plan llevado a cabo por medio de un varón, verdadero problema en EEUU, según la psicopedagoga Carmen Valdivia: "La utilización del hombre para tener hijos es más fácil que la adopción, de ahí que muchas mujeres que se plantean la maternidad *en solitario* utilicen esta opción." En los 90 el número de niños que viven con un progenitor soltero creció un 30% en EEUU y un 10% en Europa. Según datos del CIS, sólo el 5% de los hogares españoles es monoparental.

Uno de estos hogares es el constituido por Irene (madre soltera) y su hijo Nicolás, de 18 años. "Lo más difícil de educar a un hijo sola ha sido mantener un nivel de vida que permita al niño desarrollar su personalidad, aparte de hacer de padre y madre para completar el vacío del otro progenitor que no está. El momento más difícil es cuando el niño es pequeño, porque sólo te tienes a ti misma para estar con él, no puedes fallar." Las ayudas de la Administración a familias monoparentales únicamente llegan a aquellas que tienen un salario igual o menor al mínimo interprofesional. "Criar a un hijo en solitario es mucho más costoso. Además, como estás sola al frente del hogar, necesitas pagar a una tercera persona para que cuide del niño y poder ir a trabajar." ¿El resultado? Para Nicolás, excepcional: "Cuando eres pequeño se nota, porque no tienes a un padre con el que jugar y tu madre está siempre muy ocupada. Luego te das cuenta de que una madre es mucho menos severa que un padre, lo que siempre es una ventaja. Creo que la mía me ha educado bien: voy a ir a la universidad, sé dos lenguas y media, me siento como una persona normal y soy feliz." Amando de Miguel cuenta en su libro *Autobiografía de los españoles* que un hogar monoparental puede, en muchos casos (Fernando Fernán Gómez, Severo Ochoa, José Luis Aranguren . . .) ser un estímulo que acicate el desarrollo personal de los niños. La actriz Jodie Foster, hija de madre soltera, también ha elegido este tipo de hogar para sus dos hijos, a los que piensa educar "como madre soltera, igual que me educaron a mí."

Familias "desnatadas"

Tener hijos es la quinta de las condiciones que garantizan el éxito de un matrimonio (más importantes que esto son la fidelidad, el respeto, la comprensión y la tolerancia). Los expertos ya hablan de una corriente individualizadora y sentimentalizadora dentro del matrimonio, que da más importancia a los elementos intrínsecos (relación personal) que a los extrínsecos, es decir, los hijos. Si a esto añadimos que el 46% de las mujeres españolas piensa que ya no necesita tener hijos para realizarse, y a las corrientes americanas de *living apart together* (tener una relación estable sin llegar nunca a vivir juntos), esto nos permite explicarnos por qué según el INE el 50,1% de las mujeres ha decidido no tener hijos en España (13 millones de americanos viven en familias sin hijos). "Nosotros estamos bien así, no nos hace falta un hijo para completar nuestra felicidad. Además, muchas veces los niños separan a la pareja porque el amor se centra en la criatura," cuenta María del Sol quien, a pesar de llevar más de 17 años con José, su pareja, ha renunciado a la maternidad.

¿Reticencias ambientales? "Algunas . . . suelen decirnos que si todas las personas hicieran lo mismo que nosotros se acabaría el mundo," comenta José. En EEUU ya existen asociaciones, como *Childless by Choice* (Sin hijos por elección propia), que reclaman los mismos derechos laborales para las parejas que no quieren tener hijos. "Esa medida me parece bien. Yo, por ejemplo, no puedo pedir flexibilidad laboral o recorte de horario porque no tengo hijos. Es totalmente injusto, cada persona tiene libertad para elegir lo que quiere hacer con su tiempo libre, dedicárselo a una familia o emplearlo en sí misma," afirma María del Sol.

Otros que han elegido una opción bastante ecléctica de familia son Mercedes y Marco, "padres" de Sacha, Trasto, Fermina y Borja Mari, una perrita y tres gatos callejeros a los que han acogido en su pequeño piso. "Desde que tengo a Sacha, hace casi 10 años, he estado tan encantada con ella que no he echado de menos tener hijos," cuenta Mercedes. "A mí no me gustan los niños," dice Marco, quien afirma tratar a sus animales como si fueran "mis enanos, mis niños." En España una de cada cinco familias convive con animales domésticos, mientras que en Europa esa cifra se eleva a un 50%, según las asociaciones de protección de animales que estudian estos temas. Atender correctamente a un perro puede salir 721 euros al año y 420 euros en el caso de un gato común y corriente. Como se ve, una cifra inferior a los 6.000 euros que, según algunas asociaciones de consumidores, cuesta mantener a un niño durante su primer año de vida.

"La sociedad española gasta mucho más dinero en los niños que ningún otro país de los considerados desarrollados. Hoy por hoy, la esencia de la familia española está en la protección de los hijos, de ahí que absolutamente todo se subordine a ellos. Esta situación es buena para los niños, pero provoca muchas tensiones en el seno de la familia, ya que son cambios contradictorios con la marcha y evolución actual de la historia. Por ejemplo, yo creo que es malo que haya tan pocos divorcios en España. Eso significa que muchas personas están juntas porque se aguantan," comenta Amando de Miguel. Ese apego y defensa incondicional de los niños es lo que parece estar dejando la evolución de la familia española un poco por detrás de la europea.

Fuente: Leonor Hermoso, "Diez modelos de familia," *El Mundo*, Número 110 (2001), http://www.elmundo.es/magazine/2001/110/1004439187.html.

Actividades post-lectura

I. Contestar las siguientes preguntas con información del texto (en parejas)

1. ¿Cuáles requisitos debe reunir un grupo para ser considerado una familia? Mencionen distintas posibilidades que recuerden y evalúenlas. Luego, den su propia definición de *familia.*
2. ¿Cuáles son las características más notables de la familia española? ¿En qué sentido está cambiando el modelo tradicional? Den detalles.
3. Comparen tasas de divorcio en España y otros países europeos. ¿Pueden Uds. comparar esas tasas con las de EEUU?

¿Qué factores consideran Uds. más importantes para explicar el aumento de la tasa de divorcio en los últimos 50 años?

4. ¿Qué ventajas y desventajas tienen las parejas de hecho
    comparadas con las parejas casadas? ¿Qué problemas legales
    crean las uniones de hecho y qué soluciones se proponen?

5. Expliquen la situación de las parejas homosexuales, mono-
    parentales y transexuales en España.

II. Describir y analizar (en grupos de 3)

1. Después de leer el artículo, ¿les parece que la evolución de
    la familia española y la estadounidense es similar o notan
    diferencias significativas? Mencionen datos que les hayan
    resultado interesantes o sorprendentes.

2. Película documental. En el artículo se mencionan a las
    siguientes parejas o individuos: (a) Yolanda y Carlos, (b) Eva
    y Geli, (c) Eva, (d) Juan y Sara, (e) Rafael y Puri, (f) María
    y su familia. Si tuvieran que hacer una película documental
    sobre los cambios en la institución familiar, ¿cuál de esas
    situaciones elegirían para su película y por qué?

3. En la sección "Niños: Artículos de lujo" se presenta una
    explicación de la baja tasa de natalidad en España. ¿Qué
    opinan de esos argumentos? ¿La baja natalidad refleja el
    rol central que los hijos tienen para los españoles? ¿Muestra
    "un cierto egoísmo social"? Expliquen sus posiciones.

III. Discutir (en grupos de 3 o 4)

1. ¿Creen Uds. que la legislación debe tratar de modo dife-
    rente a las familias tradicionales y no tradicionales? Conside-
    ren los distintos casos de nuevas familias (de hecho, mono-
    parentales, por fecundación artificial o mediante madres
    subrogadas, homosexuales, transexuales) en relación a las
    leyes. Si creen que debe haber alguna diferencia en las leyes
    que las regulan, expliquen en qué aspectos (impuestos,
    herencia, adopción, seguro de salud, etc.). ¿Creen Uds. que
    debe haber una política pública de aliento de cierto tipo de
    familias y desaliento de otras?

2. Consideren el caso de fecundación artificial o maternidad por subrogación. ¿Tienen Uds. alguna reserva sobre estos métodos? ¿Impondrían algún tipo de limitaciones (por ejemplo, por edad, situación económica de las partes, preferencia sexual, etc.)?

3. Si una amiga de Uds. decidiera tener un hijo "en solitario," ¿qué preguntas le harían Uds.? ¿Tendrían alguna sugerencia para ella?

4. Juan y Sara, en el artículo, son "padres mayores." ¿Qué edad consideran Uds. "ideal" para tener hijos? ¿Conocen Uds. casos de padres que tuvieron sus primeros hijos después de los 36 o 40 años o antes de los 24 años? ¿Qué les parece ventajoso o desventajoso en esas familias, tanto para los padres como para los niños? Justifiquen sus opiniones.

5. En el caso de parejas homosexuales, ¿qué derechos deben otorgárseles en opinión de Uds. (el casamiento, con todas las de la ley, una unión civil, o piensan que no se debe regular este tipo de relaciones)?

6. ¿Las parejas homosexuales deberían poder adoptar niños?

7. Recientemente ha habido algunos casos célebres de adopciones de niños extranjeros. Algunos critican esa tendencia y señalan que no es justificable ir a buscar niños en otros países cuando aquí hay muchos que no tienen familias y que no logran ser adoptados. ¿Tienen alguna opinión al respecto?

8. La asociación Childless by Choice y otras similares reclaman los mismos derechos laborales para las parejas que no quieren tener hijos que para quienes los tienen. ¿Es justo que los padres tengan días de licencia por maternidad, preferencia para las vacaciones o en casos de horas extras, y permiso para estar ausente por enfermedad de los hijos mientras que las personas sin hijos no tienen ninguna de esas ventajas? (Ver la declaración de María del Sol).

IV. Diálogos

Usando la información que aparece en los artículos y su imaginación improvisen diálogos entre las siguientes personas:

1. Una mujer divorciada y con dos hijos y una amiga o un amigo. Discuten la posibilidad de que ella se case con su pareja actual. Tienen distintas opiniones.
2. La misma situación pero entre un hombre divorciado y con hijos y una amiga o un amigo.
3. Una pareja de novios que han llegado a la conclusión de que se quieren y la relación es sólida, discuten estas posibilidades: cohabitar, vivir en casas separadas o casarse.
4. Un hombre o una mujer que han decidido vivir solos charlan con un amigo/una amiga que trata de persuadirlos de las ventajas de casarse o de convivir con alguien.

Vocabulario

descendencia o descendientes: hijos, hijas

criar: cuidar, alimentar, instruir, educar y dirigir

educar: desarrollar las facultades intelectuales y morales de alguien, especialmente un niño o joven

egoísmo: inmoderado y excesivo amor a sí mismo que hace atender demasiado al propio interés, sin considerar a los demás; la persona que tiene egoísmo es **egoísta**

facetas: aspectos de un asunto o de un concepto (por ej. *facetas de la vida*)

prole: hijos, hijas, descendientes

Sin hijos por elección (selección)

Beatriz San Román

¿Por qué tener hijos? Cada vez son más los que deciden no reproducirse y, un poco hartos de que los miren como a extraterrestres, defienden que no es una opción egoísta, sino racional y respetable.

"Cuando la gente se entera de que no tengo coche, me mira como a un bicho raro; cuando me preguntan si tengo hijos y contesto que no, ¡me miran como a un marciano!"[2] Quien así habla es Eduardo,

---

2. de Marte

un abogado madrileño de 39 años. Desde hace 11, mantiene una relación de pareja con Carla, y hace ya ocho que contrajeron matrimonio. Ambos tienen claro que los hijos no entran en su proyecto de vida. Como ellos, son cada vez más los españoles que rechazan la idea de ser padres. Nos encontramos ante las primeras generaciones que se atreven a poner en la balanza los pros y los contras de la paternidad. Sus bisabuelos y sus abuelos crecían teniendo muy claro que de ellos se esperaba que tuvieran una vida similar a la de sus padres, en la que tener y sacar adelante a los hijos sería una faceta fundamental. El primer hijo se tenía poco después de alcanzar la madurez y contraer matrimonio, y después venía otro, y otro . . . Hoy, los hombres y las mujeres que eligen vivir sin descendencia son una tendencia al alza en los países industrializados. En el mundo anglosajón, hace ya años que se vienen organizando para compartir vivencias y reivindicar espacios sólo para adultos: restaurantes, paquetes turísticos ¡y hasta urbanizaciones donde los pequeños tienen vedada[3] su entrada! Se denominan *childfree* (libres de hijos) por oposición a *childless* (sin hijos), término con el que según ellos debería identificarse sólo a aquellas personas que, aun deseándolos, no los tienen. Sólo en Estados Unidos, se estima que en el 2010 habrá 31 millones de parejas sin niños. En España, el porcentaje de personas de 29 años solteras ha pasado en sólo dos décadas de un 20 a un 56%. Hace 30 años, el 80% de las mujeres entre los 25 y los 29 años tenía al menos un hijo a su cargo; hoy son minoría las que en esta franja de edad ya han iniciado el camino de la maternidad.

De media, la mujer española da a luz a su primer hijo rozando[4] la treintena, a una edad en que sus abuelas ya vivían rodeadas de una prole más o menos numerosa. Del materialismo imperante en los ochenta y los noventa hemos pasado a una sociedad que los estudiosos llaman *post-materialista*, en la que la participación y la libertad de poder elegir son valores al alza. Las nuevas generaciones exigen (y ejercen) un mayor control sobre su destino. Eligen su pareja o su orientación profesional con mayor libertad; también el número de hijos y el momento de tenerlos. Retrasan la edad de contraer matrimonio, y, tras él, son muchas las parejas que posponen el momento hasta haber alcanzado cierta estabilidad económica o, simplemente,

3. prohibida
4. cerca de

se dan unos años para disfrutar de actividades y experiencias que los hijos harán inviables en el futuro. Y algunos deciden simplemente que invertir un número importante de años en la educación de sus retoños[5] es algo que no va con ellos.

A contracorriente

"No es que no me gusten los niños. Adoro a mis sobrinos, y me encanta llevármelos de fin de semana o pasar una tarde con ellos. Pero también me gusta devolvérselos a sus padres y saber que puedo seguir con mi vida," explica Asunción, que trabaja en las urgencias de un gran centro hospitalario. "Me gusta mi vida, tengo un trabajo que me apasiona y que me absorbe jornadas larguísimas. En mi tiempo libre, me gusta viajar, leer y practicar el alpinismo. Me parece bien que haya quien piense que una vida con pañales,[6] colacaos[7] y tareas escolares es más interesante. Cada cual debe elegir vivir la suya como mejor le parezca." En su forma de hablar asoma algo muy parecido a la provocación que ella aclara que es en realidad hastío.[8] Un hastío compartido por muchos hombres y mujeres que no están dispuestos a asumir la procreación como una necesidad ni como una obligación, sino como una opción que debería ser, al menos, tan respetada como la de tener hijos. Se sienten a contracorriente en una sociedad que, a su juicio, idealiza la maternidad y mira con suspicacia[9] a quienes la ponen en cuestión. Acostumbrados a tener que explicarse una y otra vez ante un entorno que considera que se equivocan, sus argumentos están concienzudamente hilvanados.[10] Esgrimen en primer lugar la libertad personal de emplear el tiempo y las capacidades propios como cada cual lo estime conveniente, siempre y cuando no perjudique a terceros. No viven la falta de hijos como una renuncia, sino como la oportunidad de dedicar su tiempo y su energía a otras facetas sin el peso de la responsabilidad de su crianza. Ya lo decía Virginia Woolf,

---

5. hijos pequeños (*lit.* nuevo tallo de una planta)
6. *diapers*
7. bebida chocolatada con minerales y vitaminas, originaria de España (Cola Cao)
8. tedio, disgusto
9. sospecha, desconfianza
10. coordinados, enlazados

el mundo sería mucho más pobre si los grandes escritores hubieran cambiado sus libros por niños de carne y hueso.[11] Autores como Platón, Émile Zola, Sartre, Descartes y Kant, o artistas como Francis Bacon o Beethoven nos han dejado un valioso legado sin necesidad de perpetuar sus genes (o tal vez en parte gracias a ello). Junto al libre albedrío,[12] los argumentos éticos y ecológicos son otro de los pilares del discurso de numerosos *childfree*. José Luis, que el año pasado se practicó una vasectomía, explica así lo definitivo de su postura: "No es que sobren personas en la Tierra, ¡lo que sobran son ricos! Cada españolito que nace tendrá un impacto medioambiental enorme y consumirá una cantidad indecente de recursos. Para mí, las familias numerosas son una demostración del egoísmo ciego de una sociedad egocéntrica lanzada a un consumo desaforado; mientras, la mitad de la humanidad no puede cubrir sus necesidades mínimas. ¿Cómo se atreven a decirme que soy un egoísta por no querer aumentar el desequilibrio?," añade. A pesar de sus argumentaciones —o tal vez precisamente porque éstas cuestionan algunas de las asunciones sobre las que el grueso de la población construye sus esquemas—, quienes se cierran en banda a la posibilidad de reproducirse suelen ser vistos como seres inmaduros y egoístas. "Es difícil de entender," afirma Javier, el marido de Asunción. "Traer una criatura a este mundo implica una responsabilidad enorme, pero nadie te pide explicaciones. Si soy un mal padre o no tengo el tiempo necesario para dedicarlo a mis niños, puedo hacer mucho daño; no tenerlos es una opción que no atañe a terceros. A veces pienso que el mundo sería mejor si la gente pensara más en por qué tienen niños en lugar de por qué algunos no los tenemos."

¿Por qué tenemos hijos?

¿Por qué tenemos hijos? La cuestión que Javier coloca sobre el tapete[13] no es tan fácil de responder como pudiera parecer. ¿Porque es lo natural, lo propio del ser humano? "Llevamos inscrito en los genes el instinto de reproducción, pero hemos evolucionado lo su-

---

11. expresión equivalente a *flesh and blood*
12. poder de actuar por reflexión y elección
13. pone en discusión o a consideración

ficiente como para poder cuestionar nuestros instintos con la razón ¿no?," argumenta el profesor de secundaria.

Desde un punto de vista meramente adaptativo, parece claro que procrear ha dejado de ser una necesidad. Durante gran parte de la historia del *Homo sapiens*, tener hijos aseguraba la supervivencia de la especie y del individuo. Pero ya hace mucho tiempo que la perpetuación de la especie humana no depende de que el máximo número de individuos fértiles se reproduzcan. La tensión entre una población mundial que aumenta en 80 millones al año y unos recursos cada vez más escasos alimenta la tesis contraria. Por otra parte, los hijos eran necesarios en el pasado para garantizar la seguridad individual, ya que la familia era el refugio de la vejez y una red de protección frente a la adversidad. La seguridad social, los seguros y los planes de pensiones cubren hoy estos aspectos.

¿Tenemos hijos porque necesitamos dejar nuestra impronta[14] sobre el planeta? ¿Porque fuimos educados para ello? ¿Porque seguimos asumiendo sin cuestionarlo que es lo natural? ¿Simplemente porque es lo que queremos hacer? Para la escritora Corine Maier (que se dio a conocer internacionalmente con el polémico *Buenos días, pereza*), existe una conspiración de los gobiernos y de las empresas capitalistas a favor de la maternidad que anula y esclaviza al personal, en especial a las mujeres. Su libro *No kids: 40 razones para no tener hijos* ha sido número uno en ventas en Francia, uno de los países europeos con mayores tasas de natalidad. . . .

No cabe duda de que convertirse en padres obliga a reajustar las rutinas y las prioridades. Decía el escritor Michael Levine que tener un piano no lo hace a uno pianista, del mismo modo que tener un hijo no lo convierte en padre. Ser padre requiere al menos tanto tiempo y dedicación como llegar a dominar el arte del piano, pero también es cierto que produce algunas de las satisfacciones mayores a las que puede aspirar el ser humano. Acompañar a un hijo en el apasionante proceso por el que pasa de ser un ser indefenso incapaz de valerse por sí mismo a un adulto autónomo es una experiencia transformadora, que nos permite redescubrirnos a nosotros mismos y redescubrir la vida y sus esencias. El amor padre-hijo es

---

14. marca o huella

posiblemente la forma más limpia de amar, ya que es la única que está siempre dispuesta a darlo todo sin necesidad de reciprocidad.

De cuantas decisiones marcan nuestra vida, la de tener hijos es seguramente la más determinante. Podemos cambiar nuestra orientación profesional o nuestra pareja, pero no es posible devolver al útero materno un niño de tres años, un adolescente iracundo[15] o un adulto que no nos entiende. La aventura de ser padres es grandiosa y de por vida y, al mismo tiempo, encierra una enorme responsabilidad. Vivimos tiempos en que podemos (y debemos) plantearnos si deseamos o no asumirla.

Para muchos, ver a sus hijos crecer y desenvolverse en la vida es una de las claves que dan sentido a su paso por el mundo; en cambio, otros sienten que su proyecto de vida es pleno y completo dedicándola a otros proyectos que los hacen sentirse realizados. Si asumimos que tener hijos no es ni una obligación ni una necesidad, podremos considerar tan válida una opción como la otra.

Fuente: Beatriz San Román, *Magazine Digital*, 26 de octubre de 2008, pp. 42-45, http://www.magazinedigital.com/reportajes/sociedad/reportaje/cnt_id/ 2507/pageID/1.

Actividades post-lectura

Análisis y discusión

1. En parejas, hagan una lista de los argumentos que usan las distintas personas citadas en el artículo para justificar su elección de no tener hijos.

2. Luego, en grupos de tres, analicen lo que dicen Eduardo, Asunción, José Luis y Javier. ¿Cuáles son las ideas más interesantes para Uds.? ¿Hay algunos argumentos que consideran inaceptables? ¿Con quién están más de acuerdo?

3. Javier pregunta, ¿Por qué tenemos hijos? ¿Cómo le contestarían Uds.?

4. Hay gente que piensa que no tener hijos es una opción egoísta, ¿por qué creen Uds. que lo dicen? ¿Están de acuerdo? Elaboren.

---

15. propenso a la ira, agresivo

Abogados de la extinción

Gran parte de los males que aquejan al planeta y amenazan la supervivencia de muchas especies son producto de la mano del hombre. ¿Sería la Tierra un mundo mejor si desaparecieran los humanos? Para el Movimiento en Pro de la Extinción Humana Voluntaria, la respuesta es claramente afirmativa: la única solución posible es que los humanos dejemos de reproducirnos.

Puede sonar a chiste, pero no lo es. El VHEMT (Voluntary Extinction Movement, pronunciado *vehement*, por lo que sus miembros se autodenominan *vehementes*) cuenta con miles de voluntarios en todo el mundo. Su página web, traducida a 16 idiomas, entre los que se encuentran el castellano y el catalán, propugna la no procreación como solución a los problemas del ecosistema. Acabar con la polución, el calentamiento global y el cambio climático está en nuestras manos, pero no basta con reciclar el plástico y el vidrio y utilizar gasolina sin plomo. Sólo la desaparición de nuestra especie podrá solucionar los problemas del ecosistema que nosotros mismos hemos creado.

Les U. Knight, fundador del VHEMT, pone especial atención en aclarar que se trata de un movimiento pacífico que no defiende la eliminación de los seres humanos que ya existen. Se trata de un movimiento informal que propugna el diálogo y el debate. A su juicio, traer una criatura al mundo es una forma de negación que equivale a alquilar habitaciones en un edificio ardiendo. "Y nada menos que a nuestros propios hijos," añade. Sabe que es improbable que el movimiento logre imponerse, pero aun así defiende que el *Homo sapiens* es un cáncer que está destruyendo el ecosistema y que deberíamos dejar de reproducirnos para que la vida pueda seguir su curso en la Tierra.

Fuente: *Magazine Digital*, 26 de octubre de 2008, http://www.magazinedigital.com/reportajes/sociedad/reportaje/cnt_id/2507/pageID/1.

Temas de ensayo o composición

1. Escriba una declaración en defensa o en contra del matrimonio igualitario

2. Haga una entrevista a una persona de su conocimiento que tenga una familia considerada no tradicional. Incluya tantas preguntas y sus respuestas como indique su profesor/profesora.

Un alto en el camino

Carmen Martín Gaite

Vocabulario

acariciar: hacer caricias; tocar con la mano de forma afectuosa (*"Dejó de acariciar el pelo de Esteban"*)

apagar (la luz, una cerilla): extinguir, interrumpir el uso (*"Si no les importa apagamos la luz"*)

encender (la luz, una cerilla): iniciar la combustión (*"Alguien encendió una cerilla," "querían dejar encendido el piloto azul"*)

escrutar: examinar cuidadosamente, explorar (*"Escrutó su rostro," "escrutando la oscuridad"*)

lágrima: cada una de las gotas segregada por la glándula lagrimal (*"Emilia sonrió entre lágrimas"*)

llorar: derramar lágrimas (*"Mujer, pero no llores."*)

lloriquear: llorar sin fuerza y sin bastante causa (*"Esteban lloriqueaba"*)

oscuro (sust., adj.): que no tiene luz o claridad (*"se la oyó decir en lo oscuro"*)

oscuridad (sust.): falta de luz para percibir las cosas (*"escrutando la oscuridad"*)

rostro: cara de las personas (*"podía ver bastante bien su rostro"*)

Actividades pre-lectura

1. (En grupos de 3) Las estaciones de tren son frecuentemente usadas como fondo tanto en la literatura como en el cine.

Traten de recordar escenas, en textos o películas, en que la acción ocurriera en una estación de tren. ¿Por qué creen Uds. que los autores usan estos lugares en sus historias? ¿Qué posibilidades dramáticas les dan? ¿Qué connotaciones tienen para Uds. las estaciones de tren? ¿Tienen asociaciones agradables o desagradables? Expliquen.

2. (En parejas) Imaginen un encuentro en una estación de tren entre dos personas. Primero, expliquen quiénes son, qué relación hay entre ellas, cuál es el tema de la conversación, cuáles son las circunstancias de tiempo y si el intercambio es tenso o relajado, amistoso o conflictivo. Luego, improvisen el diálogo.

Un alto en el camino

Carmen Martín Gaite

Carmen Martín Gaite nació en Salamanca en 1925. Se licenció en Filosofía y Letras en la Universidad de Salamanca. Luego se doctoró en la Universidad de Madrid y allí se relacionó con el círculo literario del que formaría parte en las décadas siguientes.

Su literatura muchas veces refleja la difícil realidad de la España de la posguerra y los temas domésticos o del trabajo tienen un lugar central. En las palabras del Prof. Llanos de los Reyes, "La monotonía del quehacer diario, el hastío del momento presente vivido por muchos de estos seres, cobra distintas variantes a lo largo y ancho de bastantes de estos relatos." En *Un alto en el camino*, que leeremos a continuación, los personajes se mueven entre el presente y el pasado; la realidad gris que los envuelve y la posibilidad de una salida.

Primera parte

El niño se durmió un poco antes de llegar a Marsella. Había habido una pequeña discordia entre los viajeros porque unos querían dejar encendido el piloto azul[16] y otros lo querían apagar. Por fin, el más

---

16. luz tenue

enconado defensor de la luz en el departamento, un hombre maduro muy correcto, que hasta aquella discusión no había abierto la boca ni apartado los ojos de un libro muy grueso, bajó su maleta de la rejilla y se marchó, dando un resoplido.[17] Desde la puerta recalcó unas ofendidas "buenas noches a todos," y una vez ido él, los demás se quedaron en calma, como si ya fuera indiferente cualquier solución.

Emilia permaneció unos instantes mirando a la puerta. El marido se apoyaba enfrente, contra la otra ventanilla, y dejaba escapar una respiración ruidosa; también a él le miró.

—Si a ustedes no les importa,— resumió luego, tímidamente, dirigiéndose a las siluetas de los otros— apagamos la luz. Lo digo por el niño, que va medio malo.[18]

Unos se movieron un poco, otros dijeron que sí con la cabeza, y algunos emitieron un sonido confuso. Pero ella, sin esperar contestación ninguna, ya se había levantado para apagar la luz.

—Anda, Esteban, mi vida. Ahora que se ha ido ese señor córrete y ponte más cómodo—se la oyó después decir en lo oscuro—. Así, encima de las rodillas de Emilia; ¿ves cuánto sitio? Pero, bonito, si es que vas mejor . . . ¿No vas bien? Te quito los zapatos.

El niño tendría unos seis años. Se puso a llorar fuerte al ser meneado,[19] y su llanto, entre soñoliento y caprichoso, coincidió con un movimiento de protesta de los viajeros; cambios airados de postura. Ella se inclinó hasta rozar el oído de aquella cabeza de pelo liso y revuelto, y la acomodó mejor en su regazo.[20]

—Pero ¿no vas bien? Si vas muy bien. No, no, mi niño; ahora no llorar —susurró—. Ya estamos llegando a Marsella y no se tiene que despertar tu papá. Emilia no quiere, hazlo para que no llore Emilia. Tú no querrás que llore . . .

—¿Qué le pasa al muchacho?— preguntó el padre, sin abrir los ojos.

—Nada, Gino. Va bien, va muy bien.

Las manos se le hundieron en el pelo de Esteban.

—Calla, duérmete por Dios, por Dios . . . —pronunció apenas.

Y reinó durante largo rato el silencio.

17. respiración fuerte
18. no está bien
19. movido
20. falda, *lap*

Un poco antes de llegar a Marsella, Gino ya roncaba[21] nueva-
mente. Durante este tiempo, que no fue capaz de calcular, había
contenido Emilia la respiración, escrutando con ojos muy abiertos y
fijos la oscuridad de enfrente, al otro lado de la mesita de madera,
donde sabía que venía acurrucado[22] su marido; como si temiera oír
otra pregunta suya de un momento a otro. El único movimiento,
casi imperceptible, era el de sus dedos, peinando y despeinando los
cabellos del niño; y concentraba toda su ansiedad en el esmero que
ponía en esta caricia, hasta el punto de sentir bajar una especie de
fluido magnético a desaguarle en las puntas de las uñas. Empezaban
a dolerle, de tan tensas, las articulaciones, cuando los ronquidos de
Gino vinieron a aliviar aquella rigidez de su postura. Aún se podía
dudar de los primeros, y por eso los escuchó sin moverse nada, pero
luego entró en la tanda de los amplios y rítmicos, no tan sonoros,
completamente tranquilizadores ya. Los ronquidos de Gino ella los
conocía muy bien. En cinco años había aprendido a diferenciarlos.
Le marcaban los pasos lentísimos de la noche durante sus largos
insomnios, y solamente a aquel ruido podía atender, incapaz de
sustraerse a su cercanía que le apagaba cualquier otro pensamiento.
Llegaban a desesperarla, a provocarle deseos de muerte o de fuga.
A veces, aterrada de querer huir o matar, tenía que despertarle,
para no estar tan sola en la noche. Pero nunca le servía de nada;
Gino se enfadaba de ser despertado sin una razón concreta y ella,
a la mañana siguiente, se iba a confesar: "Estuve pensando toda
la noche, padre, en que puedo matarle sin que se entere; cuando
ronca de una determinada manera, sé que podría hacer cualquier
cosa terrible en el cuarto, sin que se enterara de nada. Y aunque no
lo desee, saber que puedo hacerlo me obsesiona."

Dejó de acariciar el pelo de Esteban, que también se había dormido, respiró hondo y desplazó la cabeza hacia la derecha, muy des-
pacio. Ahora ya podía correr un poco la cortinilla y acercar la cara
al cristal. Avanzaba; allí debajo iban las ruedas de hierro, sonando.
Bultos de árboles, de piedras, luces de casas. ¿Qué hora podría ser?

Alguien encendió una cerilla,[23] y, a su resplandor, distinguió
un rostro, despierto, que la miraba —una señora sentada junto a
Gino—; y quiso aprovechar esta mirada.

21. *snored*
22. encogido para protegerse, del frío por ejemplo
23. fósforo, *match*

—¿Sabe usted si falta mucho para Marsella? —le preguntó.

—Unos cinco minutos escasos —contestó el viajero que había encendido la cerilla.

—¿Sólo? Muchas gracias.

—Si no le molesta, enciendo un momento —dijo otra voz; y el departamento se iluminó tenuemente—, porque tengo que bajar mi equipaje.

—¿Usted va a Marsella? —le preguntó a Emilia la señora que la miraba tanto.

Ahora podía ver bastante bien su rostro que, sin saber por qué, le recordaba el de un lagarto. Gino seguía profundamente dormido; no le había alterado ni la trepidación de aquella maleta al ser descolgada. Emilia suspiró y se inclinó hacia la señora.

—No, no voy a Marsella, pero . . .

Escrutó[24] su rostro para calibrar la curiosidad de la pregunta y vio que la seguía mirando atentamente. Sí, se lo diría. Era mejor decírselo a alguien, tener —en cierto modo— un aliado. Los ronquidos de Gino le daba valor.

— . . . pero es que, si puedo, querría apearme[25] allí unos instantes —dijo bajito.

—Claro que puede; se detiene, por lo menos, un cuarto de hora.

Empezó a entrar mucha luz de casas por la rendija de la cortinilla y el tren aminoró la marcha resoplando. El viajero que se bajaba sacó su maleta al pasillo, y otros salieron también. Del pasillo venía, por la puerta que dejaron entreabierta, un revivir de ruidos y movimientos de la gente que se preparaba a apearse. Desembocaba el tren y se ampliaban las calles y las luces, rodeándolo. Luces de ventanas, de faroles, de letreros, de altas bombillas, que entraban hasta el departamento y algunas se posaban sobre el rostro dormido de Gino, girando, resbalando hasta su boca abierta. Pero ni estos reflejos ni el rumor aumentado de la gente, cuando el tren se paró ni tampoco este golpe seco de la parada le despertaron.

El niño, en cambio, se quejó rebullendo[26] entre sueños, pero luego se tapó los ojos con el codo y volvió a quedar inmóvil.

---

24. examinó cuidadosamente, exploró
25. bajarme
26. empezando a moverse

Ya estaba toda la gente en el pasillo, y Emilia no se había levantado. No miraba al padre ni al hijo, evitaba mirarlos, como siempre que tenía miedo de intervenir en una cosa. Ella sabía que con sus ojos lo echaría todo a perder —tan fuerte se almacenaba el deseo en ellos—. Ahora los dirigía hacia una caja grande que había en la rejilla, medio oculta detrás de su maleta.

—¿No tenía usted que bajarse? —le preguntó la señora con curiosidad.

—Sí, gracias . . . , pero es que no sé . . . Tengo miedo por el niño. Como va medio malito.

La señora lo miró a Gino.

—Dígaselo a su esposo. ¿Es su esposo, no?

—Sí; pero no, por Dios; él duerme, está fatigado.

Lo dejaré, lo puedo dejar —resumió angustiosamente. La señora de rostro de lagarto adelantó el cuerpo hacia ella.

—Señora, ¿quiere usted que me ponga yo ahí, en su sitio? Yo le puedo cuidar al niño si no es mucho tiempo.

—¡Oh!, sí. Si es tan amable. Me hace un favor muy grande, un gran favor. Venga con cuidado.

Se levantó y cedió su asiento a la señora. La cabeza de Esteban fue izada[27] y depositada en el nuevo regazo, pero no tan delicadamente como para que no abriera los ojos un instante.

—Emilia, ¿adónde vas?

—Calla un minuto, a un recado; cállate.

—¿Con quién me quedo? ¿Dónde está papá?

—Te quedas con esta señora, que es bonísima, muy buena. Y con papá. Pero cállate; papá va dormido.

—¿No tardas, Emilia?

—¡No! . . . Ay, no sé si irme —vaciló Emilia nerviosísima.

—Por favor, váyase tranquila, señora, no tema. Yo me entiendo muy bien con los niños.

Emilia se subió al asiento y bajó con cuidado la caja de cartón, sin dejar de mirar a su marido, al cual casi rozó con el paquete. El niño la seguía con los ojos.

—Emilia, ¿esta señora cómo se llama?

---

27. levantada

—Juana me llamo, guapo, Juana. Pero a tu mamá no la tienes que llamar Emilia; la tienes que llamar mamá.

Emilia hizo un saludo sin hablar y salió al pasillo.

—No es mi mamá, es la mujer de mi papá —oyó todavía que decía Esteban.

Apenas puesto el pie en la estación, le asaltó un bullicio mareante.[28] Otro tren parado enfrente le impedía tener perspectiva de los andenes.[29] Vendedores de bebidas, de almohadas, de periódicos, eran los puntos de referencia para calcular las distancias y tratar de ordenar dentro de los ojos a tanta gente dispersa. Echó a andar. ¡Qué estación tan grande! No le iba a dar tiempo. A medida que andaba, sentía alejarse a sus espaldas el círculo caliente del departamento recién abandonado y con ella perdía el equilibrio y el amparo. Rebasada la máquina de aquel tren detenido, descubrió otros cuatro andenes y se los echó también a la espalda,[30] añadiéndolos a aquella distancia que tanto la angustiaba. Luego salió a un espacio anchísimo, desde el cual ya se veían las puertas de salida y allí se detuvo, y dejando el paquete en el suelo, se sacó del bolsillo una carta arrugada. En la carta venía un pequeño plano y lo miró: ". . . ¿Ves?— decía, a continuación, la letra picuda[31] de Patri—, es bien fácil. Debajo del anuncio de Dubonet." Alzó los ojos a una fila de letreros verdes y rojos que centelleaban. No lo veía. Preguntó, en mal francés, a un mozo que pasaba con maletas y él logró entenderla, pero ella en cambio no le entendió. Le pareció que se reía de ella, aunque no le importó nada, porque en ese momento había visto encenderse el nombre del letrero. Serpenteaban las letras debajo de un hombre que agitaba los brazos a caballo sobre una botella gigantesca. Bueno, o sea que . . .

—¡Emilia! Aquí, chica, ¡qué despiste![32]

¿Era Patri aquella que venía a su encuentro? ¡Pero qué guapísima, qué bien vestida! Vaciló unos segundos y ya la otra la estaba abrazando y sacudiendo alegremente. Sí que era.

—Patri, Patri, hermana . . .

28. ruido, alboroto que causa mucha gente y que desorienta
29. *tracks*
30. *fig.* los cargó, los dejó atrás
31. con forma de pico, aguda
32. distracción, olvido

Segunda parte

—¿Qué tal, mujer? Creí que ya no venías. Pero venga, no te pongas a llorar ahora. Anda, ven acá . . . ¿Nos sentamos?

—Sí, bueno, como quieras. Creí que me perdía, oye.

Se dejó abrazar y conducir, encogida de emoción y pequeñez. Patri era mucho más grande y pisaba seguro con sus piernas fuertes sobre los altos tacones. Se sentaron en un café lleno de gente, junto a un puesto de libros y revistas.

—¿Qué tomas? ¿Café?

Emilia escuchaba los anuncios por el altavoz, diciendo nombres confusos. Oyó el pitido de una máquina. ¿Se habría despertado Gino?

—Café con leche, bueno. Oye, ¿se me irá el tren?

—No, por favor, no empieces con las prisas. Por lo menos diez minutos podemos estar bien a gusto. Lo acabo de preguntar.

Emilia sonrió entre las lágrimas. Algunas le resbalaban por la cara. Puso la caja encima de las rodillas, y, mientras trataba de desatarle la cuerda, se le caían a mojar el cartón.

—Mujer, pero no llores.

—Te he traído esto.

—¿Qué es eso? Dame.

—Nada. Ya lo abrirás en casa, si no. Son cosas de ropa interior de las que hacen en la fábrica de Gino.

—¿Ropa interior? ¡Qué ilusión! Sí, sí, dámelo. Prefiero abrirlo en casa, desde luego.

—Las combinaciones, sobre todo, son muy bonitas. Te he traído dos. Creo que serán de tu talla. Aunque estás más gorda.

—¿Más gorda? No me mates.

—No, si estás estupendamente así. Estás guapísima. Hasta más joven pareces.

—Más joven es difícil, hija, con cinco años encima. ¿Son cinco, no? —Emilia asintió con la cabeza—. A ti, desde luego, bien se te notan, mujer. Estás muy estropeada.[33]

Trajeron los cafés. Patri cruzó las piernas y sacó una pitillera[34] de plata. Le ofreció a Emilia, que denegó con la cabeza.

33. arruinada, maltratada
34. caja para guardar cigarrillos

—¿Por qué no te cuidas un poco más? —dijo, mirándola, mientras encendía el pitillo—. Tienes aspecto de cansada. ¿No te va bien, verdad?

—Sí, sí . . . Es por el viaje.

—Qué va, yo te conozco. Cómo te puede ir bien con ese hombre. También fue humor el tuyo, hija; perdona que te lo diga.

—No empieces, Patri. ¿Por qué me dices eso?

—Hombre, que por qué te lo digo. Porque no lo he entendido nunca. Se carga con hijo ajeno y con todo lo que sea, cuando no sabe una dónde se mete. Pero tú de sobra lo sabías cómo era él, por la pobre Anita. A ver si no se murió amargada.

—Yo le quiero a Gino, aunque tú no lo entiendas. Y es bueno.

—¿Bueno? Pues, desde luego, lo que hace conmigo de no dejar ni que te escriba, vamos, no me digas que es de tener corazón. Dos hermanas que han sido siempre solas, y sabiendo lo que tú me quieres. A quien se le diga que no nos hemos podido ver en cinco años, que la última vez que fui a Barcelona te estuvo vigilando para que no me pudieras dar ni un abrazo.

Patri había aplastado el pitillo con gesto rabioso. Emilia bajó los ojos y hubo un silencio. Después, dijo con esfuerzo:

—También es que tú . . .

—¿Yo, qué?

—Nada —le salía una voz tímida, temerosa de ofender—. Que la vida que llevas no es para que le guste a nadie. Desde que te viniste de Barcelona, él ha sabido cosas de ti por alguna gente, y siempre son las mismas cosas. También tú, ponte en su caso.

—Pero, a él ¿qué le importa? ¿Y qué vida hace él? Seguro que no seré peor que muchas de las amigas que tenía. Ahora no sé, perdona; pero amigas las ha tenido siempre.

—Él no te tiene simpatía —dijo Emilia con desaliento—. Pero es que es imposible, tú tampoco le quieres ver a él nada bueno.

—Es que no aguanto a la gente como él. Yo seré una tirada,[35] chica, pero es cosa que se sabe. No aguanto a la gente que deja los sermones para dentro de casa . . . Perdona, no llores, soy una bruta. Pero ¿ves?, es que tampoco aguanto que te trate mal a ti. Y lo sé, me lo estás diciendo ahora, lo llevas escrito en la cara . . .

---

35. que no tiene vergüenza, despreciable

—Te digo que no —protestó Emilia débilmente.

—Ojalá sea como dices.

—Además tengo al niño. Él le dice siempre que no soy su madre, y hace bien, si vas a mirar. Pero yo le quiero como si fuera su madre. Y él a mí.

Patri miraba el perfil inclinado de su hermana, escuchaba su voz mohína y caliente.

—Y a ti, mujer, quién no va a quererte. Tú te merecías un príncipe, lo mejor de este mundo.

—La felicidad no está en este mundo, Patri, siempre te lo he dicho.

—Calla, Emi, guapa, déjame de historias. Si tú vieras cómo vivo yo ahora. Como una reina. Tengo de todo. ¡Una casita! . . . ¡Qué pena me da que no vengas a verla!

—Cuánto me alegro. ¿Sigues con aquel Michel?

—Sí. Ya lleva un año conmigo. Quería venir a conocerte, pero no he querido yo. Así hablamos mejor ¿no te parece?

—Sí. ¿Tienes alguna foto?

Patri se puso a rebuscar en el bolsillo. Tenía una cara alegre mientras buscaba. Sacó tres fotos chiquititas y se las enseñó a su hermana. En las tres estaban los dos juntos. Era un hombre joven y sonriente. Una estaba hecha en el campo y se besaban contra un tronco de árbol.

—Está muy bien. ¿Quién os hacía las fotos?

—Es una máquina que se dispara sola. ¿Verdad que es guapo?

—Sí, es muy guapo. Y parece que te quiere.

—Sí que me quiere, Emilia —dijo Patri con entusiasmo—. Me quiere de verdad. Si no fuera por su madre, nos casábamos.

—¿De verdad? —preguntó Emilia, con el rostro súbitamente iluminado—. Por Dios, Patri ¿es posible? Qué estupendo sería. ¿Por qué no me das las señas de la madre? Yo le puedo escribir, si tú quieres; lo hago encantada. Le puedo contar todo lo que vales tú.

Patri se echó a reír ruidosamente.

—No digas cosas, anda, mujer. Quién me va a querer a mí de nuera. Más bien haz una novena[36] para que palme[37] pronto.

---

36. ejercicio de devoción que se practica por nueve días, seguidos por rezos, etc.

37. muera

—Si te conociera, te querría igual que él te quiere.

—Qué va, mujer. Si además nos da igual. Mejor que ahora es imposible estar. Y así, cuando nos cansemos, tenemos la puerta libre. Pero no pongas esa cara.

—No pongo ninguna cara.

—Si vieras qué sol de casita. Con mi nevera y todo. Dos habitaciones. Es aquí, cerca de la estación. ¿No te daría tiempo de salir conmigo para verla?

Emilia dio un respingo[38] y miró el reloj iluminado al fondo, lejísimos. ¿Dónde estaría su tren?

—Oye, Patri, no; salir imposible. Me tengo que ir. ¿Cuánto tiempo habrá pasado?

—Es verdad, ya habrían pasado los diez minutos. Pero no te apures. Te da tiempo.

—No, no; no me da tiempo. Está lejos mi tren. Dios mío, dame un beso.

—Espera mujer, que pague y te acompaño yo.

—No, no espero, de verdad. Como no salga corriendo ahora mismo, lo pierdo, seguro.

—¿Vais a Milán, no? A ver a la familia de Gino.

—Sí. Es en el cuarto andén, me parece. Me voy, Patri, me voy.

—Mujer, qué nerviosa te pones. No se puede vivir, así, tan nerviosa como vives tú. Oiga, camarero, ¿el tren para Italia?

El camarero dijo algo muy de prisa, mientras recogía los servicios.

—¿Qué dice, por Dios?

—Que debe salir ahora mismo, dentro de dos minutos.

—Ay, que horror, dos minutos . . .

Abrazó fugazmente a su hermana y escapó de sus brazos como una liebre. Patri intentó detenerla, diciendo que la esperase, pero solamente la vio volver la cabeza llorando, agitar un brazo, tropezarse con un maletero y, por fin, perderse, a la carrera, entre la gente.

Corría lo más de prisa que podía, desenfrenadamente. Iba contando. Hasta sesenta es un minuto. Luego, otros sesenta y ya. Perdía el tren, seguro. Cincuenta y tres . . . Con lo lejos que estaba.

---

38. sacudida del cuerpo por una sorpresa o sobresalto

Le dolían los costados de correr. Algo sonó contra el suelo. Un pendiente. No sabía si pararse a buscarlo o seguir; miró un poco y no lo veía. Uno de los pendientes de boda, Dios mío. Ciento catorce . . . Si perdía el tren, volvía para buscarlo. Reemprendió la carrera. El altavoz rugía palabras nasales.

—¿El tren de Italia?

—*Celui-lá. Il est en train de partir.*

Apresuró todavía la carrera y alcanzó el último vagón, que ya se movía. Se encaramó[39] a riesgo de caerse. Alguien le dio la mano.

—Gracias. ¿Esto es segunda?

—No, primera.

Respiró, apoyada contra una ventanilla. Los andenes empezaban a moverse, llevándose a la gente que los poblaba. Todo se le borraba, le bailaba en las lágrimas.

—¿Se encuentra mal, señora?

—No, no; gracias.

Echó a andar. Era larguísimo el tren. Pasaba los fuelles, como túneles temblorosos, y a cada nuevo vagón, iba mirando los departamentos. Desde la embocadura al pasillo del suyo, divisó a Gino, asomado a una ventanilla, con medio cuerpo para afuera, oteando[40] el andén. Se secó las lágrimas y le temblaban las piernas al acercarse. Le llegó al lado. Salían de la estación en aquel momento, y él se retiraba de la ventana, con gesto descompuesto.

—¡Loca! ¡Estás loca! —le dijo al verla, apretando los puños—. ¿Se puede hacer lo que haces? Te escapas como una rata, dejando al niño en brazos del primer desconocido.

—Calla, Gino, no te pongas furioso. Había ido al tocador.

—¡Embustera![41] Lo sé que has bajado. Y también sé para qué.

—Calla, Gino, no armes escándalo ahora.

—Lo armo porque sí, porque me da la gana. Todo por ver a ésa. Porque eres como ella, y sin ir a verla, no podías vivir.

Emilia corrió la puerta del departamento y entró, sorteando piernas en lo oscuro. La señora ya se había vuelto a su sitio, y Esteban lloriqueaba, acurrucado contra la ventanilla. Lo cogió en brazos.

---

39. subió
40. mirando con cuidado
41. mentirosa

—Ya está aquí Emilia, no llores, mi vida.

—Ha llorado todo este rato —dijo Gino con voz ronca, mientras se acomodaba enfrente—, pero entonces te importaba poco. Tenías bastante embeleso con oír a esa tía, a esa perdida.

—Papá, no riñas[42] a Emilia; no la riñas, papá. Ya ha venido.

—Por favor, Gino, no hagas llorar a Esteban, pobrecito. Me dirás lo que quieras al llegar. Mañana.

—No hables al niño, hipócrita, no te importa nada del niño —insistía él fuera de sí.

Algunos viajeros les mandaron callar, y Gino se volvió groseramente contra el rincón mascullando insultos todavía. Emilia se tropezó con los ojos de la señora de enfrente y le dio las gracias con un gesto. Luego acomodó a Esteban en su regazo, igual que antes y se puso a besarle los ojos y el pelo. Volvía a reconocer el departamento inhóspito como un ataúd, y a todos los viajeros, que le parecían disecados, petrificados en sus posturas. El tren corría, saliendo de Marsella. Pasaban cerquísima de una pared con ventanas. Emilia había apoyado la cabeza contra el cristal. Más ventanas en otra pared. Las iba mirando perderse. Algunas estaban iluminadas y se vislumbraban escenas en el interior. Cualquiera de aquellas podía ser la de Patri. Duraron todavía algún rato las paredes y ventanas, hasta que se fueron alejando por otras calles, escasearon y se dejaron ver. El tren iba cada vez más de prisa y pitaba, saliendo al campo negro.

Fuente: © Herederos de Carmen Martín Gaite, 2011. © Ediciones Siruela, Madrid, 2010. ("Un alto en el camino" incluido en el libro *Las ataduras*, derechos de autor cedidos por Ediciones Siruela, S.A. Madrid, 2011. © Herederos de Carmen Martín Gaite, 2011).

Actividades post-lectura

Primera parte

I. Comprensión (en parejas)

1. Enumeren a los personajes y describan las relaciones entre ellos.
2. Detallen el contexto, con detalles del ambiente, circunstancias de tiempo y lugar y estado de ánimo de los distintos per-

---

42. no discutas, no pelees

sonajes. ¿Cómo crea la autora el ambiente? ¿Qué frases les parecen que describen más vívidamente las circunstancias de la historia?

3. Analicen a Emilia y den tantos detalles como puedan sobre su situación, preocupaciones, temperamento, situación familiar, etc. ¿Cuáles son las observaciones que aparecen en las primeras páginas que son más reveladoras de sus sentimientos y emociones? Busquen frases o palabras que den evidencia o indicios de los mismos.

4. Describan tan detalladamente como recuerden la escena que ve Emilia en la estación, cuando baja del tren.

5. ¿Cuánto tiempo tiene Emilia antes de que el tren vuelva a partir? ¿Adónde van?

II. Encuentro (en grupos de 3)

Al final de la primera parte del cuento asistimos al encuentro de Emilia con su hermana Patri, que vamos a leer en la segunda parte. Traten de imaginar situaciones posibles para este encuentro tan breve y que pone tan nerviosa a Emilia. Piensen varios escenarios alternativos tanto para el encuentro como para el resto de la acción en la estación. ¿Qué imaginan Uds. que va a pasar? Expliquen cómo llegan a esa idea.

III. Creación (en parejas)

Imaginen un diálogo entre Emilia y Gino antes de emprender el viaje. Decidan el tono y contenido de la conversación y pueden hacer, o no, una referencia a la parada del tren en Marsella.

Segunda parte

I. Comprensión (en parejas)

1. Mencionen algunas de las observaciones que Emilia hace sobre Patri. ¿Qué reflejan, en su opinión?

2. ¿Cuánto hace que no se ven? ¿Cuánto hace que Emilia está casada? ¿Quién es Anita?

3. ¿Cuál parece ser la causa del disgusto de Gino hacia Patri?

4. Hagan una comparación lo más completa que puedan entre Emilia y Patri. ¿Qué impresión tienen Uds. de Patri?

II. Análisis (en grupos de 3 o 4)

1. Expliquen cómo entienden Uds. estas frases de Patri: "¿Quién me va a querer a mí de nuera?" y "Cuando nos cansemos tendremos la puerta libre."

2. Mientras leían el cuento, ¿creyeron Uds. que Emilia iba a perder el tren? ¿Habrían preferido esa situación? Expliquen por qué sí o no.

3. ¿Qué piensan de la declaración de Emilia: "Yo lo quiero a Gino, aunque tú no lo entiendas. Y es bueno."

4. ¿Cuáles son —en opinión de Uds.— los temas del cuento?

Nota gramatical

1. Se usa el condicional para indicar probabilidad en el pasado, con relación al imperfecto:
   "*El niño tendría unos seis años*": No se sabe con precisión pero se puede estimar que el niño tenía 6 años.

2. Para indicar probabilidad o conjetura en el presente se usa el tiempo futuro:
   "¿Qué edad tiene la Sra. Juana? "No sé; tendrá 55 años."
   "¿Qué hora será?" "No estoy segura; serán las tres."

3. Se usa el futuro perfecto para indicar probabilidad o conjetura en el pasado, con relación al pretérito:
   "¿A qué hora salió el tren para Milán?" "No sé; habrá salido a las 10 de la mañana."
   "Cuántos minutos estuvo Emilia con Patri?" "No es totalmente preciso pero habrá estado unos 12 minutos."

III. Creación (en parejas)

Agreguen una escena final a esta historia. Expliquen las circunstancias de tiempo y lugar, los personajes que participan y sus acciones.

IV. Diálogo (en grupos de 3)

Imaginen que Uds. son amigos de Emilia que la encuentran al final del viaje, en Milán, y ella les cuenta lo que ha pasado. Improvisen un diálogo con ella.

V. Usando el vocabulario aprendido (en parejas)

¿Qué palabras o expresiones del vocabulario de la sección "Nuevas y viejas familias," son útiles para explicar este cuento?

Tema de composición o ensayo

Escriba una reseña y crítica de este cuento para publicar en una revista de arte y cultura. Evalúe la idea central de la historia, el desarrollo de los eventos, la forma en que son presentados los personajes, y el final. Explique si hay ideas que le resultaron interesantes o provocativas y si hay aspectos que les resultaron irritantes o innecesarios.

La salud de los enfermos

Julio Cortázar

Vocabulario

afligir: preocupar (*"no te ha querido afligir sabiendo que todavía no estás bien"*)

doler: significa *to hurt* or *to ache*; el sujeto gramatical es una parte del cuerpo y la persona es el objeto indirecto (*"[A la madre] no le dolía la cintura"*)

lastimar(se), hacer daño: producir una herida o daño a otra persona o a sí mismo. El sujeto gramatical puede ser una persona o un objeto (*"Le dijeron a la madre que Alejandro se había lastimado un tobillo"*)

el dolor (sust.): sensación molesta o aflictiva (*"se quejaba de un insoportable dolor de cabeza"*)

remedios: medicamentos, medicinas (*"había avisos de remedios nada seguros"*)

no quedar más remedio: Expresión que significa "no quedar otra solución" (*"No quedaba más remedio que entrar a cada momento en el dormitorio"*)

enferma/enfermo (sust.): persona que sufre alguna enfermedad

estar enfermo/a: no sentirse bien; sufrir alguna enfermedad

la enfermedad: alteración más o menos grave de la salud; anormalidad en el funcionamiento de un organismo

enterarse: empezar a saber algo; recibir información

falsificar: adulterar; crear algo en imitación del original, con la intención de confundir o engañar a otros; por ejemplo, se puede falsificar una firma, un documento, un trabajo artístico, etc. (*"Lo más que puedo hacer es falsificarle la firma"*)

fingir: aparentar (*"a fuerza de fingir las risas todos habían acabado por reírse de veras,"* *"la rodeaban sin poder fingir lo que sentían"*)

firmar: poner el nombre propio en un papel o documento

ocultar: esconder, no mostrar (*"comprender y aprobar que le ocultaran a mamá lo de Alejandro"*)

la salud: condiciones físicas en que se encuentra un organismo en un momento determinado

sano/a (adj.): que goza de buena salud; que no tiene ninguna enfermedad

Nota sobre el voseo

En Argentina, Uruguay, Costa Rica y otros países se suele usar *vos* en vez de *tú*, con formas especiales de los verbos. Por ejemplo: vos hablás, vos tenés, vos vivís.

Vos tiene una relación histórica con el español *vosotros* pero es una persona del singular, equivalente de tú, y se usa solamente en unos pocos países de América Latina y no en España.

Actividades pre-lectura

1. En clase, en parejas, lean el primer párrafo del cuento y
    ordenen la información que aparece en ese párrafo:
    *   Nombres de los personajes y cualquier otra información
        sobre los mismos
    *   Evento principal
    *   Referencias a otros eventos
2. Con esta información imaginen una posible trama de esta
    historia.

La salud de los enfermos

Julio Cortázar

Julio Cortázar (1914-1984) es un novelista, cuentista, poeta
y ensayista argentino, nacido en Bruselas durante uno de los
viajes a Europa de sus padres. Pasó la mayor parte de su vida
en Argentina pero, por razones políticas, se radicó finalmente
en Francia y obtuvo la ciudadanía francesa en 1983. Cortázar
fue uno de los fundadores del llamado *boom latinoamericano*. Su

obra fue traducida a muchos idiomas, incluso el chino, y recibió innumerables premios y reconocimientos.

"La salud de los enfermos" es un cuento incluido en la colección *Todos los fuegos el fuego,* publicada en 1966. En la historia Cortázar explora la idea de costumbre y realidad mostrando cómo una mentira puede convertirse en verdad cuando nos habituamos a ella y a la vez, que la verdadera realidad puede ser tan ficticia como la realidad inventada.

Primera parte

Cuando inesperadamente tía Clelia se sintió mal, en la familia hubo un momento de pánico y por varias horas nadie fue capaz de reaccionar y discutir un plan de acción, ni siquiera tío Roque que encontraba siempre la salida más atinada.[43] A Carlos lo llamaron por teléfono a la oficina, Rosa y Pepa despidieron a los alumnos de piano y solfeo[44] y hasta tía Clelia se preocupó más por mamá que por ella misma. Estaba segura de que lo que sentía no era grave, pero a mamá no se le podían dar noticias inquietantes con su presión y su azúcar, de sobra sabían todos que el doctor Bonifaz había sido el primero en comprender y aprobar que le ocultaran a mamá lo de Alejandro. Si tía Clelia tenía que guardar cama era necesario encontrar alguna manera de que mamá no sospechara que estaba enferma, pero ya lo de Alejandro se había vuelto tan difícil y ahora se agregaba esto; la menor equivocación, y acabaría por saber la verdad. Aunque la casa era grande, había que tener en cuenta el oído tan afinado de mamá y su inquietante capacidad para adivinar dónde estaba cada uno. Pepa, que había llamado al doctor Bonifaz desde el teléfono de arriba, avisó a sus hermanos que el médico vendría lo antes posible y que dejaran entornada la puerta cancel[45] para que entrase sin llamar. Mientras Rosa y tío Roque atendían a tía Clelia que había tenido dos desmayos y se quejaba de un insoportable dolor de cabeza, Carlos se quedó con mamá para contarle las novedades del conflicto diplomático con el Brasil y leerle las úl-

---

43. la mejor salida

44. acción de cantar marcando el compás y pronunciando el nombre de las notas

45. contrapuerta, segunda puerta

timas noticias. Mamá estaba de buen humor esa tarde y no le dolía la cintura como casi siempre a la hora de la siesta. A todos les fue preguntando qué les pasaba que parecían tan nerviosos, y en la casa se habló de la baja presión y de los efectos nefastos de los mejoradores en el pan. A la hora del té vino tío Roque a charlar con mamá, y Carlos pudo darse un baño y quedarse a la espera del médico. Tía Clelia seguía mejor, pero le costaba moverse en la cama y ya casi no se interesaba por lo que tanto la había preocupado al salir del primer vahído. Pepa y Rosa se turnaron junto a ella, ofreciéndole té y agua sin que les contestara; la casa se apaciguó[46] con el atardecer y los hermanos se dijeron que tal vez lo de tía Clelia no era grave, y que a la tarde siguiente volvería a entrar en el dormitorio de mamá como si no le hubiese pasado nada.

Con Alejandro las cosas habían sido mucho peores, porque Alejandro se había matado en un accidente de auto a poco de llegar a Montevideo donde lo esperaban en casa de un ingeniero amigo. Ya hacía casi un año de eso, pero siempre seguía siendo el primer día para los hermanos y los tíos, para todos menos para mamá ya que para mamá Alejandro estaba en el Brasil donde una firma de Recife[47] le había encargado la instalación de una fábrica de cemento. La idea de preparar a mamá, de insinuarle que Alejandro había tenido un accidente y que estaba levemente herido, no se les había ocurrido siquiera después de las prevenciones del doctor Bonifaz. Hasta María Laura, más allá de toda comprensión en esas primeras horas, había admitido que no era posible darle la noticia a mamá. Carlos y el padre de María Laura viajaron al Uruguay para traer el cuerpo de Alejandro, mientras la familia cuidaba como siempre de mamá que ese día estaba dolorida y difícil. El club de ingeniería aceptó que el velorio[48] se hiciera en su sede[49] y Pepa, la más ocupada con mamá, ni siquiera alcanzó a ver el ataúd de Alejandro mientras los otros se turnaban de hora en hora y acompañaban a la pobre María Laura perdida en un horror sin lágrimas. Como casi siempre, a tío Roque le tocó pensar. Habló de madrugada con Carlos, que lloraba silenciosamente a su hermano con la cabeza apoyada en la carpeta verde de la mesa del comedor donde tantas veces

---

46. se aquietó, se tranquilizó
47. ciudad en el norte de Brasil
48. ceremonia en la que se pasa la noche al cuidado de una persona muerta
49. en el edificio de la compañía

habían jugado a las cartas. Después se les agregó tía Clelia, porque mamá dormía toda la noche y no había que preocuparse por ella. Con el acuerdo tácito de Rosa y de Pepa, decidieron las primeras medidas, empezando por el secuestro de *La Nación* —a veces mamá se animaba a leer el diario unos minutos— y todos estuvieron de acuerdo con lo que había pensado el tío Roque. Fue así como una empresa brasileña contrató a Alejandro para que pasara un año en Recife,[50] y Alejandro tuvo que renunciar en pocas horas a sus breves vacaciones en casa del ingeniero amigo, hacer su valija y saltar al primer avión. Mamá tenía que comprender que eran nuevos tiempos, que los industriales no entendían de sentimientos, pero Alejandro ya encontraría la manera de tomarse una semana de vacaciones a mitad de año y bajar a Buenos Aires. A mamá le pareció muy bien todo eso, aunque lloró un poco y hubo que darle a respirar sus sales. Carlos, que sabía hacerla reír, le dijo que era una vergüenza que llorara por el primer éxito del benjamín[51] de la familia, y que a Alejandro no le hubiera gustado enterarse de que recibían así la noticia de su contrato. Entonces mamá se tranquilizó y dijo que bebería un dedo de málaga[52] a la salud de Alejandro. Carlos salió bruscamente a buscar el vino, pero fue Rosa quien lo trajo y quien brindó con mamá.

La vida de mamá era bien penosa, y aunque poco se quejaba había que hacer todo lo posible por acompañarla y distraerla. Cuando al día siguiente del entierro de Alejandro se extrañó de que María Laura no hubiese venido a visitarla como todos los jueves, Pepa fue por la tarde a casa de los Novalli para hablar con María Laura. A esa hora tío Roque estaba en el estudio de un abogado amigo, explicándole la situación; el abogado prometió escribir inmediatamente a su hermano que trabajaba en Recife (las ciudades no se elegían al azar en casa de mamá) y organizar lo de la correspondencia. El doctor Bonifaz ya había visitado como por casualidad a mamá, y después de examinarle la vista la encontró bastante mejor pero le pidió que por unos días se abstuviera de leer los diarios. Tía Clelia se encargó de comentarle las noticias más interesantes; por suerte a mamá no le gustaban los noticieros radiales porque eran vulgares y a cada rato

---

50. esta noticia fue inventada por la familia
51. el hijo más joven
52. vino dulce

había avisos de remedios nada seguros que la gente tomaba contra viento y marea[53] y así les iba.

María Laura vino el viernes por la tarde y habló de lo mucho que tenía que estudiar para los exámenes de arquitectura.

—Sí, mi hijita —dijo mamá, mirándola con afecto—. Tenés los ojos colorados de leer, y eso es malo. Ponete unas compresas con hamamelis,[54] que es lo mejor que hay.

Rosa y Pepa estaban ahí para intervenir a cada momento en la conversación, y María Laura pudo resistir y hasta sonrió cuando mamá se puso a hablar de ese pícaro de novio que se iba tan lejos y casi sin avisar. La juventud moderna era así, el mundo se había vuelto loco y todos andaban apurados y sin tiempo para nada. Después mamá se perdió en las ya sabidas anécdotas de padres y abuelos, y vino el café y después entró Carlos con bromas y cuentos, y en algún momento tío Roque se paró en la puerta del dormitorio y los miró con su aire bonachón, y todo pasó como tenía que pasar hasta la hora del descanso de mamá.

La familia se fue habituando, a María Laura le costó más pero en cambio sólo tenía que ver a mamá los jueves; un día llegó la primera carta de Alejandro (mamá se había extrañado ya dos veces de su silencio) y Carlos se la leyó al pie de la cama. A Alejandro le había encantado Recife, hablaba del puerto, de los vendedores de papagayos y del sabor de los refrescos, a la familia se le hacía agua la boca[55] cuando se enteraba de que los ananás no costaban nada, y que el café era de verdad y con una fragancia . . . Mamá pidió que le mostraran el sobre, y dijo que habría que darle la estampilla al chico de los Marolda que era filatelista, aunque a ella no le gustaba nada que los chicos anduvieran con las estampillas porque después no se lavaban las manos y las estampillas habían rodado por todo el mundo.

—Les pasan la lengua para pegarlas— decía siempre mamá— y los microbios quedan ahí y se incuban, es sabido. Pero dásela lo mismo, total ya tiene tantas que una más . . .

Al otro día mamá llamó a Rosa y le dictó una carta para Alejandro, preguntándole cuándo iba a poder tomarse vacaciones y si el

53. resistiendo dificultades u oposición
54. hierbas medicinales
55. pensaban con deleite en el sabor de un alimento

viaje no le costaría demasiado. Le explicó cómo se sentía y le habló del ascenso que acababan de darle a Carlos y del premio que había sacado uno de los alumnos de piano de Pepa. También le dijo que María Laura la visitaba sin faltar ni un solo jueves, pero que estudiaba demasiado y que eso era malo para la vista. Cuando la carta estuvo escrita, mamá la firmó al pie con un lápiz, y besó suavemente el papel. Pepa se levantó con el pretexto de ir a buscar un sobre, y tía Clelia vino con las pastillas de las cinco y unas flores para el jarrón de la cómoda.

Nada era fácil, porque en esa época la presión de mamá subió todavía más y la familia llegó a preguntarse si no habría alguna influencia inconsciente, algo que desbordaba del comportamiento de todos ellos, una inquietud y un desánimo que hacían daño a mamá a pesar de las precauciones y la falsa alegría. Pero no podía ser, porque a fuerza de fingir las risas todos habían acabado por reírse de veras con mamá, y a veces se hacían bromas y se tiraban manotazos aunque no estuvieran con ella, y después se miraban como si se despertaran bruscamente, y Pepa se ponía muy colorada y Carlos encendía un cigarrillo con la cabeza gacha. Lo único importante en el fondo era que pasara el tiempo y que mamá no se diese cuenta de nada. Tío Roque había hablado con el doctor Bonifaz, y todos estaban de acuerdo en que había que continuar indefinidamente la comedia piadosa, como la calificaba tía Clelia. El único problema eran las visitas de María Laura porque mamá insistía naturalmente en hablar de Alejandro, quería saber si se casarían apenas él volviera de Recife o si ese loco de hijo iba a aceptar otro contrato lejos y por tanto tiempo. No quedaba más remedio que entrar a cada momento en el dormitorio y distraer a mamá, quitarle a María Laura que se mantenía muy quieta en su silla, con las manos apretadas hasta hacerse daño, pero un día mamá le preguntó a tía Clelia por qué todos se precipitaban en esa forma cuando María Laura venía a verla, como si fuera la única ocasión que tenían de estar con ella. Tía Clelia se echó a reír y le dijo que todos veían un poco a Alejandro en María Laura, y que por eso les gustaba estar con ella cuando venía.

—Tenés razón, María Laura es tan buena —dijo mamá—. El bandido de mi hijo no se la merece, creeme.

—Mirá quién habla —dijo tía Clelia—. Si se te cae la baba[56] cuando nombrás a tu hijo.

Mamá también se puso a reír, y se acordó de que en esos días iba a llegar carta de Alejandro. La carta llegó y tío Roque la trajo junto con el té de las cinco. Esa vez mamá quiso leer la carta y pidió sus anteojos de ver cerca. Leyó aplicadamente, como si cada frase fuera un bocado que había que dar vueltas y vueltas paladeando.

—Los muchachos de ahora no tienen respeto —dijo sin darle demasiada importancia—. Está bien que en mi tiempo no se usaban esas máquinas, pero yo no me hubiera atrevido jamás a escribir así a mi padre, ni vos tampoco.

—Claro que no —dijo tío Roque—. Con el genio que tenía el viejo.[57]

—A vos no se te cae nunca eso del viejo, Roque. Sabés que no me gusta oírtelo decir, pero te da igual. Acordate cómo se ponía mamá.

—Bueno, está bien. Lo de viejo es una manera de decir, no tiene nada que ver con el respeto.

—Es muy raro —dijo mamá, quitándose los anteojos y mirando las molduras del cielo raso–. Ya van cinco o seis cartas de Alejandro, y en ninguna me llama . . . Ah, pero es un secreto entre los dos. Es raro, sabés. ¿Por qué no me ha llamado así ni una sola vez?

—A lo mejor al muchacho le parece tonto escribírtelo. Una cosa es que te diga . . . ¿cómo te dice? . . .

—Es un secreto —dijo mamá—. Un secreto entre mi hijito y yo.

Ni Pepa ni Rosa sabían de ese nombre, y Carlos se encogió de hombros cuando le preguntaron.

—¿Qué querés, tío? Lo más que puedo hacer es falsificarle la firma. Yo creo que mamá se va a olvidar de eso, no te lo tomes tan a pecho.

Segunda parte

A los cuatro o cinco meses, después de una carta de Alejandro en la que explicaba lo mucho que tenía que hacer (aunque estaba contento porque era una gran oportunidad para un ingeniero joven), mamá insistió en que ya era tiempo de que se tomara unas

56. siente gran placer hablando de su hijo
57. con el mal carácter que tenía el padre

vacaciones y bajara a Buenos Aires. A Rosa, que escribía la respuesta de mamá, le pareció que dictaba más lentamente, como si hubiera estado pensando mucho cada frase.

—Vaya a saber si el pobre podrá venir —comentó Rosa como al descuido—. Sería una lástima que se malquiste[58] con la empresa justamente ahora que le va tan bien y está tan contento.

Mamá siguió dictando como si no hubiera oído. Su salud dejaba mucho que desear[59] y le hubiera gustado ver a Alejandro, aunque sólo fuese por unos días. Alejandro tenía que pensar también en María Laura, no porque ella creyese que descuidaba a su novia, pero un cariño no vive de palabras bonitas y promesas a la distancia. En fin, esperaba que Alejandro le escribiera pronto con buenas noticias. Rosa se fijó que mamá no besaba el papel después de firmar, pero que miraba fijamente la carta como si quisiera grabársela en la memoria. "Pobre Alejandro," pensó Rosa, y después se santiguó bruscamente sin que mamá la viera.

—Mirá —le dijo tío Roque a Carlos cuando esa noche se quedaron solos para su partida de dominó—, yo creo que esto se va a poner feo. Habrá que inventar alguna cosa plausible, o al final se dará cuenta.

—Qué sé yo, tío. Lo mejor será que Alejandro conteste de una manera que la deje contenta por un tiempo más. La pobre está tan delicada, no se puede ni pensar en . . .

—Nadie habló de eso, muchacho. Pero yo te digo que tu madre es de las que no aflojan. Está en la familia, che.

Mamá leyó sin hacer comentarios la respuesta evasiva de Alejandro, que trataría de conseguir vacaciones apenas entregara el primer sector instalado de la fábrica. Cuando esa tarde llegó María Laura, le pidió que intercediera para que Alejandro viniese aunque no fuera más que una semana a Buenos Aires. María Laura le dijo después a Rosa que mamá se lo había pedido en el único momento en que nadie más podía escucharla. Tío Roque fue el primero en sugerir lo que todos habían pensado ya tantas veces sin animarse a decirlo por lo claro, y cuando mamá le dictó a Rosa otra carta para Alejandro, insistiendo en que viniera, se decidió que no quedaba más remedio que hacer la tentativa y ver si mamá estaba en condi-

---

58. se enemiste o ponga en conflicto
59. está lejos de ser buena

ciones de recibir una primera noticia desagradable. Carlos consultó
al doctor Bonifaz, que aconsejó prudencia y unas gotas.[60] Dejaron
pasar el tiempo necesario, y una tarde tío Roque vino a sentarse
a los pies de la cama de mamá, mientras Rosa cebaba un mate[61]
y miraba por la ventana del balcón, al lado de la cómoda de los
remedios.

—Fijate que ahora empiezo a entender un poco por qué este
diablo de sobrino no se decide a venir a vernos —dijo tío Roque—.
Lo que pasa es que no te ha querido afligir, sabiendo que todavía
no estás bien.

Mamá lo miró como si no comprendiera.

—Hoy telefonearon los Novalli, parece que María Laura recibió
noticias de Alejandro. Está bien, pero no va a poder viajar por unos
meses.

—¿Por qué no va a poder viajar? —preguntó mamá.

—Porque tiene algo en un pie, parece. En el tobillo, creo. Hay
que preguntarle a María Laura para que diga lo que pasa. El viejo
Novalli habló de una fractura o algo así.

—¿Fractura de tobillo? —dijo mamá.

Antes de que tío Roque pudiera contestar, ya Rosa estaba con
el frasco de sales. El doctor Bonifaz vino en seguida, y todo pasó
en unas horas, pero fueron horas largas y el doctor Bonifaz no se
separó de la familia hasta entrada la noche. Recién dos días después
mamá se sintió lo bastante repuesta como para pedirle a Pepa que
le escribiera a Alejandro. Cuando Pepa, que no había entendido
bien, vino como siempre con el block y la lapicera, mamá cerró los
ojos y negó con la cabeza.

—Escribile vos, nomás. Decile que se cuide.

Pepa obedeció, sin saber por qué escribía una frase tras otra
puesto que mamá no iba a leer la carta. Esa noche le dijo a Carlos
que todo el tiempo, mientras escribía al lado de la cama de mamá,
había tenido la absoluta seguridad de que mamá no iba a leer ni a
firmar esa carta. Seguía con los ojos cerrados y no los abrió hasta
la hora de la tisana;[62] parecía haberse olvidado, estar pensando en
otras cosas.

---

60. *drops*
61. una infusión de hierbas muy popular en Argentina y Uruguay
62. infusión de hierbas medicinales

Alejandro contestó con el tono más natural del mundo, explicando que no había querido contar lo de la fractura para no afligirla. Al principio se habían equivocado y le habían puesto un yeso[63] que hubo de cambiar, pero ya estaba mejor y en unas semanas podría empezar a caminar. En total tenía para unos dos meses, aunque lo malo era que su trabajo se había retrasado una barbaridad en el peor momento, y . . .

Carlos, que leía la carta en voz alta, tuvo la impresión de que mamá no lo escuchaba como otras veces. De cuando en cuando miraba el reloj, lo que en ella era signo de impaciencia. A las siete Rosa tenía que traerle el caldo con las gotas del doctor Bonifaz, y eran las siete y cinco.

—Bueno —dijo Carlos, doblando la carta—. Ya ves que todo va bien, al pibe[64] no le ha pasado nada serio.

—Claro —dijo mamá—. Mirá, decile a Rosa que se apure, querés.

A María Laura, mamá le escuchó atentamente las explicaciones sobre la fractura de Alejandro, y hasta le dijo que le recomendara unas fricciones que tanto bien le habían hecho a su padre cuando la caída del caballo en Matanzas. Casi en seguida, como si formara parte de la misma frase, preguntó si no le podían dar unas gotas de agua de azahar, que siempre le aclaraban la cabeza.

La primera en hablar fue María Laura, esa misma tarde. Se lo dijo a Rosa en la sala, antes de irse, y Rosa se quedó mirándola como si no pudiera creer lo que había oído.

—Por favor —dijo Rosa—. ¿Cómo podés imaginarte una cosa así?

—No me la imagino, es la verdad —dijo María Laura—. Y yo no vuelvo más, Rosa, pídanme lo que quieran, pero yo no vuelvo a entrar en esa pieza.

En el fondo a nadie le pareció demasiado absurda la fantasía de María Laura, pero tía Clelia resumió el sentimiento de todos cuando dijo que en una casa como la de ellos un deber era un deber. A Rosa le tocó ir a lo de los Novalli, pero María Laura tuvo un ataque de llanto tan histérico que no quedó más remedio que acatar su decisión; Pepa y Rosa empezaron esa misma tarde a hacer

63. *cast*
64. (coloquial) niño o joven, *kid*

comentarios sobre lo mucho que tenía que estudiar la pobre chica y lo cansada que estaba. Mamá no dijo nada, y cuando llegó el jueves no preguntó por María Laura. Ese jueves se cumplían diez meses de la partida de Alejandro al Brasil. La empresa estaba tan satisfecha de sus servicios, que unas semanas después le propusieron una renovación del contrato por otro año, siempre que aceptara irse de inmediato a Belén para instalar otra fábrica. A tío Roque le parecía eso formidable, un gran triunfo para un muchacho de tan pocos años.

—Alejandro fue siempre el más inteligente —dijo mamá—. Así como Carlos es el más tesonero.[65]

—Tenés razón —dijo tío Roque, preguntándose de pronto qué mosca le habría picado aquel día a María Laura—. La verdad es que te han salido unos hijos que valen la pena, hermana.

—Oh, sí, no me puedo quejar. A su padre le hubiera gustado verlos ya grandes. Las chicas, tan buenas, y el pobre Carlos, tan de su casa.

—Y Alejandro, con tanto porvenir.

—Ah, sí —dijo mamá.

—Fijate nomás en ese nuevo contrato que le ofrecen . . . En fin, cuando estés con ánimo le contestarás a tu hijo; debe andar con la cola entre las piernas[66] pensando que la noticia de la renovación no te va a gustar.

—Ah, sí —repitió mamá, mirando al cielo raso—. Decile a Pepa que le escriba, ella ya sabe.

Pepa escribió, sin estar muy segura de lo que debía decirle a Alejandro, pero convencida de que siempre era mejor tener un texto completo para evitar contradicciones en las respuestas. Alejandro, por su parte, se alegró mucho de que mamá comprendiera la oportunidad que se le presentaba. Lo del tobillo iba muy bien, apenas pudiera pediría vacaciones para venirse a estar con ellos una quincena.[67] Mamá asintió con un leve gesto, y preguntó si ya había llegado *La Razón* para que Carlos le leyera los telegramas. En la casa todo se había ordenado sin esfuerzo, ahora que parecían haber terminado los sobresaltos y la salud de mamá se mantenía estacionaria. Los hijos se turnaban para acompañarla; tío Roque y tía Clelia

65. que tiene perseverancia, constante
66. asustado
67. quince días

entraban y salían en cualquier momento. Carlos le leía el diario
a mamá por la noche, y Pepa por la mañana. Rosa y tía Clelia se
ocupaban de los medicamentos y los baños; tío Roque tomaba mate
en su cuarto dos o tres veces al día. Mamá no estaba nunca sola, no
preguntaba nunca por María Laura; cada tres semanas recibía sin
comentarios las noticias de Alejandro; le decía a Pepa que contestara y hablaba de otra cosa, siempre inteligente y atenta y alejada.

Tercera parte

Fue en esta época cuando tío Roque empezó a leerle las noticias de
la tensión con el Brasil. Las primeras las había escrito en los bordes
del diario, pero mamá no se preocupaba por la perfección de la
lectura y después de unos días tío Roque se acostumbró a inventar
en el momento. Al principio acompañaba los inquietantes telegramas con algún comentario sobre los problemas que eso podía
traerle a Alejandro y a los demás argentinos en el Brasil, pero como
mamá no parecía preocuparse dejó de insistir aunque cada tantos
días agravaba un poco la situación. En las cartas de Alejandro se
mencionaba la posibilidad de una ruptura de relaciones, aunque el
muchacho era el optimista de siempre y estaba convencido de que
los cancilleres[68] arreglarían el litigio.[69]

Mamá no hacía comentarios, tal vez porque aún faltaba mucho
para que Alejandro pudiera pedir licencia,[70] pero una noche le preguntó bruscamente al doctor Bonifaz si la situación con el Brasil era
tan grave como decían los diarios.

—¿Con el Brasil? Bueno, sí, las cosas no andan muy bien —dijo
el médico—. Esperemos que el buen sentido de los estadistas . . .

Mamá lo miraba como sorprendida de que le hubiese respon-
dido sin vacilar. Suspiró levemente, y cambió la conversación. Esa
noche estuvo más animada que otras veces, y el doctor Bonifaz se
retiró satisfecho. Al otro día se enfermó tía Clelia; los desmayos
parecían cosa pasajera, pero el doctor Bonifaz habló con tío Roque
y aconsejó que internaran a tía Clelia en un sanatorio. A mamá, que
en ese momento escuchaba las noticias del Brasil que le traía Carlos

---

68. ministros de Relaciones Exteriores
69. conflicto
70. permiso para no trabajar por unos días

con el diario de la noche, le dijeron que tía Clelia estaba con una jaqueca[71] que no la dejaba moverse de la cama. Tuvieron toda la noche para pensar en lo que harían, pero tío Roque estaba como anonadado[72] después de hablar con el doctor Bonifaz, y a Carlos y a las chicas les tocó decidir. A Rosa se le ocurrió lo de la quinta de Manolita Valle y el aire puro; al segundo día de la jaqueca de tía Clelia, Carlos llevó la conversación con tanta habilidad que fue como si mamá en persona hubiera aconsejado una temporada en la quinta de Manolita que tanto bien le haría a Clelia. Un compañero de oficina de Carlos se ofreció para llevarla en su auto, ya que el tren era fatigoso con esa jaqueca. Tía Clelia fue la primera en querer despedirse de mamá, y entre Carlos y tío Roque la llevaron pasito a paso para que mamá le recomendase que no tomara frío en esos autos de ahora y que se acordara del laxante de frutas cada noche.

—Clelia estaba muy congestionada —le dijo mamá a Pepa por la tarde—. Me hizo mala impresión, sabés.

—Oh, con unos días en la quinta se va a reponer lo más bien. Estaba un poco cansada estos meses; me acuerdo de que Manolita le había dicho que fuera a acompañarla a la quinta.

—¿Sí? Es raro, nunca me lo dijo.

—Por no afligirte, supongo.

—¿Y cuánto tiempo se va a quedar, hijita?

Pepa no sabía, pero ya le preguntarían al doctor Bonifaz que era el que había aconsejado el cambio de aire. Mamá no volvió a hablar del asunto hasta algunos días después (tía Clelia acababa de tener un síncope[73] en el sanatorio, y Rosa se turnaba con tío Roque para acompañarla.)

—Me pregunto cuándo va a volver Clelia —dijo mamá.

—Vamos, por una vez que la pobre se decide a dejarte y a cambiar un poco de aire . . .

—Sí, pero lo que tenía no era nada, dijeron ustedes.

—Claro que no es nada. Ahora se estará quedando por gusto, o por acompañar a Manolita; ya sabés cómo son de amigas.

---

71. dolor de cabeza intenso y recurrente
72. muy sorprendido, abatido, desconcertado
73. pérdida del conocimiento por la suspensión temporaria de la acción del corazón

—Telefoneá a la quinta y averiguá cuándo va a volver —dijo mamá.

Rosa telefoneó a la quinta, y le dijeron que tía Clelia estaba mejor, pero que todavía se sentía un poco débil, de manera que iba a aprovechar para quedarse. El tiempo estaba espléndido en Olavarría.

—No me gusta nada eso —dijo mamá—. Clelia ya tendría que haber vuelto.

—Por favor, mamá, no te preocupes tanto. ¿Por qué no te mejorás vos lo antes posible, y te vas con Clelia y Manolita a tomar sol a la quinta?

—¿Yo? —dijo mamá, mirando a Carlos con algo que se parecía al asombro, al escándalo, al insulto. Carlos se echó a reír para disimular lo que sentía (tía Clelia estaba gravísima, Pepa acababa de telefonear) y la besó en la mejilla como a una niña traviesa.

—Mamita tonta —dijo, tratando de no pensar en nada.

Esa noche mamá durmió mal y desde el amanecer preguntó por Clelia, como si a esa hora se pudieran tener noticias de la quinta (tía Clelia acababa de morir y habían decidido velarla en la funeraria). A las ocho llamaron a la quinta desde el teléfono de la sala, para que mamá pudiera escuchar la conversación, y por suerte tía Clelia había pasado bastante buena noche aunque el médico de Manolita aconsejaba que se quedase mientras siguiera el buen tiempo. Carlos estaba muy contento con el cierre de la oficina por inventario y balance, y vino en piyama a tomar mate al pie de la cama de mamá y a darle conversación.

—Mirá —dijo mamá—, yo creo que habría que escribirle a Alejandro que venga a ver a su tía. Siempre fue el preferido de Clelia, y es justo que venga.

—Pero si tía Clelia no tiene nada, mamá. Si Alejandro no ha podido venir a verte a vos, imaginate . . .

—Allá él —dijo mamá—. Vos escribile y decile que Clelia está enferma y que debería venir a verla.

—¿Pero cuántas veces te vamos a repetir que lo de tía Clelia no es grave?

—Si no es grave, mejor. Pero no te cuesta nada escribirle.

Le escribieron esa misma tarde y le leyeron la carta a mamá. En los días en que debía llegar la respuesta de Alejandro (tía Clelia seguía bien, pero el médico de Manolita insistía en que aprovechara el buen aire de la quinta), la situación diplomática con el Brasil se agravó todavía más y Carlos le dijo a mamá que no sería raro que las cartas de Alejandro se demoraran.

—Parecería a propósito —dijo mamá—. Ya vas a ver que tampoco podrá venir él.

Ninguno de ellos se decidía a leerle la carta de Alejandro. Reunidos en el comedor, miraban al lugar vacío de tía Clelia, se miraban entre ellos, vacilando.

—Es absurdo —dijo Carlos—. Ya estamos tan acostumbrados a esta comedia, que una escena más o menos . . .

—Entonces llevásela vos —dijo Pepa, mientras se le llenaban los ojos de lágrimas y se los secaba con la servilleta.

—Qué querés, hay algo que no anda. Ahora cada vez que entro en su cuarto estoy como esperando una sorpresa, una trampa, casi.

—La culpa la tiene María Laura —dijo Rosa—. Ella nos metió la idea en la cabeza y ya no podemos actuar con naturalidad. Y para colmo tía Clelia . . .

—Mirá, ahora que lo decís se me ocurre que convendría hablar con María Laura —dijo tío Roque—. Lo más lógico sería que viniera después de sus exámenes y le diera a tu madre la noticia de que Alejandro no va a poder viajar.

—Pero a vos no te hiela la sangre que mamá no pregunte más por María Laura, aunque Alejandro la nombra en todas sus cartas?

—No se trata de la temperatura de mi sangre —dijo tío Roque—. Las cosas se hacen o no se hacen, y se acabó.

A Rosa le llevó dos horas convencer a María Laura, pero era su mejor amiga y María Laura los quería mucho, hasta a mamá aunque le diera miedo. Hubo que preparar una nueva carta, que María Laura trajo junto con un ramo de flores y las pastillas de mandarina que le gustaban a mamá. Sí, por suerte ya habían terminado los exámenes peores, y podría irse unas semanas a descansar a San Vicente.

—El aire del campo te hará bien —dijo mamá—. En cambio a Clelia . . . ¿Hoy llamaste a la quinta, Pepa? Ah, sí, recuerdo que me dijiste . . . Bueno, ya hace tres semanas que se fue Clelia, y mirá vos . . .

María Laura y Rosa hicieron los comentarios del caso, vino la bandeja del té, y María Laura le leyó a mamá unos párrafos de la carta de Alejandro con la noticia de la internación provisional de todos los técnicos extranjeros, y la gracia que le hacía estar alojado en un espléndido hotel por cuenta del gobierno, a la espera de que los cancilleres arreglaran el conflicto. Mamá no hizo ninguna reflexión, bebió su taza de tilo[74] y se fue adormeciendo. Las muchachas siguieron charlando en la sala, más aliviadas. María Laura estaba por irse cuando se le ocurrió lo del teléfono y se lo dijo a Rosa. A Rosa le parecía que también Carlos había pensado en eso, y más tarde le habló a tío Roque, que se encogió de hombros. Frente a cosas así no quedaba más remedio que hacer un gesto y seguir leyendo el diario. Pero Rosa y Pepa se lo dijeron también a Carlos, que renunció a encontrarle explicación a menos de aceptar lo que nadie quería aceptar.

—Ya veremos —dijo Carlos—. Todavía puede ser que se le ocurra y nos lo pida. En ese caso . . .

Pero mamá no pidió nunca que le llevaran el teléfono para hablar personalmente con tía Clelia. Cada mañana preguntaba si había noticias de la quinta, y después se volvía a su silencio donde el tiempo parecía contarse por dosis de remedios y tazas de tisana. No le desagradaba que tío Roque viniera con *La Razón* para leerle las últimas noticias del conflicto con el Brasil, aunque tampoco parecía preocuparse si el diariero llegaba tarde o tío Roque se entretenía más que de costumbre con un problema de ajedrez. Rosa y Pepa llegaron a convencerse de que a mamá la tenía sin cuidado[75] que le leyeran las noticias, o telefonearan a la quinta, o trajeran una carta de Alejandro. Pero no se podía estar seguro porque a veces mamá levantaba la cabeza y las miraba con la mirada profunda de siempre, ni la que no había ningún cambio, ninguna aceptación. La rutina los abarcaba a todos, y para Rosa telefonear a un agujero negro en el extremo del hilo era tan simple y cotidiano como para tío Roque seguir leyendo falsos telegramas sobre un fondo de anuncios de remates o noticias de fútbol, o para Carlos entrar con las anécdotas de su visita a la quinta de Olavarría y los paquetes de frutas que les mandaban Manolita y tía Clelia. Ni siquiera durante los últimos meses de mamá cambiaron las costumbres, aunque poca importancia tuviera ya. El doctor Bonifaz les dijo que por suerte mamá no

---

74. un té de hierbas calmante
75. no la preocupaba para nada

sufriría nada y que se apagaría sin sentirlo. Pero mamá se mantuvo lúcida hasta el fin, cuando ya los hijos la rodeaban sin poder fingir lo que sentían.

—Qué buenos fueron conmigo —dijo mamá—. Todo ese trabajo que se tomaron para que no sufriera.

Tío Roque estaba sentado junto a ella y le acarició jovialmente la mano, tratándola de tonta. Pepa y Rosa, fingiendo buscar algo en la cómoda, sabían ya que María Laura había tenido razón; sabían lo que de alguna manera habían sabido siempre.

—Tanto cuidarme . . . —dijo mamá, y Pepa apretó la mano de Rosa, porque al fin y al cabo esas dos palabras volvían a poner todo en orden, restablecían la larga comedia necesaria. Pero Carlos, a los pies de la cama, miraba a mamá como si supiera que iba a decir algo más.

—Ahora podrán descansar —dijo mamá—. Ya no les daremos más trabajo.

Tío Roque iba a protestar, a decir algo, pero Carlos se le acercó y le apretó violentamente el hombro. Mamá se perdía poco a poco en una modorra, y era mejor no molestarla.

Tres días después del entierro llegó la última carta de Alejandro, donde como siempre preguntaba por la salud de mamá y de tía Clelia. Rosa, que la había recibido, la abrió y empezó a leerla sin pensar, y cuando levantó la vista porque de golpe las lágrimas la cegaban, se dio cuenta de que mientras la leía había estado pensando en cómo habría que darle a Alejandro la noticia de la muerte de mamá.

Fuente: "La salud de los enfermos" por Julio Cortázar, from *Todos los fuegos el fuego* © 1966 Julio Cortázar and Heirs of Julio Cortázar. Used by permission of Agencia Literaria Carmen Balcell.

Actividades post-lectura

Primera parte

I. Comprensión (en parejas)

1. ¿Qué edad calculan Uds. que tiene cada uno de los personajes? ¿Cómo llegaron a esa conclusión?
2. Hagan un diagrama con los nombres de los personajes y las conexiones que existen entre ellos. Completen el diagrama a medida que lean la historia.

3. ¿Quién o quiénes están enfermos? ¿Qué problemas de salud tienen?

4. Expliquen las acciones específicas que el tío Roque, Carlos, Clelia, Pepa y Rosa, el Dr. Bonifaz y María Laura realizaban para mantener la ficción sobre Alejandro. Usen el tiempo pasado.

5. ¿Qué hizo la familia para que la mamá no se enterara de lo que pasaba con la tía Clelia?

6. Expliquen la siguiente frase teniendo en cuenta el contexto en que es dicha: "las ciudades no se elegían al azar en casa de mamá."

7. ¿Cuál es el secreto a que se refiere la madre cuando dice "Un secreto entre mi hijito y yo"? ¿Qué importancia puede tener en la historia?

II. Vocabulario

A medida que leen hagan una lista de todas las palabras referidas a salud, enfermedad o medicinas que encuentren en el cuento.

III. Análisis (en parejas)

1. Ubiquen dónde y cómo aparecen las siguientes ideas en el cuento:
   a. La madre tenía problemas serios de salud.
   b. El teléfono estaba en el segundo piso.
   c. Pepa nunca vio a su hermano muerto.
   d. Tío Roque encontraba siempre una solución a todos los problemas.
   e. Aunque la madre era una mujer mayor, todavía podía oír muy bien todo.
   f. El chico de los Marolda colecciona estampillas.
   g. No puedo creer que Alejandro me haya escrito a máquina.
   h. Había cosas muy ricas en Brasil.

2. Descripción de la casa: Hagan un plano de cómo imaginan la casa y descríbanla. ¿Quiénes vivían en esa casa? ¿Cómo lo sabemos?

3. ¿En qué trabajaban Carlos, Alejandro, Roque, Pepa y Rosa?
4. Pepa y Rosa. ¿Qué papel tienen las hermanas y la tía Clelia en la familia? ¿Cómo son las vidas de ellas?

IV. Opiniones personales (en grupos de 3)

Mentiras blancas. Mentir para proteger a alguien es algo común. En este cuento, los familiares y el mismo médico, le ocultan a la madre todas las malas noticias. En muchos casos la gente trata de ocultar noticias trágicas a aquellas personas que son viejas o parecen vulnerables. En muchos países los médicos no informan la verdad sobre su salud a un paciente que tiene una enfermedad terminal. Teniendo en cuenta lo que han leído y sus experiencias personales, contesten las siguientes preguntas:

1. ¿Cuándo piensan Uds. que es justificado decir una mentira blanca? Den algunos ejemplos específicos. En el caso de la familia de la historia, ¿creen Uds. que —teniendo en cuenta la salud de la madre y la tragedia de la muerte de Alejandro— los familiares estaban justificados en tratar de ocultar la verdad? ¿De qué otra forma podrían haber actuado?
2. Cuenten a sus compañeros alguna situación en la que Uds. mismos mintieron para proteger a alguien o alguien mintió para protegerlos a Uds. ¿Cómo se resolvió la situación finalmente? Pasado el tiempo, ¿creen ahora que fue una buena/mala idea mentir? ¿Por qué?

V. Dramatizaciones y diálogos

1. Imaginen la escena con el tío Roque, la tía Clelia, Carlos, Pepa, Rosa, María Laura y el doctor Bonifaz cuando se han enterado de la muerte de Alejandro y planean ocultársela a la madre. Los personajes aportan distintas ideas y opiniones sobre lo que se debe hacer.
2. Imaginen uno de los diálogos entre mamá y María Laura un jueves.

Segunda parte

I. Comprensión (en parejas)

1. Describan algunas rutinas y actividades que se hacen habitualmente en esta casa, indicando los horarios, si los sabe. ¿Qué tareas tiene asignadas cada uno? ¿Qué efecto tienen estas rutinas en la familia?

2. Busquen en este fragmento referencias específicas a la evolución de la salud de la madre. Citen las palabras del texto.

3. ¿Qué cambios se notan en la mamá en esta parte? Sean específicos.

4. ¿Por qué la familia decidió decirle a la madre que Alejandro se había fracturado el tobillo?

5. "La primera en hablar fue María Laura, esa misma tarde. Se lo dijo a Rosa en la sala, antes de irse, y Rosa se quedó mirándola como si no pudiera creer lo que había oído. —Por favor —dijo Rosa— ¿Cómo podés imaginarte una cosa así?" ¿Qué fue lo que María Laura le dijo a Rosa en la sala?

6. Ubiquen dónde y cómo aparecen las siguientes ideas en el cuento:

    a. Tuvieron que aceptar que María Laura no volvería a visitar a mamá.

    b. Por un par de días la madre no se sintió bien cuando supo que Alejandro se había fracturado el tobillo.

    c. No sería una buena idea que Alejandro haga algo que le moleste a su empleador.

7. ¿Qué oportunidad se le presentó a Alejandro cuando se estaba por cumplir un año desde que "estaba en Recife"?

II. Expresiones idiomáticas (en parejas)

Prestando atención al contexto reemplacen las siguientes expresiones por otras equivalentes:

no quedaba más remedio (que hacer la tentativa)

qué mosca le habría picado aquél día (a María Laura)

y el pobre Carlos, tan de su casa

debe andar con la cola entre las piernas

III. Opiniones personales (en grupos de 3)

¿Cómo perciben Uds. a cada personaje? Describan a la mamá, María Laura, Carlos, el tío Roque y el doctor Bonifaz. ¿Qué observaciones pueden hacer hasta ahora sobre las interacciones y relaciones entre los personajes?

IV. Diálogos

1. Usando la información que aparece en la historia, inventen el diálogo que ocurrió entre María Laura y Rosa.
2. Recreen una escena entre Carlos y su madre mientras leen una carta de Alejandro.

Tercera parte

I. Comprensión (en parejas)

Expliquen qué significado tienen estas citas:

1. "Pero, ¿a vos no se te hiela la sangre que mamá no pregunte más por María Laura, aunque Alejandro la nombra en todas sus cartas?"
2. "María Laura estaba por irse cuando se le ocurrió lo del teléfono . . . Pero mamá no pidió nunca que le llevaran el teléfono para hablar personalmente con tía Clelia."
3. "Sabían que María Laura había tenido razón; sabían lo que de alguna manera habían sabido siempre."
4. "Ahora podrán descansar —dijo mamá— Ya no les daremos más trabajo."

II. Análisis (en parejas)

1. Enfermos: Los enfermos y la enfermedad son una parte esencial de la historia. ¿Qué actitud adopta el autor, en su opinión, frente a esos temas?
2. La madre: ¿Qué piensan Uds. de la madre? Expliquen su rol y su influencia sobre la familia. ¿Estaba la madre muy enferma o no?

3. Mentiras: Ahora que han leído todo el cuento pueden resumir algunos puntos. La familia inventó varias mentiras para ocultar la muerte de Alejandro, ¿cuáles son las tres mentiras principales y de qué forma son útiles?

4. La verdad: ¿Creen Uds. que la madre sabía la verdad sobre Alejandro? Busquen indicios (palabras o frases en la historia) que sugieren que sabía o que no. Si ella sabía, ¿qué razón podía tener para no decirlo a su familia y terminar con la "comedia piadosa"?

5. ¿Es una familia disfuncional? ¿Qué aspectos consideran Uds. disfuncionales en esta familia? ¿Quiénes creen que son más responsables por lo que pasa, la madre, los hijos, los otros familiares o el médico?

III. Opiniones personales (parejas o grupos de 3)

Comenten y comparen las reseñas que han escrito sobre el cuento (ver la sección "Temas de ensayo o composición"). Analicen qué puntos en común y qué diferencias observan, en qué aspectos puso el énfasis cada uno y, si hay diferencias, traten de convencer a sus compañeros de la validez de sus argumentos.

IV. Conversación

Imaginen la conversación entre María Laura, Rosa, Carlos, Pepa y el tío Roque sobre el asunto del teléfono.

V. Práctica gramatical (ser, estar, haber)

1. Completar con *ser, estar, haber,* según corresponda, en el tiempo pasado y en la persona verbal apropiada:

   Para todos los miembros de la familia _____ (1) claro que _____ (2) que proteger a la madre. Todos _____ (3) acostumbrados a las rutinas que se observaban rigurosamente.

Cada uno _____ (4) responsable por
ciertas tareas que _____ (5) or-
ganizadas con extremo cuidado. No _____
(6) muchas ocasiones para la espontaneidad ya que la
preocupación mayor _____ (7) que la ma-
dre no se diera cuenta de lo que _____
(8) ocurriendo. María Laura, que _____
(9) estudiante de arquitectura, _____ (10) des-
esperada pero igual _____ (11) convencida
por la familia para que visitara a mamá todos los jueves.
_____ (12) momentos en que María Laura ape-
nas podía ocultar las lágrimas hablando de Alejandro
pero la madre _____ (13) convencida
de que los ojos rojos _____ (14) evidencia
de que _____ (15) estudiando demasiado.
Desde Brasil, Alejandro escribía cartas optimistas, con-
tándoles lo buena que era su vida y lo contento que
_____ (16) con su trabajo pero sin embargo explicaba que _____ (17) problemas
para tomarse vacaciones. Llegó finalmente el momento en
que _____ (18) que inventar algo para justificar que no viniera y es así que Alejandro les contó que se
había roto el tobillo y, para completar las calamidades, las
relaciones entre Brasil y Argentina _____
(19) tensas y había obstáculos para viajar. Y cuando todos
_____ (20) tan complicados con la situa-
ción de Alejandro, la tía Clelia se sintió mal.

2. Elijan dos de los siguientes personajes y escriban dos oraciones originales con relación a cada uno, una con el verbo *ser*
y otra con el verbo *estar*: María Laura, el tío Roque, Carlos,
el doctor Bonifaz.

Modelo: (la madre) La madre era quizás la menos enferma de la
familia a pesar de todos sus achaques. La madre no estaba convencida de la historia de las tensiones con Brasil y por eso interrogó al
doctor Bonifaz sobre el tema.

Tema de ensayo o composición

Escriba una reseña y crítica de este cuento para publicar en una
revista de arte y cultura. Evalúe la idea central de la historia, el desarrollo de los eventos, la forma en que son presentados los personajes, y el final. Explique si hay ideas que le resultaron interesantes o
provocativas y si hay aspectos que les resultaron irritantes
o innecesarios.

CAPÍTULO 2

El amor y la amistad

El amor y la amistad, los vínculos más importantes de los seres humanos, son temas inagotables de conversación. Tanto sus aspectos luminosos como los oscuros, nos preocupan y absorben a lo largo de la vida. En este capítulo se incluyen los siguientes textos:

1. *Así nace un amigo*, por Teresa Ricart, un artículo periodístico que describe y analiza los lazos amistosos y los compara con las relaciones románticas

2. Un fragmento de *El amor en los tiempos del cólera*, una novela de Gabriel García Márquez que narra cómo el protagonista conoció y se enamoró de la mujer que ocuparía sus sentimientos por el resto de su vida

3. El cuento *Una grieta en la nieve helada*, de Bernardo Atxaga, cuenta una historia en que la amistad y el amor entran en conflicto

---

Materiales y actividades en la red

Esta unidad incluye cuatro cortometrajes que tratan los temas del amor y el desamor. También hay un reportaje sobre el efecto de las nuevas tecnologías en la búsqueda de amor y amistad. A cada cortometraje le siguen ejercicios, preguntas de discusión, actividades de práctica oral (para grabar en VoiceThread u otro método) y actividades de composición.

1. *La carta*
   Dirección: Álvaro Oliva; País: España; Año: 2011;
   Producción: Álvaro Oliva

---

2. *El columpio*
    Dirección: Álvaro Fernández Armero; País: España;
    Año: 1992; Producción: Bolarque Unión Servicios S.L.
3. *Lo que tú quieras oir*
    Dirección: Guillermo Zapata; País: España; Año: 2005;
    Producción: Casiopea
4. *Messenger*
    Dirección: Alberto González Vázquez; País: España;
    Año: 2008
5. *Cupido navega por Internet*
    CNN en español; Fuente: Reportaje por Patricia Ramos,
    "Cupido navega por Internet," 19 de diciembre de 2011

Vocabulario esencial

adulación: elogio excesivo

amado/amada: persona que recibe el amor

casarse con: unirse en matrimonio

los celos: sospecha, inquietud y recelo de que la persona amada
haya mudado o mude su cariño, poniéndolo en otra

celoso/celosa (adj.): persona que sufre de celos

compartir: repartir, dividir, distribuir algo en partes; participar en
algo

la complicidad: manifestación de solidaridad o camaradería. En
otro contexto, cooperación en la ejecución de un delito,
crimen o falta

confidencia: revelación secreta; algo que se cuenta a otra persona
con la condición de que no lo cuente a otros; confianza estre-
cha e íntima

el desamor: la falta de amor, la pérdida del amor

desengañarse: desilusionarse; dejar de creer en alguien o algo;
darse cuenta de que algo o alguien no merece la confianza
de uno

desengaño: desilusión, pérdida de confianza en alguien

desilusión: la pérdida de la ilusión (ver **ilusión** abajo)

el desinterés: altruismo, ausencia de egoísmo (*"La quiere desinteresadamente"*); puede también significar *indiferencia* o falta de interés en algo o alguien (*"Se cansó de su desinterés y decidió terminar la relación"*)

enamorar: seducir; realizar acciones para obtener el amor de alguien

enamorarse (de): empezar a amar a una persona; *to fall in love*

estar enamorado: sentir amor por alguien

la fidelidad: lealtad

flechazo (*lit. strike of an arrow*): amor que se siente o inspira repentinamente

franqueza: cualidad de decir la verdad, de ser directo

ilusión: esperanza cuya realización es muy atractiva

lazos: los vínculos, las conexiones

el pretendiente: quien aspira al noviazgo o al matrimonio con alguien

querer: amar (se usa mucho más frecuentemente que el verbo *amar* en la lengua hablada)

semejante (adj.): similar, parecido

la sinceridad: franqueza, veracidad, modo de expresarse libre de falsedad

vincular: conectar, unir; lo opuesto es **desvincular** que significa separar, desconectar

Expresiones

dejar (de): no hacer más algo (*"Dejamos de ser amigos cuando me enteré de que me había mentido," "Dejé de llamarlo por teléfono"*)

el mal de amores: las penas y angustias propias del estado de enamoramiento

mejor amigo/amiga: amigo o amiga predilecto o favorito (*"Mi mejor amiga vive muy lejos pero nos hablamos frecuentemente"*)

ser fiel: mantener fidelidad a la pareja; no tener otras relaciones amorosas; no engañar (también se usa en relación a los amigos, a la patria, etc.) (*"Lo contrario es ser infiel"*)

Vocabulario relacionado con el casamiento y el matrimonio

alianza o anillo: aro de metal que se lleva en el dedo, anillo matrimonial

casamiento civil: acción de casarse frente a la autoridad civil

casamiento religioso o por la iglesia: acción de casarse frente a una autoridad de la iglesia

ceremonia (civil o religiosa): acto de celebración ritual para dar reverencia al casamiento

compromiso, comprometerse: contraer una promesa de matrimonio

esposo/esposa (o marido y mujer): persona casada en relación a su pareja

juez/jueza: persona con autoridad para juzgar y sentenciar

luna de miel: temporada de intimidad conyugal inmediatamente posterior al matrimonio

registro civil: oficina donde se registran casamientos, nacimientos y muertes

testigos: personas que presencian o tienen conocimiento directo y verdadero de algo

unión civil: unión entre dos personas con derechos similares, aunque no iguales, a los del casamiento

Actividades pre-lectura (en parejas)

1. ¿Les resulta fácil o difícil hacer amigos? ¿Han hecho ya verdaderos amigos en la universidad? ¿Son las amistades que hacen ahora diferentes de las amistades que hicieron cuando eran chicos? ¿Conservan algunos amigos de la escuela primaria y secundaria? Den detalles. ¿Quiénes han hecho más para mantener la relación, Uds. o sus amigos?

2. ¿Son Uds. personas de tener muchos amigos o pocos? ¿Usan la palabra *amigo* y *amiga* liberalmente o la reservan sólo para algunas relaciones muy especiales? Elaboren.

3. ¿Son sus mejores amigos semejantes a Uds. o diferentes? Consideren, por ejemplo, edad, sexo, situación social, raza o grupo étnico, gustos y preferencias, etc.

4. Expliquen cómo nacieron las amistades que Uds. conside-
    ran más importantes en sus vidas ahora. ¿En alguna ocasión
    se hicieron amigos de una persona que inicialmente les
    había caído muy mal?
5. Narren alguna experiencia en que alguien que era amigo
    de Uds. dejó de serlo.
6. En parejas, escriban una definición de la palabra *amistad*.

Práctica de vocabulario

1. En parejas, describan en un párrafo de 6-7 líneas la situa-
    ción en una de las siguientes fotos abajo, usando por lo
    menos cinco palabras o expresiones del vocabulario.
2. Reemplacen las palabras subrayadas por una palabra apro-
    piada de la lista de vocabulario:
    Elvira no le reprochó nada pero él sabía que ella siempre le
    había hablado con <u>sinceridad</u> _____
    y él en cambio no siempre había dicho la verdad ni había

mostrado <u>lealtad</u> _____ hacia ella.
Cuando se conocieron él <u>empezó a sentir amor por ella</u>
_____ inmediatamente pero Elvira no
quería <u>una relación</u> _____ muy seria y
además había decidido que no iba a <u>unirse en matrimonio</u>
_____ nunca. Ellos eran <u>parecidos</u>
_____ en muchos aspectos pero Elvira
era más independiente y temía una relación con un hombre
como él, que era <u>un Otelo</u> _____.

La amistad: Citas

"Muy bien puede suceder que una mujer sienta amistad por
un hombre; mas para mantenerla es preciso el concurso de
una pequeña antipatía física."

—Johann Wolfang von Goethe (1749-1832),
escritor e historiador alemán

"Las amistades son como los matrimonios: de cada diez,
uno se hace por amor."

—Edmondo de Amicis (1846-1908), escritor italiano

"El nombre de amigo es corriente, pero la fe en la amistad rara."

—Fedro (15 a.C.-50), fabulista romano

"No tengas amistad con quien tenga poderosos enemigos."

—Ramón Llull (1235-1315), filósofo y escritor español

"El amor sin admiración sólo es amistad."

—George Sand (1804-1876), novelista francesa

"La amistad es animal de compañía, no de rebaño."

—Plutarco (50-125), escritor griego

"La amistad disminuye cuando hay demasiada felicidad de una parte y demasiada desgracia de la otra."

—Isabel de Rumania (1843-1916), reina de Rumania

"La amistad es más difícil y más rara que el amor. Por eso, hay que salvarla como sea."

—Alberto Moravia (1907-1990), escritor italiano

"Los lazos de amistad son más estrechos que los de la sangre y la familia."

—Giovanni Boccaccio (1313-1375), escritor italiano

"La amistad siempre es provechosa; el amor a veces hiere."

—Séneca (2 a.C.-65), filósofo romano

Así nace un amigo

Teresa Ricart

Es la única relación de igual a igual que se plantea sobre una base de franqueza, libertad, complicidad y desinterés absoluto. Con el amigo nos sentimos cómodos y expresamos todo lo mejor que hay en nosotros mismos.

Cinco siglos antes de Cristo, Confucio distinguía cinco tipos de relaciones interpersonales: entre el emperador y sus súbditos, entre padres e hijos, entre hombre y mujer, entre hermano mayor y hermano menor —todas ellas jerarquizadas— y entre pares.[1] Esta última es la amistad, el más democrático de los lazos sociales. Los filósofos griegos la colocaban muy por encima de la justicia, en un listón tan alto que sólo estaba al alcance de unos pocos elegidos. Para ellos, la filantropía —el amor universal— era una sopa fría en la cálida mesa de la amistad.

"El mayor secreto y regalo de la vida es cuando se encuentran dos personas semejantes," escribe Sándor Márai en *El último encuentro*. La amistad, al igual que el enamoramiento, es goce, elección, selectividad, espontaneidad, deseo egoísta de otro. . . .

La confianza es la mejor definición de la amistad

A menudo los pupitres[2] de la escuela son el escenario en el que este sentimiento aparece por primera vez, pero la amistad no es algo que nazca de la rutina o la cotidianeidad. No se trata, en definitiva, de lo que hemos tenido que soportar juntos, sino de todo aquello que nos une. Amistad significa, precisamente por ello, apartarnos de lo cotidiano.

Según la socióloga Claire Bidart, la mayoría de la gente coincide en hablar de confianza como si ésta fuera la definición de la amistad. Se trata de una noción que asociamos a grandes virtudes, como la franqueza, la honradez, la sinceridad, el desinterés o la ausencia de celos. Amigo es, sobre todo, la persona con la que nos sentimos cómodos y con la que podemos expresar libremente lo mejor de nosotros mismos. Amigo es el que siempre acude a nuestra llamada. Amigo es el que nos conoce en profundidad, mucho más allá de las apariencias. . . .

Quizá por todas estas razones lo que más esperamos de un verdadero amigo es que comparta la imagen que tenemos de nosotros mismos o, al menos, que ésta no sea demasiado distinta. Si nos devuelve una imagen exagerada puede parecernos una adulación más o menos interesada, pero si se queda corta[3] parece que no nos hace justicia, y eso contradice una de las exigencias básicas de la amistad.

---

1. iguales o semejantes, *peers*
2. escritorio de madera para estudiantes
3. no hace lo suficiente; no llega hasta donde se proponía

La amistad es un vínculo potente y elástico que resiste indemne muchos de los zarpazos[4] que da la vida. Pero eso sí, sus condiciones son inapelables.[5] La amistad entre Zola y Cézanne, amigos desde la escuela en su Aix-en-Provence natal, sobrevivió durante muchos años numerosos embates,[6] especialmente a la injusta irrupción del éxito en la vida de ambos. Así, mientras el literato triunfaba, el pintor no lograría alcanzar el éxito en vida. También sobrevivió a la separación, cuando Cézanne regresa a Aix. Sin embargo, en una de sus obras, Zola hizo el retrato de un pintor fracasado en el que Cézanne creyó reconocerse. La amistad no puedo sobrevivir a una deslealtad como aquella. Cuando se pierde la fe en un amigo, la amistad se pierde para siempre.

"Dios los cría y ellos se juntan"[7]

Un verso de la *Odisea* dice "siempre hay un dios que lleva al semejante junto al semejante." El escritor húngaro Sándor Márai piensa que, así como sólo las personas del mismo grupo sanguíneo pueden ayudarse en los momentos de peligro, el alma humana sólo puede ayudar a otra si sus puntos de vista, su realidad secreta y sus convicciones son parecidos. Contrastando la literatura con la realidad, un reciente estudio de la socióloga Claire Bidart confirma esa creencia. Antes de los 25 años, el 70 por ciento de nuestros amigos tienen nuestra misma edad. Entre los 40 y 50 años, sólo la tiene el 47 por ciento. Las amistades suelen ser del mismo sexo. Así, casi el 64 por ciento de los hombres y el 60 por ciento de las mujeres se confían a amistades de su mismo sexo. Esta tendencia se manifiesta cuanto más intensa es la relación: el 83 por ciento de las mejores amigas de las mujeres son mujeres, y el 72 por ciento de los mejores amigos de los hombres son hombres. Finalmente, el 55 por ciento de nuestros amigos también tienen nuestro mismo nivel social.

---

4. *thuds, whacks*
5. que no se pueden cambiar o apelar
6. ataques fuertes
7. refrán o dicho popular análogo a la frase *birds of a feather flock together*

> **Decálogo de la amistad**
>
> Estos son los diez consejos más útiles a tener en cuenta para que una amistad se conserve:
>
> 1. Igualdad
> 2. Libertad o respeto
> 3. Reciprocidad
> 4. Desinterés
> 5. Discreción
>
> 6. Justicia
> 7. Complicidad
> 8. Defenderlo/la
> 9. No aburrirlo/la
> 10. Dejarlo/la vivir

Los amigos de mis amigos

La fórmula que dice que los amigos de mis enemigos son mis enemigos es infalible y algo a tener muy en cuenta en política. Pero las amistades de nuestras amistades nos pueden caer igual de mal. Por celos, por ejemplo. Hay quien vive la amistad de un modo tan posesivo y excluyente como el amor y tiene la impresión que al compartirla, al dividirse, se debilita. Puede ser que a nuestro amigo y a sus amigos los una alguna circunstancia que no tiene que ver con nuestra propia relación: son del mismo pueblo, vacacionan juntos desde niños, pasean el perro a la misma hora. O se trata, sencillamente, de que nuestra amistad se establece en base a determinada faceta de su personalidad. Pero el ser humano es más complejo que todo eso. Por ese motivo, tampoco entendemos las elecciones amorosas de muchos de nuestros amigos.

. . . Y esto es el amor.

El flechazo amoroso, como todos los fenómenos psíquicos, contiene aspectos que llamaremos cognitivos y espirituales, afectivos o del corazón, y motivacionales y vegetativos o del cuerpo. En la cognición se advierten los cambios que a continuación se presentan.

La "focalización" en la persona del amado, y la desatención de otros intereses que se tenían con anterioridad. Para el filósofo español Ortega y Gasset, el amor-pasión es una suerte de estrechez[8] de

---

8. escasez de anchura; *narrowness*

la atención que da al que la padece un aire especial de embobado[9] y sonámbulo.[10] . . .

Se cambia la percepción del tiempo, que transcurre rápidamente durante los encuentros y de manera interminable en las ausencias.

En la memoria se registran de modo priorizado e indeleble los detalles más minúsculos de la historia del romance. La fantasía se exalta y toma como tema reiterativo las ensoñaciones con escenas que protagonizan los amantes. La idea del objeto de amor se convierte en un pensamiento fijo, parecido a las obsesiones y los delirios, y todo lo que sucede se relaciona con la idea del amado . . . A propósito de las ideas obsesivas, Tennov refiere que gran cantidad de sus sujetos de estudio aseguraron que pasaban 85 por ciento del tiempo de vigilia pensando en la persona amada.

El objeto de amor se idealiza y se hipervaloriza como la cosa más perfecta, bella y virtuosa que pueda encontrarse. En la "ceguera del amor," se magnifican los encantos y se minimizan las deficiencias del amante. . . . En las personas apasionadas la presencia o el tema del amado determinan un estado de desorganización del pensamiento que se conoce como "turbación mental." Por eso Jacinto Benavente escribió: "Cuando un hombre se enamora de verdad, es difícil distinguir al tonto del inteligente."

Fuente: Teresa Ricart, "Así nace un amigo," *Muy Interesante* (revista, Madrid), no. 228.

Actividades post-lectura

I. Comprensión (en parejas)

1. Mencionen algunos aspectos en que, según el artículo, la amistad es una relación diferente de otras relaciones interpersonales.

2. En general, la gente encuentra sus amigos entre personas similares a ellos mismos. ¿En qué aspectos se dan usualmente las semejanzas? ¿Es lo mismo en la realidad que en la literatura? Den algunos ejemplos de amistades entre

---

9. deslumbrado, convertido en bobo o tonto
10. uno que camina dormido

personas semejantes o muy diferentes, tanto en sus propias vidas como en la literatura y el cine.

3. Observen el Decálogo de la Amistad. Den ejemplos que ilustren cada uno de los principios o consejos.

4. ¿Qué efectos produce el enamoramiento en el comportamiento y las percepciones de la persona enamorada?

5. ¿Se puede decir que "los amigos de mis amigos son mis amigos"?

II. Análisis y discusión (en grupos de 3 o 4)

1. Lean las citas de figuras célebres. ¿Cuál les parece más interesante y por qué? ¿Hay alguna con la que están en desacuerdo? Expliquen. En parejas, hagan su propia cita (potencialmente célebre) sobre la amistad.

2. Analicen el tema de la homogeneidad en las amistades:

    a. ¿Son los amigos del mismo sexo más amigos que los del sexo opuesto? Si la respuesta es afirmativa, ¿qué factores contribuyen a ese resultado? Si la respuesta es no, expliquen qué ventajas y problemas hay en las relaciones amistosas entre personas de distinto sexo.

    b. ¿Tendrían Uds. dificultad en hacer amistad o tener una relación romántica con una persona cuyas posiciones filosóficas (políticas, religiosas, éticas, etc.) fueran muy diferentes de las de Uds.? ¿Cuáles serían las diferencias más difíciles de superar? ¿Es importante que nuestros amigos tengan nuestro nivel social o educación?

3. ¿Creen que "el amor es ciego"? ¿Debemos desconfiar del amor por lo tanto?

4. ¿Es la amistad un sentimiento más noble que el amor? ¿Es más importante en nuestras vidas? ¿En quien confían Uds. más, en la persona de la que están enamorados o en sus amigos? Traten de describir —excluyendo el aspecto del amor físico o del amor-pasión— la diferencia entre sus sentimientos por la pareja romántica y por sus amigos. En caso de peligro o urgencia o en una crisis, actuarían de forma diferente si se trata de un amante o un amigo o amiga?

5. ¿Creen que es posible seguir siendo amigos de una ex pareja? Expliquen por qué sí o por qué no.

El amor en los tiempos del cólera (selección)

Gabriel García Márquez

Vocabulario

Sustantivos

bordado, bordadora: adorno en relieve en una tela, hecho con aguja e hilos; la persona que borda

desmayo: pérdida del sentido y del conocimiento

doncella: mujer que no ha tenido relaciones con hombres

emociones: alteraciones del ánimo intensas y pasajeras, agradables o penosas, que van acompañadas de cierta conmoción física

esquela: carta breve, nota

pliegos: hojas de papel

postración: abatimiento por enfermedad o aflicción

requiebro: piropo, lisonja que se hace a una mujer elogiando sus atractivos

sentimientos: estado afectivo del ánimo producido por causas que lo impresionan vivamente

tumulto: confusión, alboroto producido por una multitud; confusión agitada o desorden ruidoso

turbación: confusión, desconcierto

Adjetivos

escuálido: pequeño, débil, muy delgado, sin fuerza

sigilosa: discreta, de forma que no lo adviertan los demás

Verbos

arrebatar: sacar bruscamente o con fuerza

conquistar (en el amor): seducir, lograr la atención amorosa de otra persona

entregar: dar a alguien

estremecer, estremecerse: temblar

fingir: aparentar, pretender algo

suplicar: rogar, pedir por favor

prometer: hacer una promesa

volver: regresar, retornar

Actividades pre-lectura (en grupos de 3)

Contesten las siguientes preguntas:

1. Hablando del amor romántico, ¿Qué características se asocian con el "amor verdadero"?¿Hay algunas de ellas que son
culturales? ¿Cuáles? Mencionen algunas diferencias en la
idea del amor en distintas sociedades antiguas o modernas.

2. ¿Creen que el amor orienta a las personas hacia el bien y
aumenta la virtud y la felicidad o, por el contrario, exalta
sentimientos egoístas? Elaboren.

3. En parejas, escriban un párrafo describiendo la situación
en la foto. Usen al menos cinco de las palabras o expresiones que aparecen en la lista de vocabulario que aparece al
comienzo de este capítulo.

El amor en los tiempos del cólera

Gabriel García Márquez

Gabriel García Márquez es un escritor, novelista, cuentista y
guionista colombiano, (1927-2014). En 1982 recibió el Premio
Nobel de Literatura. Su novela *Cien años de soledad* es considerada una de las obras más representativas del "realismo mágico."
El amor en los tiempos del cólera fue publicada en 1985.

[Personajes que aparecen en este fragmento:

> *Florentino Ariza*: el protagonista; hijo natural de Tránsito Ariza y
> de don Pio Quinto Loayza, un conocido naviero que murió
> cuando el hijo tenía 10 años pero que nunca lo reconoció
> como hijo; trabaja como aprendiz en la Agencia Postal.
> *Fermina Daza*: una niña de 13 años cuando Florentino la ve por
> primera vez
> *Lorenzo Daza*: padre de Fermina
> *Tránsito Ariza*: madre de Florentino
> *Escolástica Daza:* hermana de Lorenzo y tía de Fermina

Nota: En el texto se menciona a Lotario Thugut, el telegrafista que
trabaja en la Agencia Postal con Florentino. Es un emigrado alemán
que le enseñó a Florentino el código Morse y el manejo del sistema
telegráfico. A continuación leerán un fragmento de la segunda
parte del libro que describe cómo comenzó el amor del protagonista Florentino Ariza por Fermina Daza.]

Florentino Ariza, en cambio, no había dejado de pensar en ella un
solo instante después de que Fermina Daza lo rechazó sin apelación
después de unos amores largos y contrariados, y habían transcu-
rrido desde entonces cincuenta y un años, nueve meses y cuatro
días. No había tenido que llevar la cuenta del olvido haciendo una
raya diaria en los muros de un calabozo, porque no había pasado
un día sin que ocurriera algo que lo hiciera acordarse de ella. . . .
    La había visto por primera vez una tarde en que Lotario Thugut
lo encargó de llevar un telegrama a alguien sin domicilio conocido

que se llamaba Lorenzo Daza. Lo encontró en el parquecito de los Evangelios, en una de las casas más antiguas, medio arruinada, cuyo patio interior parecía el claustro de una abadía,[11] con malezas en los canteros[12] y una fuente de piedra sin agua. Florentino Ariza no percibió ningún ruido humano cuando siguió a la criada descalza bajo los arcos del corredor, donde había cajones de mudanza todavía sin abrir, y útiles de albañiles[13] entre restos de cal y bultos de cemento arrumados,[14] pues la casa estaba sometida a una restauración radical. Al fondo del patio había una oficina provisional, donde dormía la siesta sentado frente al escritorio un hombre muy gordo de patillas rizadas[15] que se confundían con los bigotes. Se llamaba, en efecto, Lorenzo Daza, y no era muy conocido en la ciudad porque había llegado hacía menos de dos años y no era hombre de muchos amigos.

Recibió el telegrama como si fuera la continuación de un sueño aciago.[16] Florentino Ariza observó los ojos lívidos con una especie de *compasión* oficial, observó los dedos inciertos tratando de romper la estampilla, el miedo del corazón que había visto tantas veces en tantos destinatarios que todavía no lograban pensar en los telegramas sin relacionarlos con la muerte. Cuando lo leyó recobró el dominio. Suspiró: "Buenas noticias." Y le entregó a Florentino Ariza los cinco reales de rigor, dándole a entender con una sonrisa de alivio que no se los habría dado si las noticias hubieran sido malas. Luego lo despidió con un apretón de manos, que no era de uso[17] con un mensajero del telégrafo, y la criada lo acompañó hasta el portón de la calle, no tanto para conducirlo como para vigilarlo. Hicieron el mismo recorrido en sentido contrario por el corredor de arcadas, pero esta vez supo Florentino Ariza que había alguien más en la casa, porque la claridad del patio estaba ocupada por una voz de mujer que repetía una lección de lectura. Al pasar frente al cuarto de coser vio por la ventana a una mujer mayor y a una niña,

---

11. *the cloister of an abbey*
12. *with weeds in the garden beds*
13. obreros que construyen edificios u obras, con ladrillos, piedra, cemento, etc.
14. *remains of lime and bulk of cement*
15. *curly side whiskers*
16. infeliz, desgraciado
17. que no era usual, que no era de costumbre

sentadas en dos sillas muy juntas, y ambas siguiendo la lectura en el mismo libro que la mujer mantenía abierto en el regazo.[18] Le pareció una visión rara: la hija enseñando a leer a la madre. La apreciación era incorrecta sólo en parte, porque la mujer era la tía y no la madre de la niña, aunque la había criado como si lo fuera. La lección no se interrumpió, pero la niña levantó la vista para ver quién pasaba por la ventana, y esa mirada casual fue el origen de un cataclismo de amor que medio siglo después aún no había terminado.

Lo único que Florentino Ariza pudo averiguar de Lorenzo Daza fue que había venido de San Juan de la Ciénaga con la hija única y la hermana soltera poco después de la peste del cólera, y quienes lo vieron desembarcar no dudaron de que venía para quedarse, pues traía todo lo necesario para una casa bien guarnecida.[19] La esposa había muerto cuando la hija era muy niña. La hermana se llamaba Escolástica, tenía cuarenta años y estaba cumpliendo una manda[20] con el hábito de San Francisco cuando salía a la calle, y sólo el cordón en la cintura cuando estaba en casa. La niña tenía trece años y se llamaba igual que la madre muerta: Fermina.

Se suponía que Lorenzo Daza era hombre de recursos porque vivía bien sin oficio conocido, y había comprado con dinero en rama la casa de Los Evangelios, cuya restauración debió costarle por lo menos el doble de los doscientos pesos oro que pagó por ella. La hija estaba estudiando en el colegio de la Presentación de la Santísima Virgen, donde las señoritas de sociedad[21] aprendían desde hacía dos siglos el arte y el oficio de ser esposas diligentes y sumisas. Durante la Colonia y los primeros años de la República sólo recibían a las herederas de apellidos grandes. Pero las viejas familias arruinadas por la independencia tuvieron que someterse a las realidades de los nuevos tiempos, y el colegio abrió sus puertas a todas las aspirantes[22] que pudieran pagarlo, sin preocuparse de sus pergaminos,[23] pero con la condición esencial de que fueran hijas legítimas de matrimonios católicos. De todos modos era un colegio

18. falda, *lap*
19. adornada, ornamentada
20. voto o promesa hecha a Dios, a la Virgen o a un santo
21. jóvenes de alta sociedad
22. solicitantes, *applicants*
23. sus antecedentes nobiliarios, su alcurnia; *ancestry, lineage*

caro, y el hecho de que Fermina Daza estudiara allí era por sí solo
un indicio de la situación económica de la familia, aunque no lo
fuera de su condición social. Estas noticias alentaron a Florentino
Ariza, pues le indicaban que la bella adolescente de ojos almen-
drados[24] estaba al alcance de sus sueños. Sin embargo, el régimen
estricto de su padre se reveló muy pronto como un inconveniente
insalvable.[25] Al contrario de las otras alumnas, que iban al colegio
en grupos o acompañadas por una criada mayor, Fermina Daza iba
siempre con la tía soltera, y su conducta indicaba que no le estaba
permitida ninguna distracción.

Fue de ese modo inocente como Florentino Ariza inició su vida
sigilosa de cazador solitario. Desde las siete de la mañana se sentaba
solo en el escaño menos visible del parquecito, fingiendo leer un
libro de versos a la sombra de los almendros, hasta que veía pasar
a la doncella imposible con el uniforme de rayas azules, las medias
con ligas[26] hasta las rodillas, los botines masculinos de cordones
cruzados, y una sola trenza gruesa con un lazo en el extremo que
le colgaba en la espalda hasta la cintura. Caminaba con una altivez
natural, la cabeza erguida, la vista inmóvil, el paso rápido, la nariz
afilada, con la cartera de los libros apretada con los brazos en cruz
contra el pecho, y con un modo de andar de venada[27] que la hacía
parecer inmune a la gravedad. A su lado, marcando el paso a duras
penas, la tía con el hábito pardo y el cordón de San Francisco no
dejaba el menor resquicio[28] para acercarse. Florentino Ariza las veía
pasar de ida y regreso cuatro veces al día, y una vez los domingos
a la salida de la misa mayor, y con ver a la niña le bastaba. Poco a
poco fue idealizándola, atribuyéndole virtudes improbables, sentimientos imaginarios, y al cabo de dos semanas ya no pensaba más
que en ella. Así que decidió mandarle una esquela simple escrita
por ambos lados con su preciosa letra de escribano.[29] Pero la tuvo
varios días en el bolsillo, pensando cómo entregarla, y mientras lo
pensaba escribía varios pliegos más antes de acostarse, de modo que
la carta original fue convirtiéndose en un diccionario de requiebros,

---

24. en forma de almendras (*almonds*)
25. que no se puede salvar o resolver
26. *hose with garters*
27. hembra del ciervo, *female deer*
28. ocasión
29. notario público

inspirados en los libros que había aprendido de memoria de tanto leerlos en las esperas del parque.

Buscando el modo de entregar la carta trató de conocer a algunas estudiantes de la Presentación, pero estaban demasiado lejos de su mundo. Además, al cabo de muchas vueltas no le pareció prudente que alguien se enterara de sus pretensiones. Sin embargo, logró saber que Fermina Daza había sido invitada a un baile de sábado unos días después de su llegada, y que el padre no le había permitido asistir con una frase terminante: "Cada cosa se hará a su debido tiempo." La carta tenía más de sesenta pliegos escritos por ambos lados cuando Florentino Ariza no pudo resistir más la opresión de su secreto, y se abrió sin reservas a su madre, la única persona con quien se permitía algunas confidencias. Tránsito Ariza se conmovió hasta las lágrimas por el candor del hijo en asuntos de amores, y trató de orientarlo con sus luces. Empezó por convencerlo de que no entregara el mamotreto[30] lírico, con el que sólo lograría asustar a la niña de sus sueños, a quien suponía tan verde como él en los negocios del corazón. El primer paso, le dijo, era lograr que ella se diera cuenta de su interés, para que su declaración no la fuera a tomar por sorpresa y tuviera tiempo de pensar.

—Pero sobre todo —le dijo—, a la primera que tienes que conquistar no es a ella sino a la tía.

Ambos consejos eran sabios, sin duda, pero tardíos. En realidad, el día en que Fermina Daza descuidó un instante la lección de lectura que estaba dándole a la tía, y levantó la vista para ver quién pasaba por el corredor, Florentino Ariza la había impresionado por su aura de desamparo.[31] Por la noche, durante la comida, su padre había hablado del telegrama, y fue así como ella supo qué había ido a hacer Florentino Ariza a la casa, y cuál era su oficio. Estas noticias aumentaron su interés, pues para ella, como para tanta gente de la época, el invento del telégrafo tenía algo que ver con la magia. Así que reconoció a Florentino Ariza desde la primera vez que lo vio leyendo bajo los árboles del parquecito, aunque no le dejó ninguna inquietud mientras la tía no la hizo caer en la cuenta de que había estado allí desde hacía varias semanas. Después, cuando lo vieron también los domingos a la salida de misa, la tía acabó de conven-

30. *bulky book or bundle of papers*
31. abandono, falta de protección

cerse de que tantos encuentros no podían ser casuales. Dijo: "No será por mí que se toma semejante molestia." Pues a pesar de su conducta austera y su hábito de penitente, la tía Escolástica Daza tenía un instinto de la vida y una vocación de complicidad que eran sus mejores virtudes, y la sola idea de que un hombre se interesara por la sobrina le causaba una emoción irresistible. Sin embargo, Fermina Daza estaba todavía a salvo hasta de la simple curiosidad del amor, y lo único que le inspiraba Florentino Ariza era un poco de lástima, porque le pareció que estaba enfermo. Pero la tía le dijo que era necesario haber vivido mucho para conocer la índole verdadera de un hombre, y estaba convencida de que aquel que se sentaba en el parque para verlas pasar, sólo podía estar enfermo de amor.

La tía Escolástica era un refugio de comprensión y afecto para la hija solitaria de un matrimonio sin amor. Ella la había criado desde la muerte de la madre, y en relación con Lorenzo Daza se comportaba más como cómplice que como tía. Así que la aparición de Florentino Ariza fue para ellas una más de las muchas diversiones íntimas que solían inventarse para entretener sus horas muertas. Cuatro veces al día, cuando pasaban por el parquecito de los Evangelios, ambas se apresuraban a buscar con una mirada instantánea al centinela escuálido, tímido, poquita cosa, casi siempre vestido de negro a pesar del calor, que fingía leer bajo los árboles. "Ahí está," decía la que lo descubría primero, reprimiendo la risa, antes de que él levantara la vista y viera a las dos mujeres rígidas, distantes de su vida, que atravesaban el parque sin mirarlo.

—Pobrecito —había dicho la tía—. No se atreve a acercarse porque voy contigo, pero un día lo intentará si sus intenciones son serias, y entonces te entregará una carta.

Previendo toda clase de adversidades le enseñó a comunicarse con letras de mano,[32] que era un recurso indispensable de los amores prohibidos. Aquellas travesuras[33] desprevenidas, casi pueriles, le causaban a Fermina Daza una curiosidad novedosa, pero no se le ocurrió durante varios meses que llegara más lejos. Nunca supo en qué momento la diversión se le convirtió en ansiedad, y la sangre se le volvía de espuma por la urgencia de verlo, y una noche despertó

32. lenguaje por señas
33. *mischief*

despavorida porque lo vio mirándola en la oscuridad a los pies de la cama. Entonces deseó con el alma que se cumplieran los pronósticos de la tía, y rogaba a Dios en sus oraciones que él tuviera valor para entregarle la carta, sólo por saber qué decía.

Pero sus ruegos no fueron atendidos. Al contrario. Esto sucedía por la época en que Florentino Ariza se confesó con su madre y ésta lo disuadió de entregar los setenta folios de requiebros, así que Fermina Daza siguió esperando todo el resto del año. Su ansiedad se convertía en desesperación a medida que se acercaban las vacaciones de diciembre, pues se preguntaba sin sosiego[34] qué iba a hacer para verlo, y para que él la viera, durante los tres meses en que no iría al colegio. Las dudas persistían sin solución la noche de Navidad, cuando la estremeció el presagio de que él estaba mirándola entre la muchedumbre de la misa del gallo, y esa inquietud le desbocó el corazón.[35] No se atrevió a volver la cabeza, porque estaba sentada entre el padre y la tía, y tuvo que sobreponerse para que ellos no advirtieran su turbación. Pero en el desorden de la salida lo sintió tan inminente, tan nítido en el tumulto, que un poder irresistible la obligó a mirar por encima del hombro cuando abandonaba el templo por la nave central, y entonces vio a dos palmos de sus ojos los otros ojos de hielo, el rostro lívido, los labios petrificados por el susto del amor. Trastornada por su propia audacia, se agarró del brazo de la tía Escolástica para no caer, y ésta sintió el sudor glacial de la mano a través del mitón de encaje, y la reconfortó con una señal imperceptible de complicidad sin condiciones. En medio del estruendo de los cohetes[36] y los tambores de nación, de las farolas de colores en los portales y el clamor de las muchedumbres ansiosas de paz, Florentino Ariza vagó como un sonámbulo hasta el amanecer viendo la fiesta a través de las lágrimas, aturdido por la alucinación de que era él y no Dios el que había nacido aquella noche.

El delirio aumentó la semana siguiente, a la hora de la siesta, cuando pasó sin esperanzas por la casa de Fermina Daza, y vio que ella y la tía estaban sentadas bajo los almendros del portal. Era una repetición a la intemperie del cuadro que había visto la primera tarde en la alcoba del costurero: la niña tomándole la lección de

34. sin descanso
35. le sacó el corazón de su lugar
36. *racket of firecrackers*

lectura a la tía. Pero Fermina Daza estaba cambiada sin el uniforme escolar, pues llevaba una túnica de hilo con muchos pliegues que le caían desde los hombros como un peplo,[37] y tenía en la cabeza una guirnalda[38] de gardenias naturales que le daban la apariencia de una diosa coronada. Florentino Ariza se sentó en el parque, donde estaba seguro de ser visto, y entonces no apeló al recurso de la lectura fingida, sino que permaneció con el libro abierto y con los ojos fijos en la doncella ilusoria, que no le devolvió ni una mirada de caridad.

Al principio pensó que la lección bajo los almendros era un cambio casual, debido tal vez a las reparaciones interminables de la casa, pero en los días siguientes comprendió que Fermina Daza estaría allí, al alcance de su vista, todas las tardes a la misma hora de los tres meses de las vacaciones, y esa certidumbre le infundió un aliento nuevo. No tuvo la impresión de ser visto, no advirtió ningún signo de interés o de repudio, pero en la indiferencia de ella había un resplandor distinto que lo animaba a persistir. De pronto, una tarde de finales de enero, la tía puso la labor en la silla y dejó sola a la sobrina en el portal, entre el reguero de hojas amarillas caídas de los almendros. Animado por la suposición irreflexiva de que aquella había sido una oportunidad concertada, Florentino Ariza atravesó la calle y se plantó[39] frente a Fermina Daza, y tan cerca de ella que percibió las grietas[40] de su respiración y el hálito floral[41] con que había de identificarla por el resto de su vida. Le habló con la cabeza alzada y con una determinación que sólo volvería a tener medio siglo después, y por la misma causa.

—Lo único que le pido es que me reciba una carta —le dijo.

No era la voz que Fermina Daza esperaba de él: era nítida, y con un dominio que no tenía nada que ver con sus maneras lánguidas. Sin apartar la vista del bordado, le contestó: "No puedo recibirla sin el permiso de mi padre." Florentino Ariza se estremeció con el calor de aquella voz, cuyos timbres apagados[42] no iba a olvidar en el resto de su vida. Pero se mantuvo firme, y replicó de inmediato: "Consígalo." Luego dulcificó la orden con una súplica: "Es un asunto de

37. vestimenta amplia usada por las mujeres en Grecia antigua
38. *wreath*
39. se paró firmemente
40. *crevices, cracks*
41. aliento con perfume de flores
42. sonido bajo (de la voz)

vida o muerte." Fermina Daza no lo miró, no interrumpió el bordado, pero su decisión entreabrió una puerta por donde cabía el mundo entero.

—Vuelva todas las tardes— le dijo —y espere a que yo cambie de silla.

Florentino Ariza no entendió lo que quiso decir, hasta el lunes de la semana siguiente, cuando vio desde el escaño[43] del parquecito la misma escena de siempre con una sola variación: cuando la tía Escolástica entró en la casa, Fermina Daza se levantó y se sentó en la otra silla. Florentino Ariza, con una camelia blanca en el ojal de la levita,[44] atravesó entonces la calle y se paró frente a ella. Dijo: "Esta es la ocasión más grande de mi vida." Fermina Daza no levantó la vista hacia él, sino que examinó el contorno con una mirada circular y vio las calles desiertas en el sopor de la sequía y un remolino de hojas muertas arrastradas por el viento.

—Démela —dijo.

Florentino Ariza había pensado llevarle los setenta folios que entonces podía recitar de memoria de tanto leerlos, pero luego se decidió por media esquela sobria y explícita en la que sólo prometió lo esencial: su fidelidad a toda prueba y su amor para siempre. La sacó del bolsillo interno de la levita, y la puso frente a los ojos de la bordadora atribulada[45] que aún no se había atrevido a mirarlo. Ella vio el sobre azul temblando en una mano petrificada de terror, y levantó el bastidor[46] para que él pusiera la carta, pues no podía admitir que también a ella se le notara el temblor de los dedos. Entonces ocurrió: un pájaro se sacudió entre el follaje de los almendros,[47] y su cagada[48] cayó justo sobre el bordado. Fermina Daza apartó el bastidor, lo escondió detrás de la silla para que él no se diera cuenta de lo que había pasado, y lo miró por primera vez con la cara en llamas. Florentino Ariza, impasible con la carta en la mano, dijo: "Es de buena suerte." Ella se lo agradeció con su primera sonrisa, y casi le arrebató la carta, la dobló y se la escondió en el corpiño.[49] Él le ofreció entonces la camelia que llevaba en el ojal. Ella la rechazó:

---

43. *bench, bleacher*
44. *buttonhole of a frock coat*
45. que sufre de penas o tribulaciones
46. *embroidery hoop*
47. *the foliage of the almond trees*
48. *droppings*
49. parte del vestido que cubre el torso, *bodice*

"Es una flor de compromiso." Enseguida, consciente de que el tiempo se le agotaba, volvió a refugiarse en su compostura.

—Ahora váyase —dijo— y no vuelva más hasta que yo le avise.

Cuando Florentino Ariza la vio por primera vez, su madre lo había descubierto desde antes de que él se lo contara, porque perdió el habla y el apetito y se pasaba las noches en claro dando vueltas en la cama. Pero cuando empezó a esperar la respuesta a su primera carta, la ansiedad se le complicó con cagantinas[50] y vómitos verdes, perdió el sentido de la orientación y sufría desmayos repentinos, y su madre se aterrorizó porque su estado no se parecía a los desórdenes del amor sino a los estragos del cólera. El padrino de Florentino Ariza, un anciano homeópata que había sido el confidente de Tránsito Ariza desde sus tiempos de amante escondida, se alarmó también a primera vista con el estado del enfermo, porque tenía el pulso tenue, la respiración arenosa y los sudores pálidos de los moribundos. Pero el examen le reveló que no tenía fiebre, ni dolor en ninguna parte, y lo único concreto que sentía era una necesidad urgente de morir. Le bastó con un interrogatorio insidioso, primero a él y después a la madre, para comprobar una vez más que los síntomas del amor son los mismos del cólera. Prescribió infusiones de flores de tilo para entretener los nervios y sugirió un cambio de aires para buscar el consuelo en la distancia, pero lo que anhelaba Florentino Ariza era todo lo contrario: gozar de su martirio.

Tránsito Ariza era una cuarterona[51] libre con un instinto de la felicidad malogrado por la pobreza, y se complacía en los sufrimientos del hijo como si fueran suyos. Le hacía beber las infusiones cuando lo sentía delirar y lo arropaba[52] con mantas de lana para engañar a los escalofríos, pero al mismo tiempo le daba ánimos para que se solazara[53] en su postración.

—Aprovecha ahora que eres joven para sufrir todo lo que puedas —le decía—, que estas cosas no duran toda la vida . . .

Fuente: Gabriel García Márquez, *El amor en los tiempos de cólera* (Barcelona: Plaza y Janes Editores, 1998), pp. 81-94.

---

50. diarrea
51. nacida en América de mestizo y española, o español y mestiza
52. cubría o abrigaba con ropas
53. disfrutara

Actividades post-lectura

I. Narración de los hechos (en parejas)

1. Expliquen en qué circunstancias conoció Florentino a Fermina, con detalles sobre el aspecto físico de la casa; las razones por las que Florentino estaba allí; la interacción entre Florentino y Lorenzo Daza; la descripción de Fermina y de sus acciones durante ese primer encuentro y las reacciones de Florentino y Fermina al ver al otro.

2. Hagan una lista con toda la información biográfica que tengan sobre Lorenzo Daza y narren entre ambos lo que saben sobre su vida.

3. Expliquen qué conclusión saca Florentino sobre la situación social y económica de Fermina, cómo llega a esa conclusión y si esto era alentador o desalentador para él.

4. Describan la rutina de Fermina y expliquen cuáles eran los obstáculos que Florentino encontraba para acercarse a ella. Expliquen qué observaciones pudo hacer él sobre Fermina y cuáles hizo ella sobre Florentino.

5. Describan las etapas del enamoramiento de Florentino y los sentimientos de Fermina.

6. ¿Quiénes eran los confidentes y cómplices de Florentino y Fermina? ¿Era esto inusual? ¿Cómo se puede explicar ese rol en ambos casos?

7. Expliquen cómo reaccionó Tránsito frente a la confesión de su hijo y qué consejos le dio.

8. Narren las circunstancias en que finalmente Florentino le entregó la carta a Fermina y la respuesta de la joven.

II. Claves (en parejas o grupos de 3)

Busquen palabras o frases que se refieran a los siguientes sentimientos o emociones:

ansiedad   miedo   vergüenza   alegría   felicidad   sufrimiento   éxtasis

III. Análisis

1. ¿Cómo es el amor que describe García Márquez? ¿Coincide esa descripción con la idea que Uds. tienen del amor? Elaboren.

2. Busquen en el fragmento ejemplos de hipérbole, grandes exageraciones. ¿Qué reacción tienen Uds. frente a esas imágenes? ¿Hacen más vívida la narración? ¿Aumentan o reducen el impacto de las ideas expresadas?

3. Expliquen el significado de las siguientes frases:
   "Fue de ese modo inocente como Florentino Ariza inició su vida sigilosa de cazador solitario."
   "Pero su decisión entreabrió una puerta por donde cabía el mundo entero."
   "Es una flor de compromiso."
   "Le daba ánimos para que se solazara en su postración.
   —Aprovecha ahora que eres joven para sufrir todo lo que puedas— le decía—, que estas cosas no duran toda la vida."

IV. Estrategias amorosas

1. La madre de Florentino le da algunos consejos. ¿Qué opinan Uds. de esos consejos? ¿Qué consejos le darían Uds.?

2. Imaginen que Uds. tienen un amigo o amiga que quiere conquistar, seducir, o atraer la atención de una persona que no es fácilmente accesible porque no puede verla a solas. ¿Qué estrategias le sugerirían para llegar a hablarle o comunicarle su interés?

V. Diálogos

Con los elementos que aparecen en el texto y su imaginación, recreen los siguientes diálogos:

1. Fermina y su tía hablan sobre el muchacho que ven sentado en el parque, fingiendo leer.

2. Florentino le confiesa a su madre su secreto amor por Fermina y sus planes, y ella le da consejos.

3. Florentino habla con el padre de Fermina.

4. La tía Escolástica habla con doña Tránsito Ariza.

VI. Práctica gramatical (imperfecto y pretérito)

1. Completar los espacios en blanco con el verbo entre paréntesis conjugado en el tiempo pasado, imperfecto o pretérito:

"Esa (*ser*) _____ su vida, cuatro meses antes de la fecha prevista para formalizar el compromiso, cuando Lorenzo Daza (*aparecer*) _____ a las siete de la mañana en la oficina del telégrafo y (*preguntar*) _____ por él. Como aún no (haber) _____ llegado, (*esperarlo*) _____ sentado en la banca . . . y cuando (*verlo*) _____ entrar (*reconocerlo*) _____ de inmediato . . . y (*tomarlo*) _____ del brazo. . . . Florentino Ariza, (*dejarse*) _____ llevar. No (*estar*) _____ preparado para ese encuentro porque Fermina no había encontrado la ocasión ni el modo de prevenirlo. El caso (*ser*) _____ que el sábado anterior la hermana Franca de la Luz, superiora del Colegio . . . había entrado en la clase . . . y espiando por encima del hombro (*descubrir*) _____ que Fermina Daza (*fingir*) _____ tomar notas en el cuaderno cuando en realidad (*estar escribiendo*) _____ una carta de amor. . . . El padre (*hacer*) _____ una requisa del dormitorio . . . y encontró los paquetes de tres años de cartas. . . . Florentino no había recobrado el aliento cuando Lorenzo Daza lo llevó hasta el Café de la Parroquia. . . . (*No haber*) _____ otros clientes a esa hora. Florentino había visto allí muchas veces a Lorenzo Daza jugando y tomando vino de barril. . . . Muchas veces, . . . (*preguntarse*) _____ cómo sería el encuentro que tarde o temprano (*ir a tener*) _____ con él, y que ningún

poder humano (*poder*) _____ impedir, porque
(*estar*) _____ inscrito desde siempre en el destino
de ambos.

2. Imaginen que Uds. son periodistas y que han tomado las
    siguientes notas para un artículo sobre el Sr. Lorenzo Daza.
    Usando esa información escriban un párrafo de ocho frases,
    sin repetir los verbos y en el tiempo pasado.

Modelo: Lorenzo Daza / carácter tempestuoso / siempre peleando a
gritos en el café / invitación a beber
> *"Lorenzo Daza era un hombre que tenía un carácter tempestuoso y
> siempre estaba peleando a gritos con otros hombres en el café. Ese día
> lo invitó a beber . . ."*

Lorenzo Daza / traficante de mulas / no lee ni escribe hasta que
Fermina le enseña / trabaja mucho / quiere hacer de Fermina
una gran dama / decisión de dejar la provincia de San Juan de la
Ciénega / trasladarse a la ciudad con 70.000 pesos / Fermina va a
poder casarse con un hombre de fortuna y posición social / apari-
ción de Florentino se convierte en un obstáculo para sus planes /
Fermina amenaza con matarse si el padre no acepta la relación /
Lorenzo consiente en hablar con el joven y va a buscarlo / lleva a
Florentino a un café.

Temas de ensayo o composición

1. Elija uno de los siguientes grupos de preguntas de la sec-
    ción "Narración de los hechos" de Actividades post-lectura
    de *El amor en los tiempos del cólera* y conteste las cuatro pre-
    guntas indicadas.
    a. 1, 4, 6 y 8
    b. 2, 3, 5 y 7
2. Escriba una de las siguientes cartas:
    a. Florentino le escribe una carta a Fermina que, en cierto
        momento, llega a tener setenta páginas. De forma
        más modesta, escriban una breve esquela amorosa a
        una amada o amado real o ideal. Usen como inspira-

ción el fragmento de García Márquez y el vocabulario apropiado.

b. De acuerdo a la descripción que aparece en el fragmento ("luego se decidió por media esquela sobria y explícita en la que sólo prometió lo esencial: su fidelidad a toda prueba y su amor para siempre"), escriban la carta que Uds. imaginan que Florentino pudo haber escrito para Fermina. Usen como inspiración el fragmento de García Márquez y el vocabulario apropiado.

Una grieta en la nieve helada

Bernardo Atxaga

Vocabulario

alpinismo: deporte que consiste en la ascensión a las altas montañas

el/la alpinista: persona que practica el alpinismo

ascensión: acción y efecto de subir de un sitio a otro más alto

cuerdas: *ropes*

descenso: acción y efecto de ir de un lugar a otro más bajo

grieta: hendidura alargada en la tierra o en cualquier cuerpo sólido

linterna: farol o aparato eléctrico portátil para proyectar luz

el *sherpa*: perteneciente o relativo a un pueblo de Nepal, cuyos habitantes suelen participar como guías o portadores en las expediciones en el Himalaya

Expresiones

salvar la vida: librar de un peligro o riesgo mortal

ponerse en guardia: asumir una posición alerta, de defensa o protección

con el primer rayo de sol: con las primeras luces de la mañana, cuando sale el sol

> **hacer trampa:** contravenir o eludir disimuladamente una regla, norma, convenio o ley; cometer una infracción maliciosa de las reglas de un juego

Actividades pre-lectura (en grupos de 3)

1. Usen las expresiones "hacer trampa" y "salvar la vida" para contar una breve historia a sus compañeros.
2. Los protagonistas de esta historia son alpinistas. ¿Han Uds. alguna vez ascendido una montaña? ¿Estarían interesados en el desafío de una alta montaña? Expliquen por qué sí o por qué no participarían en una expedición. ¿Conocen a alguien que practique el alpinismo? ¿Cuál es la altura mayor a la que han ascendido? ¿Tienen miedo de las alturas?
3. En algunas áreas la traición es un crimen mayor que puede ser castigado incluso con la muerte. En la amistad y en el amor, la traición no suele tener consecuencias tan extremas pero es igualmente percibida como una violación muchas veces imperdonable.
   a. ¿Qué actos de un amigo o amiga considerarían Uds. una traición?
   b. ¿Podrían perdonar algunos de esos actos?
   c. ¿Han sufrido alguna vez la traición de una persona querida? En ese caso, ¿cómo reaccionaron? ¿Conocen casos de amigos o familiares en que hayan sido víctimas, o perpetradores, de una acción traicionera?
   d. Piensen en algunas traiciones famosas, en la historia, la literatura o el cine y discútanlas con sus compañeros/as.

Una grieta en la nieve helada

Bernardo Atxaga

Bernardo Atxaga (Joseba Irazu Garmendia), nacido en 1951, fue uno de los principales integrantes de un grupo de jóvenes escritores vascos que comenzaron a publicar en su lengua materna, Euskera, en la década del 70. Atxaga cultiva múltiples géneros: poesía, radio, teatro, libros para niños, artículos, cuentos

cortos, guiones de películas. Su reputación nacional e internacional se extendió con la publicación de *Obabakoak* (1988), que
obtuvo varios premios y fue trasladado a más de veinte lenguas.
"Una grieta en la nieve helada" es uno de los 26 cuentos que
forman parte del libro.

Una sombra de muerte recorrió el Campamento Uno cuando el
sherpa Tamng llegó con la noticia de que Philippe Auguste Bloy había caído en una grieta. El bullicio[54] y las risas habituales de la cena
cesaron bruscamente, y las tazas de té, humeantes aún, quedaron
olvidadas sobre la nieve.

Ninguno de los miembros de la expedición se atrevía a pedir detalles, nadie podía hablar. Temiendo que no le hubieran entendido,
el sherpa repitió la noticia. El hielo se había tragado a Philippe
Auguste, la grieta parecía profunda.

—¿No lo podías haber sacado tú, Tamng?— preguntó al fin
el hombre que dirigía la expedición. Era Mathias Reimz, un ginebrino[55] que figuraba en todas las enciclopedias de alpinismo por su
ascensión al Dhaulagiri.[56]

El sherpa negó con la cabeza.

—*Chiiso*,[57] Mister Reimz. Casi noche— dijo.

Era una razón de peso.[58] En cuanto se hacía de noche, el frío —
chiiso— de los alrededores del Lhotse[59] llegaba a los cuarenta gra-
dos bajo cero; una temperatura que ya por sí misma podía ser mortal, pero que, además, volvía inestables a las grandes masas de hielo
de la montaña. De noche se abrían grietas nuevas; otras antiguas, en
cambio, se cerraban para siempre. El rescate era casi imposible.

—¿Qué señal has dejado, Tamng?

Volviéndose, el sherpa mostró su espalda vacía. La mochila
de nailon rojo que faltaba allí era la señal que, bien sujeta con
clavijas,[60] había dejado en lo alto de la grieta.

—¿Estaba vivo?

54. ruido y rumor que causa la mucha gente, alboroto
55. de Ginebra (*Geneva*)
56. montaña de Nepal, en la cordillera del Himalaya
57. frío (Nepali)
58. importante
59. montaña de Nepal
60. *stakes*

—No saber, Mister Reimz.

Todos pensaban que las preguntas no tenían otra finalidad que la de ir preparando la expedición que habría de salir al día siguiente, con el primer rayo del sol. Para su sorpresa, Mathias Reimz comenzó a colocarse crampones,[61] y pidió que le trajeran una linterna y cuerdas. El ginebrino tenía la intención de salir inmediatamente.

—¡Lemu mindu![62]— gritó el viejo sherpa haciendo gestos de sorpresa. No aprobaba aquella decisión, le parecía suicida.

—La luna me ayudará, Gyalzen— respondió Reimz levantando los ojos hacia el cielo. Faltaba muy poco para que estuviera llena. Su luz alumbraba la nieve recién caída, y la volvía aún más pálida.

A continuación, y dirigiéndose a sus compañeros, declaró que no aceptaría la ayuda de nadie. Iría completamente solo. Era él quien debía arriesgarse, era su deber.

Mathias Reimz y Philippe Auguste Bloy trabajaban juntos en las estaciones de esquí de los alrededores de Ginebra, y por ese lado es por donde los europeos de la expedición entendieron la decisión, como resultado de los lazos creados por un largo trato personal. Menos informados, los sherpas lo atribuyeron a su condición de jefe y responsable de grupo.

Cuando la sombra anaranjada del anorak de Reimz se perdió entre la nieve y la noche, un murmullo de admiración surgió en el Campamento Uno. Era una actitud admirable, ponía su vida en peligro para salvar la de otro. Algunos mencionaron la fuerza de la amistad, el corazón. Otros, el espíritu de los alpinistas, la osadía,[63] la solidaridad. El viejo Gyalzen agitó en el aire su tela blanca de oraciones: que tuviera suerte, que el gran Vishnu le protegiera.

Nadie sospechó la verdad. A nadie se le ocurrió que en el fondo de aquella decisión pudiera estar el odio.

A Philippe Auguste Bloy le dolía la pierna rota y el corte profundo que se había hecho en el costado.[64] Pero, aun así, se iba quedando dormido; el sueño que le producía el frío de la grieta era más fuerte que su dolor, más fuerte que él mismo. No podía

---

61. *iron spikes attached to boots*
62. expresión de miedo (Nepali)
63. audacia, resolución
64. lado

mantener los ojos abiertos. Ya sentía el calor que siempre precede la muerte dulce de los alpinistas.

Estaba tumbado sobre el hielo, absorto en su lucha particular, preocupado en distinguir la oscuridad de la grieta de la oscuridad del sueño, y no reparó en las cuerdas que, lanzadas desde lo alto, cayeron sobre sus botas. Tampoco vio al hombre que, después de haber bajado por ellas, se había arrodillado junto a él.

Cuando el hombre lo enfocó con la linterna, Philippe Auguste se incorporó gritando. La luz le había asustado.

—¡Quítame esa linterna, Tamng!— exclamó luego, sonriendo por la reacción que acababa de tener. Se sentía salvado.

—Soy Mathias— escuchó entonces. La voz sonaba amenazadora.

Philippe Auguste ladeó la cabeza para evitar la luz de la linterna. Pero también la linterna cambió de posición. Volvía a deslumbrarle.[65]

—¿A qué has venido?— preguntó al fin.

La voz profunda d Mathias Reimz resonó en la grieta. Hablaba muy lentamente, como un hombre que está muy cansado.

—Te hablaré como amigo, Phil, de hombre a hombre. Y quizá te parezca ridículo lo que te voy a contar. Pero no te rías, Phil. Piensa que te encuentras ante un hombre que sufre mucho.

Philippe Auguste se puso en guardia. Detrás de aquella declaración percibió el silbido de una serpiente.

Vera y yo nos conocimos siendo aún jóvenes, Phil —continuó Mathias— Tendríamos unos quince años, ella quince y yo dieciséis. Y entonces no era una chica guapa. Incluso era fea, Phil, de verdad. Demasiado alta para su edad y muy huesuda. Pero a pesar de todo, me enamoré de ella en cuanto la vi. Recuerdo que me entraron ganas de llorar, y que, por un instante, todo me pareció de color violeta. Te parecerá extraño, Phil, pero es verdad, lo veía todo de ese color. El cielo era violeta, y la lluvia también era violeta. No sé, puede que el enamoramiento cambie la sensibilidad de los ojos. Y ahora es casi lo mismo, Phil, no se han borrado aún aquellos sentimientos de cuando tenía dieciséis años. Ni siquiera se borraron cuando nos casamos, y ya sabes lo que se dice, que el matrimonio acaba con el amor. Pues, en mi caso, no. Yo sigo enamorado de ella,

---

65. confundir su vista con un exceso de luz

siempre la llevo en mi corazón. Y por eso conseguí subir al Dhaula-giri, Phil, porque pensaba en ella, ¡sólo por eso!

El silencio que siguió a sus palabras acentuó la soledad de la grieta.

—¡No nos hemos acostado nunca, Math!— gritó de pronto Philippe Auguste. Sus palabras retumbaron en las cuatro paredes heladas.

Mathias soltó una risita seca.

—Por poco me vuelvo loco cuando me enseñaron vuestras fotos, Phil. Vera y tú en el hotel Ambassador en Munich, cogidos de la mano, el dieciséis y diecisiete de marzo. O en el Tívoli de Zurich, el diez y once de abril. O en los apartamentos Trummer de la misma Ginebra, el doce, trece y catorce de mayo. Y también en el lago Villiers de Lausana, una semana entera, justo cuando yo preparaba esta expedición.

Philippe Auguste tenía la boca seca. Los músculos de su rostro endurecido por el frío se crisparon.

—¡Das importancia a cosas que no la tienen, Math!— exclamó.

Pero nadie le escuchaba. El único ojo de la linterna le miraba sin piedad.

—He tenido muchas dudas, Phil. No soy un asesino. Me sentía muy mal cada vez que pensaba en matarte. Estuve a punto de intentarlo en Kathmandú. Y también cuando aterrizamos en Lukla. Pero esos sitios son sagrados para mí, Phil, no quería mancharlos con tu sangre. Sin embargo, La Montaña te ha juzgado por mí, Phil, y por eso estás ahora aquí, porque te ha condenado. No sé si te quitará la vida, no lo sé. Puede que llegues vivo al amanecer y que el resto del grupo te salve. Pero no creo, Phil, yo tengo la impresión de que te vas a quedar en esta grieta para siempre. Por esa razón he venido, para que no te fueras de este mundo sin saber lo mucho que te odio.

—¡Sácame de aquí, Math! A Philippe Auguste le temblaba el labio inferior.

—Yo no soy quién, Phil. Como te acabo de decir, será La Montaña quien decida.

Philippe Auguste respiró profundamente. Sólo le quedaba aceptar su suerte.

Su voz se llenó de desprecio.

—Te crees mejor que los demás, Math. Un montañero ejemplar, un marido ejemplar. Pero sólo eres un payaso[66] miserable. ¡Ninguno de los que te conocen bien te soporta!

Demasiado tarde. Mathias Reimz subía ya por las cuerdas.

—¡Vera llorará por mí! ¡Por ti no lo haría!— gritó Philippe Auguste con toda la fuerza de su voz.

La grieta quedó de nuevo en tinieblas.[67]

La excitación que le había producido la visita despertó el cuerpo de Philippe Auguste. Su corazón latía ahora con fuerza, y la sangre que había estado a punto de helarse llegaba con facilidad a todos sus músculos. De pronto, quizá porque su cerebro también trabajaba mejor, recordó que los alpinistas nunca recogían las cuerdas que utilizaban para descender a grietas. Eran un peso muerto, un estorbo[68] para el viaje de vuelta al campamento.

"Si Mathias . . . ," pensó. La ilusión se había apoderado de él.

Se incorporó del todo y comenzó a dar manotazos en la oscuridad. Fue un instante, pero tan intenso que le hizo reír de júbilo.[69] Allí estaban las tres cuerdas que, por la fuerza de la costumbre, Mathias Reimz había abandonado.

Las heridas le hacían gemir,[70] pero sabía que un sufrimiento mayor, el más penoso de todos, le esperaba en el fondo de la grieta. Apretando los labios, Philippe Auguste se colgó de las cuerdas y comenzó a subir, lentamente, procurando no golpearse con las paredes heladas. Aprovechaba los estrechamientos[71] para formar un arco con la espalda y su pierna buena, y de esa manera descansar. Una hora más tarde, ya había hecho los primeros diez metros.

Cuando la ascensión iba por dieciocho metros, una avalancha de nieve lo desequilibró empujándole contra uno de los salientes[72] de la pared. Philippe Auguste sintió el golpe en el mismo costado donde tenía la herida, y el dolor le llenó sus ojos de lágrimas. Pensó, por un momento, en la muerte dulce que le esperaba en el fondo

---

66. *clown*
67. a oscuras
68. molestia, incomodidad
69. alegría
70. *to groan*
71. *narrow spots*
72. partes que sobresalen, *protrusions*

de la grieta. Sin embargo, la ilusión aún estaba allí, en el corazón, y le susurraba un "quizá" que no podía desoír.[73] Al cabo, tenía suerte. El destino le había concedido una oportunidad. No tenía derecho a la duda. Además, la nieve caída indicaba que la salida estaba muy cerca.

Media hora después, las paredes de la grieta se volvieron primero grises y luego blancas. Philippe Auguste pensó que, al lanzarse contra el saliente, el destino había querido imponerle una prueba; y que en ese momento, por fin, le premiaba.

—¡El cielo!— exclamó. Y era, efectivamente, el cielo rosado del amanecer. Un nuevo día iluminaba Nepal.

El sol resplandecía sobre la nieve. Frente a él, hacia el Norte, se elevaba el gigantesco Lhotse. A su derecha, atravesando el valle helado, zigzagueaba el camino hacia el Campamento Uno.

Philippe Auguste sintió que sus pulmones revivían al respirar el aire límpido de la mañana. Abrió sus brazos ante aquella inmensidad y, alzando los ojos hacia el cielo azul, musitó[74] unas palabras de agradecimiento a La Montaña.

Estaba así cuando una extraña sensación le inquietó. Le pareció que los brazos que había extendido se contraían de nuevo y que, sin él quererlo, le abrazaban. Pero, ¿quién le abrazaba?

Bajó los ojos para ver lo que sucedía, y una mueca[75] de terror se dibujó en su rostro. Mathias Reimz estaba frente a él. Sonreía burlonamente.

—No está bien hacer trampa, Phil— escuchó poco antes de sentir el empujón. Y por un instante, mientras caía al fondo de la grieta, Philippe Auguste Bloy creyó comprender el sentido de aquellas últimas horas de su vida.

Todo aquello —la visita, el olvido de las cuerdas— había sido una tortura planeada de antemano: Mathias Reimz tampoco había querido perdonarle el sufrimiento de la ilusión.

Fuente: "Una grieta en la nieve helada" por Bernardo Atxaga, 1998 (usado por permiso de Margarita Perelló, agente literaria).

---

73. ignorar
74. murmuró
75. contorsión de la cara, expresión de dolor, burla, etc.

Actividades post-lectura

I. Comprensión (en parejas)

1. ¿Cómo se conocieron Philippe Auguste y Mathias?
2. ¿Quién es Vera? ¿Qué sabemos de ella? ¿Cómo describe Mathias su enamoramiento y su matrimonio?
3. ¿Qué noticia llevó el sherpa Tamng al Campamento Uno?
4. Expliquen cómo reaccionó Mathias y qué pensaban sus compañeros alpinistas y Tamng de su decisión.
5. ¿Cuál era la situación de Philippe Auguste en la grieta? ¿Qué pensó al ser iluminado por la linterna de Mathias?
6. ¿Por qué Philippe Auguste se puso en guardia? ¿Qué es lo que dijo Mathias que le pareció como el silbido de una serpiente?
7. ¿De qué acusa Mathias a Philippe Auguste? ¿Tiene pruebas para esa acusación? ¿Qué responde Philippe Auguste?
8. ¿Qué significa que La Montaña lo ha juzgado y condenado?
9. Philippe Auguste presenta otra imagen de Mathias, mucho más negativa. ¿Qué le reprocha?
10. Expliquen la cuestión de las cuerdas. ¿Cuál es el comportamiento habitual de los alpinistas? ¿Qué pensó Philippe Auguste? ¿Qué había ocurrido en realidad?
11. Expliquen el desenlace del cuento. ¿Por qué dice que la visita y el olvido de las cuerdas habían sido una tortura planeada de antemano?

II. Análisis y discusión (en grupos de 3)

1. ¿Cómo juzgan el comportamiento de Philippe Auguste? ¿Cometió una grave traición a su amigo? ¿Es traicionar a un amigo tanto, menos, o más grave que traicionar a un amante o esposo?
2. La situación en que alguien se enamora de la persona amada de un amigo o amiga cercanos aparece frecuentemente en la literatura, las películas, la vida real. Si alguien en esa situación confiara en Uds. y les pidiera consejo, ¿qué le dirían?

3.   Imaginen por un momento que el cuento termina cuando Mathias se va de la grieta y deja a su amigo allí, esperando una muerte probable. ¿Lo hubieran justificado? ¿Creen que Mathias tenía alguna obligación moral de rescatar a Mathias, dadas las circunstancias? ¿Por qué sí o por qué no?

4.   ¿Qué impresión tienen, después de leer el cuento, de los dos protagonistas?

III. Conversaciones

Improvisen las conversaciones siguientes:

1.   (4 o 5 estudiantes) Cuando se enteran de la muerte de Philippe, los alpinistas en Campamento Uno hablan de lo que ocurrió, de qué opinión tenían de los dos amigos, de cómo interpretaban la decisión de Mathias de ir a rescatar a Philippe esa misma noche y a pesar del frío terrible y comentan la tragedia.

2.   (2 estudiantes) Tomen los roles de Philippe y Mathias cuando se encuentran en la grieta. Recreen, incorporando sus propias ideas, la conversación que tuvieron. Hablen de la amistad entre ellos, de lo que significaba Vera para Mathias y de la acusación de Mathias y la defensa de Philippe. Philippe trata de convencer a su amigo de que le salve la vida.

CAPÍTULO 3

Moral, ética y legalidad

Este capítulo explora la importancia de algunas cuestiones éticas
y morales —lo que es correcto e incorrecto hacer— y los valores
o bases racionales para hacer juicios sobre lo que está bien o mal.
Incluye los siguientes textos:

1. En la primera parte, hay una selección de las listas propuestas por participantes en el Proyecto del Milenio, sobre las cuestiones éticas del futuro.
2. A continuación hay una entrevista por Andrew Denton al filósofo Peter Singer en la que expresa su opinión sobre problemas éticos fundamentales como la santidad de la vida, la eutanasia y la selección genética, entre otros.
3. Desarrollando uno de los temas que han ocupado más a Peter Singer, el artículo *¿Tienen derechos los animales?* por Adela Cortina y un texto sobre la protección legal de los derechos de los animales en Alemania, se enfocan en un tema ético que está recibiendo creciente atención.
4. Se incluyen cinco microrelatos de Ricardo Piglia, titulados "Pequeñas Historias," que son parte de su libro *Cuentos morales: Antología (1961-1990)* y que permiten discutir cuestiones de moralidad en un contexto literario.
5. Finalmente, hay un plan para organizar un panel de discusión sobre un problema ético propuesto por los estudiantes.

Materiales y actividades en la red

En esta unidad hay tres temas sobre los avances en la manipulación genética y los dilemas éticos que esto plantea. A cada tema le siguen preguntas de discusión que los estudiantes responden oralmente usando VoiceThread u otro

método, o responden por escrito en un ensayo de opinión.
También hay una actividad de simulación sobre un tratamiento experimental. Los estudiantes asumen diferentes roles, expresan sus opiniones y justifican sus decisiones desde
el punto de vista del personaje elegido. Los estudiantes
usan VoiceThread u otro método para grabar su posición y
para escuchar y responder a la de sus compañeros.

Temas de discusión

1. Bebés de diseño. ¿Es moralmente aceptable crear niños
    genéticamente modificados con características seleccio-
    nadas por sus padres?
2. Drogas para mejorar el rendimiento deportivo y el
    dopaje genético. Artículo: "Fabricando al súper-atleta,"
    La Vanguardia, 15 de noviembre de 2010, http://www
    .vanguardia.com.mx/fabricandoalsuperatleta-590616
    .html.
3. Drogas inteligentes o potenciadores cognitivos. Repor-
    taje: "Pastillas para ser inteligentes," BBC Mundo,
    20 de noviembre de 2011, http://www.bbc.co.uk/
    mundo/noticias/2011/11/111115_nootropico
    _drogas_inteligentes.shtml.
4. Actividad de simulación: Tratamiento experimental

Vocabulario esencial

Las siguientes palabras o expresiones son cognados y su significado
es claro pero es importante recordar cómo pronunciarlas y escribirlas en español:

la ética

la moral (en singular, no "las morales")

los principios (éticos o morales)

la decencia

el respeto

las normas (**legales**, basadas en las leyes, o **consuetudinarias**, basadas en las costumbres)
el relativismo cultural

Actividades pre-lectura (en grupos de 4)

1. Análisis. Hagan una lista de los que consideran los problemas
    éticos más importantes de esta época. En cada caso, articulen
    las razones por la que creen que merece atención y anali-
    cen cuáles son las consecuencias positivas y negativas para la
    sociedad. Después de 10-15 minutos, cada grupo explicará sus
    conclusiones al resto de la clase y tratará de persuadir a los
    otros participantes de la urgencia o relevancia de las cuestio-
    nes. (Estas listas y las respuestas al cuestionario del Proyecto
    del Milenio pueden ser utilizadas para decidir el tema de un
    panel de discusión. Ver al final del capítulo.)
2. Comparen las respuestas a las listas del Proyecto del Mile-
    nio que han preparado antes de la clase, y expliquen a sus
    compañeros/as cómo llegaron a esas evaluaciones. Luego,
    entre todos, discutan las conclusiones principales a las que
    llegaron.

El Proyecto del Milenio: Estudio de cuestiones éticas del futuro (Universidad de Naciones Unidas)

El Proyecto Milenio del Consejo Americano para la Universidad de
Naciones Unidas ha llevado a cabo un estudio internacional para
identificar las cuestiones éticas más importantes que la humanidad
puede enfrentar en un futuro previsible.

La Primera Ronda solicitaba a los participantes agregar cuestiones éticas futuras a una lista inicial e identificar los valores subya-
centes en dichos temas que podrían cambiar durante los siguientes
25-50 años. En la Segunda Ronda se solicitó a los participantes que,
entre otras evaluaciones, establecieran prioridades en un grupo de
esas cuestiones.

En las páginas siguientes aparecen ejemplos de las cuestiones
presentadas. Discutan y den sus opiniones sobre cada una de ellas.
(La lista ha sido editada para el uso en clase.)

¿Es correcto permitir a la gente y organizaciones contaminar si ellas pagan un derecho o se ocupan de negociar por la contaminación que producen?	Sí/no
¿Tienen los padres el derecho de crear, mediante modificación genética, "bebés de diseño"?	
¿Tenemos el derecho de clonarnos a nosotros mismos?	

¿Es ético extender la vida útil, sin importar cuál sea el costo?	
¿Es ético recrear especies extintas?	
¿Tenemos el derecho de alterar nuestra herencia genética para que las futuras generaciones no hereden posibles enfermedades genéticas o discapacidad?	

¿Tenemos el derecho de modificarnos genéticamente nosotros y las generaciones futuras en una nueva especie o varias nuevas especies?	
¿Es correcto proseguir la investigación que resultará en la creación de "seres" tecnológicamente inteligentes, que tendrán la capacidad de competir con los humanos u otras formas de vida biológica por nichos ecológicos?	
Considerando los aspectos económicos y otras consecuencias del envejecimiento de la población, ¿el suicidio y la eutanasia deberían ser derechos del ser humano?	
¿Tenemos el derecho a colonizar otros planetas y a usar sus recursos?	
¿Tenemos derecho a interferir genéticamente en recién nacidos o en embriones porque sus códigos genéticos muestran una alta probabilidad de un futuro comportamiento violento?	

La Ronda 1 presentó algunos ejemplos de valores, que pueden cambiar en los próximos 25-50 años. Para la Ronda 2 los participantes fueron consultados para agregar nuevos valores a esa lista. Se recibieron aproximadamente 300 sugerencias. Como en la sección anterior, éstas han sido corregidas e integradas para hacer una nueva lista que aparece abajo.

¿Qué opinión tienen Uds. sobre cada uno de los valores o creencias que se mencionan abajo? Completen la lista de declaración de valores con el número que refleje su opinión (en parejas)

5 = totalmente de acuerdo

4 = muy de acuerdo

3 = de acuerdo con reservas

2 = mayormente en desacuerdo pero con algunas excepciones

1 = totalmente en desacuerdo

Declaración de valores	
La vida es un don divino inalterable.	
La investigación científica es un sendero más confiable a la verdad que la fe religiosa.	
La armonía con la naturaleza es más importante que el progreso económico.	
La seguridad colectiva es más importante que la libertad individual.	
La supervivencia de la humanidad como especie es la más alta prioridad.	
La compasión es necesaria para la justicia.	
El progreso económico es la vía más confiable para lograr la felicidad humana.	
Las consideraciones de equidad (por ejemplo en la distribución de beneficios) son esenciales en la toma de decisiones.	
Los intereses mundiales deben prevalecer sobre los intereses del estado-nación.	

Fuente: Round 2 Delphi questionnaire by The Millennium Project http://www
.millennium-project.org/millennium/ethics-rd2-sp.html.

Vocabulario

caridad/obras de caridad: auxilio o ayuda que se presta a los necesitados

culpa: acción u omisión que provoca un sentimiento de responsabilidad por un daño causado

santidad: algo que tiene cualidad de santo o sagrado

sacrosanta/o: que reúne las cualidades de sagrado y santo

anencefálico/a: que no posee masa encefálica o cerebro

sufrimiento: dolor, pena, padecimiento

encadenado/a: atado/a con cadena; que no tiene movimiento o acción

explotación: utilización abusiva de una persona, animal, cosa o circunstancia

crueldad: acción cruel e inhumana

selección genética: proceso que consiste en producir varios embriones en el laboratorio, por fecundación *in vitro*, y luego introducir en el útero de la mujer sólo los embriones que no tienen ciertas alteraciones de un gene que puedan aumentar el riesgo de sufrir una enfermedad o de poseer ciertas características que se consideran indeseables.

Entrevista al profesor Peter Singer (selección)

Andrew Denton (traducción de Marisol García)

El profesor Peter Singer es el pensador más famoso de Australia, un filósofo profesional. Fue catalogado como el hombre más peligroso del planeta cuando captó la atención mundial en 1975 con su libro *Animal Liberation*, la Biblia del movimiento por los derechos del animal. Desde entonces ha estado en el ojo del huracán de complicados debates. Sus opiniones sobre la eutanasia, el aborto, y la santidad de la vida humana lo han llevado a ser considerado un profeta de la muerte, un infanticida y un Nazi. Cuando tomó un prestigioso puesto en la Universidad de Princeton hace unos años, recibió amenazas de muerte, su correo fue escaneado y pasó a tener guardaespaldas. Esto es demasiado para un hombre que simplemente tiene sus opiniones y le gusta debatir.

"Mi trabajo se basa en el supuesto de que la claridad y la consistencia de nuestro pensamiento moral probablemente nos conducirá, en el largo plazo, hacia mejores posiciones sobre temas éticos."

—Peter Singer

Andrew Denton (AD): Bienvenido, Peter. ¿Podemos empezar desde el principio? ¿Cuál es la diferencia entre ética y moral?

Peter Singer (PS): Mucha gente hoy en día usa los términos de manera que no se advierte una diferencia pero yo creo que en ideas estándar, la moralidad es un sistema de prohibiciones; usualmente algo que tiene que ver con el sexo, o algo similar; que es divertido pero que no debería hacerse. La ética es un término más amplio que en realidad cubre una gran variedad de respuestas posibles a preguntas del tipo "¿cómo debería

Peter Singer

vivir yo?" Creo entonces que la ética es lo más amplio y que está menos focalizado en prohibiciones y más atento a los principios, cuestiones e ideas sobre cómo vivir la vida.

AD: Entonces, la moral es, "¿debería tener esta relación sexual?" y la ética es, "¿debería tener esta relación con esta persona?" . . .

PS: Pongámoslo de esta manera . . . "¿es esta relación parte de una buena vida?"

AD: Sé que Ud. dona el 20 por ciento de sus ingresos a obras de caridad y que no usa ni come productos animales. ¿Sigue Ud. sus principios estrictamente? ¿Hay algún deslizamiento en su conducta ética?

PS: Por supuesto que no soy puro. Ud. dice que no como productos animales, pero si estoy viajando, la verdad es que no voy a devolver algo que pueda contener lácteos o algún producto animal. Creo que la vida se torna muy complicada si uno trata de ser absolutamente puro en estas cosas. Básicamente, mi opinión es que no quiero apoyar la explotación de animales y, dentro de lo razonable, haré lo que pueda para evitarlo, pero no lo tomo como una religión. No considero que esté contaminado si de alguna manera un poco de leche o queso roza mis labios. Entonces siempre es cuestión de encontrar un equilibrio y tratar de hacer lo que uno cree que está bien y que tendrá el mejor efecto pero no vivir de tal manera que uno no pueda ocuparse de las cosas importantes de la vida.

AD: Eso se puede hacer pero mucha gente no lo hace, ¿por qué nos resulta tan difícil?

PS: Crecemos en una sociedad que básicamente cree que una vida exitosa es aquella en la que uno gana tanto como puede, asciende profesionalmente tanto como puede, compra una casa más grande que la que tiene y un auto más caro y deja atrás una pila de basura más grande al final de su vida. Creo que requiere un gran esfuerzo decir, "No, esos no son los valores que importan más, esa no es la clase de vida que quiero llevar. Existen otras cosas que puedo hacer."

AD: Se lo ha catalogado como el hombre más peligroso del planeta. ¿Qué es lo que lo hace peligroso y por qué la gente se ofende con lo que Ud. dice?

PS: Creo que ese epíteto particular lo gané por ser un crítico de lo que la gente a veces denomina la "santidad de la vida." Es decir, la visión de que cada vida humana, sólo por ser humana, es sacrosanta y nunca debe interrumpirse. Yo creo que los que dicen que creen eso son usualmente hipócritas. En realidad no lo creen y podemos hablar de ello en más detalle luego, pero sólo porque yo lo cuestiono abiertamente mientras que otros lo aceptan sin discusión alguna aun cuando no estén de acuerdo, creen que es peligroso. Creen que esto puede llevar a algún tipo de pendiente por la que comencemos a permitir que la gente le pida a sus médicos que terminen con sus vidas cuando tengan una enfermedad terminal y terminemos con un estado que

elija a personas políticamente indeseables y las elimine. Ahí es
donde yo creo que estas personas apuntan con el término "peligroso," pero personalmente no creo que exista dicha pendiente
y creo que es mucho más peligroso fingir que adherimos a una
ética que en verdad no aceptamos que decir: "Mire, hablemos
de esto abiertamente, seamos honestos acerca de lo que estamos haciendo y tratemos de desarrollar el enfoque ético más
apropiado para esta amplia gama de decisiones complejas sobre
cuándo está bien interrumpir una vida humana y cuándo no."

AD: Es increíblemente complejo. Ya hablaremos de eso, pero antes
déjeme crear un retrato suyo como un hombre que sencillamente no se encuentra en la torre de marfil de la Universidad
de Princeton. Ud. es un hombre que realmente ha estado muchas veces en la línea de fuego y nunca tanto como con *Animal
Liberation*. Esto que veremos es una cobertura de una protesta
suya cuando vivía en Australia hace algunos años.
[*Es el 21 de noviembre, mi nombre es Peter Singer. Estoy en el chiquero Parkville y estoy encadenado en solidaridad con este cerdo que
también se encuentra encadenado gracias a este método totalmente
cruel y obsoleto de utilizar cadenas. Pueden ver que el cerdo no
puede moverse, no puede girar ni caminar más de un paso, que es
lo que su cadena le permite y estos cerdos están en estas condiciones
por meses.*]

AD: Un hombre en la línea de fuego . . . ahora bien, Ud. dice que
no deberíamos comer animales, nosotros somos omnívoros,
¿por qué no deberíamos hacer lo que otros omnívoros hacen y
comer carne?

PS: Es que nosotros tenemos la posibilidad de elegir. Somos capaces
de reflexionar. Otros omnívoros o carnívoros, generalmente no
poseen nuestra capacidad de raciocinio o de reflexionar acerca
de lo que hacemos. Y de hecho podemos vivir muy bien. Esto
puede no ser cierto para todos los seres humanos. Si hay alguien
que vive en una gran pobreza es una situación muy diferente
y yo no lo culparía en absoluto si usa lo que está a su alcance y
que es nutritivo para él y su familia. Pero si tenemos la fortuna
suficiente de vivir en una sociedad en la que podemos entrar a
un supermercado y podemos elegir entre comprar un pollo miserable que ha salido de una granja-fábrica y que jamás ha pisado

el pasto o ha visto la luz del día o, digamos, una porción de tofú que podemos cocinar en un wok, marinarlo con verduras y convertirlo en un plato nutritivo y delicioso, creo que deberíamos hacer aquello que reduzca el daño y que no contribuya al sufrimiento por el que hacemos pasar a un pollo hasta convertirlo en un producto de supermercado.

AD: ¿Su objeción apunta simplemente a la manera en la que se trata a los animales o su objeción es hacia el hecho de que elegimos comer animales?

PS: Se refiere al sufrimiento por el que los hacemos pasar. No tengo objeción al hecho de comer animales . . . si Ud. quiere comerlos. . . . Es decir que no se trata del mero hecho de comer animales, es el proceso al que los sometemos para convertirlos en productos en los estantes de un supermercado. . . .

AD: Las opiniones sobre los animales han llevado a otras posiciones que han causado mucha más controversia, una de las cuales es que en ciertas circunstancias es mejor realizar experimentos en humanos que en animales. ¿En que circunstancias?

PS: Bueno yo dije eso porque quería manifestar mi idea de que no creo que la especie es lo más importante. El sistema legal está estructurado de modo que si uno es un ser humano, independientemente de su condición, o sea, sin importar qué capacidad tenga de ser consciente de lo que esté haciendo, estará protegido por la ley y no podrá ser, con algunas excepciones, usado en experimentos dañinos sin consentimiento. Mientras que si uno es un animal, sin importar cuán alto sea su nivel de conciencia, sí puede ser utilizado en experimentos. Lo que quería decir es que hay ciertos seres humanos, como ser un bebé anencefálico, o sea que ha nacido sin cerebro, que poseen tallo cerebral por eso no están muertos cerebralmente, y es por ese tallo que respiran, el corazón late y la sangre circula, pero jamás estarán conscientes de nada. Nunca sentirán nada. Ese bebé jamás reconocerá a su madre, nunca sonreirá. En la mayoría de los casos no son tratados médicamente y por eso mueren dentro de las horas o días de nacidos. Lo que quiero decir es lo siguiente, si alguien te dice, "Mire tenemos que hacer esta investigación, es urgente, y debemos hacerla en chimpancés porque son los únicos seres lo suficientemente parecidos a nosotros como para poder ser útiles en este experimento," entonces yo le contestaría, "Bueno, Ud. estaría preparado para hacerlo en un bebé anencefálico si los padres le dieran permiso?" Y creo que, dado que un chimpancé es un ser muy consciente de sí mismo, creo, entiende su situación bien y puede sufrir de varias maneras, por eso sería mejor hacerlo en un ser humano que tiene menos conciencia de lo que sucede, con el consentimiento de los padres, que hacerlo en un chimpancé que tiene mucho más potencial para sufrir.

AD: Ud. también expresó su opinión de que puede ser ético matar a un chico enfermo o discapacitado luego de nacer y esto, sobre todo, le ha creado enemigos. Y cuando se hace referencia a esto, Ud. dice que se lo ha sacado de contexto. ¿Nos puede decir específicamente cuál es la base de este argumento?

PS: Seguro. Déjeme comenzar con la razón por la que empecé a considerar este tema. Esto fue cuando estaba en Monash, en el Centro para la Bioética Humana en los años 80. Y junto con mi colega Helga Kuhse, se nos acercaban médicos del Hospital Melbourne que estaban tratando a bebés tanto prematuros como seriamente discapacitados. Nos venían a ver porque nos decían, "Tenemos dilemas éticos." Lo que pasaba con algunos de estos niños era que los médicos estaban empezando a pensar que la condición del bebé era tan seria que su vida estaría llena de un sufrimiento tal que ellos no querrían infligirle a nadie. Y por lo tanto ellos no estaban tratando la condición de esos bebés. . . . Y como consecuencia el bebé sufría una serie de complicaciones y moría en unos días o quizás después de un mes de su nacimiento. Y durante ese tiempo, por supuesto, ese bebé tenía una vida miserable, sus padres también y el hospital también.

AD: ¿Ud. está queriendo decir que el niño hoy en día tendría una muerte más digna?

PS: Exacto, pero la cuestión era que los médicos indudablemente estaban haciendo una decisión de vida o muerte para este niño. Pero como creían que estaba mal matar, lo que en realidad hacían era infligir más sufrimiento a ese niño y a sus padres, y para el personal hospitalario también era mucho más duro que lo que habría sido si hubiesen creído que estaba bien hacer algo que ayudara a ese niño a morir. Entonces, uno ve esta situación y piensa, en primer lugar que no deberían ser solamente los médicos quienes hagan una decisión de vida o muerte. Son los padres los más afectados y los que posiblemente tienen los intereses del niño más en cuenta. Por eso son ellos quienes deben participar de este proceso de decisión. En los años 80, ésta no era en absoluto la forma en que normalmente se encaraba el problema. Me complace decir que actualmente sí lo es. En segunda instancia si uno va a tomar la decisión de que no es en el interés del niño continuar viviendo, uno debería ayudarlo a morir, esencialmente administrándole una inyección letal. Y esto es algo en que la ley no ha cambiado y que aún no puede hacerse. Pero creo que algunos médicos dirán: "Bueno, estamos preparados para ayudar a los niños a morir dándoles analgésicos de una manera que sabemos les acortará la vida."

AD: Desde un punto de vista práctico, ¿sobre qué bases se puede hacer este juicio, de que la vida de un bebé debe ser terminada? ¿Qué pautas prácticas se pueden establecer para esto?

PS: No creo que uno en realidad pueda decir, "La condición debe ser esta o aquella." Uno no puede especificar todas las variables y por eso es que creo que la participación de los padres es tan importante, porque si ellos en verdad quieren a ese bebé sin importar su condición, lo aman y quieren llevarlo a casa y darle un hogar lleno de amor, entonces las posibilidades de ese niño de tener una vida razonable son mucho mejores que si los padres dicen "No, esto es demasiado para nosotros." Por eso creo que los padres, informados por los médicos, son quienes deben tomar la decisión. Y si los médicos piensan, según su experiencia en estos casos, que los padres están tomando una decisión razonable, deben aceptarla. Si los médicos piensan que los padres están siendo completamente irracionales entonces no deben aceptarlo y quizá le toque al comité de ética del hospital o a la corte decidir. . . .

AD: Si existe una debilidad en su visión del mundo, Peter, ¿dónde cree que está?

PS: Supongo que, como la gente dice y es un poco también como Ud. lo ha dicho, que no le doy suficiente importancia al hecho de que tenemos emociones y pasiones y que algunas de las cosas sobre las que hablo, como por ejemplo, compartir lo que uno tiene con extraños que viven en Mozambique o Bangladesh, o donde sea, no le da demasiado peso a la importancia de los lazos familiares. Ahora, yo creo que en un nivel eso es malo porque los lazos familiares son importantes para mí. Creo que soy tan buen padre para mis hijos como cualquier padre, y eso es importante, sólo que a veces, uno debería ir mas allá y tener una perspectiva más amplia. Pero es cierto que las ideas que yo expongo no siempre son aceptadas por la comunidad. Puedo decir esto a su millón de televidentes y espero que algunos vean lo que están haciendo y envíen cheques a Oxfam o a cualquier otro grupo. Pero probablemente un gran número no lo hará . . . ahí está el límite de hasta dónde podemos llegar mediante el razonamiento y la discusión.

AD: Hablemos de percepción. Quiero mostrarle una fotografía. ¿Cuál es la diferencia entre Ud. y este hombre?
[*Fotografía de Leonard Nimoy como Spock (de* Viaje a las estrellas*) apuntando un arma.*]

PS: Él tiene orejas más largas, creo.

AD: (riendo) La gente lo ve como una persona sin sangre, fría.

PS: Así es, o sea . . . profesionalmente soy un filósofo. Los filósofos utilizan la razón y la discusión. Si fuese un poeta, estaría escribiendo poesía que tocara sus emociones con el fin de hacerlo sentir empatía por la situación del pollo en el criadero o de la familia que no puede llevar comida a su mesa. Entonces ése es el peligro profesional si Ud. quiere, de ser filósofo —es el hecho de que a uno lo vean como alguien que es todo razón y nada de emoción. Yo creo que como retrato de mi persona esto es falso, pero como retrato de lo que soy en mi vida profesional, en mis escritos y mis charlas, es parte del juego.

AD: Con tantos temas controvertidos en su haber, ¿es el punto central no tanto que Ud. tenga o no razón sino que estos temas deberían ser discutidos?

PS: Bueno eso es en gran parte. Y cuando la gente dice: "Bueno, ¿qué piensa Ud. de la controversia que ha creado?" A menudo respondo: "Bueno al menos esto significa que estos temas están saliendo a la luz, esté Ud. de acuerdo conmigo o no." Espero que la gente apoye la idea de que todos tenemos el derecho a decir estas cosas y que es mejor sacar estos temas a la luz, discutirlos, evaluarlos e informarse al respecto en lugar de amordazarme, no dejarme hablar o no permitir que estos temas se hagan públicos.

AD: Para nuestros hijos, ¿cuáles serán las grandes cuestiones éticas?

PS: Probablemente, y desafortunadamente, la división entre los que tienen y los que no en el mundo aún será un gran problema. Probablemente, el tratamiento de los animales seguirá planteándose . . . pero si buscamos temas nuevos, creo que nuestros hijos tendrán la posibilidad de elegir su descendencia mediante selección genética, tomando sus embriones, utilizando fertilización in vitro o algún método que les permita hacer un diagnóstico de sus embriones, y que algún experto les diga: "Mire, éste es un niño y probablemente será muy atlético pero no será muy bueno en matemáticas, y éste será niña y tendrá buen oído para la música, pero . . ." Y de esta manera la gente podría querer elegir a sus hijos así. Y creo que uno de los grandes dilemas que nuestra sociedad tendrá que enfrentar es, ¿vamos a permitirles que lo hagan o les vamos a decir: "No. Ud. puede hacer diagnósticos genéticos para descubrir enfermedades serias, pero no puede hacerlo para elegir las cualidades positivas que a Ud. le gustaría que tenga su hijo."

AD: . . . Pero alguien como Ud., que prefiere lo que es mejor para el mayor número de personas, ¿no apoyaría la idea de poder seleccionar al niño con las cualidades deseadas?

PS: Creo que no es una cuestión de blanco y negro. No diría que esto necesariamente debería prohibirse pero . . . lo que me preocupa más de esto es si se desarrolla de manera privada . . . Y en particular en los EE.UU. es lo que probablemente ocurrirá ya que los EE.UU. no financia cosas que la gente no aprueba pero no siempre las impide tampoco. Tiene esta gran creencia en el libre mercado y de ahí que uno vea en avisos del diario de la Universidad de Princeton anuncios de estudiantes con altas notas en sus exámenes SAT ofreciendo óvulos. Y a veces uno tiene otras características como ser alto, atlético o lo que fuere. Y hay gente ofreciendo 25.000 dólares por óvulos de una donante con estas características . . . esto es el libre mercado. Esto no está permitido en Australia. No le permitimos a la gente tener un mercado de óvulos o esperma. Pero uno puede hacerlo en EE.UU. Por lo tanto pueden permitir un mercado en donde la gente que tiene recursos y puede solventar estos diagnósticos genéticos pueda tener hijos "superiores" y aquellos que no los tengan, no. Y así lo que tendremos es una sociedad donde exista una especie de aristocracia genética y el resto. . . . No estamos tan lejos de lo que muestra la película *Gattaca*,[1] no sé si la recuerda. Ésta es una de las grandes preocupaciones, por lo que preferiría que esto estuviese regulado o controlado de alguna manera para que no sea caótico. Que esté disponible sobre bases justas para todos y no sólo para quienes tengan recursos y puedan seleccionar lo que les guste en tanto que aquellos que no puedan hacerlo tengan que conformarse con los "naturales" como se los llamaba en *Gattaca*.

AD: Si ese libre mercado garantizara que tendríamos una generación de niños estrictamente vegetarianos, ¿estaría de acuerdo?

PS: (se ríe) Bueno, eso sería bueno. Tendría que pensarlo.

AD: Lo entrevistaremos cuando eso ocurra. Peter Singer, es fascinante hablar con Ud. Muchas gracias.

PS: Gracias.

Fuente: Entrevista al profesor Peter Singer, por Andrew Denton Traducción: Marisol García. Urbe et Ius, Revista número 4, Primavera (Cortesía: *Enough Rope* with Andrew Denton, ABC TV, Australia).

Actividades post-lectura

I. Comprensión (en parejas)

1. Tomen turnos para resumir las ideas de Peter Singer acerca de los temas siguientes:

   a. La diferencia entre ética y moral

   b. Por qué más gente no se esfuerza por vivir de manera ética

---

1. [*Gattaca* (EE.UU., 1997): la película ha sido caracterizada como una distopía transhumanista. Los hijos son elegidos mediante mecanismos de control genético para asegurar que nacen con los mejores rasgos hereditarios de sus padres. Se utiliza una base de datos para identificar y clasificar a aquellos que han sido manipulados genéticamente, llamados válidos, y aquellos que han nacido sin ningún tipo de manipulación anterior, llamados no-válidos o in-válidos. —*Eds.*]

c.   La "santidad de la vida"
d.   El tratamiento de los animales
e.   La ética y los niños enfermos o discapacitados
f.   Los límites del razonamiento
g.   La selección genética

II. Discusión: "El hombre más peligroso del planeta"
Discutan los siguientes puntos (grupos de 3 o 4)

1.   ¿Es Peter Singer un hombre peligroso? ¿Cuáles de sus ideas les parecen más polémicas? Analicen los aspectos positivos y negativos de estas ideas.
2.   ¿Cuáles de las ideas de Singer les parecen menos polémicas o están más de acuerdo con sus propios valores u opiniones? Expliquen por qué.

III. Diálogo

Improvisen un diálogo entre Singer y una de estas personas:
1.   Científico/a que hace experimentos con animales
2.   Persona muy religiosa que defiende la idea de la santidad de la vida
3.   Representante de una asociación en defensa de los discapacitados físicos
4.   Médico/a que trabaja en una clínica de reproducción asistida y que defiende la importancia de tener un mercado de óvulos y de esperma

Actividades pre-lectura

1.   ¿Tienen Uds. animales domésticos o tienen algún otro contacto frecuente con animales? ¿Han considerado Uds. el tema de los derechos de los animales? ¿Hay algún aspecto del tratamiento de los animales que consideren más importante o urgente (p. ej., las granjas-factoría, los circos, el uso en experimentos de laboratorio, los zoológicos, etc.)?

2. En los últimos años, ¿han cambiado algunos de sus comportamientos hacia los animales? Si la respuesta es sí, ¿qué factores influyeron para esos cambios? Si la respuesta es no, ¿estarían dispuestos a hacer algunos cambios? ¿Cuáles?

3. ¿Creen Uds. que éste es un tema ético importante o no?

¿Tienen derechos los animales?

Adela Cortina

Las polémicas en torno a los toros, la caza del zorro, el trato a los animales de granja, de laboratorio, las exhibiciones en circos y zoológicos, el cuidado de los animales de compañía, han reavivado desde el último tercio del siglo pasado una pregunta que en el mundo occidental venía planteándose al menos desde el siglo XVIII: ¿tienen derechos los animales?

Así dicho, la respuesta no puede ser hoy más palmaria: sí, claro, tienen los derechos que les conceden las legislaciones de un buen número de países, que cada vez precisan más el trato que debe dispensarse a los animales; un trato que, como mínimo, exige no provocar sufrimiento inútil. Por poner un ejemplo, cualquier investigador sabe que, antes de experimentar con animales, debe cursar un posgrado para aprender cómo tratarlos, presentar su proyecto a un comité ético y seguir el protocolo correspondiente. Está bien claro, pues, que existe este tipo de derechos que se conceden a los animales para protegerles del maltrato.

Sin embargo, la pregunta "¿tienen derechos los animales?" suele referirse a una cuestión más complicada: si tienen un tipo de derechos similar a los derechos humanos, que no se conceden, sino que deben reconocerse. Los derechos humanos son *anteriores* a las voluntades de los legisladores y les obligan a reconocerlos y encarnarlos en las legislaciones concretas. No es lo mismo conceder un derecho, cosa que podría hacerse o no, que tener que reconocerlo. En esta diferencia nos jugamos mucho.

En cuanto a los hombres —mujeres y varones—, es ya una referencia la Declaración Universal de Derechos Humanos de 1948 que, por primera vez en la historia, reconoce a todos los seres humanos derechos inalienables. Pero, ¿por qué los seres humanos tienen este tipo de derechos?

Ríos de tinta han corrido sobre este asunto tan complejo, pero en este breve espacio tal vez se pueda aventurar una respuesta convincente: porque los seres humanos tienen la capacidad —actual o virtual— para reconocer qué es un derecho y para apreciar que forma parte de una vida digna. Si los demás no se lo reconocen, tienen conciencia de ser injustamente tratados y ven mermada[2] su autoestima. Por tanto, en el caso de que sólo los seres humanos tuvieran este tipo de derechos, tendrían total prioridad en cuestiones de justicia. ¿Tienen los animales un tipo de derechos similar?

Como es sabido, en 1977 se proclama una Declaración Universal de los Derechos del Animal, que pretende equipararse a la de 1948. Se compone de 14 artículos, referidos fundamentalmente al derecho a la existencia, a la libertad, a no sufrir malos tratos y a morir sin dolor. ¿Por qué se supone que los animales tienen esos derechos? Las respuestas son diversas.

Tal vez porque Dios se los ha dado, como aseguraba en 1791 el presbiteriano Herman Daggett en su discurso sobre los derechos de los animales, llegando a afirmar: "Y no conozco nada en la naturaleza, en la razón o en la revelación que nos obligue a suponer que los derechos inalienables de la bestia no sean tan sagrados e inviolables como los del hombre."

Tal vez porque tienen capacidad de sufrir, como defiende el utilitarismo, pero aclarando que la capacidad de sufrir no es la fuente de derechos que se reconocen, sino de los que se conceden, como de forma diáfana afirma Peter Singer, que utiliza explícitamente el discurso de los derechos de los animales como arma política, porque no cree que existan, como tampoco los derechos humanos.

Por su parte, Martha Nussbaum asegura que los animales no humanos son "personas en sentido amplio" y por eso tienen derechos, afirmación poco creíble porque resulta imposible detectar en ellos autorreflexión, autoconciencia o responsabilidad, por muchas semejanzas que existan con los seres humanos.

Pero si acudimos, con Tom Regan, a la afirmación de que la vida es un valor que importa respetar, que no se debe maltratar a los seres valiosos, entonces no es necesario apelar a derechos para pedir para un ser respeto y cuidado: basta con que sea valioso.

---

2. disminuida

Un buen cuadro no tiene derechos, pero es pura barbarie destrozarlo, porque tiene un valor. Un bosque hermoso tampoco tiene derechos, pero talarlo es mala cosa, a no ser por proteger algún valor más elevado.

Nos movemos en un mundo de seres valiosos y bueno sería educar en el respeto a lo valioso, en el cuidado de lo vulnerable, tanto más si esos seres tienen capacidad de sufrir. Aunque no puedan tener conciencia de derechos ni de deberes y por eso no se pueda decir que tienen derechos. El analfabetismo en esto del valor es una mala cosa, y una buena educación debería intentar erradicarlo.

Pero también debe enseñar a priorizar, a recordar cómo las exigencias de justicia que plantean los seres humanos están dolorosamente bajo mínimos. Cumplir los Objetivos de Desarrollo del Milenio, que se propusieron en 2000. Proteger los derechos de los seres humanos es una tarea prioritaria.

Fuente: *El País* (España), 29 de julio de 2010.

Citas

"Si un hombre aspira a una vida correcta, su primer acto de abstinencia es el de lastimar animales."

—Leo Tolstoy

"La no violencia lleva a la más alta ética, lo cual es la meta de la evolución. Hasta que no cesemos de dañar a otros seres vivos, somos aún salvajes."

—Thomas Edison

"Podemos juzgar el corazón de una persona por la forma en que trata a los animales."

—Immanuel Kant

"La grandeza de una nación y su progreso moral puede ser juzgado por la forma en que sus animales son tratados."

—Mahatma Gandhi

"Sostengo que cuanto más indefensa es una criatura, más derechos tiene a ser protegida por el hombre contra la crueldad del hombre. . . . Ruego constantemente a Dios para que nazca sobre esta tierra algún gran espíritu, hombre o mujer, encendido en la piedad divina, capaz de librarnos de nuestros horrendos pecados contra los animales, salvar las vidas de criaturas inocentes y purificar los templos."

—Mahatma Gandhi

"Nada beneficiará la salud humana ni incrementará nuestra oportunidad de sobrevivir a la vida en la tierra más que la evolución hacia una dieta vegetariana."

—Albert Einstein

"Llegará el día en que los hombres verán el asesinato de animales como ahora ven el asesinato de hombres."

—Leonardo da Vinci

"La pregunta no es, ¿pueden razonar? ni ¿pueden hablar? sino, ¿pueden sufrir?"

—Jeremy Bentham

"Es imperdonable que los científicos torturen a los animales; que hagan sus experimentos con los periodistas y los políticos."

—Henrik Ibsen

"Primero fue necesario civilizar al hombre en su relación con el hombre. Ahora es necesario civilizar al hombre en su relación con la naturaleza y los animales."

—Víctor Hugo

"Cada año decenas de miles de animales sufren y mueren en pruebas de cosméticos y productos para el hogar en laboratorios . . . a pesar del hecho de que los resultados de estos experimentos no ayudan a prevenir o tratar el uso inadecuado, accidental o provocado, del producto. Por favor únete a mí usando tu voz por la de aquellos cuyo llanto está para siempre sellado detrás de las puertas del laboratorio."

—Woody Harrelson

Sociedad Protectora de Animales y Plantas "Pirineos" de Jaca, http://www.protectora-jaca.org/citas.htm.

Declaración Universal de los Derechos de los Animales

Considerando que todo animal posee derechos y que el desconocimiento y desprecio de dichos derechos han conducido y siguen conduciendo al hombre a cometer crímenes contra la naturaleza y los animales, se proclama lo siguiente:

Artículo No. 1. Todos los animales nacen iguales ante la vida y tienen los mismos derechos a la existencia.

Artículo No. 2. a) Todo animal tiene derecho al respeto. b) El hombre, como especie animal, no puede atribuirse el derecho de exterminar a los otros animales o de explotarlos, violando ese derecho. Tiene la obligación de poner sus conocimientos al servicio de los animales. c) Todos los animales tienen derecho a la atención, a los cuidados y a la protección del hombre.

Artículo No. 3. a) Ningún animal será sometido a malos tratos ni a actos crueles. b) Si es necesaria la muerte de un animal, ésta debe ser instantánea, indolora y no generadora de angustia.

Artículo No. 4. a) Todo animal perteneciente a una especie salvaje tiene derecho a vivir libre en su propio ambiente natural, terrestre, aéreo o acuático y a reproducirse. b) Toda privación de libertad, incluso aquella que tenga fines educativos, es contraria a este derecho.

Artículo No. 5. a) Todo animal perteneciente a una especie que viva tradicionalmente en el entorno del hombre tiene derecho a vivir y crecer al ritmo y en las condiciones de vida y de libertad que sean propias de su especie. b) Toda modificación de dicho ritmo o dichas condiciones que fuera impuesta por el hombre con fines mercantiles es contraria a dicho derecho.

Artículo No. 6. a) Todo animal que el hombre haya escogido como compañero tiene derecho a que la duración de su vida sea conforme a su longevidad natural. b) El abandono de un animal es un acto cruel y degradante.

Artículo No. 7. Todo animal de trabajo tiene derecho a una limitación razonable del tiempo e intensidad del trabajo, a una alimentación reparadora y al reposo.

Artículo No. 8. a) La experimentación animal que implique un sufrimiento físico o psicológico es incompatible con los derechos del animal, tanto si se trata de experimentos médicos, científicos, comerciales, como de otra forma de experimentación. b) Las técnicas alternativas deben ser utilizadas y desarrolladas.

Artículo No. 9. Cuando un animal es criado para la alimentación debe ser nutrido, instalado y transportado, así como sacrificado, sin que ello resulte para él motivo de ansiedad o dolor.

Artículo No. 10. a) Ningún animal debe ser explotado para esparcimiento del hombre. b) Las exhibiciones de animales y los espectáculos que se sirvan de animales son incompatibles con la dignidad del animal.

Artículo No. 11. Todo acto que implique la muerte de un animal sin necesidad es un biocidio, es decir, un crimen contra la vida.

Artículo No. 12. a) Todo acto que implique la muerte de un gran número de animales salvajes es un genocidio, es decir, un crimen contra la especie. b) La contaminación y la destrucción del ambiente natural conducen al genocidio.

Artículo No. 13. a) Un animal muerto debe ser tratado con respeto. b) Las escenas de violencia, en las cuales los animales son víctimas, deben ser prohibidas en el cine y en la televisión, salvo si ellas tienen como fin dar muestra de los atentados contra los derechos del animal.

Artículo No. 14. a) Los organismos de protección y salvaguarda de los animales deben ser representados a nivel gubernamental. b) Los derechos del animal deben ser defendidos por la ley, como lo son los derechos del hombre.

Esta declaración fue adoptada por La Liga Internacional de los Derechos del Animal en 1977.

Fuente: Ministerio de Educación, República Argentina http://www.me.gov.ar/efeme/diaanimal/derecho.html.

Alemania de rango constitucional a la protección de los animales

Debate entre legisladores (selección)

Hace unas semanas la Cámara Alta del Parlamento alemán, el Bundesrat, votó a favor de incluir los derechos de los animales en la Constitución, convirtiéndose en el primer país europeo en hacerlo.

Está abierta la discusión sobre cómo afectará este cambio a la personalidad jurídica de los animales. . . . Los musulmanes ya han expresado su preocupación por la enmienda, temiendo que se prohíba el sacrificio ritual de ovejas. La reforma de la Constitución alemana implica añadir las palabras "y animales" a la cláusula que obliga al Estado a proteger la vida humana. El artículo dice ahora: "El Estado toma la responsabilidad de proteger los fundamentos naturales de la vida y de los animales en interés de las futuras generaciones."

Cuando la Cámara Baja, el Bundestag, aprobó la reforma un mes antes, la BBC citaba el 17 de mayo a la Ministra de Consumo y Agricultura, Renate Kuenast, del Partido de los Verdes, diciendo que la reforma constitucional podría conducir a una nueva legislación que limite los experimentos con animales en casos como los laboratorios de cosméticos o analgésicos. Kuenast afirmaba que la reforma no daba a los animales los mismos derechos que a los seres humanos. . . . Sin embargo, en una observación, el periódico apuntaba que puede crear un siniestro asedio a los investigadores y granjeros. Kuenast añadía: "El trabajo no ha parado. Es sólo el principio."

Mientras tanto, en Estados Unidos, . . . en las batallas legales sobre la custodia o maltrato de animales domésticos, el Fondo de Defensa Legal de los Animales ha estado sometiendo escritos a los tribunales, en los que sugiere que el juez mire el caso en términos del interés del animal. En este sentido, el grupo espera dar pequeños pasos para conseguir derechos legales para los animales.

Uno de los que están desarrollando a nivel teórico los casos de derechos de animales en los Estados Unidos es el abogado Steven Wise. Su libro recién publicado, *Drawing the Line: Science and the Case for Animal Rights*, propone que se les deberían dar derechos legales a algunas especies animales. "No veo una gran diferencia entre un chimpancé y mi hijo de cuatro años y medio," observaba Wise en una presentación de su libro en una librería el mes pasado, informaba el *Washington Post*. Wise basa su caso en las capacidades de algunos animales de experimentar emociones, comunicarse, o desarrollar interactividad social. Aparte de los chimpancés, habla de otras especies, como gorilas, orangutanes, bonobos, delfines atlánticos, loros grises africanos, elefantes africanos, perros y abejas, que reunirían sus criterios para concederles derechos. Pide unos básicos "derechos de integridad y libertad corporal." Wise comenzó a representar a animales en los tribunales a finales de los setenta tras leer *Animal Liberation* de Peter Singer. Más tarde se convirtió en vegetariano, y redirigió su bufete de Boston hacia los daños a los derechos de los animales. Enseña derecho de los animales en la Harvard Law School, en la Vermont Law School y en la John Marshall [Law] School en Chicago.

El *Washington Post* observaba que el concepto de derecho de los animales concita fuertes críticas. Richard Posner, un juez de apelación norteamericano y profesor en la Escuela de Derecho de la Universidad de Chicago, afirma: "Es prácticamente imposible igualar los derechos de los animales a los de los seres humanos. Hay demasiadas diferencias. Sus necesidades y nuestras relaciones con ellos son muy diferentes de las necesidades y nuestras relaciones con los grupos humanos como para que se autorice actualmente la concesión de derechos a los animales."

Tibor Machan, filósofo y profesor de ética empresarial en la Universidad Chapman en Orange, California, defiende que el criterio para que un ser tenga derechos es la moralidad. "Tales derechos se podrían erigir solamente si los animales se convirtieran en agentes morales, pero no lo son," afirma.

Fuente: Revista electrónica ConoZe.com, 8 de agosto de 2002, http://www.conoze.com/doc.php?doc=1797.

Actividades post-lectura

I. Análisis y discusión (en grupos de 3)

1. Después de leer los textos asignados, ¿qué argumentos pueden presentar a favor y en contra de la legislación que protege los derechos animales?

2. ¿Qué áreas serían más afectadas si se reconocieran los derechos animales tal como están reconocidos en la Declaración Universal de 1977?

3. Analizando la Declaración Universal de los Derechos de los Animales, ¿con cuáles artículos están más de acuerdo y más en desacuerdo? Presten especial atención a los artículos 4, 8 y 10 y expliquen sus posiciones.

4. Si Uds. tuvieran que redactar una ley para proteger derechos animales, ¿qué disposiciones incluirían? Consideren los casos de distintos tipos de animales (p. ej., salvajes, domésticos, de granja, usados para entretenimiento, para experimentos médicos, etc.)

II. Campaña publicitaria (en grupos de 3 o 4)

Analicen las imágenes y anuncios que aparecen abajo y discutan cuál es la campaña que les parece más importante. Luego, hagan un proyecto de poster o anuncio publicitario sobre una de las

CORRIDAS DE TOROS
NI ARTE NI CULTURA, TORTURA

cuestiones relacionadas con el tratamiento de animales, a elección del grupo.

ANIMALES EN CIRCOS:

TU DIVERSIÓN ES SU MISERIA

Boicotea

Los circos con animales

PIEL ES CRUEL

NO CONSUMAS CON CRUELDAD:

NO COMPRES PRENDAS CON PIEL;

PON DE MODA LA COMPASIÓN;

PRESUME DE ÉTICA.

¿PIEL? NO, GRACIAS.

JUNTEMOS FIRMAS PARA PROHIBIR EL

USO DE CARROS TIRADOS POR CABALLOS

Panel de discusión sobre un problema ético elegido por los esudiantes

Formato

El objetivo es tener un debate vigoroso en que todos puedan participar, sin intervención del profesor/profesora. A continuación se presenta una organización del panel, en cuatro pasos que se pueden realizar en clases consecutivas:

Paso 1. Después de haber leído los textos relacionados con el tema, cada estudiante debe preparar una lista de cuestiones éticas que considera más importantes y entregarla a su profesor/profesora.

Paso 2. El profesor/profesora puede hacer una lista final de 3 a 5 temas que sean los más populares en las listas que le han dado y someterlos a votación en la clase siguiente. Si son problemas complejos es muy importante presentar la cuestión de forma muy clara y bien definida para que los estudiantes puedan enfocarse en los aspectos importantes. Al hacer la lista final con las cuestiones más votadas por los estudiantes, se deben eliminar las que no se presten para el tipo de debate que se puede hacer en una clase, especialmente si son demasiado complicadas para poder investigar los distintos aspectos del problema.

Una vez seleccionado el tema del debate, se divide la clase preferentemente en dos o tres grupos, y los estudiantes deben elegir la posición que defenderán. Si no hay suficientes voluntarios el profesor/a puede formar dos o tres equipos y asignarles posiciones diversas.

Paso 3. Cada profesor/profesora puede pedir que en la clase anterior al panel los estudiantes entreguen una lista de argumentos y fuentes que piensan usar (como lista, no ideas desarrolladas) y vocabulario esencial para la discusión de su postura. Es muy importante que manejen el vocabulario apropiado con seguridad.

Paso 4. El día del panel de debate, la clase se desarrolla de la siguiente forma:

    a. En una sección pequeña, los estudiantes pueden tomar cinco minutos al principio para que cada uno de los dos grupos, pueda pulir los detalles y los estudiantes se organicen entre ellos para hablar. Si es una sección grande es mejor que se hayan organizado antes de la clase.

b. Luego cada estudiante habla por un minuto (no más de un minuto). Esto es muy importante para la evaluación más precisa de cada estudiante y para que toda la clase esté informada sobre los argumentos del resto.

c. Finalizada la presentación individual, la discusión se abrirá para que todos —con libertad y respetando el derecho a hablar de los demás— refuten, repregunten y presenten sus argumentos en forma más extensa.

d. Al final se puede llegar a una conclusión por votación o simplemente registrar cuál es la posición mayoritaria ya que la discusión puede haber cambiado las ideas de algunos.

Tema de panel: Un ejemplo

¿Tenemos una obligación ética individual de ayudar a los pobres?

Posición A

Sí. Los individuos que poseen bienes en abundancia, es decir que tienen todas sus necesidades de alimentación, vivienda, calefacción, vestimenta, salud y educación satisfechas, para sí y sus hijos, tienen la obligación moral de donar parte de ese dinero a agencias u organizaciones que ayuden a las personas más necesitadas. Centenares de miles de vidas se pueden salvar de esta manera, sin afectar realmente nuestro nivel de vida. (Ver fuentes abajo.)

Posición B

No. Aunque lógicamente es digno de elogio que los individuos donen parte de su dinero para aliviar la pobreza, éste debe ser un acto voluntario, de generosidad, que no debe ser visto como un deber moral. Hay muchas razones para cuestionar que haya una 'obligación' moral o ética de donar el dinero que una persona ha ganado. Por ejemplo:

1. Muchas veces las agencias u organizaciones no ayudan realmente a la gente que más lo necesita y gran parte de los fondos se destinan a gastos administrativos o salarios del personal.

2. Lo que los individuos pueden hacer, con excepción de los millonarios, es mínimo y no ayudará a resolver los problemas de fondo. Se hace más por la conciencia de la persona o para mejorar su imagen pública, que por el resultado.

3. Es muy difícil determinar cuánto es justo dar o cuáles son los gastos superfluos para los individuos que viven con comodidad económica. ¿Qué es moralmente aceptable gastar? ¿Sólo en el mínimo de ropa? ¿Es "ético" ir al teatro y gastar 200 o 300 dólares, una cantidad que podría salvar la vida de un niño? ¿Cuál es el límite?

4. La responsabilidad no es de los individuos sino de los gobiernos. Muchas veces la gente más pobre vive en países controlados por una clase gobernante corrupta, con líderes que viven en palacios y gastan fortunas en bienes personales. Si se depende de la caridad de los ciudadanos de los países ricos se libera de responsabilidad a los gobiernos.

5. Si los que tienen mucho dinero tienen que dar un monto sustancial de sus ingresos, como propone Peter Singer, el resultado es que habrá menos empleo y la economía sufrirá.

6. Dar ayuda a los pobres, crea una relación de dependencia; quita el incentivo al trabajo y, en países superpoblados, exacerba el problema de la población.

Tema de ensayo o composición

Escriba una carta a la organización Urbe et Ius, que publicó la entrevista a Peter Singer por Andrew Denton. Describa su reacción frente a las ideas expresadas por el filósofo, su acuerdo o desacuerdo con algunas de esas ideas y si hay algún punto que le interesa especialmente. En cada caso, justifique su posición.

————————

Pequeñas historias

Ricardo Piglia

Ricardo Piglia es uno de los más prominentes narradores, críticos y ensayistas argentinos contemporáneos (n. 1941). Ha escrito novelas, como *Respiración artificial* y *Plata Quemada* y colecciones de cuentos cortos, entre ellas *Cuentos morales*, que incluye las historias que aparecen en esta sección. Es un aficionado a la literatura estadounidense y vivió hasta 2011 en Estados Unidos donde enseñó en las universidades de Princeton y Harvard.

Historia No. 1

Había una mujer que no hacía nada sin consultar el *I-Ching*. Se imaginaba una ruleta donde las apuestas se pagan con acontecimientos de la vida del que juega.

El monje escala la colina con un bastón de caña. La tormenta se avecina. Su discípulo se ha rehusado a seguir.

El carácter enigmático de las profecías le permitía cierto margen de decisión personal. Había varios futuros posibles. Comprendió que para construirse un destino lo fundamental es descifrar, no decidir.

Vivía en Princeton, New Jersey. Su marido era un biólogo que antes de terminar su doctorado en el MIT había sido contratado por una gran corporación. Viajaba a Nueva York todos los días y ella se quedaba sola. Nunca sabía qué hacer en esas horas vacías. La paralizaba no poder elegir en la maraña[3] microscópica de posibilidades. Veía su vida como un hormiguero[4] destruido, con los insectos huyendo en todas direcciones.

Una noche, en una reunión, alguien habló del *Libro de las mutaciones* y elaboró una teoría sobre la construcción artificial de

————————

3. lugar cubierto de plantas y maleza que lo hacen difícil de transitar; (*fig.*) un conjunto desordenado de objetos o ideas que resulta difícil separar o distinguir entre sí

4. conjunto de hormigas (*ants*) que viven en un mismo lugar

la experiencia. Al día siguiente la mujer consiguió un ejemplar en la biblioteca. Pensó que no debía consultar el libro para tomar grandes decisiones. Iba a concentrarse en la cadena insignificante de hechos laterales que podían dar lugar a desarrollos imprevistos. Un hombre se sentaba, por las mañanas, a leer el diario, en el bar que estaba enfrente de la Universidad. ¿Tenía que hablar con él? El libro dijo:

Antes de la batalla el Rey decide bañarse en los hielos del gran lago. El ejército acampa en la orilla. La bruma[5] se alza en los montes.

Tuvo una aventura con el tipo que duró tres meses. Cuando su marido salía para Nueva York ella consultaba el libro y visitaba a su amante o era visitada por él.

Un día recibió la orden de dejar de verlo. Actuó con frialdad y resistió todos los argumentos. Al principio la llamaba por teléfono e incluso la amenazaba pero al final desistió. Lo veía siempre leyendo el diario en el café frente a la Universidad.

Empezó a realizar pequeñas escapadas[6] siguiendo las indicaciones del *I-Ching*. Tomaba un ómnibus, bajaba en un pueblo cualquiera, se sentaba a beber en un bar. Esa vida secreta la llenaba de alegría. Nunca podía imaginar lo que iba a hacer. Una vez se disfrazó de varón y fue a uno de los cines pornográficos de la calle 42.[7] Otra vez fue a una casa de masajes atendida por mujeres. El libro insistía en que era un hombre. Un guerrero. Empezó a interesarse en el mundo del box. Pasaba horas mirando peleas en la TV. Una tarde fue al gimnasio del Madison. Conoció a un boxeador negro, un peso pluma de veinte años que medía 1,60 y parecía un jockey.

Por fin el libro le dijo que debía irse. Se llevó todo el dinero que tenían en el banco, alquiló un auto y empezó a viajar. El libro le indicaba el camino.

A veces consultaba el *I-Ching* para saber si debía consultar el *I-Ching*.

---

5. niebla, especialmente la que se forma sobre el mar
6. abandono temporal de las ocupaciones habituales, generalmente para divertirse o distraerse
7. La referencia en el texto es a la calle de Manhattan, famosa por los teatros, especialmente alrededor de Times Square, pero que en el pasado también era conocida por las actividades poco respetables que se concentraban allí, prostitución, películas pornográficas, *peep shows*, etc.

Nota: *I Ching*

El *I Ching* o *El libro de los cambios* o *El libro de las mutaciones*, es uno de los libros más antiguos del mundo, data de más de 4.000 años. Su propósito es reflejar los cambios que se producen en todos los niveles del universo, los ciclos y mareas de la fortuna, que podemos llegar a conocer y dirigir para conseguir el éxito. El *I Ching* no sólo se limita a pronosticar el futuro sino que, además, nos brinda consejos para actuar de tal manera que podamos hacer frente al porvenir en las mejores condiciones posibles. . . . Si la respuesta que recibimos es favorable, proseguiremos adelante con confianza; si nos aconseja cautela, nos prepararemos para luchar contra dificultades ocultas; y si las indicaciones son malas, podremos alterar nuestros planes y esquivar los futuros peligros.

El *I Ching*, es diferente a todos los demás oráculos en dos cuestiones importantes. En primer lugar, no ofrece respuestas específicas a las preguntas; sino más bien análisis detallados de los hechos sobre los que se hacen las preguntas, dependiendo de la situación en el momento de plantearlas. En segundo lugar es algo más que un oráculo; se trata de una expresión adivinatoria de un sistema filosófico. El *I Ching* ha influido profundamente en el budismo chino y en las dos grandes religiones que China ha dado al mundo: la fe taoísta mágica y mística, y las austeras enseñanzas de Confucio, quien llegó a decir que si pudiera disponer de otros cincuenta años, los dedicaría por entero al estudio del *I Ching*.

Historia No. 2

Había un convicto que acababa de salir de la cárcel. Su único mundo conocido era el presidio.[8] La primera vez que lo encarcelaron tenía dieciséis años. Parece imposible transmitir la presión atmosférica que supone ser un recluso[9] condenado a una pena larga en una prisión norteamericana. Cuando se lleva tanto tiempo

---

8. establecimiento en que cumplen sus condenas los castigados a pérdida de la libertad; también se puede llamar prisión o cárcel
9. se refiere a la persona que está en la cárcel cumpliendo una sentencia, prisionero

encerrado las fantasías que se construyen sobre el mundo libre no se distinguen de lo que se sabe con certeza de ese mundo.

Se consideraba un prisionero educado por el Estado, es decir, un prisionero que había sido amaestrado[10] por las instituciones carcelarias. Una educación integral, sistemática: física, cerebral, psíquica, moral, filosófica, muscular, óptica, sexual. Se enseñan nuevas relaciones con el tiempo, otra relación con el lenguaje y la obediencia. Una cárcel de extrema seguridad en los EE.UU. es una institución complejísima. Hacen convivir a los psicópatas y a los espías con los desesperados y las víctimas. Saben que un hombre débil se convertirá en un esclavo y un esclavo en un autómata aterrorizado. Quieren ver qué pasa con el espíritu de rebeldía en condiciones de extrema presión.

En el vacío de ese tiempo sin futuro sólo se puede pensar. El pensamiento podría desarrollarse totalmente en el silencio, pensaba antes. Un pensamiento silencioso puede desarrollarse hasta el infinito. Ahora piensa que no hay pensamiento sin lenguaje. Piensa que todos los pensamientos pueden utilizarse para la aniquilación de la propia existencia. Una y otra vez volvía a pensar que desde hacía tiempo estaba muerto.

Adentro no hay otra conexión con el mundo que el graznido[11] de la TV encendida durante horas para todo el penal. Afuera tuvo la impresión de que la realidad tenía la banda de sonido [12] mal sincronizada. Parecían querer decirle algo que no entendía.

Todo se cargaba de un sentido múltiple; las relaciones entre acontecimientos dispersos eran excesivas. Trataba de descifrar únicamente los mensajes que le estaban personalmente dirigidos.

Quiere llegar a Nueva York pero no sigue una ruta precisa. Se deja llevar por intuiciones instantáneas y va de un lugar a otro de un modo errático. Viaja en coches alquilados o en los Greyhound y para en los moteles del camino. Entra en relación con hombres y mujeres a los que conoce en las estaciones y en los bares.

---

10. enseñado o adiestrado; a veces se usa en referencia a un animal al que se le enseñan habilidades
11. (*fig.*) grito o canto desigual, desagradable al oído, que se parece a la voz del cuervo o del ganso
12. *soundtrack*

Nunca dice que ha pasado más de la mitad de la vida en la cárcel. Produce una sensación de extrañeza y de fascinación con su mirada helada y su amabilidad excesiva. Parece un hombre sin pasado, sin historia, que viene de otro planeta, como si todo lo viera por primera vez.

Cuenta siempre una historia distinta. A veces dice que acaba de salir del hospital. A veces dice que ha vivido en México. Habla en presente, el tiempo muerto que identifica a los que han estado en prisión. Sabe que lo vigilan, no cree en las coincidencias ni en el azar.[13] Todos los acontecimientos están entrelazados;[14] siempre hay una causa.

Una tarde conoce a un tipo en un bar y el tipo le propone que sigan viaje juntos. El hombre va hacia el Este porque quiere entrar en el Ejército. El convicto sospecha inmediatamente, piensa que el hombre lo ha reconocido y que va a entregarlo. Al salir del bar, en una cortada[15] que hay cerca de las vías, lo mata de una puñalada.[16] Esa misma noche busca un casino. Desde siempre ha establecido una relación entre el crimen y la suerte en el juego. En la época en que estaba en libertad salía a la calle a buscar un desconocido cuya muerte le asegurara que iba a ganar. Esa noche gana cinco mil dólares jugando a punto y banca.[17]

De vez en cuando habla por teléfono con Nueva York. Son llamadas anónimas, a un servicio nocturno de asistencia al suicida. No dice quién es, ni dónde está, pero cuenta la verdad. Ha salido de la cárcel, ha matado a un hombre, ha ganado en el casino, va hacia Nueva York a encontrarse con su hermano.

Historia No. 3

Había una mujer en Arizona que se había gastado la mitad del patrimonio familiar pagando de su bolsillo la publicación en todos

---

13. casualidad, caso fortuito; juegos de azar son juegos que no dependen de la habilidad de los jugadores sino de la suerte

14. vinculados, conectados, enlazados

15. atajo, lugar por donde se hace más corto el camino.

16. golpe que se da con un puñal, que es un arma de acero de 8-10 pulgadas de largo y que hiere con la punta

17. juego de azar con cartas que se juega en casinos, *baccarat*

los diarios del país de una carta abierta[18] donde expresaba su sorpresa al ver los homenajes y muestras de aprecio y de afecto que le habían hecho llegar personajes de toda consideración, con motivo de la muerte de su esposo, un científico que había estado tres veces a punto de ganar el premio Nobel. En la carta la mujer decía que por fin se sentía liberada del terror que había padecido durante casi treinta años de convivencia forzada con un loco, un mitómano[19] y un psicópata. Como ejemplo de la personalidad verdadera del marido contaba que el científico tenía un archivo con fotografías de todos los científicos rivales o posibles rivales o futuros rivales a los que pinchaba[20] en los ojos con pequeñísimas agujas[21] de platino que él mismo fabricaba durante la noche en su laboratorio, con el objeto de paralizarlos en sus investigaciones, lesionarlos, enceguecerlos[22] e impedir que pudieran superarlo en su lucha por conseguir el premio Nobel de física.

Historia No. 4

Había un ex alcohólico que salía de noche a robar en la casa de los amigos. Conocía sus hábitos y conocía los dispositivos de seguridad. Forzaba las puertas o las ventanas o las ventanas y las puertas, y entraba cuando sus amigos estaban ausentes. Le gustaba recorrer las habitaciones familiares, hurgar[23] en los muebles y en los cajones[24] secretos. Se llevaba todo el dinero. Guardaba los objetos robados en el sótano de su casa. Al día siguiente sus amigos lo llamaban para contarle que habían sido saqueados.[25]

---

18. carta dirigida a una persona y destinada a la publicidad

19. que tiene tendencia a desfigurar la realidad de lo que dice haciéndola más grande o a mitificar o admirar excesivamente a personas o cosas

20. picaba, punzaba o hería con algo agudo, como una aguja, un alfiler, etc.

21. barra pequeña de metal, con punta aguda, que se usa para coser, bordar, inyectar, etc.; *needle*

22. volverlos ciego, causar la pérdida de la visión

23. revolver cosas en el interior de algo, como un mueble

24. receptáculos que se pueden sacar y meter de un armario, una mesa, una cómoda, etc.; *drawers*

25. que han sufrido un saqueo; alguien ha entrado al lugar y ha robado todo lo que encontró

Historia No. 5

Había una mujer que le escribía anónimos a su marido donde le contaba la verdad de su vida. Lo asombroso es que el marido jamás le comentó que recibía esa información confidencial.

Fuente: Ricardo Piglia, *Cuentos morales: Antología (1961-1990)*. © Ricardo Piglia c/o Guillermo Schavelzon & Asociados, Agencia Literaria. www.schavelzon.com.

Actividades post-lectura

I. Narración (en parejas)

Para practicar el uso del imperfecto y el pretérito, narren cada una de las historias dando tantos detalles como recuerden.

II. Análisis (en parejas)

1. Analicen los siguientes aspectos de las historias:
    a. ¿Hay elementos comunes entre los personajes de estos relatos? Hagan un análisis lo más detallado posible de cada uno de los protagonistas. ¿Qué observaciones pueden hacer sobre cada uno de ellos? ¿Qué creen Uds. que motiva sus acciones? Expliquen en qué han basado sus conclusiones.
    b. ¿Qué caracteriza a las relaciones humanas en las historias? Den ejemplos.
    c. ¿Son estas historias "cuentos morales"? ¿En qué sentido?
    d. Las Historias Nos. 3, 4 y especialmente 5 son muy breves. ¿Podemos considerar cuentos a estos microrelatos? ¿Por qué sí o por qué no?
    e. ¿Cuál de los relatos les gustó más y por qué?

III. Creación

1. Inventen una microhistoria en parejas.
2. Inventen una microhistoria usando los elementos que les dará la clase, como en teatro de improvisación (el personaje o personajes, el lugar, el tiempo, la situación, etc.). Luego cuenten algunas de esas historias a toda la clase.

IV. Discusión

Luego de haber conversado en parejas sobre los temas mencionados en la sección II, discutan con toda la clase sus conclusiones.

Temas de ensayo o composición

Elija uno de los siguientes temas:

1. Cuento corto: *Y a la medianoche el silencio era total*
    Un periódico de Perú lanzó una convocatoria a todos sus
    lectores para que les enviaran un cuento corto. Las únicas
    condiciones eran que el relato no superara las 100 palabras
    y que la frase final fuera: "A la medianoche el silencio era
    total." A continuación pueden leer uno de los cuentos en-
    viados por los lectores:

    Historia sin palabras
    Eran las 11:50 de la noche cuando el viajero llegó a la
    estación de tren arrastrando una bolsa pesada y vieja.
    Habló en voz alta y tranquila: "Cuando llegue el nuevo
    día, el primero que hable será el heredero de todos mis
    recuerdos, que llevo en esta bolsa." Un joven le pre-
    guntó qué tipo de recuerdos tenía. "No son cosas, dijo
    el viajero, sino memorias." A la medianoche el silencio
    era total. —Adrián Mourelos, Puerto Montt, Chile

    Ud. ha decidido responder a la convocatoria del periódico.
    Escriba un cuento corto teniendo en cuenta las condiciones
    del concurso.

2. Piglia comienza sus historias con el tradicional "Había . . ."
    Siguiendo su ejemplo, escriba uno o dos microrelatos en
    tiempo pasado.

CAPÍTULO 4

Crimen y castigo

¿Cuál es el castigo justo para un crimen? ¿Es legítima la venganza en algunos casos? ¿Cuáles son los crímenes que consideramos más horrendos o que merecen los castigos más severos? ¿Cuál es la función de las cárceles y cómo deben ser éstas?

El tema abre la puerta para múltiples conversaciones, desde discusiones prácticas hasta disquisiciones filosóficas.

Este capítulo contiene:

1. Una introducción con actividades de análisis y creación en las que los estudiantes pueden expresar sus opiniones, defenderlas y escuchar los argumentos de sus compañeros.
2. Dos historias en las que el crimen es central y en las que hay, o no, castigos para los culpables: *Emma Zunz*, por Jorge Luis Borges, y *Cavar un foso*, por Adolfo Bioy Casares.

Materiales y actividades en la red

En esta unidad hay un cortometraje sobre la venganza y sus efectos con preguntas de discusión para responder oralmente en VoiceThread y un tema de composición.

Hay una actividad de discusión sobre la descarga ilegal de archivos digitales para que los estudiantes expresen su opinión oralmente en VoiceThread o usando un método alternativo.

También hay una actividad de simulación de tipo juicio en que los estudiantes asumen el rol de abogado defensor o de fiscal. Como ejercicio oral, los estudiantes graban sus alegatos en VoiceThread u otro método. Como ejercicio escrito, escriben una carta al director del periódico local con su opinión sobre el caso.

1. Cortometraje: *La culpa*
   Director: David Victori; País: España; Año: 2010; Producción: M.A. Faura, Isaac Torras y Sergio Berrejón; YouTube: http://www.youtube.com/watch?v=FiikS2 xRSdE
2. La descarga ilegal de archivos digitales
3. Actividad de simulación: ¿Culpable o inocente? Un caso ante el juez

Vocabulario esencial

abogado/abogada: persona calificada para la práctica legal, que puede participar en un juicio en representación de una de las partes; *lawyer*

absolver: declarar que el acusado no es culpable

absuelto/a: que ha sido declarado no culpable o inocente

acusación: acción de imputar a alguien un delito, crimen, falta o error; *charge*

acusado/acusada: la persona a la que se acusa de cometer un crimen

arresto: el acto de detener a una persona y ponerla bajo custodia policial

asesinato: acción de matar a alguien con premeditación, alevosía, etc.

asesino/asesina: la persona que comete un asesinato

cadena perpetua: castigo que dura tanto como la vida de la persona condenada

la cárcel: lugar destinado a la reclusión de presos

caso: la presentación de evidencia para probar la inocencia (defensa) o la culpabilidad (fiscal) del acusado o acusada

causa: el motivo de un delito o crimen

celda: el cuarto en que se mantiene a los prisioneros en la cárcel

coartada: argumento de una persona sospechada de un delito o crimen de que no es culpable porque se encontraba en otro lugar

confesión: la aceptación por el acusado o acusada de que ha cometido el crimen o delito que se le atribuye

confesar: declarar que uno ha cometido el crimen o delito del que se lo acusa

convicto/convicta: la persona que ha sido declarada culpable

el crimen: delito grave, acción voluntaria de matar o herir gravemente a alguien

el/la criminal: la persona que comete un crimen

declarar: testimoniar; hacer declaraciones como testigo o experto en un caso

delito: acción u omisión voluntaria o imprudente sancionada por la ley

el/la delincuente: persona que comete un delito

desentrañar: averiguar, penetrar lo más dificultoso y escondido de algo

el/la detective: policía particular que practica investigaciones

el enigma: algo que no se alcanza a comprender o que es difícil de entender o interpretar

el fiscal: *prosecutor*

fuga: escape, huida

homicidio: acto que produce la muerte de una persona con intención

homicidio culposo: acto que produce la muerte de una persona por accidente

juez/jueza: persona que tiene autoridad y poder para juzgar y sentenciar

juramento: promesa solemne de decir la verdad

jurar: prestar juramento

jurado: cuerpo de ciudadanos que reciben evidencia y pronuncian un veredicto que pone fin al juicio

juzgado: tribunal

juzgar: recibir evidencia y pronunciar un veredicto

ladrón/ladrona: persona que comete un robo

el móvil o motivo: razón que mueve al sujeto a realizar una acción

el personaje: cada uno de los seres humanos que intervienen en una obra teatral, literaria, o cinematográfica; *character*

prisión: la cárcel; lugar donde se custodia a los condenados por delitos o crímenes

robo: el acto de apropiarse ilegalmente de algo de propiedad de otra persona

suspenso: expectación impaciente y ansiosa por el desarrollo de una acción, especialmente en un relato

el testigo/la testigo: *witness*

veredicto: conclusión del jurado o del juez respecto a la inocencia o culpabilidad del acusado

Actividades pre-lectura (en grupos de 3-4)

I. Crímenes y delitos

1. ¿Alguna vez han sido Uds., o algún familiar o amigo cercano, testigos o víctimas de un crimen o delito? Expliquen las circunstancias y cómo terminó el asunto.

2. ¿Creen que hay delitos que deben ser castigados con pena de muerte? ¿Cuáles son?
   ¿Qué argumentos a favor y en contra del uso de la pena de muerte pueden mencionar? Discutan el tema.

3. Si Uds. fueran jueces, ¿creen que tendrían una reputación de ser más bien severos o más bien indulgentes y benévolos? Expliquen qué circunstancias tendrían especialmente en cuenta para juzgar.

4. En los casos que han tenido mucha repercusión pública en los últimos años, ¿estuvieron Uds. de acuerdo o en desacuerdo con las sentencias?

5. Ordenen, de acuerdo a su gravedad, los siguientes crímenes o delitos:
   Robar un banco a mano armada, mostrando un arma de fuego
   Robar a un individuo a mano armada
   Entrar en una casa desocupada y robar artículos de valor
   Violar a alguien

Robar una gran cantidad de joyas de una joyería, sin usar armas de fuego

Ser testigo falso, acusando a alguien de un delito o crimen y cometiendo perjurio

Matar con intención y por odio a una persona (por su raza, sexo, orientación sexual, etnicidad, etc.)

Matar a un policía

Matar a un niño o niña

Comprar drogas para vender o distribuir (marihuana, cocaína, metanfetaminas, etc.)

6. Imaginen que quieren planear un crimen perfecto. Expliquen los detalles de la ejecución (personas, lugar, tiempo, arma a usar, desaparición de la evidencia, etc.) y qué detalles tendrían especialmente en cuenta.

Prisiones modelo

La prisión Bastoy, en Noruega, está ubicada en una isla a 46 millas de Oslo y sus autoridades tienen el objetivo de convertirla en la "primera prisión ecológica del mundo." Tiene 115 presos y 69 empleados. Es un modelo de prisión que es observado por expertos de muchas partes del mundo porque tiene una tasa de reincidencia de sólo el 16 a 20 por ciento, cuando en el resto de Europa (y Estados Unidos) es de alrededor del 60 a 70 por ciento. El principal objetivo es la rehabilitación. La prisión es gobernada como una "pequeña sociedad" según su director, Arne Kvernvik Nilsen. Durante sus ratos libres, los presos tienen acceso a tenis, cross-country esquí, pesca y equitación (montar a caballo). Periodistas que visitaron la prisión se sorprendieron de ver a prisioneros condenados por asesinatos o tráfico de drogas, operando el ferry y maquinaria agrícola.

Cárcel moderna en Noruega

II. Cárceles (en grupos de 3 o 4)

1. Según Uds., ¿cuál debe ser el objetivo principal de las cárceles: castigo, protección de la sociedad, rehabilitación?
2. ¿Qué comodidades básicas debe haber en una cárcel? ¿Qué tipo de entretenimiento debe estar al alcance de los prisioneros? Expliquen y justifiquen sus opiniones.
3. ¿Deben las personas encarceladas tener acceso a cursos universitarios que les permitan completar su educación? Piensen y discutan argumentos a favor y en contra.

III. Creación (en parejas)

1. Observen la foto abajo e inventen una historia relacionada con la misma.

IV. Cuentos policiales (en parejas)

1. El género del cuento policial o de detectives, es uno de los
    más populares. ¿Qué aspectos creen que hacen atractivo este
    tipo de historias? ¿Les gustan a Uds.? Expliquen por qué sí
    o no.

2. ¿Recuerdan algún cuento, novela o película policial que les
    resultó muy interesante? Analícenlo, haciendo referencia a
    personajes, ambiente y trama. Expliquen lo que les gustó en
    particular.

Tema de ensayo o composición

Escriba una escena de una historia policial, de detectives o de
espionaje que corresponda a la foto de abajo. Escriba en el tiempo
pasado utilizando el pretérito, imperfecto o pluscuamperfecto según corresponda. En clase, Ud. va a leer su historia en grupo, hacer
un breve análisis de la misma y contestar las preguntas de los otros
estudiantes.

Emma Zunz

Jorge Luis Borges

Vocabulario

Sustantivos

alivio: disminución de las enfermedades, dolores del cuerpo o aflicciones del ánimo (*"y el singular alivio de estar en aquel día"*)

balazo: golpe de bala hecho con un arma de fuego, como un revólver o pistola (*"un solo balazo en mitad del pecho"*)

gatillo: parte del arma de fuego en que se apoya el dedo para disparar (*"apretó el gatillo dos veces"*)

cajero/cajera: persona que en una tienda, o banco, recibe y entrega dinero a los clientes; quien se encarga de la caja (*"el desfalco del cajero"*)

culpa: responsabilidad por algo injusto, ilegal o que causa daño; guilt (*"a confesar la miserable culpa"*)

el/la culpable: persona que tiene culpa de algo (*"Dijo que el culpable había sido Loewenthal"*)

desfalco: acto de tomar para sí dinero que se tenía con la obligación de custodiarlo (*"el desfalco del cajero."*)

fábrica: establecimiento con maquinarias, herramientas e instalaciones para fabricación de ciertos objetos o productos (*"al volver de la fábrica de tejidos"*)

huelga: interrupción o suspensión del trabajo como protesta o como medida de fuerza para obtener mejores condiciones (*"había en la fábrica rumores de huelga"*)

ladrón/ladrona: una persona que roba (*"le había jurado que el ladrón era Loewenthal"*)

el marinero: el que trabaja en un barco o buque

obrero/obrera: persona que hace un trabajo manual para un empleador y recibe un salario (*"el informe confidencial de la obrera Zunz"*)

puerto: en la costa o a orillas de un río, lugar en que los barcos hacen operaciones de carga y descarga o de embarque y desembarque de pasajeros (*"nos consta que esa tarde fue al puerto"*)

el ultraje: injuria, desprecio (*"verdadero también era el ultraje que había padecido"*)

venganza: satisfacción que se toma del agravio o daño recibido; *revenge*

vergüenza: oprobio; *shame* (*"recordó el auto de prisión, el oprobio"*)

Verbos

abusar: usar mal, injusta o indebidamente de algo o alguien; tratar de forma deshonesta a una persona de menor experiencia, fuerza o poder (*"abusó de mí, lo maté"*)

castigar: Ejecutar un castigo en un culpado; imponer una pena (*"y no me podrán castigar"*)

revelar (un secreto): contarlo, hacerlo público (*"a nadie se lo había revelado, ni siquiera a su mejor amiga"*)

tramar: planear en secreto, con astucia y habilidad, la ejecución de algo difícil (*"ya no tenía que tramar y que imaginar"*)

vengar/vengarse: realizar una acción para obtener satisfacción por un agravio u ofensa (*"Más que la urgencia de vengar a su padre"*)

zarpar (un barco): salir de donde estaba atracado; *to sail* (*"el Nordstjarnan, de Malm, zarparía esa noche del dique 3"*)

Adjetivos

avaro/a: persona que tiene un afán excesivo de poseer riquezas para atesorarlas, que no quiere desprenderse de su dinero u objetos (puede ser también un sustantivo, por ejemplo, *"el avaro era el personaje principal de la historia"*)

enlutado/a: persona que lleva luto por la muerte de alguien; cubierto de un signo exterior de pena y duelo en ropas u otros objetos (*"Calvo, corpulento, enlutado"*)

finlandés: de Finlandia (*"El hombre, sueco o finlandés, no hablaba español"*)

sueco: de Suecia (*"El hombre, sueco o finlandés, no hablaba español"*)

Nota sobre la venganza

Si sufrimos una ofensa, un <u>agravio</u>, un daño de cualquier tipo que consideramos injusto, la reacción inmediata y casi instintiva, puede ser tratar de <u>desquitarnos</u> haciendo que el agresor pague por sus acciones. ¿Por qué tratamos de vengarnos?

La venganza se conecta con la noción de justicia que poseemos y por eso la respuesta a los agravios u ofensas debe ser proporcional a los mismos.

En algunas épocas y lugares, en la Grecia antigua por ejemplo, vengarse era una obligación, moral y legal, como en la ley del talión, la del ojo por ojo, donde el equilibrio de la venganza o desquite se legaliza.

Lo que el vengador trata de hacer es suprimir el daño que ha sufrido mediante el castigo del agraviante. Orwell observó que el deseo incontrolable de venganza nace de la falta de poder, de la impotencia. Con suficiente poder, la venganza es innecesaria y lo que sobrevive es la parte de justicia que hay en la venganza.

Glosario

agravio: ofensa que se hace a alguien en su honor o fama

desquitarse: tomar satisfacción; vengar una ofensa, daño o derrota

Actividades pre-lectura

1. *Venganza.* En parejas o grupos de cuatro, analicen el tema
    de la legitimidad ocasional de la venganza: ¿Creen Uds. que
    la venganza nunca es justificable, no importa cuáles hayan
    sido las circunstancias del agravio, daño u ofensa sufrido?
    ¿O piensan que en algunos casos —cuando no hay ninguna
    forma legal o convencional de obtener reparación— es
    aceptable vengarse?

    > El número de crímenes desconocidos supera con
    > creces al de los registrados, y el de los que quedan
    > impunes es infinitamente mayor que el de los que
    > son castigados. —Javier Marías, "La plaga de la
    > impunidad," *El País Semanal* (España), 27 de febrero
    > de 2011.

2. *Impunidad: Un caso a analizar.* Discutan este caso hipoté-
    tico: Una joven ha sido secuestrada y asesinada. El criminal
    fue juzgado pero, por razones técnicas, no fue condenado
    aunque hay evidencia de que él fue el autor del crimen. El
    padre o la madre deciden vengarse (y hacer justicia por sus
    propias manos) y matan al asesino de su hija para vengar
    su muerte y para evitar que el criminal siga en libertad. ¿Es
    posible justificarlo? ¿Deben estos padres ser considerados
    asesinos? En tal caso, ¿qué castigo deben recibir?

Emma Zunz

Jorge Luis Borges

Jorge Luis Borges (Argentina, 1899-1986), cuentista, poeta y crítico literario, es generalmente considerado uno de los escritores
más importantes del siglo XX. Su ficción trata de temas universales y filosóficos: el tiempo y el espacio, la libertad y el destino,
la magia, la muerte, el valor y el sentido del universo. Una idea
que surge constantemente en sus cuentos es que el universo

es un laberinto y un caos sin sentido en el que se pierde el ser humano. Borges fue famoso además por su extraordinaria erudición, y por la gran belleza de su poesía.

El cuento *Emma Zunz* apareció publicado por primera vez en *El Aleph* (1949), una de sus colecciones de cuentos más populares. Este cuento es uno de los más realistas de Borges y no cabe dentro de la categoría de lo fantástico. Los personajes femeninos no reciben mucha atención en la obra de Borges y *Emma Zunz* es una excepción.

En ocasiones, los estudiantes se sorprenden al leer la descripción del personaje de Loewenthal, por la dureza de la misma que, unida al hecho de que este hombre era judío los hace pensar en una actitud anti-semítica del autor. Nada más lejos de la verdad en el caso de Borges, que buscó entre su familia materna un antepasado judío y que manifestó haber llegado a venerar la cultura hebrea. Todos los personajes principales en el cuento son judíos: Emma; su padre, Manuel Maier; las compañeras de trabajo; y también Loewenthal.

"¿Qué podríamos decir como apología del género policial? Hay una que es muy evidente y cierta: nuestra literatura tiende a lo caótico. . . . En esta época nuestra tan caótica, hay algo que, humildemente, ha mantenido las virtudes clásicas: el cuento policial. Ya que no se entiende un cuento policial sin principio, sin medio y sin fin . . . está salvando el orden en una época de desorden."

—Jorge Luis Borges

El catorce de enero de 1922, Emma Zunz, al volver de la fábrica de tejidos Tarbuch y Loewenthal, halló en el fondo del zaguán[1] una carta, fechada en el Brasil, por la que supo que su padre había muerto. La engañaron, a primera vista, el sello y el sobre; luego, la inquietó la letra desconocida. Nueve o diez líneas borroneadas querían colmar la hoja; Emma leyó que el señor Maier había ingerido por error una fuerte dosis de Veronal y había fallecido el tres del corriente en el hospital de Bagé. Un compañero de pensión de su

---

1. espacio cubierto dentro de una casa, inmediato a la puerta de la calle y que sirve de entrada

padre firmaba la noticia, un tal Fein o Fain, de Río Grande, que no podía saber que se dirigía a la hija del muerto.

Emma dejó caer el papel. Su primera impresión fue de malestar en el vientre y en las rodillas; luego de ciega culpa, de irrealidad, de frío, de temor; luego, quiso ya estar en el día siguiente. Acto continuo comprendió que esa voluntad era inútil porque la muerte de su padre era lo único que había sucedido en el mundo, y seguiría sucediendo sin fin. Recogió el papel y se fue a su cuarto. Furtivamente lo guardó en un cajón, como si de algún modo ya conociera los hechos ulteriores. Ya había empezado a vislumbrarlos,[2] tal vez; ya era la que sería.

En la creciente oscuridad, Emma lloró hasta el fin de aquel día el suicidio de Manuel Maier, que en los antiguos días felices fue Emanuel Zunz. Recordó veraneos en una chacra, cerca de Gualeguay, recordó (trató de recordar) a su madre, recordó la casita de Lanús[3] que les remataron, recordó los amarillos losanges de una ventana, recordó el auto de prisión,[4] el oprobio, recordó los anónimos[5] con el suelto sobre «el desfalco del cajero,»[6] recordó (pero eso jamás lo olvidaba) que su padre, la última noche, le había jurado que el ladrón era Loewenthal.

Loewenthal, Aarón Loewenthal, antes gerente de la fábrica y ahora uno de los dueños. Emma, desde 1916, guardaba el secreto. A nadie se lo había revelado, ni siquiera a su mejor amiga, Elsa Urstein. Quizá rehuía la profana incredulidad; quizá creía que el secreto era un vínculo entre ella y el ausente. Loewenthal no sabía que ella sabía; Emma Zunz derivaba de ese hecho ínfimo un sentimiento de poder.

No durmió aquella noche, y cuando la primera luz definió el rectángulo de la ventana, ya estaba perfecto su plan. Procuró que ese día, que le pareció interminable, fuera como los otros. Había en la fábrica rumores de huelga; Emma se declaró, como siempre, contra toda violencia. A las seis, concluido el trabajo, fue con Elsa

2. conocer imperfectamente algo o conjeturar por indicios
3. Lanús, un suburbio de clase media baja; *remataron* significa que fue vendida públicamente porque los dueños no pudieron pagar el préstamo
4. documento judicial que impone la pena de prisión
5. cartas sin firma, sin remitente
6. el delito del cajero (*cashier*) que toma para sí dinero que estaba bajo su custodia

a un club de mujeres, que tiene gimnasio y pileta. Se inscribieron;
tuvo que repetir y deletrear su nombre y su apellido, tuvo que
festejar las bromas vulgares que comentan la revisación. Con Elsa
y con la menor de las Kronfuss discutió a qué cinematógrafo irían
el domingo a la tarde. Luego, se habló de novios y nadie esperó
que Emma hablara. En abril cumpliría diecinueve años, pero los
hombres le inspiraban, aún, un temor casi patológico . . . De vuelta,
preparó una sopa de tapioca y unas legumbres, comió temprano,
se acostó y se obligó a dormir. Así, laborioso y trivial, pasó el viernes
quince, la víspera.

El sábado, la impaciencia la despertó. La impaciencia, no la
inquietud, y el singular alivio de estar en aquel día, por fin. Ya no
tenía que tramar y que imaginar; dentro de algunas horas alcanzaría
la simplicidad de los hechos. Leyó en La Prensa que el *Nordstjärnan*,
de Malmö, zarparía[7] esa noche del dique 3; llamó por teléfono a
Loewenthal, insinuó que deseaba comunicar, sin que lo supieran
las otras, algo sobre la huelga y prometió pasar por el escritorio, al
oscurecer. Le temblaba la voz; el temblor convenía a una delatora.[8]
Ningún otro hecho memorable ocurrió esa mañana. Emma trabajó
hasta las doce y fijó con Elsa y con Perla Kronfuss los pormenores[9]
del paseo del domingo. Se acostó después de almorzar y recapituló,
cerrados los ojos, el plan que había tramado. Pensó que la etapa
final sería menos horrible que la primera y que le depararía, sin
duda, el sabor de la victoria y de la justicia. De pronto, alarmada, se
levantó y corrió al cajón de la cómoda. Lo abrió; debajo del retrato
de Milton Sills,[10] donde la había dejado la antenoche, estaba la carta
de Fain. Nadie podía haberla visto; la empezó a leer y la rompió.

Referir con alguna realidad los hechos de esa tarde sería difícil
y quizá improcedente. Un atributo de lo infernal es la irrealidad,
un atributo que parece mitigar sus terrores y que los agrava tal vez.
¿Cómo hacer verosímil una acción en la que casi no creyó quien la
ejecutaba, cómo recuperar ese breve caos que hoy la memoria de

---

7. el barco saldría del puerto
8. persona que, sin obligación y por su propia voluntad, revela a las autoridades un delito e identifica al autor para que sea castigado; Emma le sugiere
a Loewenthal que va a **delatar** a algunas de sus compañeras involucradas en la
huelga
9. detalles
10. famoso actor estadounidense de comienzos del siglo XX

Emma Zunz repudia y confunde? Emma vivía por Almagro, en la calle Liniers; nos consta que esa tarde fue al puerto. Acaso en el infame Paseo de Julio[11] se vio multiplicada en espejos, publicada por luces y desnudada por los ojos hambrientos, pero más razonable es conjeturar que al principio erró, inadvertida, por la indiferente recova . . . Entró en dos o tres bares, vio la rutina o los manejos de otras mujeres.[12] Dio al fin con hombres del *Nordstjärnan*. De uno, muy joven, temió que le inspirara alguna ternura y optó por otro, quizá más bajo que ella y grosero, para que la pureza del horror no fuera mitigada. El hombre la condujo a una puerta y después a un turbio zaguán y después a una escalera tortuosa y después a un vestíbulo (en el que había una vidriera con losanges idénticos a los de la casa en Lanús) y después a un pasillo y después a una puerta que se cerró. Los hechos graves están fuera del tiempo, ya porque en ellos el pasado inmediato queda como tronchado[13] del porvenir, ya porque no parecen consecutivas las partes que los forman.

¿En aquel tiempo fuera del tiempo,[14] en aquel desorden perplejo de sensaciones inconexas y atroces, pensó Emma Zunz una sola vez en el muerto que motivaba el sacrificio? Yo tengo para mí que pensó una vez y que en ese momento peligró su desesperado propósito. Pensó (no pudo no pensar) que su padre le había hecho a su madre la cosa horrible que a ella ahora le hacían. Lo pensó con débil asombro y se refugió, en seguida, en el vértigo. El hombre, sueco o finlandés, no hablaba español; fue una herramienta para Emma como ésta lo fue para él, pero ella sirvió para el goce y él para la justicia. Cuando se quedó sola, Emma no abrió en seguida los ojos. En la mesa de luz estaba el dinero que había dejado el hombre: Emma se incorporó y lo rompió como antes había roto la carta. Romper dinero es una impiedad, como tirar el pan; Emma se arrepintió, apenas lo hizo. Un acto de soberbia y en aquel día . . . El temor se perdió en la tristeza de su cuerpo, en el asco. El asco y la tristeza la encadenaban, pero Emma lentamente se levantó y procedió a vestirse. En el cuarto no quedaban colores vivos; el último crepúsculo se agravaba. Emma pudo salir sin que lo advirtieran; en

---

11. Paseo de Julio: avenida notoria por sus prostíbulos
12. mujeres que trabajaban como prostitutas en los bares
13. roto, separado con violencia
14. se refiere al tiempo en que Emma se entregó al marinero

la esquina subió a un Lacroze,[15] que iba al oeste. Eligió, conforme
a su plan, el asiento más delantero, para que no le vieran la cara.
Quizá le confortó verificar, en el insípido trajín de las calles, que lo
acaecido no había contaminado las cosas. Viajó por barrios decre-
cientes y opacos, viéndolos y olvidándolos en efecto, y se apeó[16] en
una de las bocacalles de Warnes. Paradójicamente su fatiga venía a
ser una fuerza, pues la obligaba a concentrarse en los pormenores
de la aventura y le ocultaba el fondo y el fin.

Aarón Loewenthal era, para todos, un hombre serio; para sus
pocos íntimos, un avaro. Vivía en los altos de la fábrica, solo. Establecido en el desmantelado arrabal,[17] temía a los ladrones; en el
patio de la fábrica había un gran perro y en el cajón de su escritorio, nadie lo ignoraba, un revólver. Había llorado con decoro, el
año anterior, la inesperada muerte de su mujer —¡una Gauss, que le
trajo una buena dote![18]—, pero el dinero era su verdadera pasión.
Con íntimo bochorno se sabía menos apto para ganarlo que para
conservarlo. Era muy religioso; creía tener con el Señor un pacto
secreto, que lo eximía de obrar bien, a trueque de oraciones y
devociones. Calvo, corpulento, enlutado, de quevedos ahumados[19] y
barba rubia, esperaba de pie, junto a la ventana, el informe confidencial de la obrera Zunz.

La vio empujar la verja[20] (que él había entornado a propósito)
y cruzar el patio sombrío. La vio hacer un pequeño rodeo cuando
el perro atado ladró. Los labios de Emma se atareaban como los de
quien reza en voz baja; cansados, repetían la sentencia que el señor
Loewenthal oiría antes de morir.

Las cosas no ocurrieron como había previsto Emma Zunz.
Desde la madrugada anterior, ella se había soñado muchas veces,
dirigiendo el firme revólver,[21] forzando al miserable a confesar la
miserable culpa y exponiendo la intrépida estratagema que permitiría a la Justicia de Dios triunfar de la justicia humana. (No por
temor, sino por ser un instrumento de la Justicia, ella no quería ser

---

15. una línea de tranvías
16. se bajó
17. suburbio
18. conjunto de bienes y derechos que aporta la mujer al matrimonio; *dowry*
19. tipo de anteojos circulares que se sujetan en la nariz, de color oscuro
20. cerca (*fence*)
21. apuntando el revólver firmemente

castigada.) Luego, un solo balazo[22] en mitad del pecho rubricaría[23] la suerte de Loewenthal. Pero las cosas no ocurrieron así.

Ante Aarón Loewenthal, más que la urgencia de vengar a su padre, Emma sintió la de castigar el ultraje padecido por ello.[24] No podía no matarlo, después de esa minuciosa deshonra. Tampoco tenía tiempo que perder en teatralerías. Sentada, tímida, pidió excusas a Loewenthal, invocó (a fuer de delatora)[25] las obligaciones de la lealtad, pronunció algunos nombres, dio a entender otros y se cortó como si la venciera el temor. Logró que Loewenthal saliera a buscar una copa de agua. Cuando éste, incrédulo de tales aspavientos,[26] pero indulgente, volvió del comedor, Emma ya había sacado del cajón el pesado revólver. Apretó el gatillo[27] dos veces. El considerable cuerpo se desplomó como si los estampidos y el humo lo hubieran roto, el vaso de agua se rompió, la cara la miró con asombro y cólera, la boca de la cara la injurió en español y en ídisch.[28] Las malas palabras no cejaban; Emma tuvo que hacer fuego otra vez. En el patio, el perro encadenado rompió a ladrar, y una efusión de brusca sangre manó de los labios obscenos y manchó la barba y la ropa. Emma inició la acusación que había preparado ("He vengado a mi padre y no me podrán castigar . . ."), pero no la acabó, porque el señor Loewenthal ya había muerto. No supo nunca si alcanzó a comprender.

Los ladridos tirantes le recordaron que no podía, aún, descansar. Desordenó el diván, desabrochó el saco del cadáver, le quitó los quevedos salpicados y los dejó sobre el fichero.[29] Luego tomó el teléfono y repitió lo que tantas veces repetiría, con esas y con otras palabras: Ha ocurrido una cosa que es increíble . . . El señor Loewenthal me hizo venir con el pretexto de la huelga . . . Abusó de mí, lo maté . . .

---

22. golpe de bala hecho con un arma de fuego, como un revólver o pistola

23. pondría el sello, determinaría la suerte de Loewenthal

24. la violación sufrida para poder vengar a su padre; el acto de prostitución al que se sometió Emma para poder luego invocar que había sido violada por Loewenthal

25. en su rol de delatora

26. demostraciones excesivas o afectadas de espanto o sentimiento

27. parte del arma en que se apoya el dedo para disparar

28. *Yiddish*

29. caja o mueble con cajones donde se pueden guardar ordenadamente las fichas

La historia era increíble, en efecto, pero se impuso a todos, porque sustancialmente era cierta. Verdadero era el tono de Emma Zunz, verdadero el pudor, verdadero el odio. Verdadero también era el ultraje que había padecido; sólo eran falsas las circunstancias, la hora y uno o dos nombres propios.

Actividades post-lectura

I. Comprensión (en parejas)

1. Si tuvieran que dividir la historia en tres partes ¿dónde marcarían cada una de ellas? Expliquen cuál es el evento principal de la primera parte; en qué consiste la mitad del cuento; y cuál es el evento principal del desenlace o final.

2. ¿Quién era el padre de Emma? ¿Dónde vivía? ¿Quién era Manuel Maier? ¿Cuál era el verdadero nombre del padre? ¿Cómo murió?

3. Expliquen las circunstancias por las que el padre tuvo que irse de su país y cambiar su nombre.

4. ¿Qué reacción tiene Emma ante la noticia que recibe en la carta del 14 de enero de 1922?

5. Hagan una ficha biográfica de Emma, incluyendo tantos datos como haya encontrado en la historia.

6. Emma recibió la noticia de la muerte de su padre. Luego de su primera reacción emotiva pensó durante toda la noche un plan muy detallado. Expliquen en qué consistía ese plan mencionando al menos seis de los pasos que incluía.

7. ¿Para qué fue al puerto? ¿Por qué entró en dos o tres bares antes de encontrar a los hombres del *Nordstjärnan*? ¿Qué era el *Nordstjärnan*? ¿Por qué lo eligió?

8. ¿Qué hizo Emma después de su encuentro con el hombre? ¿Cuál era su estado físico y su estado de ánimo?

9. Describan detalladamente a Loewenthal, su aspecto, su carácter y las circunstancias de su vida que conoce el lector.

10. ¿Qué es lo que Loewenthal no sabe sobre Emma Zunz?

11. ¿Qué conversación tuvo Emma con Loewenthal y por qué él tuvo que ir a buscar un vaso de agua para ella?

12. ¿Funcionó bien el plan de Emma en todos sus detalles? Expliquen. ¿Qué estaba vengando Emma con la muerte de Loewenthal?

II. Análisis (en grupos de 3)

1. ¿Cuál es el tema principal de este cuento?

2. ¿Cómo perciben Uds. a Emma? ¿Les parece una persona muy racional o más bien emotiva? Hagan una lista de ejemplos de acciones racionales y de acciones emotivas o sentimentales de la protagonista.

3. ¿Es éste un cuento realista? ¿Qué referencias o descripciones son realistas? ¿Cuáles tienen un aire de "irrealidad"?

4. ¿Consideran Uds. que Emma fue un "instrumento de la Justicia"? Expliquen por qué piensan que sí o que no.

5. El crimen de Loewenthal ocurrió en el año 1922 y aparentemente todos creyeron la versión de Emma. ¿Sería igual la situación si el crimen fuera cometido hoy?

6. "La historia era increíble, en efecto, pero se impuso a todos, porque sustancialmente era cierta." Expliquen esta idea de Borges y qué implicación tiene. ¿En qué sentido la historia era "sustancialmente" cierta?

7. Expliquen las siguientes frases, indicando qué significan y qué relevancia tienen en el contexto de la historia:
   a. "Un atributo de lo infernal es la irrealidad."
   b. "Los hechos graves están fuera del tiempo."
   c. "Pero ella sirvió para el goce y él para la justicia."

III. Discusión

1. Comenten Uds. hasta qué punto hay un conflicto entre lo racional y lo sentimental en sus vidas. ¿Se consideran personas más bien racionales o más bien emotivas o sentimentales? ¿Pueden pensar en alguna situación en la que se vieron en un dilema porque la razón y los sentimientos de Uds. no estaban de acuerdo? ¿Cómo la resolvieron?

2. En grupos de 4, una pareja toma posición a favor de las acciones de Emma Zunz y la otra en contra. Preparen sus argumentos (7 minutos) y discútanlos (5 minutos).

IV. Cuento policial

1. Este cuento está incluido en una antología del género policial en la Argentina. En opinión de Uds. ¿es *Emma Zunz* un relato policial? Expliquen qué aspectos tiene en común y en qué aspectos es diferente de un cuento policial típico.

Cavar un foso

Adolfo Bioy Casares

Vocabulario

Sustantivos

acantilado: costa cortada verticalmente, escarpa casi vertical
(*"quedaron en el suelo, en el pasto, al lado del acantilado"*)

Miramar

deuda: obligación de pagar algo, generalmente dinero (*"ahora no podemos pagar la deuda"*)

hostería: casa donde se da comida y alojamiento mediante pago (*"la hostería cerrada le llamará la atención"*)

impresiones digitales: *fingerprints* (*"al diablo con las impresiones digitales"*)

impuestos: tributo que se debe pagar de acuerdo a la capacidad económica de los obligados (*"para pagar, además de los impuestos"*)

la leña, el leño, trozo de leña: trozo o pedazo de árbol después de cortado (*"revolvía entre la leña,"* *"alzó el leño,"* *"empuñando un trozo de leña"*)

marea: movimiento periódico y alternativo de ascenso y descenso de las aguas del mar (*"todavía sube la marea — aseguró"*)

el móvil: la razón, el motivo (para cometer un crimen, por ejemplo) (*"si decimos la verdad, les damos el móvil"*)

el/la prestamista: el que presta dinero (*"yo me voy a hablar con el prestamista"*)

parroquianos: personas que acostumbran ir siempre a una misma tienda o establecimiento público (*"que en vano esperaban a los parroquianos"*)

el perseguidor: el que sigue a alguien que va huyendo, con intención de alcanzarlo (*"habrá siempre un perseguidor"*)

Verbos

arrastrar: llevar a alguien o algo por el suelo, tirando del mismo (*"la arrastró fuera de la cama"*)

arrestar: retener a alguien y privarlo de su libertad, una autoridad como la policía, por ejemplo (*"no te apures, nos va a arrestar"*)

arrimar, arrimarse: acercarse o ponerse junto a otra cosa (*"donde el camino se arrima al borde del acantilado"*)

atrapar: tomar o agarrar a quien huye o va de prisa (*"aquí van a atraparnos"*)

averiguar: inquirir la verdad hasta descubrirla (*"vamos a ver qué averiguan"*)

desbarrancarse: despeñarse, caerse de un barranco (*"el Packard se desbarrancó espectacularmente"*)

empujar: hacer fuerza contra algo o alguien para moverlo (*"empujamos con toda la furia"*)

entregarse: ponerse en manos de alguien, sometiéndose a su voluntad (*"hasta que nos entreguemos"*)

precipitarse: caer desde una altura (*"donde se precipitó el automóvil"*)

Adjetivos

impávido/a: sereno/a ante el peligro, libre de pavor (*"con la expresión un poco impávida"*)

descomunal: enorme, extraordinario, fuera de lo común (*"tenía . . . la papada descomunal"*)

Expresiones

darse por vencido: ceder, reconocer que se ha errado en algo (*"no hay que darse por vencido"*)

venirse encima (algo o alguien): acercarse o abalanzarse de forma amenazante (*"la fecha de pago se viene encima," "para evitar que . . . se le viniera encima, sacó la mano"*)

del tiempo de la colonia: expresión coloquial que se usa para indicar que algo es muy viejo o muy antiguo (*"un regio Packard del tiempo de la colonia"*)

tirar la lengua: provocar para que hable de algo que le convendría callar (*"¿le tiro la lengua?"*)

Vocabulario esencial para hablar de conducir o manejar vehículos

acelerar: aumentar la velocidad (*"aceleraba o disminuía la marcha"*)

acercarse: ponerse más cerca; avanzar para estar más cerca de otra persona o cosa

ademanes: gestos que se hace con las manos (*"con repetidos ademanes dio paso"*)

alejarse: ponerse a mayor distancia, más lejos de una persona o cosa

aminorar (la velocidad): reducir, hacerla menor, disminuir (*"el hombrecito aminoró la marcha y se mantuvo atrás"*)

detenerse: parar (*"Arévalo detuvo el automóvil"*)

desviar, desviarse: hacer un movimiento hacia un lado, salir del camino (*"el hombrecito desvió hacia la izquierda"*)

doblar: dar vuelta en una intersección o en un codo de la ruta (*"al doblar el recodo divisaron el coche"*)

frenar, frenada: detener el auto, hacer presión con el pie en el freno; acto de frenar (*"para evitar que en la primera frenada se le viniera encima"*)

parar: detener, *to stop* (*"paremos —insistió Julia"*)

pasar: avanzar y ponerse adelante de otro vehículo o persona (*"en uno de los parajes . . . los pasó"*)

perseguir: seguir a alguien con la intención de alcanzarlo (*"al hombrecito que los seguía"*)

la persecución: el acto de perseguir (*"empezó entonces una persecución al revés"*)

el perseguidor/la perseguidora: personas que persiguen (*"habrá siempre un perseguidor"*)

poner en marcha: *to start the engine* (*"puso en marcha su automóvil, se alejó"*)

seguir: ir atrás de algo o alguien (*"vieron en otro automóvil al hombrecito que los seguía"*)

Actividades pre-lectura (en parejas)

1. Lean cuidadosamente la primera página del cuento *Cavar un foso* y luego resuman esta información dando tantos detalles como sea posible:

    a. Nombres, edad aproximada, relación personal y trabajo de los personajes que aparecen en esa página

    b. El tiempo y lugar de la acción

    c. La situación en que se encuentran los personajes

    d. Algunas observaciones sobre cada uno de los personajes

2. El relato comienza con la descripción detallada de una acción del personaje:

    cerró: las persianas, las ventanas y las hojas de la puerta

    ajustó: los pasadores

    giró: la llave

    colocó: la tranca de hierro

Imaginen cuál puede ser la razón por la que el personaje realizó esas acciones. Mencionen tantas posibilidades como se les ocurran.

Pasador

3.   Parece que hay un tercer personaje además de la pareja principal. ¿Qué sabemos de este personaje? ¿Que relación imaginan Uds. que tiene con la pareja?

Cavar un foso

Adolfo Bioy Casares

Adolfo Bioy Casares (1914-1999) fue un importante escritor argentino, conocido por sus cuentos y novelas, entre ellas *La invención de Morel*, *Plan de evasión*, y *Diario de la Guerra del Cerdo*. Escribió literatura fantástica, policial y de ciencia ficción. Fue un amigo y colaborador de Jorge Luis Borges, quien lo consideraba uno de los más notables escritores argentinos. En 1990 recibió el Premio Miguel de Cervantes, que otorga anualmente el Ministerio de Cultura de España a propuesta de las Academia de Lengua de los países de habla hispana. *Cavar un foso* es una historia incluida en su colección *El lado de la sombra*, publicada en 1962.

Primera parte

Raúl Arévalo cerró las ventanas y las persianas, ajustó los pasadores, uno por uno, cerró las dos hojas de la puerta de entrada, ajustó el pasador, giró la llave, colocó la pesada tranca de hierro.

Su mujer, acodada al mostrador, sin levantar la voz dijo:

—¡Qué silencio! Ya no oímos el mar.

El hombre observó:

—Nunca cerramos, Julia. Si viene un cliente, la hostería cerrada le llamará la atención.

—¿Otro cliente, y a media noche? —protestó Julia—. ¿Estás loco? Si vinieran tantos clientes no estaríamos en este apuro. Apaga la araña[30] del centro.

Obedeció el hombre; el salón quedó en tinieblas,[31] apenas iluminado por una lámpara, sobre el mostrador.

—Como quieras —dijo Arévalo, dejándose caer en una silla, junto a una de las mesas con mantel a cuadros—, pero no sé por qué no habrá otra salida.

Eran bien parecidos, tan jóvenes que nadie los hubiera tomado por los dueños. Julia, una muchacha rubia, de pelo corto, se deslizó hasta la mesa, apoyó las manos en ella y, mirándolo de frente, de arriba, le contestó en voz baja, pero firme:

—No hay.

—No sé —protestó Arévalo—. Fuimos felices, aunque no ganamos plata.

—No grites —ordenó Julia.

Extendió una mano y miró hacia la escalera, escuchando.

—Todavía anda por el cuarto —exclamó—. Tarda en acostarse. No se dormirá nunca.

—Me pregunto —continuó Arévalo— si cuando tengamos eso en la conciencia podremos de nuevo ser felices.

Dos años antes, en una pensión de Necochea, donde veraneaban —ella con sus padres, él solo—, se habían conocido. Desearon casarse, no volver a la rutina de escritorios de Buenos Aires y soñaron con ser los dueños de una hostería, en algún paraje apartado,[32] sobre los acantilados, frente al mar. Empezando por el casamiento, nada era posible, pues no tenían dinero. Una tarde que paseaban en ómnibus por los acantilados vieron una solitaria casa de ladrillos rojos y techo de pizarra, a un lado del camino, rodeada de pinos, frente al mar, con un letrero casi oculto entre los ligustros: ideal para hostería. se vende. Dijeron que aquello parecía un sueño y, real-

30. *chandelier*
31. a oscuras
32. lugar aislado

mente, como si hubieran entrado en un sueño, desde ese momento
las dificultades desaparecieron. Esa misma noche, en uno de los
dos bancos de la vereda, a la puerta de la pensión, conocieron a un
benévolo señor a quien refirieron sus descabellados[33] proyectos. El
señor conocía a otro señor, dispuesto a prestar dinero en hipoteca,[34]
si los muchachos le reconocían parte de las ganancias. En resumen,
se casaron, abrieron la hostería, luego, eso sí, de borrar de la insignia
las palabras *El Candil* y de escribir el nombre nuevo: *La Soñada*.

Hay quienes pretenden que tales cambios de nombre traen
mala suerte, pero la verdad es que el lugar quedaba a trasmano,[35]
estaba quizá mejor elegido para una hostería de novela —como
la imaginada por estos muchachos— que para recibir parroquianos. Julia y Arévalo advirtieron por fin que nunca juntarían dinero
para pagar, además de los impuestos, la deuda al prestamista, que
los intereses vertiginosamente aumentaban. Con la espléndida
vehemencia de la juventud rechazaban la idea de perder *La Soñada* y de volver a Buenos Aires, cada uno al brete[36] de su oficina.
Porque todo había salido bien, que ahora saliera mal les parecía
un ensañamiento[37] del destino. Día a día estaban más pobres, más
enamorados, más contentos de vivir en aquel lugar, más temerosos
de perderlo, hasta que llegó, como un ángel disfrazado, mandado
por el cielo para probarlos, o como un médico prodigioso, con
la panacea infalible en la maleta, la señora que en el piso alto se
desvestía, junto a la vaporosa bañadera donde caía a borbotones el
agua caliente.

Un rato antes, en el solitario salón, cara a cara, en una de las
mesitas que en vano esperaban a los parroquianos, examinaron los
libros[38] y se hundieron en una conversación desalentadora.

—Por más que demos vuelta los papeles —había dicho Arévalo,
que se cansaba pronto— no vamos a encontrar plata. La fecha de
pago se viene encima.

—No hay que darse por vencido —había replicado Julia.

---

33. ridículos
34. *mortgage*
35. fuera de los caminos usados frecuentemente
36. aprietos sin forma fácil de evadirse
37. acción de causar, de forma inhumana y deliberada, el mayor sufrimiento
posible
38. libros de contabilidad

—No es cuestión de darse por vencido, pero tampoco de imaginar que hablando haremos milagros. ¿Qué solución queda? ¿Cartitas de propaganda a Necochea y a Miramar? Las últimas nos costaron sus buenos pesos. ¿Con qué resultado? El grupo de señoras que vino una tarde a tomar el té y nos discutió la adición.[39]

—¿Tu solución es darse por vencido y volver a Buenos Aires?

—En cualquier parte seremos felices.

Julia le dijo que «las frases la enfermaban»; que en Buenos Aires ninguna tarde, salvo en los fines de semana, estarían juntos; que en tales condiciones no sabía por qué serían felices, y que además, en la oficina donde él trabajaría, seguramente habría mujeres.

—A la larga te gustará la menos fea —concluyó.

—Qué falta de confianza —dijo él.

—¿Falta de confianza? Todo lo contrario. Un hombre y una mujer que pasan los días bajo el mismo techo, acaban en la misma cama. Cerrando con fastidio un cuaderno negro, Arévalo respondió:

—Yo no quiero volver, ¿qué más quiero que vivir aquí?, pero si no aparece un ángel con una valija llena de plata . . .

—¿Qué es eso? —preguntó Julia.

Dos luces amarillas y paralelas vertiginosamente cruzaron el salón. Luego se oyó el motor de un automóvil y muy pronto apareció una señora, que llevaba el chambergo[40] desbordado por mechones[41] grises, la capa de viaje algo ladeada y, bien empuñada en la mano derecha, una valija. Los miró, sonrió, como si los conociera.

—¿Tienen un cuarto? —inquirió—. ¿Pueden alquilarme un cuarto? Por la noche, nomás. Comer no quiero, pero un cuarto para dormir y si fuera posible un baño bien calentito . . .

Porque le dijeron que sí, la señora, embelesada,[42] repetía:

—Gracias, gracias.

Por último emprendió una explicación, con palabra fácil, con nerviosidad, con ese tono un poco irreal que adoptan las señoras ricas en las reuniones mundanas.

---

39. la cuenta
40. tipo de sombrero con ala grande
41. parte del pelo
42. cautivada, encantada, fascinada

—A la salida de no sé qué pueblo —dijo— me desorienté. Doblé a la izquierda, estoy segura, cuando tenía que doblar a la derecha, estoy segura. Aquí me tienen ahora, cerca de Miramar ¿no es verdad?, cuando me esperan en el hotel de Necochea. Pero ¿quieren que les diga una cosa? Estoy contenta, porque los veo tan jóvenes y tan lindos (sí, tan lindos, puedo decirlo, porque soy una vieja) que me inspiran confianza. Para tranquilizarme del todo quiero contarles cuanto antes un secreto: tuve miedo, porque era de noche y yo andaba perdida, con un montón de plata en la valija, y hoy en día la matan a uno de lo más barato. Mañana a la hora del almuerzo quiero estar en Necochea. ¿Ustedes creen que llego a tiempo? Porque a las tres de la tarde sacan a remate una casa, la casa que quiero comprar, desde que la vi, sobre el camino de la costa, en lo alto, con vista al mar, un sueño, el sueño de mi vida.

—Yo acompaño arriba a la señora, a su cuarto —dijo Julia—. Tú cargas la caldera.[43]

Pocos minutos después, cuando se encontraron en el salón, de nuevo solos, Arévalo comentó:

—Ojalá que mañana compre la casa. Pobre vieja, tiene los mismos gustos que nosotros.

—Te prevengo que no voy a enternecerme[44] —contestó Julia, y echó a reír—. Cuando llega la gran oportunidad, no hay que perderla.

—¿Qué oportunidad llegó? —preguntó Arévalo, fingiendo no entender.

—El ángel de la valija —dijo Julia. Como si de pronto no se conocieran, se miraron gravemente, en silencio. Arriba crujieron los tablones del piso: la señora andaba por el cuarto. Julia prosiguió—: La señora iba a Necochea, se perdió, en este momento podría estar en cualquier parte. Sólo tú y yo sabemos que está aquí.

—También sabemos que trae una valija llena de plata —convino Arévalo—. Lo dijo ella. ¿Por qué va a engañarnos?

—Empiezas a entender —murmuró casi tristemente Julia.

—¿No me pedirás que la mate?

---

43. recipiente metálico donde se calienta el agua que circula por los tubos y radiadores de la calefacción
44. conmoverse, sentir compasión

—Lo mismo dijiste el día que te mandé matar el primer pollo. ¿Cuántos has degollado?

—Clavar el cuchillo y que mane la sangre de la vieja . . .

—Dudo de que distingas la sangre de la vieja de la sangre de un pollo; pero no te preocupes: no habrá sangre. Cuando duerma, con un palo.

—¿Golpearle la cabeza con un palo? No puedo.

—¿Cómo no puedo? Que sea en una mesa o en una cabeza, golpear con un palo es golpear con un palo. ¿Dónde, qué te importa? O la señora o nosotros. O la señora sale con la suya . . .

—Lo sé, pero no te reconozco. Tanta ferocidad . . . Sonriendo inopinadamente, Julia sentenció:

—Una mujer debe defender su hogar.

—Hoy tienes una ferocidad de loba.

—Si es necesario lo defenderé como una loba. ¿Entre tus amigos había matrimonios felices? Entre los míos, no. ¿Te digo la verdad? Las circunstancias cuentan. En una ciudad como Buenos Aires, la gente vive irritada, hay tentaciones. La falta de plata empeora las cosas. Aquí tú y yo no corremos peligro, Raúl, porque nunca nos aburrimos de estar juntos. ¿Te explico el plan?

Bramó el motor de un automóvil por el camino. Arriba trajinaba[45] la señora.

—No —dijo Arévalo—. No quiero imaginar nada. Si no, tengo lástima y no puedo . . . Tú das órdenes, yo las cumplo.

—Bueno. Cierra todo, la puerta, las ventanas, las persianas.

Raúl Arévalo cerró las ventanas y las persianas, ajustó los pasadores, uno por uno, cerró las dos hojas de la puerta de entrada, ajustó el pasador, giró la llave, colocó la pesada tranca de hierro.

Hablaron del silencio que de repente hubo en la casa, del riesgo de que llegara un parroquiano, de si tenía otra salida la situación, de si podrían ser felices con un crimen en la conciencia.

—¿Dónde está el rastrillo?[46] —preguntó Julia.

—En el sótano, con las herramientas.

—Vamos al sótano. Damos tiempo a la señora para que se duerma y tú ejerces tu habilidad de carpintero. A ver, fabrica un mango de rastrillo, aunque no sea tan largo como el otro.

---

45. andaba de un sitio al otro
46. *rake*

Como un artesano aplicado, Arévalo obedeció. Preguntó al rato:

—Y esto ¿para qué es?

—No preguntes nada, si no quieres imaginar nada. Ahora clavas en la punta una madera transversal, más ancha que la parte de fierro[47] del rastrillo.

Mientras Raúl Arévalo trabajaba, Julia revolvía entre la leña y alimentaba la caldera.

—La señora ya se bañó —dijo Arévalo.

Empuñando un trozo de leña como una maza, Julia contestó:

—No importa. No seas avaro. Ahora somos ricos. Quiero tener agua caliente. —Después de una pausa, anunció—: Por un minuto nomás te dejo. Voy a mi cuarto y vuelvo. No te escapes.

Diríase que Arévalo se aplicó a la obra con más afán aún. Su mujer volvió con un par de guantes de cuero y con un frasco de alcohol.

—¿Por qué nunca te compraste guantes? —preguntó distraídamente; dejó la botella a la entrada de la leñera, se puso los guantes y, sin esperar respuesta, continuó—: Un par de guantes, créeme, siempre es útil. ¿Ya está el rastrillo nuevo? Vamos arriba, tú llevas uno y yo el otro. Ah, me olvidaba de este pedazo de leña.

Alzó el leño que parecía una maza. Volvieron al salón. Dejaron los rastrillos contra la puerta. Detrás del mostrador, Julia recogió una bandeja de metal, una copa y una jarra. Llenó la jarra con agua.

—Por si despierta, porque a su edad tienen el sueño muy liviano (si no lo tienen pesado, como los niños), yo voy delante, con la bandeja. Cubierto por mí, tú me sigues, con esto.

Indicó el leño, sobre una mesa. Como el hombre vacilara, Julia tomó el leño y se lo dio en la mano.

—¿No valgo un esfuerzo? —preguntó sonriendo.

Lo besó en la mejilla. Arévalo aventuró:

—¿Por qué no bebemos algo?

—Yo quiero tener la cabeza despejada y tú me tienes a mí para animarte.

—Acabemos cuanto antes —pidió Arévalo.

—Hay tiempo —respondió Julia. Empezaron a subir la escalera.

---

47. coloquial por *hierro* (*iron*)

—No haces crujir[48] los escalones —dijo Arévalo—. Yo sí. ¿Por qué soy tan torpe?

—Mejor que no crujan —afirmó Julia—. Encontrarla despierta sería desagradable.

—Otro automóvil en el camino. ¿Por qué habrá tantos automóviles esta noche?

—Siempre pasa algún automóvil.

—Con tal de que pase. ¿No estará ahí?

—No, ya se fue —aseguró Julia.

—¿Y ese ruido? —preguntó Arévalo.

—Un caño.[49]

En el pasillo de arriba Julia encendió la luz. Llegaron a la puerta del cuarto. Con extrema delicadeza Julia movió el picaporte[50] y abrió la puerta. Arévalo tenía los ojos fijos en la nuca[51] de su mujer, nada más que en la nuca de su mujer; de pronto ladeó la cabeza y miró el cuarto. Por la puerta así entornada la parte visible correspondía al cuarto vacío, al cuarto de siempre: las cortinas, de cretona, de la ventana, el borde, con molduras, del respaldo de los pies de la cama, el sillón provenzal. Con ademán suave y firme Julia abrió la puerta totalmente. Los ruidos, que hasta ese momento, de manera tan variada se prodigaban, al parecer habían cesado. El silencio era anómalo: se oía un reloj, pero diríase que la pobre mujer de la cama ya no respiraba. Quizá los aguardaba, los veía, contenía la respiración. De espaldas, acostada, era sorprendentemente voluminosa; una mole oscura, curva; más allá, en la penumbra, se adivinaba la cabeza y la almohada. La mujer roncó.[52] Temiendo acaso que Arévalo se apiadara,[53] Julia le apretó un brazo y susurró:

—Ahora.

El hombre avanzó entre la cama y la pared, el leño en alto. Con fuerza lo bajó. El golpe arrancó de la señora un quejido sordo, un desgarrado mugido de vaca. Arévalo golpeó de nuevo.

---

48. *to creak*
49. tubo por donde circula el agua
50. *doorknob*
51. parte alta del cuello; lugar en que se une la espina con la cabeza
52. *snored*
53. sintiera compasión o piedad

—Basta —ordenó Julia—. Voy a ver si está muerta. Encendió el velador. Arrodillada, examinó la herida, luego reclinó la cabeza contra el pecho de la señora. Se incorporó.

—Te portaste —dijo.

Segunda parte

Apoyando las palmas en los hombros de su marido, lo miró de frente, lo atrajo a sí, apenas lo besó. Arévalo inició y reprimió un movimiento de repulsión.

—Raulito —murmuró aprobativamente Julia. Le quitó de la mano el leño.

—No tiene astillas[54] —comentó mientras deslizaba por la corteza el dedo enguantado—. Quiero estar segura de que no quedaron astillas en la herida.

Dejó el leño en la mesa y volvió junto a la señora. Como pensando en voz alta, agregó:

—Esta herida se va a lavar.

Con un vago ademán indicó la ropa interior, doblada sobre una silla, el traje colgado de la percha.

—Dame —dijo.

Mientras vestía a la muerta, en tono indiferente indicó:

—Si te desagrada, no mires.

De un bolsillo sacó un llavero. Después la tomó debajo de los brazos y la arrastró fuera de la cama. Arévalo se adelantó para ayudar.

—Déjame a mí —lo contuvo Julia—. No la toques. No tienes guantes. No creo mucho en el cuento de las impresiones digitales, pero no quiero disgustos.

—Eres muy fuerte —dijo Arévalo.

—Pesa —contestó Julia.

En realidad, bajo el peso del cadáver los nervios de ellos dos por fin se aflojaron. Como Julia no permitió que la ayudaran, el descenso por la escalera tuvo peripecias de pantomima. Repetidamente retumbaban en los escalones los talones de la muerta.

—Parece un tambor —dijo Arévalo.

---

54. *splinters*

—Un tambor de circo, anunciando el salto mortal.

Julia se recostaba contra la baranda, para descansar y reír.

—Estás muy linda —dijo Arévalo.

—Un poco de seriedad —pidió ella; se cubrió la cara con las manos—. No sea que nos interrumpan.

Los ruidos reaparecieron; particularmente el del caño.

Dejaron el cadáver al pie de la escalera, en el suelo, y subieron. Tras de probar varias llaves, Julia abrió la valija. Puso las dos manos adentro, y las mostró después, cada una agarrando un sobre repleto.[55] Los dio al marido, para que los guardara. Recogió el chambergo de la señora, la valija, el leño.

—Hay que pensar dónde esconderemos la plata —dijo—. Por un tiempo estará escondida.

Bajaron. Con ademán burlesco, Julia hundió el chambergo hasta las orejas a la muerta. Corrió al sótano, empapó el leño en alcohol, lo echó al fuego. Volvió al salón.

—Abre la puerta y asómate afuera —pidió.

Obedeció Arévalo.

—No hay nadie —dijo en un susurro.

De la mano, salieron. Era noche de luna, hacía fresco, se oía el mar. Julia entró de nuevo en la casa; volvió a salir con la valija de la señora; abrió la puerta del automóvil, un *cabriolet* Packard, anticuado y enorme; echó la valija adentró. Murmuró:

—Vamos a buscar a la muerta. —En seguida levantó la voz—. Ayúdame. Estoy harta de cargar con ese fardo. Al diablo con las impresiones digitales.

Apagaron todas las luces de la hostería, cargaron con la señora, la sentaron entre ellos, en el coche, que Julia condujo. Sin encender los faros llegaron a un paraje donde el camino coincidía con el borde a pique de los acantilados, a unos doscientos metros de *La Soñada*. Cuando Julia detuvo el Packard, la rueda delantera izquierda pendía sobre el vacío. Abrió la portezuela a su marido y ordenó:

—Bájate.

—No creas que hay mucho lugar —protestó Arévalo, escurriéndose entre el coche y el abismo.

---

55. muy lleno

Ella bajó a su vez y empujó el cadáver detrás del volante. Pareció que el automóvil se deslizaba.

—¡Cuidado! —gritó Arévalo.

Cerró Julia la portezuela, se asomó al vacío, golpeó con el pie en el suelo, vio caer un terrón. En sinuosos dibujos de espuma y sombra el mar, abajo, se movía vertiginosamente.

—Todavía sube la marea —aseguró—. ¡Un empujón y estamos libres!

Se prepararon.

—Cuando diga ahora, empujamos con toda la furia —ordenó ella—. ¡Ahora!

El Packard se desbarrancó espectacularmente, con algo humano y triste en la caída, y los muchachos quedaron en el suelo, en el pasto, al borde del acantilado, uno en brazos del otro, Julia llorando como si nada fuera a consolarla, sonriendo cuando Arévalo le besaba la cara mojada. Al rato se incorporaron, se asomaron al borde.

—Ahí está —dijo Arévalo.

—Sería mejor que el mar se lo llevara, pero si no se lo lleva, no importa.

Volvieron al camino. Con los rastrillos borraron las huellas del automóvil entre el patio de tierra y el pavimento. Antes de que hubieran destruido todos los rastros y puesto en perfecto orden la casa, el nuevo día los sorprendió. Arévalo dijo:

—Vamos a ver cuánta plata tenemos.

Sacaron de los sobres los billetes y los contaron.

—Doscientos siete mil pesos —anunció Julia.

Comentaron que si la mujer llevaba más de doscientos mil pesos para la seña,[56] estaba dispuesta a pagar más de dos millones por la casa; que en los últimos años el dinero había perdido mucho valor; que esa pérdida los favorecía, porque la suma de la seña les alcanzaba a ellos para pagar la hostería y los intereses del prestamista.

Con el mejor ánimo, Julia dijo:

—Por suerte hay agua caliente. Nos bañaremos juntos y tomaremos un buen desayuno.

---

56. depósito inicial

La verdad es que por un tiempo no estuvieron tranquilos. Julia predicaba la calma, decía que un día pasado era un día ganado. Ignoraban si el mar había arrastrado el automóvil o si lo había dejado en la playa.

—¿Quieres que vaya a ver? —preguntó Julia.

—Ni soñar —contestó Arévalo—. ¿Te das cuenta si nos ven mirando?

Con impaciencia Arévalo esperaba el paso del ómnibus que dejaba todas las tardes el diario. Al principio ni los diarios ni la radio daban noticias de la desaparición de la señora. Parecía que el episodio hubiera sido un sueño de ellos dos, los asesinos.

Una noche Arévalo preguntó a su mujer:

—¿Crees que puedo rezar? Yo quisiera rezar, pedir a un poder sobrenatural que el mar se lleve el automóvil. Estaríamos tan tranquilos. Nadie nos vincularía con esa vieja del demonio.

—No tengas miedo —contestó Julia—. Lo peor que puede pasarnos es que nos interroguen. No es terrible: toda nuestra vida feliz por un rato en la comisaría. ¿Somos tan flojos que no podemos afrontarlo? No tienen pruebas contra nosotros. ¿Cómo van a achacarnos lo que le pasó a la pobre señora?

Arévalo pensó en voz alta:

—Esa noche nos acostamos tarde. No podemos negarlo. Cualquiera que pasó, vio luz.

—Nos acostamos tarde, pero no oímos la caída del automóvil.

—No. No oímos nada. Pero ¿qué hicimos?

—Oímos la radio.

—Ni siquiera sabemos qué programas transmitieron esa noche.

—Estuvimos conversando.

—¿De qué? Si decimos la verdad, les damos el móvil. Estábamos arruinados y nos cae del cielo una vieja cargada de plata.

—Si todos los que no tienen plata salieran a matar como locos . . .

—Ahora no podemos pagar la deuda —dijo Arévalo.

—Y para no despertar sospechas —continuó sarcásticamente Julia— perdemos la hostería y nos vamos a Buenos Aires, a vivir en la miseria. Por nada del mundo. Si quieres, no pagamos un peso, pero yo me voy a hablar con el prestamista. De algún modo lo convenzo. Le prometo que si nos da un respiro, las cosas van a mejorar y él cobrará todo su dinero. Como sé que tengo el dinero, hablo con seguridad y lo convenzo.

La radio una mañana, y después los diarios, se ocuparon de la señora desaparecida.

—"A raíz de una conversación con el comisario Gariboto" —leyó Arévalo— "este corresponsal tiene la impresión de que obran en poder de la policía elementos de juicio que impiden descartar la posibilidad de un hecho delictuoso."[57] ¿Ves? Empiezan con el hecho delictuoso.

—Es un accidente —afirmó Julia—. A la larga se convencerán. Ahora mismo la policía no descarta la posibilidad de que la señora esté sana y buena, extraviada quién sabe dónde. Por eso no hablan de la plata, para que a nadie se le ocurra darle un palo en la cabeza.

Era un luminoso día de mayo. Hablaban junto a la ventana, tomando sol.

—¿Qué serán los elementos de juicio? —interrogó Arévalo.

—La plata —aseguró Julia—. Nada más que la plata. Alguno habrá ido con el cuento de que la señora viajaba con una enormidad de plata en la valija.

De pronto Arévalo preguntó:

—¿Qué hay allá?

Un numeroso grupo de personas se movía en la parte del camino donde se precipitó el automóvil. Arévalo dijo:

—Lo descubrieron.

—Vamos a ver —opinó Julia—. Sería sospechoso que no tuviéramos curiosidad.

—Yo no voy —respondió Arévalo.

No pudieron ir. Todo el día en la hostería hubo clientes. Alentado, quizá, por la circunstancia. Arévalo se mostraba interesado, conversador, inquiría sobre lo ocurrido, juzgaba que en algunos puntos el camino se arrimaba demasiado al borde de los acantilados, pero reconocía que la imprudencia era, por desgracia, un mal endémico de los automovilistas. Un poco alarmada, Julia lo observaba con admiración.

---

57. que no permiten eliminar la posibilidad de que sea un delito, un acto contra la ley

A los bordes del camino se amontonaron[58] automóviles. Luego, Arévalo y Julia creyeron ver en medio del grupo de automóviles y de gente una suerte de animal erguido, un desmesurado insecto. Era una grúa.[59] Alguien dijo que la grúa no trabajaría hasta la mañana, porque ya no había luz. Otro intervino:

—Adentro del vehículo, un regio Packard del tiempo de la colonia, localizaron hasta dos cadáveres.

—Como dos tórtolas[60] en el nido, irían a los besos, y de pronto ¡patapún! el Packard se propasa del borde, cae al agua.

—Lo siento —terció una voz aflautada—, pero el automóvil es Cadillac.

Un oficial de Policía, acompañado de un señor canoso, de orión encasquetado y gabardina verde[61], entró en *La Soñada*. El señor se descubrió para saludar a Julia. Mirándola como a un cómplice, comentó:

—Trabajan ¿eh?

—La gente siempre imagina que uno gana mucho —contestó Julia—. No crea que todos los días son como hoy.

—Pero no se queja ¿no?

—No, no me quejo.

Dirigiéndose al oficial de uniforme, el señor dijo:

—Si en vez de sacrificarnos por la repartición,[62] montáramos un barcito como éste, a nosotros también otro gallo nos cantara.[63] —Más tarde, el señor preguntó a Julia—: ¿Oyeron algo la noche del suceso?

—¿Cuándo fue el accidente? —preguntó ella.

—Ha de haber sido el viernes a la noche —dijo el policía de uniforme.

—¿El viernes a la noche? —repitió Arévalo—. Me parece que no oí nada. No recuerdo.

—Yo tampoco —añadió Julia.

En tono de excusa, el señor de gabardina, anunció:

---

58. se reunieron mucho, un montón de automóviles
59. *crane*
60. palomas
61. sombrero bien encajado en la cabeza e impermeable verde
62. la institución (en este caso la Policía)
63. la situación sería diferente

—Dentro de unos días tal vez los molestemos, para una declaración en la oficina de Miramar.

—Mientras tanto ¿nos manda un vigilante[64] para atender el mostrador? —preguntó Julia. El señor sonrió.

—Sería una verdadera imprudencia —dijo—. Con el sueldo que paga la repartición nadie para la olla.[65]

Esa noche Arévalo y Julia durmieron mal. En cama conversaron de la visita de los policías; de la conducta a seguir en el interrogatorio, si los llamaban; del automóvil con el cadáver, que aún estaba al pie del acantilado. A la madrugada Arévalo habló de un vendaval y tormenta que ya no oían, de las olas que arrastraron el automóvil mar adentro. Antes de acabar la frase comprendió que había dormido y soñado. Ambos rieron.

La grúa, a la mañana, levantó el automóvil con la muerta. Un parroquiano que pidió anís del Mono, anunció:

—La van a traer aquí.

Todo el tiempo la esperaron, hasta que supieron que la habían llevado a Miramar en una ambulancia.

—Con los modernos gabinetes de investigación —opinó Arévalo— averiguarán que los golpes de la vieja no fueron contra los fierros del automóvil.

—¿Crees en esas cosas? —preguntó Julia—. El moderno gabinete ha de ser un cuartucho, con un calentador Primus, donde un empleado toma mate.[66] Vamos a ver qué averiguan cuando les presenten la vieja con su buen sancocho en agua de mar.

Transcurrió una semana, de bastante animación en la hostería. Algunos de los que acudieron la tarde en que se descubrió el automóvil, volvieron en familia, con niños, o de a dos, en parejas. Julia observó:

—¿Ves que yo tenía razón? *La Soñada* es un lugar extraordinario. Era una injusticia que nadie viniera. Ahora la conocen y vuelven. Nos va a llegar toda la suerte junta.

Llegó la citación de la Brigada de Investigaciones.

---

64. agente de policía
65. gana lo suficiente para comer
66. (irónicamente) será un cuarto pequeño y rústico, con una estufa para calentar y empleados bebiendo mate

—Que me vengan a buscar con los milicos[67] —Arévalo protestó.

El día fijado se presentaron puntualmente. Primero Julia pasó a declarar. Cuando le tocó su turno, Arévalo estaba un poco nervioso. Detrás de un escritorio lo esperaba el señor de las canas y la gabardina, que los visitó en *La Soñada*; ahora no tenía gabardina y sonreía con afabilidad. En dos o tres ocasiones Arévalo llevó el pañuelo a los ojos, porque le lloraban. Hacia el final del interrogatorio, se encontró cómodo y seguro, como en una reunión de amigos, pensó (aunque después lo negara) que el señor de la gabardina era todo un caballero. El señor dijo por fin:

—Muchas gracias. Puede retirarse. Lo felicito —y tras una pausa, agregó en tono probablemente desdeñoso— por la señora.

De vuelta en la hostería, mientras Julia cocinaba, Arévalo ponía la mesa.

—Qué compadres inmundos —comentó él—. Disponen de toda la fuerza del gobierno y sueltos de cuerpo[68] lo apabullan al que tiene el infortunio de comparecer. Uno aguanta los insultos con tal de respirar el aire de afuera, no vaya a dar pie a que le apliquen la picana,[69] lo hagan cantar[70] y lo dejen que se pudra[71] adentro. Palabra que si me garanten la impunidad, despacho[72] al de la gabardina.

—Hablas como un tigre cebado —dijo riendo Julia—. Ya pasó.

—Ya pasó el mal momento. Quién sabe cuántos parecidos o peores nos reserva el futuro.

—No creo. Antes de lo que supones, el asunto quedará olvidado.

—Ojalá que pronto quede olvidado. A veces me pregunto si no tendrán razón los que dicen que todo se paga.

—¿Todo se paga? Qué tontería. Si no cavilas, todo se arreglará —aseguró Julia.

Hubo otra citación, otro diálogo con el señor de la gabardina, cumplido sin dificultad y seguido de alivio. Pasaron meses. Arévalo no podía creerlo, tenía razón Julia, el crimen de la señora parecía

67. informal por militares
68. sin inhibiciones
69. instrumento de tortura
70. (*slang*) lo hagan confesar
71. *rot*
72. elimino

olvidado. Prudentemente, pidiendo plazos y nuevos plazos,[73] como si estuvieran cortos de dinero, pagaron la deuda. En primavera compraron un viejo sedan Pierce-Arrow. Aunque el carromato[74] gastaba mucha nafta[75] —por eso lo pagaron con pocos pesos— tomaron la costumbre de ir casi diariamente a Miramar, a buscar las provisiones o con otro pretexto. Durante la temporada de verano, partían a eso de las nueve de la mañana y a las diez ya estaban de vuelta, pero en abril, cansados de esperar clientes, también salían a la tarde. Les agradaba el paseo por el camino de la costa.

Tercera parte

Una tarde, en el trayecto de vuelta, vieron por primera vez al hombrecito. Hablando del mar y de la fascinación de mirarlo, iban alegres, abstraídos, como dos enamorados, y de improviso vieron en otro automóvil al hombrecito que los seguía. Porque reclamaba atención —con un designio oscuro— el intruso los molestó. Arévalo, en el espejo, lo había descubierto: con la expresión un poco impávida, con la cara de hombrecito formal, que pronto aborrecería [76] demasiado; con los paragolpes de su Opel casi tocando el Pierce-Arrow. Al principio lo creyó uno de esos imprudentes que nunca aprenden a manejar. Para evitar que en la primera frenada se le viniera encima, sacó la mano, con repetidos ademanes dio paso, aminoró la marcha; pero también el hombrecito aminoró la marcha y se mantuvo atrás. Arévalo procuró alejarse. Trémulo, el Pierce-Arrow alcanzó una velocidad de cien kilómetros por hora; como el perseguidor disponía de un automovilito moderno, a cien kilómetros por hora siguió igualmente cerca. Arévalo exclamó furioso:

—¿Qué quiere el degenerado? ¿Por qué no nos deja tranquilos? ¿Me bajo y le rompo el alma?

—Nosotros —indicó Julia— no queremos trifulcas[77] que acaben en la comisaría.

---

73. *installments*
74. (*fig.*) auto grande y antiguo
75. palabra que se usa en algunos países del Cono Sur para referirse a gas o gasolina
76. odiaría
77. desorden, conflicto

Tan olvidado estaba el episodio de la señora, que por poco Arévalo no dice ¿por qué?

En un momento en que hubo más automóviles en la ruta, hábilmente manejado el Pierce-Arrow se abrió paso y se perdió del inexplicable seguidor. Cuando llegaron a *La Soñada* habían recuperado el buen ánimo: Julia ponderaba la destreza de Arévalo, éste el poder del viejo automóvil.

El encuentro del camino fue recordado, en cama, a la noche; Arévalo preguntó qué se propondría el hombrecito.

—A lo mejor —explicó Julia— a nosotros nos pareció que nos perseguía, pero era un buen señor distraído, paseando en el mejor de los mundos.

—No —replicó Arévalo—. Era de la policía o era un degenerado. O algo peor.

—Espero —dijo Julia— que no te pongas a pensar ahora que todo se paga, que ese hombrecito ridículo es una fatalidad, un demonio que nos persigue por lo que hicimos.

Arévalo miraba inexpresivamente y no contestaba. Su mujer comentó:

—¡Cómo te conozco!

Él siguió callado, hasta que dijo en tono de ruego:

—Tenemos que irnos, Julia, ¿no comprendes? Aquí van a atraparnos. No nos quedemos hasta que nos atrapen —la miró ansiosamente—. Hoy es el hombrecito, mañana surgirá algún otro. ¿No comprendes? Habrá siempre un perseguidor, hasta que perdamos la cabeza, hasta que nos entreguemos. Huyamos. A lo mejor todavía hay tiempo.

Julia dijo: —Cuánta estupidez.

Le dio la espalda, apagó el velador, se echó a dormir.

La tarde siguiente, cuando salieron en automóvil, no encontraron al hombrecito; pero la otra tarde, sí. Al emprender el camino de vuelta, por el espejo lo vio Arévalo. Quiso dejarlo atrás, lanzó a toda velocidad el Pierce-Arrow; con mortificación advirtió que el hombrecito no perdía distancia, se mantenía ahí cerca, invariablemente cerca. Arévalo disminuyó la marcha, casi la detuvo, agitó un brazo, mientras gritaba:

—¡Pase, pase!

El hombrecito no tuvo más remedio que obedecer. En uno de los parajes donde el camino se arrima al borde del acantilado, los pasó. Lo miraron: era calvo, llevaba graves anteojos de carey, tenía las orejas en abanico y un bigotito correcto. Los faros del Pierce-Arrow le iluminaron la calva, las orejas.

—¿No le darías un palo en la cabeza? —preguntó Julia, riendo.

—¿Puedes ver el espejo de su coche? —preguntó Arévalo—. Sin disimulo nos espía el cretino.

Empezó entonces una persecución al revés. El perseguidor iba adelante, aceleraba o disminuía la marcha, según ellos aceleraran o disminuyeran la del Pierce-Arrow.

—¿Qué se propone? —con desesperación mal contenida preguntó Arévalo.

—Paremos —contestó Julia—. Tendrá que irse. Arévalo gritó:

—No faltaría más. ¿Por qué vamos a parar?

—Para librarnos de él.

—Así no vamos a librarnos de él.

—Paremos —insistió Julia.

Arévalo detuvo el automóvil. Pocos metros delante, el hombrecito detuvo el suyo. Con la voz quebrada, gritó Arévalo:

—Voy a romperle el alma.

—No bajes —pidió Julia.

Él bajó y corrió, pero el perseguidor puso en marcha su automóvil, se alejó sin prisa, desapareció tras un codo del camino.

—Ahora hay que darle tiempo para que se vaya —dijo Julia.

—No se va a ir —dijo Arévalo, subiendo al coche.

—Escapemos por el otro lado.

—¿Escaparnos? De ninguna manera.

—Por favor —pidió Julia— esperemos diez minutos. Él mostró el reloj. No hablaron. No habían pasado cinco minutos cuando dijo Arévalo:

—Basta. Te juro que nos está esperando al otro lado del recodo.

Tenía razón: al doblar el recodo divisaron el coche detenido. Arévalo aceleró furiosamente.

—No seas loco —murmuró Julia.

Como si del miedo de Julia arrancara orgullo y coraje aceleró más. Por velozmente que partiera el Opel no tardarían en alcanzarlo. La ventaja que le llevaban era grande: corrían a más de cien kilómetros. Con exaltación gritó Arévalo:

—Ahora nosotros perseguimos.

Lo alcanzaron en otro de los parajes donde el camino se arrima al borde del acantilado: justamente donde ellos mismos habían desbarrancado, pocos meses antes, el coche con la señora. Arévalo, en vez de pasar por la izquierda, se acercó al Opel por la derecha; el hombrecito desvió hacia la izquierda, hacia el lado del mar; Arévalo siguió persiguiendo por la derecha, empujando casi el otro coche fuera del camino. Al principio pareció que aquella lucha de voluntades podría ser larga, pero pronto el hombrecito se asustó, cedió, desvió más y Julia y Arévalo vieron el Opel saltar el borde del acantilado y caer al vacío.

—No pares —ordenó Julia—. No deben sorprendernos aquí.

—¿Y no averiguar si murió? ¿Preguntarme toda la noche si no vendrá mañana a acusarnos?

—Lo eliminaste —contestó Julia—. Te diste el gusto. Ahora no pienses más. No tengas miedo. Si aparece, ya veremos. Caramba, finalmente sabremos perder.

—No voy a pensar más —dijo Arévalo.

El primer asesinato —porque mataron por lucro, o porque la muerta confió en ellos, o porque los llamó la policía, o porque era el primero— los dejó atribulados.[78] Ahora tenían uno nuevo para olvidar el anterior, y ahora hubo provocación inexplicable, un odioso perseguidor que ponía en peligro la dicha todavía no plenamente recuperada . . . Después de este segundo asesinato vivieron felices.

Unos días vivieron felices, hasta el lunes en que apareció, a la hora de la siesta, el parroquiano gordo. Era extraordinariamente voluminoso, de una gordura floja, que amenazaba con derramarse y caerse; tenía los ojos difusos, la tez pálida, la papada descomunal. La silla, la mesa, el cafecito y la caña quemada[79] que pidió, parecían minúsculos. Arévalo comentó:

—Yo lo he visto en alguna parte. No sé dónde.

—Si lo hubieras visto, sabrías dónde. De un hombre así uno no se olvida —contestó Julia.

---

78. preocupados, angustiados
79. bebida alcohólica fuerte

—No se va más —dijo Arévalo.

—Que no se vaya. Si paga, que se quede el día entero. Se quedó el día entero. Al otro día volvió. Ocupó la misma mesa, pidió caña quemada y café.

—¿Ves? —preguntó Arévalo.

—¿Qué? —preguntó Julia.

—Es el nuevo hombrecito.

—Con la diferencia . . . —contestó Julia, y rió.

—No sé cómo ríes —dijo Arévalo—. Yo no aguanto. Si es policía, mejor saberlo. Si dejamos que venga todas las tardes y que se pase las horas ahí, callado, mirándonos, vamos a acabar con los nervios rotos, y no va a tener más que abrir la trampa y caeremos adentro. Yo no quiero noches en vela,[80] preguntándome qué se propone este nuevo individuo. Yo te dije: siempre habrá uno . . .

—A lo mejor no se propone nada. Es un gordo triste . . . —opinó Julia—. Yo creo que lo mejor es dejar que se pudra en su propia salsa. Ganarle en su propio juego. Si quiere venir todos los días, que venga, pague y listo.

—Será lo mejor —replicó Arévalo—, pero en ese juego gana el de más aguante, y yo no doy más.

Llegó la noche. El gordo no se iba. Julia trajo la comida, para ella y para Arévalo. Comieron en el mostrador.

—¿El señor no va a comer? —con la boca llena, Julia preguntó al gordo.

Éste respondió:

—No, gracias.

—Si por lo menos te fueras —mirándolo, Arévalo suspiró.

—¿Le hablo? —inquirió Julia—. ¿Le tiro la lengua?

—Lo malo —repuso Arévalo— es que tal vez no te da conversación, te contesta sí, sí, no, no.

Dio conversación. Habló del tiempo, demasiado seco para el campo, y de la gente y de sus gustos inexplicables.

—¿Cómo no han descubierto esta hostería? Es el lugar más lindo de la costa —dijo.

—Bueno —respondió Arévalo, que desde el mostrador estaba oyendo—, si le gusta la hostería es un amigo. Pida lo que quiera el señor: paga la casa.

---

80. sin dormir

—Ya que insisten —dijo el gordo— tomaré otra caña quemada.

Después pidió otra. Hacía lo que ellos querían. Jugaban al gato y al ratón. Como si la caña dulce le soltara la lengua, el gordo habló:

—Un lugar tan lindo y las cosas feas que pasan. Una picardía.[81]

Mirando a Julia, Arévalo se encogió de hombros resignadamente.

—¿Cosas feas? —Julia preguntó enojada.

—Aquí no digo —reconoció el gordo— pero cerca. En los acantilados. Primero un automóvil, después otro, en el mismo punto, caen al mar, vean ustedes. Por entera casualidad nos enteramos.

—¿De qué? —preguntó Julia.

—¿Quiénes? —preguntó Arévalo.

—Nosotros —dijo el gordo—. Vean ustedes, el señor ese del Opel que se desbarrancó, Trejo de nombre, tuvo una desgracia, años atrás. Una hija suya, una señorita, se ahogó cuando se bañaba en una de las playas de por aquí. Se la llevó el mar y no la devolvió nunca. El hombre era viudo; sin la hija se encontró solo en el mundo. Vino a vivir junto al mar, cerca del paraje donde perdió a la hija, porque le pareció —medio trastornado quedaría, lo entiendo perfectamente— que así estaba más cerca de ella. Este señor Trejo —quizás ustedes lo hayan visto: un señor de baja estatura, delgado, calvo, con bigotito bien recortado y anteojos— era un pan de Dios,[82] pero vivía retraído en su desgracia, no veía a nadie, salvo al doctor Laborde, su vecino, que en alguna ocasión lo atendió y desde entonces lo visitaba todas las noches, después de comer. Los amigos bebían el café, hablaban un rato y disputaban una partida de ajedrez. Noche a noche igual. Ustedes, con todo para ser felices, me dirán qué programa. Las costumbres de los otros parecen una desolación, pero, vean ustedes, ayudan a la gente a llevar su vidita. Pues bien, una noche, últimamente, el señor Trejo, el del Opel, jugó muy mal su partida de ajedrez.

El gordo calló, como si hubiera comunicado un hecho interesante y significativo. Después preguntó:

—¿Saben por qué? Julia contestó con rabia:

—No soy adivina.

—Porque a la tarde, en el camino de la costa, el señor Trejo vio a su hija. Tal vez porque nunca la vio muerta, pudo creer entonces que estaba viva y que era ella. Por lo menos, tuvo la ilusión de verla.

81. una lástima, *a shame*
82. una persona muy buena

Una ilusión que no lo engañaba del todo, pero que ejercía en él una auténtica fascinación. Mientras creía ver a su hija, sabía que era mejor no acercarse a hablarle. No quería, el pobre señor Trejo, que la ilusión se desvaneciera. Su amigo, el doctor Laborde, lo retó[83] esa noche. Le dijo que parecía mentira, que él, Trejo, un hombre culto, se hubiera portado como un niño, hubiera jugado con sentimientos profundos y sagrados, lo que estaba mal y era peligroso. Trejo dio la razón a su amigo, pero arguyó que si al principio él había jugado, quien después jugó era algo que estaba por encima de él, algo más grande y de otra naturaleza, probablemente el destino. Pues ocurrió un hecho increíble: la muchacha que él tomó por su hija —vean ustedes, iba en un viejo automóvil, manejado por un joven— trató de huir. "Esos jóvenes," dijo el señor Trejo, "reaccionaron de un modo injustificable si eran simples desconocidos. En cuanto me vieron, huyeron, como si ella fuera mi hija y por un motivo misterioso quisiera ocultarse de mí. Sentí como si de pronto se abriera el piso a mis pies, como si este mundo natural se volviera sobrenatural, y repetí mentalmente: No puede ser, no puede ser." Entendiendo que no obraba bien, procuró alcanzarlos. Los muchachos de nuevo huyeron.

El gordo, sin pestañear, los miró con sus ojos lacrimosos. Después de una pausa continuó:

—El doctor Laborde le dijo que no podía molestar a desconocidos. "Espero," le repitió, "que si encuentras a los muchachos otra vez, te abstendrás de seguirlos y molestarlos." El señor Trejo no contestó.

—No era malo el consejo de Laborde —declaró Julia—. No hay que molestar a la gente. ¿Por qué usted nos cuenta todo esto?

—La pregunta es oportuna —afirmó el gordo—: atañe el fondo de nuestra cuestión. Porque dentro de cada cual el pensamiento trabaja en secreto, no sabemos quién es la persona que está a nuestro lado. En cuanto a nosotros mismos, nos imaginamos transparentes; no lo somos. Lo que sabe de nosotros el prójimo,[84] lo sabe por una interpretación de signos; procede como los augures que estudiaban las entrañas de animales muertos o el vuelo de los pájaros. El sistema es imperfecto y trae toda clase de equivocaciones. Por ejem-

83. lo reprendió
84. los otros seres humanos

plo, el señor Trejo supuso que los muchachos huían de él, porque
ella era su hija; ellos tendrían quién sabe qué culpa y le atribuirían
al pobre señor Trejo quién sabe qué propósitos. Para mí, hubo
corridas en la ruta, cuando se produjo el accidente en que murió
Trejo. Meses antes, en el mismo lugar, en un accidente parecido,
perdió la vida una señora. Ahora nos visitó Laborde y nos contó
la historia de su amigo. A mí se me ocurrió vincular un accidente,
digamos un hecho, con otro. Señor: a usted lo vi en la Brigada de
Investigaciones, la otra vez, cuando lo llamamos a declarar; pero
usted entonces también estaba nervioso y quizá no recuerde. Como
apreciarán, pongo las cartas sobre la mesa.

Miró el reloj y puso las manos sobre la mesa.

—Aunque debo irme, el tiempo me sobra, de modo que volveré
mañana. —Señalando la copa y la taza, agregó—: ¿Cuánto es esto?

El gordo se incorporó, saludó gravemente y se fue. Arévalo
habló como para sí:

—¿Qué te parece?

—Que no tiene pruebas —respondió Julia—. Si tuviera pruebas,
por más que le sobre tiempo, nos hubiera arrestado.

—No te apures, nos va a arrestar —dijo Arévalo cansada-
mente—. El gordo trabaja sobre seguro: en cuanto investigue
nuestra situación de dinero, antes y después de la muerte de la vieja,
tiene la clave.

—Pero no pruebas —insistió Julia.

—¿Qué importan las pruebas? Estaremos nosotros, con nuestra
culpa. ¿Por qué no ves las cosas de frente, Julita? Nos acorralaron.

—Escapemos —pidió Julia.

—Ya es tarde. Nos perseguirán, nos alcanzarán.

—Pelearemos juntos.

—Separados, Julia; cada uno en su calabozo.[85] No hay salida, a
menos que nos matemos.

—¿Que nos matemos?

—Hay que saber perder: tú lo dijiste. Juntos, sin toda esa pesadilla y ese cansancio.

—Mañana hablaremos. Ahora tienes que descansar.

—Los dos tenemos que descansar.

---

85. celda en la cárcel

—Vamos.

—Sube. Yo voy dentro de un rato.

Julia obedeció.

Raúl Arévalo cerró las ventanas y las persianas, ajustó los pasadores, uno por uno, cerró las dos hojas de la puerta de entrada, ajustó el pasador, giró la llave, colocó la pesada tranca de hierro.

Actividades post-lectura

Primera parte

I. Comprensión

En parejas, contesten las siguientes preguntas:

1. Expliquen cómo se conocieron los personajes, qué tipo de trabajos tenían, dónde vivían, cuáles eran sus proyectos y cuál era el problema para concretarlos.

2. En cierto momento, al comienzo de la historia, Arévalo y Julia dijeron que parecía un sueño. ¿Por qué? ¿Qué cosas ocurrieron que lo hacían parecer un sueño?

3. Con la información que tienen ahora, ¿qué piensan de la decisión de los jóvenes de instalar la hostería en ese lugar? Expliquen qué aspectos positivos y negativos ven Uds.

4. Arévalo y Julia habían tratado de conseguir más clientes. ¿De qué forma? ¿Qué resultados les dio ese método?

5. ¿Cómo es la relación entre Julia y Arévalo? ¿Tienen personalidades similares? Busquen las referencias específicas en el texto que han usado para hacer la evaluación de los personajes.

6. Describan a la viajera que llegó a la hostería. ¿Cuál era su edad, clase social, estilo personal? Narren detalladamente las circunstancias por las que esta señora pidió un cuarto en la hostería.

7. ¿Cuál es el plan que propone Julia? Describan detalladamente qué van a hacer, qué materiales necesitan para la ejecución y cuáles son los puntos fuertes y débiles del plan, en opinión de Uds.

8. ¿Cómo reacciona Arévalo frente al plan y cómo lo convence Julia?

9. Narren minuciosamente la ejecución del plan hasta el final de la primera parte. ¿Fue fácil o difícil completar la tarea? ¿Salieron las cosas de acuerdo a lo previsto?

II. Análisis y discusión (en grupos de 3)

1. Analicen estas frases de los personajes y expliquen quién las dice, en qué contexto son dichas, y qué significan:
    a. "En cualquier parte seremos felices."
    b. "Las circunstancias cuentan."
    c. "Una mujer debe defender su hogar."

2. ¿Qué piensan Uds. de la idea de que el amor todo lo puede, implícita en la primera frase del punto anterior? ¿Es una buena posición en una relación? Den ejemplos para ilustrar por qué creen Uds. que es o no es una idea constructiva.

3. ¿Con quién se identifican más Uds., con los que dicen que los problemas económicos tienen por lo general un efecto devastador sobre las relaciones sentimentales o con quienes piensan que si hay verdadero amor la pareja se hará más fuerte al resolver los problemas juntos?

4. Observen el párrafo en que Raúl Arévalo siguió las instrucciones de su mujer y cerró la puerta, las ventanas, las persianas. Luego los jóvenes hablaron de las siguientes cosas:
    el silencio que de repente hubo en la casa
    del riesgo de que llegara un parroquiano
    de si tenía otra salida la situación
    de si podrían ser felices con un crimen en la conciencia

    Ahora, en parejas, dramaticen el diálogo entre los dos, usando las palabras textuales, que aparecen en otra parte de la historia.

5. *Supersticiones.* Los protagonistas deciden cambiar el nombre de la hostería. La llaman *La Soñada.* ¿Por qué? Dice el narrador que hay quienes piensan que esos cambios de nombre

traen mala suerte. Tradicionalmente la gente de mar cree
que nunca se debe cambiar el nombre de un barco o bote:

    a.   ¿Qué harían Uds. si compran un barco o casa con un
nombre? ¿Lo cambiarían o seguirían la tradición?

    b.   ¿Tienen Uds. alguna superstición, común o que han
creado Uds. mismos? ¿Algo que hacen o no hacen en
determinadas circunstancias? ¿Cómo adquirieron esa
superstición?

6. *Otra salida.* Julia piensa que no tienen otra salida para
proteger su felicidad y su matrimonio. Raúl Arévalo no está
seguro. Expliquen la situación desde el punto de vista de
ella. ¿Cuáles son las salidas que ven Uds. a esta situación?
¿Cuál les parece más satisfactoria?

III. La segunda etapa del plan

1. Ahora que ya han cometido el crimen Julia y Arévalo tienen
que ejecutar la segunda parte del plan. ¿Qué tienen que hacer? ¿Qué les aconsejarían Uds. que hicieran? ¿Qué detalles
deben tener en cuenta? Sean específicos.

2. Expliquen ahora qué piensan Uds. que ellos van a hacer.
¿Coincide con lo que Uds. les aconsejarían?

IV. Diálogos

Imaginen un diálogo entre Julia y Raúl antes de que llegue a la
hostería la viajera. Respetando el carácter y estilo de cada personaje
hablen de la situación en que se encuentran, de los aspectos positivos y negativos, de planes, de Buenos Aires y sus antiguos
trabajos, etc.

Segunda parte

I. Comprensión

1. Describan los pasos de los protagonistas después del crimen.
Expliquen cuidadosamente qué hicieron y qué detalles
cuidaron. Mencionen algunas de las acciones relevantes

que realizaron para ocultar el crimen. ¿Creen Uds. que hay algún detalle importante que no consideraron?

2. ¿Cómo pueden explicar la reacción de Julia inmediatamente después de que se desbarrancó el auto?

3. ¿Qué era conveniente que ocurriera para que el crimen fuera perfecto? ¿Ellos lo consideraban esencial?

4. ¿Por qué dice el narrador que parecía que el crimen hubiera sido un sueño de los asesinos?

5. ¿Cuáles eran las preocupaciones de Arévalo? ¿Cómo se preparan para un eventual interrogatorio de la policía? ¿Qué pueden decir y qué no pueden decir?

6. ¿Qué es lo que más deseaban en ese momento? ¿Ocurrió lo que deseaban?

7. Cuando finalmente se descubrió el automóvil en el agua, ¿fueron Julia y Raúl a verlo? ¿Por qué?

8. ¿Qué rumores circulaban entre el grupo de gente que se reunió donde había caído el automóvil? ¿Se sospechaba que fuera un crimen?

9. ¿Cuál es la actitud de la policía hacia la pareja? Busquen frases o palabras que muestren esa actitud. ¿Cuál es la opinión que la pareja tiene de la policía?

10. ¿Qué pasó con las deudas de Raúl y Julia?

II. Análisis y discusión (en grupos de 3)

1. Analicen estas frases de los personajes y expliquen quién las dice, en qué contexto son dichas, y qué significan:
   a. "al diablo con las impresiones digitales"
   b. "¿Crees que puedo rezar?"
   c. "dicen que todo se paga"

2. Consideren ahora la última frase del punto anterior. ¿Creen Uds. que "todo se paga"? ¿De qué manera? ¿Qué o quién lo hace pagar?

III. Diálogo tenso (en parejas)

Después de la visita de los policías, el narrador describe la conversación de Julia y Arévalo en la cama. Recreen ese diálogo cubriendo todos los puntos que se mencionan:

- la visita de los policías
- la conducta a seguir en el interrogatorio, si los llamaban
- el automóvil con el cadáver, que aún estaba al pie del acantilado

IV. Interrogatorio (en grupos de 4)

Una vez preparada la conversación del punto anterior, los estudiantes van a recrear un interrogatorio en la comisaría:

- Dos estudiantes toman los roles de la pareja y dos estudiantes son oficiales de la policía.
- La pareja es interrogada por información sobre el "accidente," no como acusados.

V. Anticipando el futuro

1. ¿Qué piensan Uds. que ocurrirá en la tercera parte de la historia?
2. Imaginen un final para este cuento.

Tercera parte

I. Comprensión

En parejas, contesten las siguientes preguntas:

1. ¿Por qué los molestó tanto el hombre en el camino? ¿Qué comportamiento de este hombre era inusual?
2. Describan la persecución en el primer encuentro, sin leer el texto, usando las siguientes palabras: *aminorar, acelerar, ademanes, frenar, seguir, perseguir*
3. ¿Por qué Julia no quiere que Raúl se baje y enfrente al hombrecito?
4. ¿Cuáles eran las distintas interpretaciones de Julia y Arévalo sobre el incidente con el hombrecito? ¿Qué imaginaba Julia que estaba pensando su marido?
5. ¿Cómo describirían Uds. la posición de Arévalo frente a la situación en que se encuentran? ¿Les parece realista, fata-

lista, agobiado por la culpa, racional? ¿Cómo describirían la actitud de Julia? ¿Les parece fuerte, práctica, irracional, amoral, realista? Usen en lo posible frases o palabras de los protagonistas para justificar sus descripciones.

6. En el segundo encuentro con el hombrecito, ¿cómo se desarrolló la persecución?¿Cómo puede ocurrir una "persecución al revés?" (Para esta pregunta, y la pregunta 7, consulten el vocabulario específico para hablar de conducir vehículos que aparece al comienzo de esta sección.)

7. Describan con sus propias palabras, cómo ocurrió exactamente la caída del Opel al vacío. Imaginen que Uds. vieron la caída del automóvil y que tienen que explicársela a la policía. Hagan un dibujo o plano de lo que pasó.

8. ¿Por qué después de este segundo asesinato "vivieron felices"?

9. ¿Quién era el "parroquiano gordo" que apareció en la hostería el lunes siguiente? ¿Dónde lo habían visto antes?

10. Describan el comportamiento de este hombre. ¿Por qué dice Arévalo que este hombre es "el nuevo hombrecito"? ¿De qué manera el hombre gordo "jugaba al gato y al ratón"?

11. Narren, con tanto detalle como puedan, la historia del señor Trejo.

12. Expliquen la intersección de la historia del Sr. Trejo con la de Julia y Arévalo.

13. ¿Qué dos grandes malentendidos provocaron la tragedia final? ¿Cómo se pueden explicar esos malentendidos? ¿En qué parte del texto el hombre explica cómo se producen los malentendidos? Repitan la idea con sus propias palabras.

14. ¿Qué sugiere el párrafo final? ¿Con qué otra parte de la historia se conecta ese párrafo? ¿Cómo interpretan la repetición de ese párrafo tres veces?

15. Expliquen el título.

II. Análisis y discusión

1. En grupos de tres, analicen estas frases de los personajes y expliquen quién las dice, en qué contexto son dichas, y qué significan:

- "habrá siempre un perseguidor"
- "el tiempo me sobra"
- "quien después jugó era algo que estaba por encima de él, algo más grande y de otra naturaleza, probablemente el destino"

2. Analicen la última frase del punto anterior. ¿Sugiere esta historia la idea de que había cosas destinadas a ocurrir, de que el destino jugó un rol en lo que pasó? Busquen ejemplos en el texto.

3. ¿Creen los protagonistas en el destino? ¿A quién aplican ellos las palabras *ángel* y *demonio*? ¿Qué efecto tienen esas imágenes?

4. ¿Creen Uds. en el destino? ¿Hubo alguna ocasión en que Uds. pensaron que algo ocurrió por obra del destino? Elaboren.

III. Diálogo

Después de cerrar puertas y ventanas en la última escena del cuento, Arévalo y Julia tienen una conversación serena sobre la situación. Improvisen, en parejas, esa conversación.

IV. Informe

Usando como inspiración la siguiente imagen, narren en pareja y con la mayor cantidad de detalles posible, uno de los dos "accidentes" que ocurrieron en los acantilados. Traten de usar el vocabulario apropiado y específico.

Tema de ensayo o composición

Mire dos escenas de la dramatización de este cuento realizada en la película para televisión que se menciona en la nota abajo y escriba una composición explicando qué diferencias ha observado entre el texto escrito y el video. Puede referirse a las características, comportamiento, o personalidad de los personajes y a los detalles que apa-

recen en el video pero no en el texto, o viceversa. Dé su opinión sobre la forma en que la película presenta la historia. *Nota*: Se puede
acceder a la película para televisión *Cavar un foso* (España, 1979), en
este sitio de la red: http://www.movierevie.ws/movies/102505/
Bioy-Casares-Cavar-un-foso.html.

CAPÍTULO 5

Problemas ecológicos: Responsabilidades y soluciones

En este capítulo van a encontrar textos periodísticos referidos al tema y divididos en tres secciones:

1. Cambio climático: *Cambio climático y desastres naturales: ¿Un mundo cambiante?¿Quién tiene la culpa?* y *7 datos sobre el cambio climático y el hambre* incluyen datos e imágenes sobre el impacto del cambio climático y los efectos que puede tener sobre la vida en nuestro planeta y específicamente sobre los desastres naturales más frecuentes y extremos.

2. Crisis del agua: Los artículos *La guerra del agua, Un gravísimo problema humano* y *Un bien por fin económico* aluden al enorme problema del acceso al agua en el mundo y sus efectos potenciales sobre la paz y el desarrollo en este siglo. Conectado con el tema anterior, hay una guía para el análisis y discusión de la película *También la lluvia*.

3. Superpoblación. *Hay que hablar de la superpoblación* y *Población y ambiente* presentan el tema del impacto del crecimiento de la población sobre el medio ambiente.

Finalmente, hay información y un plan para una actividad de juego de roles: "La autopista y los osos."

Materiales en la red

Esta unidad incluye una actividad de comprensión auditiva y lectora basada en un video–reportaje sobre los retos medioambientales que enfrentamos hoy día; una actividad de lectura, discusión y toma de decisión para seleccionar el problema ambiental más apremiante; una actividad de redacción para solicitar ayuda frente a una crisis ambiental;

---

y una actividad tipo concurso para seleccionar el producto
más innovador entre varias alternativas. Se incluyen ejercicios de comprensión auditiva, de vocabulario, de expresión
oral para grabar en VoiceThread y de composición:

1. Reportaje en vídeo: El medio ambiente y el calenta-
    miento global, producido por Omnilife (Omnifans.
    "Omnilife: El medio ambiente y calentamiento global."
    Vídeo clip en línea. YouTube, 5 de junio del 2012. Inter-
    net. Obtenido de http://youtu.be/mxlcEY6pAxs).
2. Actividad: La campaña por la Madre Tierra. Actividad
    basada en una serie de reportajes de la BBC sobre los
    problemas más apremiantes que enfrenta el planeta. Es
    en primer lugar una actividad de toma de decisión en
    la cual cada estudiante va a decidir en base a lo leído
    cuál es el problema más grave y que requiere atención
    inmediata, explicando por qué. Como actividad de se-
    guimiento los estudiantes deben escuchar y responder
    a los comentarios de varios de sus compañeros/as con
    prioridades distintas.
3. Actividad: S.O.S. desde el fondo del mar
    Actividad de composición basada en un evento real e
    incorporando en la redacción vocabulario específico.
4. Actividad: Concurso. Elegir el producto más innovador
    para el aprovechamiento y generación de energía sos-
    tenible para todos. Los productos son:
    *   Maya Pedal: http://www.youtube.com/watch?v=2
        agir3xepuQ
    *   Botellas de plástico para dar luz: http://www.you
        tube.com/watch?v=ZcxCrcTbuaI
    *   Aguas residuales para generar energía: http://www
        .youtube.com/watch?v=kX35Rg_hcEI
    *   Purificar agua a través de la energía solar: http://
        www.youtube.com/watch?v=JyC-mQWK-HA
    *   Árboles solares para recargar los móviles en la calle:
        http://www.youtube.com/watch?v=NEjw_l16jEw

Cambio climático y desastres naturales

Sequías, incendios forestales, olas de calor, lluvias torrenciales, inundaciones y tormentas han afectado a todas las áreas del planeta en la última década. El impacto humano y económico ha sido masivo. Sólo en 2011 murieron 30.733 personas a causa de desastres y hubo más de 244 millones de víctimas afectadas. El costo fue el más alto registrado: 366 mil millones de dólares ($366.000.000.000).[1]

Olas de calor

Las olas de calor registradas en la última década, que causaron la muerte de miles de personas en Europa, destruyeron las cosechas rusas y provocaron el derretimiento de glaciales en Groenlandia, no tienen paralelos en los últimos seis siglos, según estudios.

Sequía en los Estados Unidos

La sequía, uno de los más costosos desastres naturales, implicó pérdidas de cultivos, así como incendios forestales que afectaron 9.326 millones de acres en los Estados Unidos.

Inundaciones

Los meteorólogos predicen que el tipo de tormentas e inundaciones que se han visto en Europa, América y el sur de Asia serán más frecuentes e intensas en el futuro. Las tierras bajas son cubiertas por las aguas desbordadas de ríos y arroyos. Las inundaciones han provocado la muerte de miles de personas en los últimos años y las pérdidas son multimillonarias.

Los hielos antárticos se derriten

Las temperaturas alrededor de la Antártida han aumentado cinco veces más que el promedio global en los últimos 50 años. Hoy la

---

1. Datos del Center for Research on the Epidemiology of Disasters. En español se usa "miles de millones" en el caso de la unidad seguida de nueve ceros que en inglés es "billions." La cifra mencionada es, en inglés, 366 billion.

temperatura promedio es de 2,5° C mayor que la registrada en
1940. El fenómeno también se ha registrado en el Océano Ártico.

Incendios

Los incendios forestales en el sur de Europa y la costa mediterránea
han causado estragos en los veranos pasados. En Grecia, en un solo
verano, se registraron más de 150 siniestros. En los Estados Unidos, el
incendio en el Parque Nacional Yosemite y alrededores, en agosto de
2013, afectó más de 300 millas cuadradas, lo que lo hace uno de los
mayores en la historia reciente del parque y el sexto en California. Es
parte de una serie de incendios excepcionalmente grandes que se han
extendido por el oeste y sudoeste de los Estados Unidos en los últimos
años. Los ambientalistas advierten que la situación empeorará si no se
toman medidas para detener el aumento de la temperatura.

Actividades pre-lectura (en grupos de 3)

I. Temas polémicos

1. Muchos creen que los cambios climáticos son un problema
    de gran urgencia mientras que otros piensan que su urgen-

cia está siendo exagerada. ¿Qué opinión tienen Uds.? ¿Por qué se podría exagerar el problema? ¿Se beneficia alguien al exagerar el problema?

2. ¿Quiénes deben asumir la responsabilidad mayor por buscar soluciones y aportar el dinero necesario para introducir cambios (los gobiernos de los países más industrializados, todos los países, las Naciones Unidas, las corporaciones responsables por gran parte de las emisiones tóxicas, y/o otros)?

3. ¿Creen Uds. que los países en desarrollo tienen que poner algunos frenos a su desarrollo para contribuir a la reducción de las emisiones globales de carbono? Piense, por ejemplo, en los casos de Brasil, India o China.

II. Ampliación de vocabulario

1. Asociación de palabras: Organicen en columnas las palabras o expresiones del vocabulario esencial que se asocien con los temas:

Lluvia	Frío	Calor	Viento	Volcán	Terremoto

Incluyan en las columnas las siguientes palabras:

desierto   huracán   brisa   erupción   lava

Vocabulario esencial

aguacero: lluvia repentina, abundante y de poca duración

alud: gran masa de nieve que se derrumba de los montes con violencia y estrépito

ahogado/a: que ha muerto por falta de respiración, por ejemplo por estar sumergido/a en agua

aridez: sequedad, esterilidad, falta de humedad

ceniza: polvo de color gris claro que queda después de una combustión completa; *ashes*

copo de nieve: cada una de las porciones de nieve que caen cuando nieva

derrumbe: acción de caer, derribar, demoler, una construcción o parte de ella

diluvio: lluvia muy abundante

escombros: desechos que quedan de una obra o edificio arruinado o derribado; *rubble, debris*

fuego: calor y luz producidos por la combustión

granizo: agua congelada que desciende con violencia de las nubes, en granos duros y gruesos

grieta: hendidura alargada que se hace en la tierra o en cualquier cuerpo sólido

humo: mezcla visible de gases por la combustión; *smoke*

inundación: efecto del agua cuando cubre terrenos y a veces poblaciones

llovizna: lluvia leve que cae suavemente

maremoto: agitación violenta de las aguas del mar a consecuencia de una sacudida del fondo

niebla: nube muy baja que dificulta la visión

nubosidad: indica estado en que el cielo está cubierto de nubes

ola: onda amplia que se forma en la superficie de las aguas

oleaje: sucesión continuada de olas

rayo: chispa eléctrica muy intensa producida por descarga entre dos nubes o entre una nube y la tierra

relámpagos: resplandor muy vivo e instantáneo producido en las nubes por una descarga eléctrica

sed: gana y necesidad de beber

temblor: terremoto de escasa intensidad

tornado: viento muy impetuoso y temible, a modo de torbellino

III. Conversación (en parejas o grupos de 3)

Contesten las siguientes preguntas:

1. ¿A cuál de los fenómenos naturales mencionados en el vocabulario arriba, le temen más? ¿Por qué? ¿Con cuáles están familiarizados/as?

2. ¿Se negarían a vivir en algún lugar a causa de los desastres naturales que ocurren frecuentemente allí? ¿En qué lugar no vivirían?

3. ¿Han sentido alguna vez miedo o angustia debido a algún fenómeno de la naturaleza? Expliquen.

4. ¿Tienen más temor a las consecuencias de un desastre natural o a las de una catástrofe causada por los seres humanos?

IV. Pronóstico del tiempo

Imaginen que Uds. están a cargo del informe meteorológico en el canal de televisión local. Preparen el informe que corresponde a la edición nocturna del noticiero, pronosticando el tiempo para el día siguiente y para los próximos días. Tomen en cuenta las condiciones del tiempo existentes en la ciudad o pueblo donde viven.

V. El desastre (en parejas o en grupo de 3 ó 4)

En las siguientes fotos pueden ver varias escenas de desastres naturales. Elijan una de ellas y realicen una de las siguientes actividades:

1. En parejas, reporten esta noticia desde la perspectiva de un canal de televisión o una estación de radio, dando todos los detalles posibles sobre el evento y sus consecuencias. *Usen al menos tres palabras del vocabulario.*

2. En grupos de 3 ó 4, imaginen que Uds. son personas afectadas por el desastre. Improvisen una entrevista con un agente o agentes del gobierno a quien están solicitando asistencia. Entre dos, narren su experiencia y la de su comunidad y expliquen qué ayuda esperan del gobierno y qué recursos necesitan inmediatamente. Otro estudiante (o estudiantes) representa a los agentes del gobierno u organización gubernamental y hacen las preguntas correspondientes, pidiendo detalles y asegurándose que es un reclamo legítimo. También explican qué acciones puede, o no puede, tomar la organización en ese momento. *Usen al menos tres de las siguientes frases*:
Piden que . . .
Niega que . . .
Lamentan que . . .
Dicen que . . .

7 datos sobre el cambio climático y el hambre

Si los desastres naturales son más frecuentes, serán los más pobres quienes estén más expuestos al hambre porque no cuentan con las estructuras de apoyo para su protección. Los representantes de casi 200 países se reunieron en Durban, Sudáfrica, sosteniendo conversaciones de alto nivel sobre el cambio climático. Cuando se trata de proteger a la población mundial del clima errático y los desastres naturales que muchos científicos prevén para los próximos años, el hambre es una parte clave de esta discusión.

DURBAN—Los expertos coinciden en que los más pobres del mundo, particularmente mujeres y niñas, será quienes sufran la peor parte de los efectos del cambio climático. Las lluvias se vuelven cada vez más impredecibles, por lo que los pequeños agricultores tendrán más dificultades que nunca para cultivar los alimentos que necesitan. Y si los desastres naturales son más frecuentes, serán los más pobres quienes estén más expuestos al hambre porque no cuentan con las estructuras de apoyo para su protección.

A continuación, siete datos sobre el clima y el cambio climático, que muestran cuán estrechamente entrelazados están con el hambre en el mundo:

Dato 1. Se espera que el cambio climático agregue otro 10-20 por ciento al número total de personas con hambre para el año 2050.

Dato 2. Para el 2050 se espera que hayan unos 24 millones más de niños desnutridos como resultado del cambio climático. Casi la mitad de este incremento (unos 10 millones de niños) estarán en el África subsahariana.

Dato 3. Entre 1980 y 2006 el número de desastres relacionados con el clima se cuadruplicó.

Dato 4. El número de personas afectadas por los desastres relacionados con el clima se espera que llegue a 375 millones por año para el 2015.

Dato 5. En 2010, los sucesos y desastres extremos relacionados con el clima afectaron a unas 300 millones de personas, especialmente en países con poca capacidad para enfrentarlos.

Dato 6. Dos tercios de las tierras cultivables en África podrían perderse para el 2025 debido al cambio climático, según la Organización de las Naciones Unidas para la Alimentación y la Agricultura.

Dato 7. Para el año 2030, el cambio climático podría aumentar los precios de los alimentos entre 50 [y] 90 por ciento más de lo que de otro modo se esperaría que aumentara, de acuerdo con un reciente informe de Oxfam.

Fuente: Programa Mundial de Alimentos, "Noticias," 5 de diciembre de 2011; Banco Mundial. "Datos sobre cambio climático." http://es.wfp.org/historias/7-datos-sobre-el-cambio-climático-y-el-hambre.

Actividad post-lectura

Comprensión y análisis (en grupos de 3)

¿Cuáles de los datos que aparecen en el artículo anterior les parecen más preocupantes o más urgentes? Expliquen por qué.

La guerra del agua: El gran desafío del siglo es calmar la sed (selección)

Telma Luzzani

Vocabulario

acceder: tener acceso a algo o un lugar, llegar a alcanzarlo (*"el objetivo es que millones de personas puedan acceder al agua"*)

acceso: entrada o paso, posibilidad de alcanzar (*"más de mil millones de personas de los países en desarrollo no tienen un acceso adecuado al agua"*)

agua: un sustantivo femenino pero en singular se usa *el* y no *la* para evitar la duplicación del sonido de la *a* (p. ej., *el agua salada, las aguas tranquilas*)

agua dulce: agua de ríos. No contiene sal y puede purificarse para el consumo humano (*"del 3% de agua dulce, dos tercios se encuentran inmovilizados"*)

agua marina (salada): agua del mar, que contiene sal (*"el 97% del total es agua marina"*)

agua potable: agua que se puede beber; agua adecuada para el consumo humano (*"la demanda de agua potable será el 56% más que el suministro"*)

el bien (sust.): el recurso (*"es por el agua, un bien escaso"*)

carecer: no tener (*"2.4 mil millones [de personas] carecen de servicios sanitarios básicos"*)

compromiso: promesa (*"no están cumpliendo su compromiso de ayudar"*)

consumo: uso, utilización (*"sostienen que el consumo de agua aumenta . . . con el crecimiento de la población"*)

derrochar, dilapidar: gastar en exceso, sin cuidado (*"todavía estamos a tiempo de no dilapidarla"*)

el derroche: el gasto o uso excesivo (*"el derroche desmedido . . . que el hombre hace"*)

desarrollo: evolución progresiva (*"los donantes de asistencia para el desarrollo"*)

desarrollo sostenible: desarrollo que satisface las necesidades de la población respetando el medio ambiente de modo que los recursos puedan satisfacer esas necesidades no sólo en el presente sino para futuras generaciones (*"La Cumbre Mundial sobre Desarrollo Sostenible"*)

distribución: el reparto de un producto (*"el agua está distribuida de manera muy desigual"*)

embotellar: poner en botellas un líquido. El proceso de embotellar líquidos se denomina **embotellamiento**

la escasez: la falta de algo (*"la supuesta escasez de agua dulce es el principio rector de ese gran negocio"*)

esfuerzo: empleo enérgico de la fuerza física o el ánimo para conseguir algo venciendo dificultades (*"según los datos, los esfuerzos están fracasando"*)

fracasar (v): frustrarse el objetivo (antónimos: *tener éxito, triunfar*)

fracaso (sust.): frustración de un plan o proyecto

gratis, gratuito: que se puede obtener sin pagar (*"¿Es gratis el agua?"* y *"que se abastezca en forma gratuita por completo"*)

el glaciar: masa de hielo cuya base se mueve muy lentamente (*"dos tercios del agua dulce se encuentran inmovilizados en glaciares, hielo y nieve"*)

hielo: agua convertida en cuerpo sólido por descenso de la temperatura

irrigación: aplicar agua a un terreno, mediante el riego

precipitación pluvial: la lluvia (*"la precipitación pluvial está concentrada en una breve temporada"*)

presa (represa): muro grueso de piedra u otro material para almacenar agua de un río, arroyo o canal para regular su curso; dam (*"¿Son las presas . . . las grandes enemigas de la ecología?"*)

privatización: transferencia de una empresa o actividad pública al sector privado (*"impulsar la privatización del servicio público del agua"*)

recursos: bienes (*"bases militares instaladas cerca de los recursos naturales"*)

recursos renovables: los recursos que pueden renovarse (*"el agua es [un recurso] infinitamente renovable."*)

reducir: disminuir, bajar el número (*"reducir a la mitad el número de personas sin acceso al agua"*)

reducción: disminución

repartir: distribuir

repartido: distribuido (*"es por el agua, un bien escaso y mal repartido"*)

sequía: la falta prolongada de lluvia (*"en Etiopía la sequía produce una noticia desgarradora"*)

suministro: la provisión (*"habían prometido mejorar los suministros de agua"*)

agencia internacional o nacional: organización administrativa a cargo de un servicio, por ejemplo, Cruz Verde Internacional, Oxfam, WaterAid, etc.

organismo internacional o nacional: conjunto de oficinas que forman una institución, por ejemplo, Banco Mundial, Fondo Monetario Internacional, Aguas Argentinas, etc.

la cumbre: reunión de máximos funcionarios nacionales o internacionales para tratar asuntos de especial importancia (Cumbre Mundial sobre Desarrollo Sostenible)

foro: reunión para discutir asuntos de interés ante un auditorio que a veces interviene en la discusión (Foro Mundial del Agua)

las leyes del mercado: leyes de oferta y demanda (*"el agua debe regirse por las leyes del mercado"* y *"un bien económico sujeto a las leyes de la oferta y la demanda"*)

Actividades pre-lectura (en grupos de 3)

1. Comenten lo que Uds. saben sobre el tema del agua. ¿Es un recurso escaso o abundante? ¿Es un recurso agotable o renovable? ¿Qué problemas relacionados con el agua conocen? ¿Es gratis el agua? ¿Debe ser gratis?

2. ¿Beben Uds. agua "de la canilla" (o grifo) o agua embotellada? ¿De qué marca? ¿Por qué? ¿Por qué piensan Uds. que el agua embotellada se ha convertido en un negocio excelente?

3. Todos sabemos que el petróleo es un recurso estratégico muy importante que afecta las decisiones políticas. ¿Creen Uds. que el agua tiene la misma importancia y que puede influenciar la política internacional? Expliquen.

4. Si tuvieran el tiempo y la oportunidad de concentrarse en uno de los serios problemas ecológicos de este tiempo, ¿cuál sería? Por ejemplo, el cambio climático, la urbanización del planeta y el aumento extraordinario de los *slums*, la destrucción de bosques y florestas, la biodiversidad, etc. Si no les interesa el tema ecológico ¿es porque no creen que sea tan urgente o grave, porque les parece muy complicado o por alguna otra razón?

La guerra del agua: El gran desafío del siglo es calmar la sed

Telma Luzzani

Desde las bases militares instaladas cerca de los recursos naturales hasta el control que las empresas privatizadas pueden ejercer en el acceso al agua, el tema inquieta cada vez más a todos. Se consideran hipótesis futuras sobre un patrimonio único.

Transportando agua a grandes distancias

"Agua, agua por todas partes, y ni una gota para beber."
—Samuel T. Coleridge, *The Rime of the Ancient Mariner*

La Tierra se agrieta. La sequía castiga al Norte opulento y atormenta a los pobres de la India, México, Jordania o Etiopía. Europa refleja su preocupación. . . .

Es por el agua, un bien escaso y mal repartido. En Etiopía la sequía produce una noticia desgarradora: "Sema Kedir, madre de tres niños, decidió suicidarse colgándose de un árbol. La explicación del enigma estaba cerca, en un pote de agua quebrado. Ella estaba a punto de terminar una caminata de 12 kilómetros desde el pozo más cercano cuando un accidente la dejó sin el suministro de agua de sus hijos para los próximos dos o tres días. La historia de Kedir es la de 1.200 millones de personas en el mundo que no tienen acceso a agua potable," escribió, en junio pasado, el corresponsal de la BBC en ese país.

Es un bien tan precioso que ha pasado necesariamente a ser objeto de controversia política. Hay quienes pugnan para que se lo considere un bien social, un patrimonio de todos. En cambio otros, defienden que sea privado. Es que para la ley del mercado nada puede haber más atractivo ni codiciado que un recurso imprescindible y escaso como el agua. En esa tensión, nació una frase que despierta temor. "Las guerras del siglo XXI serán por el agua," dijo Ismael Serageldin, ex directivo de la Sociedad Mundial del Agua, una alianza de corporaciones internacionales dedicadas a ese negocio y a impulsar la privatización del servicio público del agua en distintos países. Serageldin fue también ex vicepresidente del Banco Mundial, otra entidad muy vinculada a la privatización del agua, con prácticas, a veces, *non sanctas*, como pasó con Aguas Argentinas.

No bien empezado el siglo XXI, el temor creció y se hizo claro: si la ONU (Organización de las Naciones Unidas) profetiza que en 2025 la demanda de agua potable será el 56 por ciento más que el suministro, quienes tengan esos recursos podrían ser blanco[2] de un saqueo[3] forzado.

En ese contexto, de todos los escenarios posibles, los especialistas eligen dos. Uno, la apropiación territorial a través de compras de tierras con recursos naturales o —a futuro y en la peor de las circunstancias— no se descarta una invasión militar (¿apuntaría a eso la frase de Serageldin?).

Esta hipótesis traza un paralelo con la última guerra en Irak y la actual apropiación de las grandes petroleras estadounidenses de la riqueza iraquí. El escritor Norman Mailer agregó algo más: "La administración de George W. Bush no fue sólo a Irak por su petróleo sino por el Éufrates y el Tigris, dos ríos caudalosos en una de las zonas más áridas del planeta."

El segundo escenario ya está en marcha: es la privatización del agua. En los últimos 10 años las grandes corporaciones, llamados también los "barones del agua," han pasado a controlarla en gran parte del mundo y se calcula que, en 15 años, unas pocas empresas privadas tendrán el control monopólico de casi el 75% de ese recurso vital para todos.

La supuesta escasez de agua dulce es el principio rector de ese gran negocio: represas, canales de irrigación, tecnologías de purificación y de desalinización,[4] sistemas de alcantarillado y tratamientos de aguas residuales y ciertamente, según los datos del Instituto Polaris de Canadá (www.polarisinstitute.org), el embotellamiento del agua, un negocio que supera en ganancias a la industria farmacéutica. . . .

---

2. (*fig.*) todo objeto sobre el que se dispara un arma
3. apoderarse con violencia de lo que se hay o se guarda en un lugar
4. quitar la sal del agua de mar para hacerla potable

Cargada de simbolismos a lo largo de toda la historia, atada a
lo más atávico de nuestra especie, el agua será sin duda el bien más
discutido de este siglo. Todavía estamos a tiempo de no dilapidarla.

Fuente: Telma Luzzani Colaboración: Ximena Casas. *Clarín*, suplemento Zona,
3 de agosto de 2003, http://edant.clarin.com/suplementos/zona/2003/08/
03/z-00215.htm.

¿Un gravísimo problema humano?

**Pedro Arrojo Agudo, profesor emérito, Departamento de
Análisis Económico, Universidad de Zaragoza**

Según Naciones Unidas, más de 1.000 millones de personas no tienen garantizado el acceso al agua potable, razón por la que mueren
unas 10.000 cada día; y ello considerando tan sólo diarreas por contaminación biológica. Ni siquiera se estiman los millones de personas envenenadas, poco a poco, por contaminación tóxica industrial,
minera y de pesticidas.

Se habla de Crisis Global del Agua, paradójicamente en el planeta Agua, el Planeta Azul.

Ciertamente, la diversidad climática hace que haya lugares
áridos e incluso desérticos; pero todos los pueblos se han asentado
cerca de ríos, lagos, fuentes o donde las aguas subterráneas eran
accesibles. Por ello, aunque se habla de escasez de agua, lo que en
realidad afrontamos es una crisis de insostenibilidad que hemos
provocado en nuestros lagos, ríos, humedales y acuíferos.[5] Primero
han muerto ranas y peces, pero luego han empezado a morir personas; eso sí, siempre en las comunidades más pobres. Hemos transformado el agua, elemento clave para la vida, en el agente más letal
jamás conocido.

La construcción de grandes presas ha posibilitado conquistas
económicas evidentes, pero no se han tenido en cuenta sus impac-
tos ambientales ni los derechos humanos de los pueblos afectados.
La Comisión Mundial de Presas estimaba en el año 2000 que entre
40 y 80 millones de personas han sido sacadas a la fuerza de sus

---

5. terrenos húmedos y capas subterráneas que contienen agua

casas y pueblos inundados por las 45.000 grandes presas construidas a lo largo del siglo XX.

Entre 40 y 80 millones . . . es decir . . . ni siquiera lo sabemos. Es la invisibilidad de las víctimas, bajo la mordaza[6] del tradicional consenso, en nombre del progreso. Sin embargo, ese drama silencioso y silenciado, se ha transformado en duros conflictos de resistencia de las comunidades afectadas (a menudo indígenas), como en Narmada (India), La Parota (México), Belo Monte (Amazonia brasileña) y tantas otras . . .

En muchos países, la minería a cielo abierto, como la de oro, contamina las cabeceras fluviales[7] con tratamientos tóxicos (cianuros, metales pesados, etc.) envenenando[8] silenciosamente a decenas de millones de personas. Se multiplican por ello los conflictos, sometidos a una durísima represión, que incluye el asesinato de dirigentes, como en Cajamarca (Perú), donde ya se han vivido varias huelgas generales.

En otros casos el origen de la contaminación tóxica está en los pesticidas agrarios usados por grandes hacendados tras deforestar millones de hectáreas, en países como Paraguay o Brasil, donde se alzan potentes movimientos liderados por Vía Campesina, el movimiento campesino internacional, es decir, la coalición de 148 organizaciones de unos 70 países que defienden una agricultura familiar y sostenible. En otros casos, es la industria, amparada por leyes permisivas o autoridades corruptas, la que envenena a millones de personas, como ocurre en el Río Santiago, en México, en los entornos de la gran ciudad de Guadalajara, donde ya se levanta un movimiento de indignación y protesta encabezado por las mujeres. . . .

En el Mar de Aral, el Lago Chad, Amazonia, Mekong, Río Amarillo, el Paraná o en los manglares de América, Asia y África, la destrucción de pesquerías[9] conlleva malnutrición y hambre para millones de personas.

A la convergencia de esas dos fallas críticas, insostenibilidad y pobreza, se une hoy la crisis de gobernanza en la gestión de los

---

6. (*fig.*) instrumento que se pone en la boca para impedir hablar
7. nacimiento de los ríos
8. infectando con una sustancia tóxica que puede producir alteraciones físicas y hasta la muerte
9. sitio donde se pesca; donde se sacan del agua peces

servicios básicos de agua y saneamiento, provocada por las presiones privatizadoras, que transforman a los ciudadanos en clientes, haciendo más vulnerables aún a los más débiles. Esta mercantilización de derechos básicos, como el del acceso al agua y al saneamiento, hoy reconocido como derecho humano por la ONU, levantó la rebeldía de los más pobres en Cochabamba (Bolivia), con la guerra del agua, para luego extenderse por todo el mundo. Un movimiento ciudadano que tiene una pujante realidad en nuestro país con la RAP —Red Agua Pública— contra la privatización de los servicios de agua y saneamiento y en pro del derecho humano al agua potable y que actúa en multitud de pueblos y ciudades: en Madrid en torno al Canal de Isabel II, en Barcelona a ATLL (Aigües Ter Llobregat, empresa que gestiona el abastecimiento de agua potable).

Fuente: *La Vanguardia*, Barcelona, España,14 de abril de 2013, http://www .lavanguardia.com/opinion/temas-de-debate/20130414/54371208916/crisis -de-agua- en-el-planeta-agua.html#ixzz2YwT4SJhT.

Un bien por fin económico

Leandro del Moral Ituarte

El agua tiene un inmenso valor simbólico y cultural; está presente en todas las actividades sociales, productivas o lúdicas; desempeña funciones básicas en los sistemas naturales, independientemente de su abundancia o escasez relativa; precipita y fluye por toda la superficie de la tierra. Quizás por ello, el agua es uno de los elementos en los que se ha expresado con más rotundidad la llamada paradoja del valor o del diamante.

A finales del siglo XVIII, Adam Smith la utilizaba para ilustrar la diferencia entre valor de uso y valor de cambio: por una parte, el agua, un bien fundamental para la vida, con un elevado valor de uso, pero inútil para comprar nada, es decir, sin valor de cambio; y por otra, el diamante, perfectamente prescindible, con escaso valor de uso, pero con un elevado valor de cambio. Cien años después, Alfred Marshall, seguía considerando el agua como un don natural, como el aire o el sol. Sin embargo, el propio Marshall advertía de que "al valorar la riqueza de una nación es fácil que se cometan errores. Primero, porque muchos de los dones que la naturaleza ofrece al hombre no se incluyen de ninguna manera en el inventario y, segundo, porque en éste se subestima la importancia de todo lo que, por abundar mucho, tiene un valor pequeño en el mercado." (El agua como integrante de la riqueza nacional, 1879)

Desde entonces, se ha producido un cambio de perspectiva: el descubrimiento del carácter limitado del agua, sus funciones ecosistémicas fundamentales, su vulnerabilidad a las presiones crecientes del sistema productivo. Desde esta perspectiva de recurso escaso, pero desde una visión mercantil, en 1992, la Conferencia de Dublín aprobó una Declaración en la que se establece: "El agua tiene un valor económico en todos los usos en competencia a los que se destina y debería reconocérsele como un bien económico."

Sin abandonar la nueva perspectiva de escasez y fragilidad, se han alzando otras voces, como la de la Directiva Marco de Aguas que considera que "el agua no es un bien comercial como los demás, sino un patrimonio que hay que proteger, defender y tratar como tal." (Directiva 2000/60 CE Marco de Aguas). O como la de la Asamblea General de la ONU, que considera "el derecho al agua potable y el saneamiento como un derecho humano esencial para el pleno disfrute de la vida y de todos los derechos humanos." (Resolución sobre el Derecho Humano al Agua y Saneamiento, A./64/l.63/Rev.1).

Fuente: *La Vanguardia*, Barcelona, España,14 de abril de 2013, http://www .lavanguardia.com/opinion/temas-de-debate/20130414/54371208916/crisis -de-agua-en-el-planeta-agua.html?page=2.

Actividades post-lectura

I. Comprensión (en parejas)

Contesten las siguientes preguntas:
1. ¿Cuáles son los problemas más serios creados por la falta de agua? Mencionen al menos tres.
2. ¿Qué datos alarmantes han leído en los artículos?
3. Expliquen por qué se suicidó la etíope Sema Kedir.

En vez de esperar por horas para llenar de agua sus jarras, los residentes las dejan en fila, ocupando sus lugares hasta que llegue su turno

4. ¿Cómo puede explicarse la frase "las guerras del siglo XXI serán por el agua"? ¿Qué situación puede justificar o explicar una guerra por el agua?

5. ¿Qué otras alternativas consideran los artículos para reducir la crisis del agua?

II. Temas de discusión (en grupos de 3-4 estudiantes)

1. ¿Quiénes deben asumir más responsabilidad en la solución del problema del agua, los consumidores, las grandes corporaciones o el Estado? Expliquen por qué y cómo creen que esos grupos pueden actuar.

2. ¿Piensan Uds. que los países desarrollados tienen obligación de ayudar a los países en desarrollo a resolver su problema de acceso al agua, o que la ayuda debe venir de otro lado (por ejemplo, agencias internacionales, o capitales privados, o de políticas de los mismos países pobres)?

3. Analicen el tema de la privatización del agua. Busquen argumentos para justificar esa solución y argumentos para defender la idea de que el agua no debe ser considerada un bien sometido a las leyes de la oferta y la demanda.

4.   ¿Piensan Uds. que es generalmente una buena idea o una
     mala idea privatizar los servicios públicos, como por ejem-
     plo el correo, el transporte de autobuses o trenes, el sumi-
     nistro de electricidad? ¿Cuáles son los argumentos en que se
     basan Uds.? ¿Pueden imaginar los argumentos contrarios?

III. Debate

Formen dos grupos de 6-7 estudiantes cada uno que van a participar
en un debate sobre la cuestión de la privatización del agua. Cada
grupo se divide en dos secciones de 3-4 estudiantes: una representa
a los ecologistas y a los defensores del agua como un bien público y
otra a los defensores de la privatización. Usando ideas y datos que
aparecen en los artículos, investigación que han hecho antes de la
clase y sus propias ideas, cada grupo expone sus argumentos y luego
los dos equipos se enfrentan en un debate siguiendo las instrucciones de su profesor/a.

¿Un bien público o privado?

En contra de la privatización

Después de décadas de privatización, algunas ciudades
están empezando a volver a poner el agua en manos del
poder público "democratizando" el servicio de agua. El argumento principal es que el agua es un bien social, relacionado con el derecho a la vida, que no debe ser considerado
una mercancía. Si las compañías comerciales se vuelven
propietarias del agua, será aún más difícil el acceso a la
misma para los más pobres, para las poblaciones margina-
das y los campesinos. Los alcances de la soberanía nacional
son también parte de la discusión.

A favor de la privatización

El Banco Mundial ha fomentado las privatizaciones dando
dinero en préstamo para las "reformas en el sistema de

agua," invirtiendo y finalmente como juez en caso de conflictos entre los inversionistas y los estados involucrados. El argumento es que el agua debe ser considerada un *commodity* o bien comerciable (como el trigo o el café). Si el agua es gratuita no hay estímulos para usarla con cuidado y no derrocharla. Las obras de infraestructura necesarias para la distribución amplia del agua requieren grandes capitales que el capital privado puede construir. O como dijo Gerard Mestrallet, directivo de la compañía Suez, "Dios da el agua, pero no la entuba." (Ver "Sin Precio" por Joht Peet, *Revista Nexos* (México, DF), 1 de marzo de 2004, http://www.nexos .com.mx/?p=11083.

Actividades para la discusión de la película *También la lluvia*

Vocabulario

abastecimiento: provisión de alimentos u otras cosas necesarias; *supply*

ajustado: apretado

antidisturbios: fuerzas especiales contra disturbios o motines (*anti-riot*)

candado: cerradura; *padlock*

el cascabel: campanilla

cavar: excavar; remover la tierra; profundizar

ceder: consentir; transigir; *to give in*

churro: chapuza; trabajo mal hecho

citadinos: personas de la ciudad

clamando: suplicando

clamar: rogar; suplicar; exigir

comisaría: cuartel de policía

confraternizar: tratar con amistad

cría: criatura, niña o niño

cuneta: *curb; ditch*

derogar: abolir; anular; revocar

desangrando: perdiendo sangre

enfrentamiento: combate; lucha

el fusil: el rifle; la escopeta

gasear: echar gases lacrimógenos

inversión: acto de colocar dinero o capital con el fin de obtener una ganancia; *investment*

ladera: pendiente; cuesta de una colina o montaña

manifestación: marcha o protesta

manifestantes: los o las participantes en una manifestación

masacrar: exterminar; aniquilar

metralla: munición; bala

la pasta: el dinero

pirado (adj. o sust.) (coloquial): loco

poblado: aldea; pueblo

podarle: cortar o quitar las ramas superfluas de los árboles y otras plantas

predicar: sermonear; catequizar; evangelizar

presupuesto: cantidad de dinero calculado para hacer frente a gastos; *budget*

rajarse: acobardarse; arrepentirse; echarse atrás a último momento

rodaje: filmación

rodar (una película): filmar

rollo: asunto; tema; lío

saqueo: robo; pillaje

servidumbre: sumisión; servicio; esclavitud

sindicato: unión de obreros

soliviantar: instigar; incitar; rebelarse

toletear: dar golpes con un garrote o palo

trifulca: riña; pelea; bronca; follón; lío

tuberías: cañería; conducto formado por tubos (*pipes*)

vestuario: conjunto de vestidos

zanja: surco; cuneta; excavación larga (*ditch*)

Expresiones

armar bronca: empezar una pelea; crear problemas

hablar en cristiano: hablar de forma clara o fácilmente comprensible; hablar en castellano

sacar provecho: aprovecharse de; beneficiarse
tener mala pinta: tener mal aspecto

Análisis y discusión de la película

I. Los personajes

Después de ver la película, en parejas, identifiquen y describan a
los personajes principales. ¿Qué adjetivos usarían para describir a
cada uno?

Costa	Sebastián	Daniel	Antón	Alberto	Juan
pragmático	apasionado	melancólico	provocador	valiente	realista
recto	bebedor	bromista	solitario	obsesivo	luchador
oportunista	superficial	amargado	orgulloso	dominante	cobarde
carismático	de principios	tierno	cínico	leal	crítico
materialista	insumiso	compasivo	justo	rebelde	egoísta

II. Análisis e interpretación (en grupos de 3)

1. ¿Cuántas historias cuenta la película? ¿Qué paralelos hay
    entre ellas?
2. ¿Por qué va el equipo a filmar a Bolivia? ¿Por qué es esto
    paradójico? ¿Qué obstáculos encuentran?
3. Comparen a Sebastián y Costa. ¿Qué tienen en común?
    ¿Qué los diferencia? ¿Qué motiva a cada uno?
4. ¿Qué visión de la conquista y el trato a los indígenas ame-
    ricanos quiere presentar Sebastián en su película? ¿A qué
    figura histórica admira? ¿Por qué?
5. ¿Quiénes fueron Fray Antonio de Montesinos y Fray Bar-
    tolomé de las Casas? ¿Contra qué lucharon? ¿Cuál es su
    importancia histórica?
6. Describan a Daniel. ¿Por qué protesta? ¿Por qué no cumple
    con el trato que hizo con Costa? ¿Qué es lo que Costa no
    puede entender, según Daniel? ¿Por qué creen Uds. que no
    puede entenderlo?

7. ¿A qué personaje histórico representa Daniel? ¿Qué paralelos hay entre él y su personaje?

8. ¿Qué les exigen los españoles a los indios? ¿Cuál es el castigo si no traen la cantidad completa?

9. ¿Qué les pide Sebastián a las mujeres en el río? ¿Por qué se niegan ellas a hacerlo, incluso si no hay peligro para sus bebés?

10. ¿Cuál es la discusión entre el jefe de la policía, Costa y Sebastián? ¿A qué arreglo o acuerdo quiere llegar Costa? ¿Cuál es la posición de Sebastián al respecto? ¿Qué opinan Uds. de esta negociación?

11. ¿Cumplió Costa con su palabra de informarle a Daniel del acuerdo con el jefe de policía? ¿Por qué?

12. ¿Por qué son condenados Hatuey y los otros indígenas a morir en la hoguera? ¿Qué respondió Hatuey cuando el sacerdote le preguntó si aceptaba la fe cristiana antes de morir?

13. Lean este fragmento de la carta de Cristóbal Colón a los Reyes de España:

> **Primera carta de Cristóbal Colón a la Corona española, 1493**
>
> Son tan ingenuos y generosos con lo que tienen que nunca niegan nada, cualquier cosa que tengan si se las piden, te la dan invitándole a la persona a compartirla con ellos, aún no he podido descubrir si tienen propiedad privada. Con sólo cincuenta hombres se les puede reducir y obligarles a hacer lo que uno quiera. En la primera Isla que encontré, tomé algunos a la fuerza. Sus Altezas, si podrán observar, les daré tanto oro como deseen a cambio de un poco de ayuda. Además de especies y algodón y esclavos, tantos como soliciten. Toda la cristiandad debería regocijarse y agradecer solemnemente a la Santísima Trinidad, el haber convertido a tantas almas a la fe sagrada, así como de los innumerables beneficios materiales que esto nos reportará, puesto que no sólo España sino que toda la cristiandad gozarán de solaz y provecho. (Extracto de la película)

¿Qué paralelo hay entre la actitud hacia los indígenas americanos expresadas por Colón y la de Costa, Sebastián y los miembros del equipo de rodaje?

14. ¿Cómo evoluciona Costa a través de la película? ¿Qué lo hace cambiar?

III. Discusión y opiniones personales (en grupos de 3 o 4)

1. Desde el punto de vista de Uds., ¿cuáles son los temas principales de la película?

2. ¿Les ha resultado efectivo el tratamiento de los temas en la película? ¿Qué críticas le harían?

3. Describan y comenten una o dos escenas de la película que los haya impactado más y expliquen por qué tuvieron este efecto.

4. ¿Qué piensan Uds. de las acciones de movilización y protesta de los indígenas en la cuestión del agua? ¿Apoyan esas acciones directas? ¿Están en desacuerdo con algún aspecto de las mismas?

Hay que hablar de la superpoblación

John Feeney, especial para la BBC

Vocabulario

crecimiento demográfico: cambio de la población en un cierto plazo, aumento de la población

tasa de natalidad, tasa de mortalidad: número de nacimientos (o muertes), generalmente calculadas por cada 1.000 habitantes en un año

control de la natalidad: métodos utilizados para impedir o reducir la posibilidad de fecundación y políticas cuyo objetivo es reducir el número de nacimientos

planificación familiar: es el conjunto de prácticas que pueden ser utilizadas por un mujer, un hombre o una pareja de potenciales progenitores, cuyo objetivo es el control de la repro-

ducción mediante el uso de métodos anticonceptivos en sus
relaciones sexuales

métodos anticonceptivos: métodos para impedir o reducir la posibilidad de fecundación (pastillas, preservativos, etc.)

fecundidad: fertilidad

esterilidad: incapacidad de reproducirse

esterilización: acción de hacer infecundo y estéril algo que antes
no lo era

poblar (v.): ocupar con gente un sitio

población (sust.): conjunto de personas que habitan la Tierra o
cualquier parte de ella

poblacional (adj.): relacionado con la población o referido a la
misma

Actividades pre-lectura

Miren las tasas de nacimiento que se mencionan abajo. ¿Qué observaciones pueden hacer? ¿Hay datos que los sorprendan? Expliquen
por qué.

Algunos ejemplos de tasas de nacimientos por mil personas en 2011, según el Banco Mundial

Afganistán: 43	Alemania: 8 (tasa más baja)
Argentina: 17	Bolivia: 26
Bosnia y Herzegovina: 8 (tasa más baja)	
Canadá: 11	Brasil: 15
China: 12	Chile: 14
Cuba: 10	Corea del Sur: 10
República Dominicana: 21	Dinamarca:11
Estados Unidos: 13	España: 10
Guatemala: 32	Gran Bretaña: 13
Iraq: 35	India: 22
Japón: 8 (tasa más baja)	Italia: 9
	Mali: 46

México: 19   Níger: 48 (tasa más alta)

Venezuela: 20   Zambia: 46

Fuente: Banco Mundial "Tasa de natalidad, nacidos vivos en un año
(por cada 1.000 personas)," http://datos.bancomundial.org/
indicador/SP.DYN.CBRT.IN.

Hay que hablar de la superpoblación

John Feeney, especial para la BBC

> El crecimiento descontrolado de la población podría hacer peligrar los esfuerzos por salvar el planeta.

Ése es el argumento esgrimido por los proponentes de la campaña Global Population Speakout, una convocatoria para que 100 personalidades de 19 países del mundo hablen del tema públicamente durante todo el mes de febrero.

Desde Boulder, Colorado, Estados Unidos, el experto en temas ecológicos John Feeney escribió una columna para la BBC en la que opina que los defensores del medio ambiente no deben amilanarse[10] a la hora de plantear el control poblacional como un requisito para restablecer el equilibrio ecológico.

Se trata del gran tabú del ambientalismo: el tamaño y el crecimiento de la población humana.

Esto tiene un impacto profundo sobre toda la vida en la Tierra. Sin embargo durante décadas ha estado notoriamente ausente del debate público.

La mayoría de los científicos que se dedican a estudiar la naturaleza están de acuerdo en que nuestro crecimiento demográfico y nuestro impacto descontrolado sobre el ambiente natural nos están llevando inexorablemente hacia calamidades de magnitudes impensables.

Están de acuerdo en la necesidad urgente de abordar el tema poblacional.

---

10. abatirse, desalentarse

Sin embargo muchos ambientalistas evitan el tema; algunos objetan enérgicamente cualquier enfoque sobre cifras poblacionales.

Algunos activistas insisten en que actuar para influir sobre el crecimiento de la población infringe sobre los derechos humanos y sostienen que más vale no tocar el tema.

Concepto confuso

Descartemos ese concepto confuso desde ya.

Sí, ha habido abusos en el pasado en nombre del "control poblacional."

Igualmente ha habido abusos en la atención médica y la educación, pero resulta absurda la idea de reaccionar ante eso con el abandono de esas causas. Podemos aprender de los abusos del pasado y reducir la probabilidad de nuevos problemas en el futuro.

De hecho, quienes trabajan con temas poblacionales ya han dado ese paso. Hoy en día reconocen que los métodos de control para reducir el crecimiento poblacional que mejores resultados han dado por definición son respetuosos y promueven los derechos humanos.

Estos incluyen la educación de niñas y mujeres en países en desarrollo para darles mayor poder de decisión.

Más opciones

Esto se puede lograr dando más opciones, utilizando estrategias mediáticas para concientizarlas de las alternativas en torno al tamaño de la familia y la planificación familiar.

Quienes se oponen a hablar de la población mundial obstruyen el suministro de esos servicios y recursos.

Fundamentalmente hace falta plantear cuál es la mayor amenaza al bienestar humano: ¿la posibilidad de que pueda haber abusos en los esfuerzos humanos por controlar el crecimiento de la población o nuestra falta de acción para impedir que cientos de millones, o inclusive miles de millones, mueran a consecuencia de un colapso ecológico mundial?

No es una posibilidad tan alejada. Los científicos que estudian el medio ambiente cada vez más insisten en que hemos superado la capacidad de la Tierra de mantenernos.

Creo que tienen razón, hay pruebas por todos lados. Nuestra incapacidad de seguir con nuestro actual estilo de vida y con todos los que vivimos ahora sin causar una degradación ambiental absoluta es la verdadera definición de una superación de la capacidad de mantenernos.

Sabemos que al superarse esa capacidad viene el descenso poblacional. Como hemos aprendido de otras especies, esto se manifiesta inicialmente con un desplome.[11]

Cataclismo potencial

Para la humanidad esto avizora un cataclismo potencial que superaría cualquier antecedente histórico.

Nuestras posibilidades de evitar semejante destino dependen de nuestra capacidad de controlar nuestros números antes de que la naturaleza lo haga por nosotros.

Hace falta que volvamos a centrar la discusión pública en la población.

A fin de cuentas, los niveles de consumo per cápita se multiplican con el tamaño poblacional para determinar nuestro consumo global de recursos.

Basta mirar los datos del grupo Red Mundial de Huella Humana (Global Footprint Network, en inglés). Ellos estiman que seguiremos sobregirados[12] en el uso de recursos a no ser que resolvamos el tema poblacional.

Las soluciones no emanan[13] del silencio. Hace falta que volvamos a centrar la discusión pública en la población.

Romper tabú

Hace falta romper con ese tabú para alentar no solamente unas pocas voces, sino a todos aquellos con conocimientos relevantes para que hablen en voz alta y con frecuencia.

---

11. caída brusca
12. *overdrawn*
13. surgen

Muchos ahora reconocen la urgencia que se requiere para detener la degradación causada por los humanos en el medio ambiente natural de la Tierra.

No existe otra salida. Simplemente reducir el consumo per cápita no resolverá el problema.

La campaña Global Population Speakout ha reunido a más de 100 voces de 19 países, todos comprometidos a hablar públicamente del tema poblacional a lo largo del mes de febrero de 2009.

Muchos ahora reconocen la urgencia que se requiere para detener la degradación causada por los humanos en el medio ambiente natural de la Tierra.

¿Podemos romper un tabú que durante años ha bloqueado el camino hacia esa meta?

Selección de algunos de los comentarios recibidos por la BBC

1. Un montón de hijos es el acto mas irresponsable que se pueda tener, si no somos capaces de mantenerlos adecuadamente . . . [L]as religiones de mundo prohíben los métodos anticonceptivos, claro ellos no los van a criar, pero sí se van a nutrir de esa multitud de incultos para sus proselitismos y supervivencias y al final son miles de millones de dólares en beneficencia para mantener a esos países en desgracia, y de dónde piensa Ud. que viene el dinero, de aquellos que sólo tienen uno o dos hijos como *average* . . . [A]prendamos de China.

—R., California, Estados Unidos

2. No entiendo a una mujer que quiera tener más de dos hijos, menos a esas parejas que buscan "el hombrecito" o "la niñita" y tiene 6 hijos en el intento. BASTA YA. Pero, sospecho que los intransigentes de siempre terminarán decidiendo por todos nosotros y nos llevaran a la extinción. Pacha Mama, Gaia, Madre Tierra, sólo te pido que sea rápido y que sea pronto.

—N., Chile

3. El sistema capitalista ha demostrado ser el peor distribuidor de recursos, porque las decisiones las toma "el mercado" en manos de unos pocos. Hoy lo que pretenden es deshacerse de aquella parte de la humanidad que "poco aporta," es ignorante, pobre etc.[,] . . . creada por el propio sistema en su afán de perpetuarse. Nada nuevo bajo el sol, ahora en forma abierta y descarada.

—J., Santiago, Chile

4. Pienso que no se ve ni se ataca realmente al problema. El peligro no se encuentra en la superpoblación sino en el modelo de consumo que impera en el primer mundo, que es insostenible y que ya se está trasladando a los países en desarrollo. Por otra parte opino que la superpoblación es una consecuencia inevitable de la actividad humana, pero no la contaminación o el agotamiento de los recursos naturales.

—A., Argentina

5. Yo no tendría problema con una ley que limite la cantidad de hijos que uno puede tener. Es egoísta e ignorante ignorar las consecuencias que nuestras decisiones como individuos afectan al planeta. Es un derecho humano vivir en un mundo sano y habitable . . . si es que quieren hablar de derechos humanos.

—S., San Diego, Estados Unidos

6. ¿Realmente es un planeta superpoblado? ¿Qué los recursos se están terminando? ¡Cómo no se van a estar terminado si la gente de los países desarrollados consumen el triple en comparación a las personas de los países en vías de desarrollo (y ni qué decir respecto a los países pobres). Cambiar los hábitos de consumo y crear conciencia social en los países ricos, eso es lo que va a salvar el planeta.

—E., La Paz, Bolivia

7. Fuera de ciertos dogmas religiosos de antaño, no hay ningún motivo serio para abandonarnos al azar en cuestiones de superpoblación. Los chinos son los únicos que se

han asumido al reto, y en esto aspecto son un modelo para
todos.

—K., Jacksonville, Florida, Estados Unidos

8. Siempre estos planteos malthusianos provienen de los países centrales que son los grandes derrochadores de recursos.

—M., Buenos Aires, Argentina

9. Bueno ¿por donde empezar? . . . [S]ería genial que cada
persona decidiera por cuenta propia hacer algo por la sobrepoblación sin que tenga que ser impuesto . . . pero eso es
realmente difícil, yo por mi parte creo que ya somos dema-
siados en el planeta y el pobre ya no puede con nosotros, incluso las sociedades como tal ya están en un caos total y para
mí el problema básico es la sobrepoblación, yo he tomado la
decisión de no tener hijos (cosa sumamente criticada) por
el solo hecho de pensar que ya no hay suficientes fuentes
de alimentos, ni trabajo, ni ética, ni moral, conciencia, para
que mis hijos o los de cualquiera puedan tener un futuro
digno. . . . [Es] un tema muy complejo y ésta es mi humilde
opinión y mi aporte.

—A., Caracas, Venezuela

10. Algunas personas dedicadas al estudio de la economía
política consideran que estaríamos mejor si se hubiesen
seguido las ideas de Malthus en lugar de las de Ricardo . . .
En mi opinión el respeto a la vida como valor supremo es
fundamental y pienso que entre los genocidios de la 2da
Guerra Mundial y las políticas de control de la natalidad hay
muy poca diferencia.

—V., La Paz, Bolivia

11. Bueno, comencemos por platicar con el jerarca de la
iglesia católica, son los primeros que hay que convencer
pues ella prohibe y ataca el uso de preservativos como el
condón y la pastilla anticonceptiva entre sus fieles, que
como sabemos, suman millones. Sería un buen comienzo.

—R., Sacramento, California, Estados Unidos

12. No y no al control de la natalidad para subvencionar a los
del G8, que ellos dejen de destruir el planeta consumiendo
desmedidamente los ya limitados recursos naturales.

—L., La Paz, Bolivia

Fuente: BBC Mundo, 3 de febrero de 2009, http://news.bbc.co.uk/hi/
spanish/science/newsid_7866000/7866283.stm.

Población y ambiente (selección)

Julio César Centeno

Julio César Centeno es un especialista forestal venezolano. Fue
asesor de la Secretaría de la Conferencia de Naciones Unidas
sobre Medio Ambiente y profesor visitante en la Universidad de
Viena, Austria.

Mucho se ha dicho sobre la necesidad de controlar la población de
los países en desarrollo. La población humana ha alcanzado tales
proporciones que se teme ya excede, o pronto excederá, la capacidad del planeta para sostenerla.

El 83% de la población humana en el 2010 se encontraba en los
países en desarrollo, donde también se registra la mayor parte del
crecimiento demográfico. Cada año, la población humana aumenta
en 80 millones de personas. Cerca del 90 por ciento de estos nuevos
habitantes del planeta se localiza en el mundo en desarrollo. Como
consecuencia, las soluciones propuestas se encuentran dirigidas a
controlar la población de los países en desarrollo. El flujo masivo
de contraceptivos, esterilización en masa, dislocación cultural, y aun
el genocidio han sido propuestos para alcanzar este fin. Todo en
nombre del medio ambiente y del "desarrollo sostenible."

Sin embargo, la mayor parte de estos argumentos, así como
la mayor parte de las soluciones propuestas, son sólo reflejo de la
hipocresía, el racismo y los prejuicios que saturan el debate internacional sobre población, ambiente y desarrollo.

Algunas medidas efectivas para contrarrestar el crecimiento de la población de los países en desarrollo, tales como mejoras substanciales en la educación, la salud y la nutrición; la creación de empleos productivos; la diversificación de la actividad económica y la exportación de productos procesados o semi-procesados en lugar de materias primas, han sido apoyadas retóricamente en negociaciones internacionales. Pero en la práctica, han sido tomadas con una considerable dosis de aprehensión.

Se ha argumentado que tales medidas implicarían un aumento en el nivel de vida de las poblaciones afectadas. Esto a la vez conduciría a un mayor consumo de energía y de recursos naturales, así como a una mayor producción de desperdicios y de contaminantes. Se han utilizado así argumentos ambientalistas para reforzar el ya poderoso interés por evitar modificaciones al orden político y económico vigente. . . .

El principal impacto de la población sobre el medio ambiente se relaciona con dos variables fundamentales:

- El consumo de recursos
- La producción de desperdicios y de contaminantes

En el año 2010 había aproximadamente 6.900 millones de personas en el planeta, 17% en países industrializados, y el 83% restante en países en desarrollo. Sin embargo, los países industriales eran responsables por cerca del 74% del consumo de recursos naturales a nivel mundial. Eran también responsables por cerca del 73% de la producción de desperdicios y contaminantes.

Si midiéramos el impacto ambiental de la población humana con una medida uniforme, tal como la cantidad de recursos que consume una persona promedio en países en desarrollo, o la cantidad de desperdicios y contaminantes que produce esa misma persona, concluiríamos que, mientras en el año 2010 había 5.700 millones de personas en el mundo en desarrollo, el equivalente poblacional de los países industrializados era de 20.000 millones de personas.

Desde el punto de vista del impacto ambiental, ¿dónde está entonces localizado el problema poblacional?

Si incorporamos a la discusión la larga historia de esclavitud, explotación y miseria que por siglos ha sido impuesta a los países en desarrollo por los principales países industrializados, nos encontramos ante una gigantesca deuda ambiental, económica y social, con la que hasta ahora se ha podido escapar una minoría de la población humana, localizada en países industrializados.

El insostenible crecimiento de la población en los países en desarrollo se encuentra estrechamente vinculado a los extremos niveles de pobreza a que han sido sometidos. La pobreza de los países en desarrollo es parcialmente una consecuencia del orden económico internacional, diseñado por los países industriales para fortalecer sus propios intereses, e impuesto al resto del mundo. . . .

Cerca de tres cuartas partes de la población de los países en desarrollo continúa sumergida en el fango de la pobreza, la ignorancia y la injusticia, del que muy pocos tienen la posibilidad de escapar. El número de personas que sufre a diario de hambre sobrepasa en la actualidad los 1.000 millones. Más de 14 millones de niños menores de 5 años mueren anualmente de hambre o a causa de enfermedades para cuya superación bastarían solo unos centavos, un promedio de 26 niños sacrificados cada minuto. Latinoamericanos, africanos y asiáticos casi todos. No hay alimentos, ni medicinas, ni educación, ni servicios de salud, ni dignidad para los niños pobres del mundo. Pero cada año se gastan mas de 1.600.000 millones de dólares en armas alrededor del planeta, el 72% por países industrializados. Solo Estados Unidos gastará este año más de 700.000 millones de dólares en equipamiento de guerra. Mientras que a la cooperación con los países más pobres del planeta le asigna un monto equivalente a sólo el 3% de lo que dedica al gasto en instrumentos de muerte y destrucción.

Al mismo tiempo, cerca de 12 millones de hectáreas de bosques naturales se destruyen, cada año, principalmente en los países en desarrollo localizados en el trópico. Una destrucción masiva e irreversible, causada principalmente por la ampliación de la frontera agropecuaria para albergar a un creciente número de personas en pobreza extrema, en su mayor parte dedicada a la agricultura de subsistencia. El creciente número de personas involucradas en este proceso no corresponde sólo al aumento poblacional. Se debe principalmente a los explosivos índices de desempleo y al dramático empobrecimiento de la población.

Cerca del 70% de las emisiones acumuladas de dióxido de carbono (CO_2) en los últimos 80 años se deben al consumo excesivo de energía en los países industrializados, con sólo el 17% de la población mundial en la actualidad.

El crecimiento de la población es ciertamente uno de los principales problemas con que se enfrentan los países en desarrollo. Acciones decisivas son necesarias para resolverlo, tomando en consideración el respeto que merecen las características culturales, éticas y religiosas de los diferentes sectores de la humanidad.

Pero el dilema de la población no debe aislarse del contexto económico y político en el que se ha gestado. La percepción del crecimiento demográfico en países en desarrollo como el responsable de la debacle ambiental mundial, es una falacia que debe ser erradicada. Sin embargo, se encuentra profundamente arraigada en la política internacional de la mayoría de los países industriales, como parte de su determinación por mantener el orden internacional existente, independientemente de cuan profundamente injusto para la mayor parte de la humanidad.

Fuente: Artículo publicado originalmente en la revista científica *Interciencia* (vol. 27, número 5), Caracas, Venezuela, mayo 2002, http://www.scielo.org.ve/scielo.php?pid=S0378-18442002000500001&script=sci_arttext&tlng=en. Versión actualizada por el autor en marzo de 2011.

Actividades post-lectura

I. Comprensión (en parejas)

1. Resuman con el mayor detalle posible la información contenida en los dos artículos. Expliquen cuál es el argumento central de cada uno e identifiquen los conceptos que consideran más polémicos.

2. ¿Por qué John Feeney propone "descartar el concepto confuso" de que influir sobre el crecimiento de la población infringe los derechos humanos?

3. ¿Qué estrategias menciona el artículo de la BBC para lograr un control de la población?

4.   ¿Por qué se dice que el tema es "tabú"?
5.   ¿Cuáles son las diferencias de enfoque entre el artículo de
Feeney y el de Centeno? ¿Cuál de los dos les parece más
acertado en la descripción del problema?

II. Análisis (en grupos de 3 ó 4)

1.   *Evaluaciones personales*: ¿Para Uds., el tema del control de
la población es muy urgente? ¿Tiene algo de tabú? ¿Creen
Uds. que cualquier intento de limitar el crecimiento de la
población puede entrar en conflicto con la protección de
los derechos humanos? Expliquen.
2.   ¿Cuáles son las medidas que Uds. propondrían inmediatamente para mantener la población mundial dentro de
niveles compatibles con los recursos disponibles?
3.   ¿Cuál de las siguientes creen Uds. que es la cuestión
principal?
    • Hay un problema de falta de recursos para todos.
    • El peligro consiste en que tratar de mantener niveles
    aceptables para la creciente población va a destruir el
    medio ambiente.
    • El problema no es la falta de recursos ni la población sino
    la distribución de recursos.
4.   Expliquen cómo evalúan Uds. la política china de permitir un niño por familia y qué piensan de los esfuerzos
por promover y facilitar la planificación familiar, incluyendo el uso de contraceptivos, en países desarrollados y
subdesarrollados.

III. Discusión y persuasión

1.   *Discusión* (en grupos de 4): A continuación del artículo de
John Feeney hay una selección de comentarios recibidos
por la BBC en relación a las cuestiones presentadas en el
mismo. Léanlos cuidadosamente y expliquen con cuáles
están Uds. más de acuerdo y por qué. Luego hagan una
lista en orden de preferencia o nivel de acuerdo con los

autores. Si en el grupo hay desacuerdo, pueden hacer listas diferentes.

2. *Diálogo.* En parejas, tomen el rol de dos de los comentaristas cuyas opiniones son diferentes y traten de defender su postura y de persuadirse mutuamente. Por ejemplo, podrían formarse parejas entre una persona del grupo A y una del grupo B:

Grupo A: # 1, # 2, # 5, # 7, # 9 y # 11
Grupo B: # 3, # 4, # 6, # 8, # 10 y # 12

Tema de ensayo o composición

Escriban un comentario para enviar a la BBC sobre el artículo de Feeney. Expresen su opinión sobre las distintas cuestiones planteadas y su respuesta a las preguntas incluidas en el artículo. Pueden hacer referencia a los comentarios de otros lectores si lo desean.

Juego de roles: La autopista y los osos

El valle de Maral es muy encajonado y muy pastoral. Es aquí donde sobreviven los últimos osos de los Pirineos. Desde hace algunos años, la historia del valle es rica en peripecias: el plan de apertura de un túnel entre Francia y España, ha creado una viva polémica entre los partidarios del túnel y los protectores del medio ambiente.

Vocabulario

el/la alcalde: jefe o jefa del gobierno de un pueblo o ciudad
autopista: carretera con calzadas separadas para vehículos en las dos direcciones, cada una de ellas con dos o más carriles y sin cruces o paradas; *highway*
campesinos: personas que viven en el campo y trabajan la tierra
conservación o preservación (de los recursos naturales): acción de mantener o cuidar de algo o de proteger anticipadamente a una persona, animal o cosa de algún daño futuro

el/la ecologista: persona que defiende la necesidad de proteger la naturaleza; partidario/a de la defensa ecológica

envergadura: importancia, alcance debido a su extensión

extinción (de especies animales): desaparición

el ferrocarril: el tren (medio de transporte)

el medio ambiente: conjunto de circunstancias exteriores a un ser vivo; *environment*

el meollo de la cuestión: lo más importante, el punto central

los pastores: personas que cuidan y guían el ganado, especialmente las ovejas; *shepherds*

patrimonio: conjunto de bienes propios de un individuo o de una comunidad

pérdida de la biodiversidad: la falta o privación de la diversidad biológica

rebaño: grupo grande de ganado, especialmente ovino o lanar; *flock*

el valle: llanura de tierra entre montes o alturas; *valley*

vías ferroviarias: caminos de hierro por donde pasan los trenes

la zona campestre: la zona o área rural, del campo

La construcción de un túnel que unirá a Francia y España se retrasa por las protestas de los ecologistas[14]

Las protestas ecologistas consiguieron paralizar un proyecto público de extraordinaria envergadura: un túnel de 8,5 kilómetros que atraviesa los Pirineos y comunica a ambos países por medio de una carretera. La inversión prevista alcanza a 150 millones de dólares. La adjudicación de obras tenía que ser ratificada por el Consejo de Ministros hace dos meses pero aún no se ha hecho.

Madrid

La proximidad de las elecciones ha hecho que ningún partido se arriesgue a perder votos defendiendo abiertamente la obra, ya que

---

14. Esta actividad está inspirada en una situación real pero los datos, los nombres y algunas circunstancias son inventados.

está aumentando el apoyo por los partidos verdes y uno de ellos
—*Juventud Ecológica*— ha hecho campaña abierta contra el túnel.
El Consejo de Ministros tenía que haber ratificado la adjudicación
de las obras a un consorcio hispano-francés, pero todavía no se ha
decidido a dar el paso en forma unilateral. En suspenso están 150
millones de dólares y más de tres años de trabajo.

La brecha entre quienes dan prioridad al desarrollo económico
y los que enfatizan la conservación del medio ambiente, se va haciendo cada vez mayor. La lucha se plantea en términos extremos:
la extinción de los últimos osos pardos que viven en esa zona de
la montaña, que los ecologistas calculan que no son más de doce.
Para los defensores de la obra, lo que está en juego es el desarrollo
económico de la provincia española.

El alcalde de la capital de la provincia es muy claro: "Siempre
hemos luchado por la mejora de la red de comunicaciones con
Francia, que nos va a beneficiar a todos. Lamentablemente las elecciones y el poder de los partidos verdes están complicando las cosas
pero después de las elecciones las obras comenzarán. En cuanto a
los osos, hay menos de cinco, y no se sabe muy bien dónde están."

Según Emilio Guadalés, portavoz de la sociedad naturalista
Derinates y de los ecologistas españoles que se han solidarizado
con los franceses para la protección del valle: "El punto que todos
tienen que recordar es que si se construye el túnel el tránsito se va
a multiplicar por diez y el efecto sobre el medio ambiente del valle
será devastador."

Los defensores del túnel señalan que la mayoría está a favor
del túnel y que el valle ya perdió hace tiempo su estado natural.
La alternativa de los ecologistas: recuperar una línea ferroviaria,
con cabecera en Norfranc, abandonada desde hace décadas y que
cuenta con un túnel ya hecho.

La boca del nuevo túnel también está situada en el término de
la estación Norfranc.

Jesús Inclán, de la Coordinadora de Organizaciones para la
Defensa Ambiental, dice: "Es un proyecto ultra-desarrollista, en el
que España paga el 70% y que servirá como vía de penetración de
los excedentes agrícolas de Francia a España. Se destruye el valle
mejor conservado de Francia y la última colonia de osos pardos de
la montaña."

La conclusión de un estudio sobre el impacto socio-económico del túnel, concluye que producirá un aumento del 4% del PIB (producto interno bruto) de la provincia española y un aumento del turismo en el área de un 21%.

Un portavoz del gobierno provincial señala que el túnel es vital para la integración de la zona al resto de España: "Es absurdo que se desvíe el tráfico hacia los extremos en lugar de tener una comunicación por el centro de la cadena montañosa."

Resumen de la situación

Los Pirineos son una de las últimas reservas naturales en Europa Occidental, y se extienden desde el Atlántico hasta el Mediterráneo. Allí habitan los últimos doce osos pardos de Francia, hoy los únicos ejemplares de una especie en peligro de extinción pero que hace 200 años recorrían casi toda Europa. Tal vez es por esto que el proyecto para la construcción de una autopista en esta zona ha causado tanta controversia. La autopista conectaría a Francia con España y sería usada principalmente por camiones de carga, pero a la vez partiría por la mitad el habitat de los osos lo que, según los expertos, aceleraría su extinción. La supervivencia del oso pardo se ha convertido, pues, en el eje central de esta polémica. Sin embargo, lo que fundamentalmente se está poniendo a prueba en todo esto es algo más general e importante: la política sobre desarrollo y conservación en la Unión Europea; la tensión entre desarrollo y medio ambiente.

Roles

1. **Planificadores y contratistas:** "La construcción de la autopista es una gran inversión para el desarrollo de la zona. Se calcula que será utilizada por más de mil camiones diariamente y por consiguiente no sólo será más eficiente y rentable para la transportación de carga sino que tendrá usos más versátiles y flexibles que los métodos tradicionales como el ferrocarril."

2. **Políticos de la Unión Europea:** "La eliminación de las barreras aduaneras en la Unión Europea aumentará el tráfico de mercancías entre las diferentes naciones y esto hace necesario desarrollar medios de transportación más rápidos y eficientes."

3. **Los alcaldes de los 13 pueblos del área:** "La construcción de la carretera significa a corto plazo la creación de empleos en nuestras comunidades, y a largo plazo un estímulo y revitalización de nuestras economías deprimidas. Sin embargo, tenemos también que tener en cuenta las consecuencias a mediano y largo plazo y cómo va a ser afectada la calidad de vida de nuestros pueblos. Escucharemos lo que dicen nuestros residentes."

4. **Campesinos y pastores de la región:** "Es fácil que los que viven en las ciudades defiendan e idealicen a los osos como criaturas dulces e inofensivas. En realidad siempre han sido una amenaza para nuestros animales en las granjas y rebaños en el monte."

5. **Conservacionistas y ambientalistas de toda Europa:** "La construcción de esta autopista destruirá este valle que es uno de los pocos espacios naturales que quedan en Europa, además de ser un golpe mortal para los últimos 12 osos que allí habitan."

6. **Residentes locales:** "Hay evidencia de proyectos similares en zonas campestres en países como Suiza que no han beneficiado económicamente a los pueblos de la región, sino que al contrario han destruido su modo de vida sano y tranquilo con el ruido y la contaminación generada por el tráfico excesivo."

7. **Asociación de trabajadores ferroviarios:** "Es una insensatez construir una autopista para transportar carga cuando ya existe una ruta ferroviaria que se extiende casi paralelamente a la proyectada para la carretera. Reactivar las líneas del tren costaría sólo una décima parte de los 150 millones calculados para la autopista, además de ser un sistema que conservaría mejor la energía y reduciría la contaminación ambiental."

Sugerencias para organizar la actividad en una clase de 14 a 21 estudiantes

1. Una o dos clases antes del día elegido para la actividad, se asigna la lectura del artículo, el vocabulario y la descripción de la situación. Se asigna un rol a cada pareja de estudiantes, o a grupos de 3.

2. El día asignado para la actividad, cada pareja o grupo trabaja por 4 o 5 minutos para precisar y extender su punto de vista y para coordinar cómo presentar los argumentos. Deben tener presente que en varios casos, por ejemplo los alcaldes, los campesinos y pastores y los residentes locales, la posición puede ser flexible.

3. En la descripción de roles se citan argumentos básicos para cada uno pero los mismos no agotan las posibilidades para el grupo. Varios grupos tienen intereses complejos y no es previsible qué solución van a apoyar; los estudiantes deben preparar otros argumentos y ponerse de acuerdo en la posición que van a defender.

4. Cada grupo expone brevemente frente al resto de la clase su posición en relación a la construcción del túnel, explicando sus razones.

5. Terminada la exposición general, las parejas o grupos deben tratar de formar alianzas o coaliciones a cuyo efecto deben circular por el aula y hablar con otras parejas o grupos con el objeto de persuadirlas de que los apoyen para obtener los votos necesarios.

6. Una vez formadas las coaliciones, toda la clase puede discutir brevemente y cada grupo dar sus argumentos más importantes. Las tres opciones aparentes son: construir la autopista; no construir la autopista pero recuperar la vía ferroviaria, o dejar la situación como está, sin autopista ni vía ferroviaria.

7. Se procede a una votación para decidir qué proyecto tiene más apoyo.

Nota: Esta actividad fue creada por la Prof. Margarita Groeger.

CAPÍTULO 6

El poder del miedo

El miedo tiene un rol importante en nuestras vidas: es útil para protegernos del peligro y asegurar nuestra sobrevivencia pero es también una fuente de sufrimiento y ansiedad capaz de volvernos irracionales y limitar nuestras acciones. Por otro lado, el miedo es una emoción muy poderosa que puede ser manipulada. Desde una posición de autoridad, es posible utilizarlo para cambiar de forma legítima o ilegítima la conducta de otros o para obtener ventajas económicas. En este capítulo, vamos a ver textos divididos en dos secciones:

1. El artículo *¿En qué consiste el miedo?* se refiere al miedo en su forma biológica, en la manera en que nos afecta individualmente, y en su forma social y cultural, desde la literatura hasta las artes visuales y el entretenimiento. En el fragmento de la entrevista a la historiadora Joanna Bourke, se reflexiona sobre la presencia ubicua del miedo en nuestros tiempos.

2. Una selección de Eduardo Galeano, *La industria del miedo* y su poema en prosa *Miedo Global*, ponen el acento en la presencia obsesiva de los miedos en nuestras sociedades, en la explotación financiera de los mismos por la industria de la seguridad, y en el efecto que esto tiene sobre todos nosotros.

Materiales y actividades en la red

En esta unidad hay un anuncio que trata el tema del miedo desde un punto de vista personal con preguntas para la discusión y una actividad de expresión oral para grabar en VoiceThread o un método alternativo.

Hay una actividad sobre los beneficios y riesgos del creciente uso de métodos de vigilancia y seguridad electrónicos para discutir y grabar en VoiceThread, o un método alternativo. Se incluye un ejercicio del vocabulario relativo al tema.

También hay una actividad de simulación en la que se presenta una propuesta hipotética: la instalación de un innovador sistema de vigilancia electrónica como método para combatir el crimen en una ciudad. Como ejercicio oral los estudiantes evalúan la oferta y graban sus recomendaciones desde el punto de vista de un ciudadano del lugar. Como ejercicio escrito deben redactar un artículo de opinión para la prensa local.

Finalmente, se incluyen tres imágenes representativas de distintos tipos de campañas publicitarias para promover el uso de casco por ciclistas o motociclistas y de cinturón de seguridad en automóviles. Los estudiantes tienen que analizar las fotos para realizar una de las actividades de análisis y discusión de este capítulo.

1. Anuncio: Atrévete, cambia
   Ficha Técnica "Miedos"
   Cliente: Saga Falabella; agencia: Leo Burnett; YouTube: http://youtu.be/Jsdann_TPJY
2. La vigilancia electrónica: ventajas y peligros
3. Actividad de simulación: T.V.O. garantiza tu seguridad
4. Imágenes de campañas publicitarias promoviendo el uso de casco y de cinturón de seguridad

Vocabulario esencial

Palabras y expresiones para describir el miedo, sus variantes y efectos

- Algunas palabras para denotar miedo de distinta intensidad:
  temor, susto, pavor, terror, pánico

- Adjetivos que describen el estado de una persona (o animal) que sufre alguna forma de miedo:

  atemorizado/a, asustado/a, aterrado/a, aterrorizado/a

- Expresión para indicar que algo produce gran miedo o terror:

  "poner los pelos de punta" ("escuché un ruido que me puso los pelos de punta.")

- Palabras que describen algo que causa miedo:

  aterrante, aterrorizante, pavoroso, escalofriante, terrorífico

- Verbos para expresar la acción de producir miedo de algún tipo:

  asustar, atemorizar, aterrar, aterrorizar

Otras palabras importantes para hablar del tema

cobarde: persona que no tiene valor o coraje

cobardía: falta de valor o coraje; calidad de cobarde

coraje: valentía; *courage*

héroe: persona que ha realizado una acción o acciones que requiere sacrificio y valor para beneficiar o salvar a otros

heroico/a (adj.): acto o persona que tiene la calidad de heroísmo

heroísmo, heroicidad: calidad de los héroes

peligro: riesgo o contingencia inminente de que ocurra algún mal

peligroso: que es riesgoso o puede causar daño

pesadilla: sueño angustioso o aterrorizante

riesgo: contingencia o proximidad de un daño; peligro

sudor, sudoración: transpiración; *sweat; perspiration*

Actividades pre-lectura

1. En grupos de 3, narren un episodio en la vida de Uds. en el que sintieron miedo o terror. Expliquen las circunstancias, y describan detalladamente lo que sintieron, de qué intensidad era el miedo, sus reacciones físicas, qué pensaban en ese momento, qué acciones realizaron o si no hicieron nada, y cuál fue el final del episodio. Usen las palabras apropiadas de la sección Vocabulario Esencial.

2.   En parejas, elijan una de las escenas de abajo y escriban
     un párrafo de seis a siete líneas explicando, en el tiempo
     pasado, qué ocurrió. Usen al menos cinco palabras del
     vocabulario:

3.   ¿Qué los aterraba cuando eran niños? ¿A qué le tienen más
     miedo ahora? ¿Pueden identificar la razón de ese miedo?
     ¿Alguna vez se han sentido cobardes? ¿Alguna vez se han
     sentido valientes?

4.   ¿Tienen pesadillas frecuentemente, ocasionalmente o casi
     nunca? ¿Pueden narrar alguna que recuerden o que los
     haya asustado más?

5. ¿Les gusta realizar actividades peligrosas (por ejemplo,
    deportes extremos)? ¿Lo han hecho alguna vez? Expliquen
    por qué les gusta y si consideran los riesgos antes de hacer-
    las. Si nunca han hecho deliberadamente algo peligroso,
    ¿creen que estarían dispuestos a hacerlo (por ejemplo,
    explorar el polo sur, subir al monte Everest)? Den un
    ejemplo de algo riesgoso que les gustaría hacer. ¿Conocen
    Uds. alguien que tenga una actividad o un pasatiempo que
    involucre mucho riesgo?

¿*En qué consiste el miedo?* (selección)

"Un hombre al que no puede persuadirse es un hombre
que da miedo."

—Albert Camus

"La auténtica libertad es poder vivir sin miedo."

—Theodore Adorno

El ser humano, desde que tiene conciencia de tal, ha tenido una
serie de sentimientos innatos, y uno de ellos, y quizá sea una de las

características principales para su supervivencia, siempre ha sido el miedo.

Limitador y beneficioso por igual, el miedo ha sido el culpable de guerras e incultura, y a la vez, inspirador de arte y colaborador para nuestra supervivencia . . . En qué consiste este impulso humano?

El miedo en su ámbito físico biológico

El miedo se encarga en muchas ocasiones de hacernos conscientes de los peligros externos que nos pueden amenazar, y nuestro organismo los interpreta de la siguiente forma:

Primero los sentidos captan el foco de peligro, pasando a ser interpretado por el cerebro, y de ahí pasa a la acción el sistema límbico. Éste se encarga de regular las emociones de lucha, huida, y ante todo, la conservación del individuo. Además de todo esto, también se encarga de la constante revisión de la información dada por los sentidos, incluso cuando dormimos, para poder alertarnos en caso de peligro.

Cuando esto ocurre, se activa la amígdala, que se encarga de desencadenar todo el sistema del miedo, y entonces nuestro cuerpo pasa a sufrir las siguientes reacciones:

Aumento de la presión arterial
Aumento de la velocidad en el metabolismo
Aumento de la glucosa en sangre
Detención de las funciones no esenciales
Aumento de adrenalina
Aumento de la tensión muscular
Apertura de ojos y dilatación de pupilas

En determinados momentos de miedo, puede llegar el pánico, que hará que se desactiven nuestros lóbulos frontales, retroalimentando el miedo y haciendo que se pierda la noción de la magnitud de éste y en muchas ocasiones el control sobre la conducta de uno mismo.

El miedo en la sociedad

El miedo, comenzó siendo algo positivo en las sociedades prehistóricas, que salvaguardaba a nuestros antecesores de peligros como los depredadores, las inclemencias del tiempo y demás amenazas, colaborando así en la supervivencia de la especie.

A medida que las sociedades fueron avanzando, las teorías sobre los temores fueron creciendo paulatinamente a éstas, siendo utilizado en muchas ocasiones por los grandes poderes para controlar a las masas o para moldear a las poblaciones a su antojo.

Un ejemplo claro de esto fueron las grandes políticas autoritarias, que se apoyaban en el terror para asentar sus mandatos, como el nazismo que asoló Europa durante los años 30 y 40 del siglo pasado, que basó gran parte de su poder en el miedo. También la fundación de terrores en contra de otros colectivos o etnias ha ayudado a la consolidación de sistemas políticos, demonizando y achacando males y peligros a diversos grupos que en muchas ocasiones distaban de encarnar las características que se les atribuían.

Las religiones y muchas supersticiones también se utilizaron para paliar[1] los miedos, como por ejemplo las promesas vikingas del Valhala, el paraíso donde iban los muertos caídos en combate, que, a través de esa creencia, los guerreros perdían su miedo a la muerte en la batalla. Muchas creencias han ayudado a las personas a lo largo de la historia como catarsis contra fobias o como impulso para la superación de terrores.

Los dioses vengativos, el infierno y las deidades malignas, las criaturas sobrenaturales . . . siempre han hecho que los crédulos vivan temerosos de realizar actos "moralmente reprobables," simplemente por el miedo a lo desconocido. Varios rasgos comunes en muchas religiones siempre han sido el fin del mundo y los entes malignos, sembrando el pánico entre los fieles y dejando resquicios de terror entre las sociedades modernas.

---

1. mitigar, atenuar, suavizar

El miedo en el imaginario popular y el arte

La exploración de los sentimientos más oscuros del ser humano siempre ha sido algo que ha cautivado al ser humano, intentando interpretarlo y acentuarlo en todas las vertientes culturales.

Desde las gárgolas de las catedrales, que evocan monstruos horrendos con escorzos agónicos hasta el moderno cine de terror, desde que el ser humano tiene conciencia de tal, siempre se ha regocijado en sus miedos, y, mientras que muchos de estos se mantienen desde el principio de los tiempos (deidades malignas, la muerte, terrores sobrenaturales) otros se han ido refinando o apareciendo a medida que la sociedad avanzaba, como las fobias sociales, o las angustias modernas. Los artistas de todos los tiempos no han dudado en explotar este sentimiento humano, y desde siempre podemos ver ejemplos de arte terrorífico en todas las disciplinas posibles y en todas las vertientes de éste . . .

Fuente: *National Geographic*, http://www.nationalgeographic.es/ciencia/salud -y-cuerpo-humano/en-qu-consiste-el-miedo.

Entrevista a la historiadora Joanna Bourke (Universidad de Londres) (selección)

Jacinto Antón

"Hoy tenemos tanto miedo como en la Edad Media y más que en el siglo XIX."

Pregunta: ¿Estamos en una sociedad miedosa?
Respuesta: La gente tiene mucho miedo, vivimos en un mundo sobrecargado de peligros: la alimentación, el cáncer, el cambio climático . . . estamos sobreexpuestos a información que produce miedo. El 11-S[2] sin duda ha provocado un aumento de la sensación de riesgo. De repente el peligro está en todas partes,

---

2. referencia a los ataques en los Estados Unidos del 11 de septiembre de 2001

es el vecino, el Gobierno . . . Esta sociedad es más miedosa tras el 11-S.

P: Pero, ¿tenemos más miedo que en la Edad Media?

R: Bueno, entonces estaban las brujas, el diablo, la peste . . . Tenemos la misma cantidad de miedo. En cambio, somos más miedosos que en el siglo XIX. La sociedad de la información nos bombardea continuamente con horrores. En el XIX podías vivir muy ajeno a ese conocimiento.

P: Pero uno creería que el miedo es menor que en la guerra fría, con la posibilidad de la devastación nuclear mundial.

R: No, esa amenaza aún existe hoy. Y además las reacciones a ella son radicalmente diferentes. Durante la guerra fría, la gente no era complaciente como ahora con los miedos, la gente respondía positivamente a ellos, con protestas y tomas de posición políticas.

P: ¿Cómo se articulan los miedos personales y los sociales?

R: Incluso los miedos más personales tienen una dimensión social, interactúan con la familia, el grupo. Siempre hay una dimensión social, se proyectan en la sociedad y eso permite gestionarlos y manipularlos.

Fuente: *El País* (España), 22 noviembre de 2006, http://elpais.com/diario/2006/11/22/cultura/1164150006_850215.html.

Cómo manejar una catástrofe

Una situación difícil para las autoridades es enfrentar de forma apropiada una catástrofe o una amenaza de violencia. Es importante alertar a la población pero existe el peligro grave de que esa información genere pánico difícil de controlar. Eso ocurrió por ejemplo durante la crisis de ántrax cuando mucha gente, alarmada por las noticias en los periódicos, se apresuró a comprar máscaras antigás, aunque éstas no podían protegerla contra un ataque con ántrax.

Algo similar ocurre cuando se anticipa que puede haber graves inundaciones, un terremoto o la erupción de un volcán. Si se da prioridad a mantener en calma a la población se corre el peligro de no evacuar a todos los que están en situación de peligro y terminar con un número de víctimas mayor.

Los casos inusuales

En muchos casos, los seres humanos no son dominados por el miedo y reaccionan frente al peligro inminente con actitudes heroicas, arriesgando sus vidas para salvar las de sus semejantes.

Por ejemplo, los bomberos, que entran a edificios envueltos en llamas o combaten incendios forestales.

Por otro lado, hay quienes buscan el peligro y se sienten físicamente atraídos a situaciones en que sienten miedo. La actividad hormonal que es generada por el miedo puede causar placer.

—————————

La industria del miedo (selección)

Eduardo Galeano

Eduardo Galeano (1940-2015) fue un celebrado escritor y periodista uruguayo. Sus libros más conocidos son *Memoria del fuego*
(1986) y *Las venas abiertas de América Latina* (1971), que han sido
traducidos a veinte idiomas. Su trabajo combina ficción, periodismo, análisis político e historia. Ha obtenido numerosos premios, entre ellos el premio Casa de las Américas y el Stig Dager-
man, uno de los más prestigiosos premios literarios en Suecia.
Galeano fue distinguido, según el jurado, por estar siempre y de
forma inquebrantable del lado de los condenados, por escuchar
y transmitir su testimonio mediante la poesía, el periodismo, la
prosa y el activismo.

El miedo es la materia prima de las prósperas industrias de la seguridad privada y del control social. Una demanda firme sostiene
el negocio. La demanda crece tanto o más que los delitos que la
generan, y los expertos aseguran que así seguirá siendo. Florece el
mercado de las policías privadas y las cárceles privadas, mientras
todos, quien más, quien menos, nos vamos volviendo vigilantes del
prójimo y prisioneros del miedo.

El tiempo de los carceleros cautivos

"Nuestra mejor publicidad son los noticieros de la televisión,"
dice, y bien sabe lo que dice, uno de los especialistas en la venta de
seguridad. En Guatemala hay ciento ochenta empresas del ramo,[3] y
hay seiscientas en México, en Perú, mil quinientas. Hay tres mil en
Colombia. En Canadá y en los Estados Unidos, la seguridad privada
gasta el doble que la seguridad pública. . . . En Argentina, el negocio de la seguridad mueve mil millones de dólares por año. En
Uruguay, aumenta cada día la cantidad de casas que pasan a tener

—————————

3. especialidad

cuatro cerraduras en lugar de tres, lo que hace que algunas puertas parezcan guerreros de las Cruzadas.

Una canción de Chico Buarque comienza con los aullidos de la sirena policial: "¡Llame al ladrón! ¡Llame al ladrón!," suplica el cantor brasileño. En América Latina, la industria del control del delito no sólo se alimenta del incesante torrente[4] de noticias de asaltos, secuestros, crímenes y violaciones: también se nutre del desprestigio de la policía pública, que con entusiasmo delinque[5] y que practica una sospechosa ineficiencia. . . .

En el mundo entero son cada vez menos los perros que pueden darse el lujo de ser nada más que mascotas, y son cada vez más los que están obligados a ganarse el hueso asustando a los intrusos. Se venden como agua[6] las alarmas para autos y las pequeñas alarmas personales que chillan[7] como locas en la cartera de la dama y en el bolsillo del caballero. También las picanas eléctricas portátiles o *shockers*, que desmayan al sospechoso y los aerosoles que lo paralizan a distancia. La empresa Security Passions, cuyo nombre bautiza bien las pasiones del fin de siglo, ha lanzado recientemente al mercado una elegante chaqueta que atrae las miradas y rechaza las balas. . . .

En muchos lugares se instalan circuitos cerrados de televisión y alarmas por monitores que controlan en pantalla a las personas y a las empresas. La vigilancia electrónica se ejerce, a veces, por cuenta de esas personas y de esas empresas, y a veces por cuenta del estado. . . .

No hay país que no use la seguridad pública como explicación o pretexto. Las cámaras ocultas y los micrófonos ocultos se meten en los bancos, los supermercados, las oficinas y los estadios deportivos; y a veces también atraviesan las fronteras de la vida privada y siguen los pasos de cualquier ciudadano hasta su dormitorio. . . .

¿Quiénes son los carceleros y quiénes los cautivos? Bien se podría decir que, de alguna manera, estamos todos presos. Los que están en las cárceles y los que estamos afuera. ¿Están libres los presos de la necesidad, obligados a vivir para trabajar porque no pueden darse el lujo de trabajar para vivir? ¿Y los presos de la desesperación, que no

---

4. avalancha
5. comete delitos (del verbo *delinquir*)
6. se venden muy rápidamente
7. (*fig.*) gritan, hacen un ruido agudo y molesto

tienen trabajo ni lo tendrán, condenados a vivir robando o mila-greando?[8] Y los presos del miedo, ¿estamos libres? ¿No estamos todos presos del miedo, los de arriba, los de abajo y los del medio también? . . . El dibujante argentino Nik imaginó a un periodista entrevistando a un vecino del barrio, que contesta aferrado a los barrotes:

- Mire . . . todos pusimos rejas en las ventanas, cámaras de TV, reflectores, cerrojos dobles y vidrio blindado . . .
- ¿Ya no recibe a sus parientes?
- Sí. Tengo un régimen de visitas.
- ¿Y la policía qué le dice?
- Que si cumplo buena conducta, el domingo a la mañana voy a poder salir hasta la panadería.

Fuente: Eduardo Galeano, *Patas arriba: La escuela del mundo al revés* (México, DF: Siglo XXI Editores, 1999), 107-111.

El miedo global

Los que trabajan tienen miedo de perder el trabajo.
Los que no trabajan tienen miedo de no encontrar nunca trabajo.
Quien no tiene miedo al hambre, tienen miedo a la comida.
Los automovilistas tienen miedo de caminar y los peatones tienen miedo de ser atropellados.
La democracia tiene miedo de recordar y el lenguaje tiene miedo de decir.
Los civiles tienen miedo a los militares, los militares tienen miedo a la falta de armas, las armas tienen miedo a la falta de guerras.
Es el tiempo del miedo.
Miedo de la mujer a la violencia del hombres y miedo del hombre a la mujer sin miedo.

---

8. haciendo milagros; haciendo mucho más de lo que se puede comúnmente con los medios disponibles

> Miedo a los ladrones, miedo a la policía.
>
> Miedo a la puerta sin cerraduras, al tiempo sin relojes, al niño sin televisión, miedo a la noche sin pastillas para dormir y miedo al día sin pastillas para despertar.
>
> Miedo a la multitud, miedo a la soledad, miedo a lo que fue a lo que puede ser, miedo de morir, miedo de vivir.
>
> Fuente: Eduardo Galeano, *Patas arriba: La escuela del mundo al revés* (México, DF: Siglo XXI Editores, 1999), p. 83.

Actividades post-lectura

Primera parte

I. Comprensión (en parejas)

Después de leer "¿En qué consiste el miedo?" y el fragmento de la entrevista a Joanna Bourke, respondan las siguientes preguntas:

1. ¿Cuáles son los puntos más importantes de los artículos?
2. ¿En qué sentido el miedo es tanto limitador como beneficioso?
3. ¿Qué reacciones físicas produce la inminencia de un peligro? ¿Cuál es en el caso de Uds. la manifestación más evidente de temor?
4. ¿Cuál es el rol del miedo en las sociedades? ¿Creen Uds. que es mayormente positivo o negativo?
5. ¿Qué miedos irracionales podrían identificar Uds. a nivel social en este momento? ¿Cuáles miedos les parecen, en cambio, racionales y justificados?
6. Evalúen las citas de Camus y Adorno y las respuestas de Joanna Bourke. ¿Hay alguna idea que les resulte interesante? ¿Están en desacuerdo con alguna de esas opiniones?

II. Análisis y discusión (en grupos de 3 o 4)

1. ¿Cómo evalúan Uds. el rol de los medios de comunicación en la programación de nuestros miedos? ¿Creen Uds. que

tienen un papel constructivo al ayudarnos a percibir peligros? ¿O tiene un papel negativo, impulsándonos a tomar acciones no racionales, puramente fundadas en un miedo generalizado a los peligros que nos rodean?

2. Busquen ejemplos de casos en que desde el poder se utiliza el miedo como forma de control o manipulación. Den ejemplos de cómo se puede manipular el miedo por razones políticas.

3. ¿Han Uds. cambiado su comportamiento alguna vez motivados por la información que obtuvieron en los medios de comunicación (frente a una enfermedad, accidentes, violencia política o criminal, etc.)?

4. ¿Qué relación hay entre *miedo* y *conocimiento* o *información*? ¿Tenemos menos miedo cuando tenemos más conocimiento o es a la inversa? Den algún ejemplo.

5. Observen las fotos de campañas publicitarias que se presentan en la red para este capítulo. ¿Qué tipo de campaña es más efectivo para Uds., las campañas amables, con un toque de humor, o las más dramáticas? Expliquen su reacción en cada caso: no la que les gusta más sino la que les parece más eficaz. ¿Pueden dar algún ejemplo de campaña publicitaria para advertir sobre un peligro que les haya parecido muy efectiva o muy inefectiva?

III. Campaña publicitaria (en grupos de 3 o 4)

Preparen un anuncio como parte de una campaña publicitaria para advertir sobre alguno de estos peligros (al menos uno de los estudiantes tiene que tomar el rol de dibujante o diseñador):

Beber y manejar
Fumar
Usar drogas
SIDA
Manejar a velocidad excesiva
Conducir bicicletas o motocicletas sin casco
Otro

Actividades post-lectura

Segunda parte

I. Comprensión y análisis

Después de leer *La industria del miedo* y *El miedo global*, realicen en parejas las siguientes actividades:

1. Resuman y analicen el texto de Galeano. Expliquen cuáles son los temas principales que se mencionan en el artículo, y qué datos y argumentos usa el autor para justificar sus ideas. Incluyan referencias a la industria de la seguridad, la seguridad privada y la pública, la relación entre seguridad y control social, la influencia de los medios de comunicación y los efectos del miedo en la vida diaria. Expliquen y comenten el dibujo de Nik que describe Galeano.

2. Analicen la sección *El miedo global*. Entre ambos, enumeren algunos de los miedos que menciona Galeano y den ejemplos específicos para ilustrarlos explicando qué circunstancias crean esos miedos.

II. Discusión

En grupos de 4, tomen las siguientes posiciones:

1. Dos estudiantes defienden las ideas del autor, poniendo énfasis en conceptos como la manipulación del miedo, la comercialización del miedo, el miedo como excusa para controlar y someter a la sociedad, el rol negativo de los medios de comunicación, etc.

2. Los otros dos critican al autor y sostienen que su posición no es objetiva y es puramente ideológica.

Hacen énfasis en la realidad y gravedad de los peligros que acechan a las sociedades modernas y hablan de la violencia política, la violencia criminal, el derecho de los individuos a protegerse y el deber del Estado de proteger a sus ciudadanos. Discutan la frase "de alguna manera, estamos todos presos," y la idea de libertad del autor cuando habla de "los presos de la necesidad " y los "presos de la desesperación."

III. Diálogo

Imaginen un diálogo entre una persona que ha sido víctima de un crimen (común o político) y que piensa comprar productos de vigilancia y seguridad para su casa y defiende la sanción de leyes mucho más severas para controlar esos crímenes, y otra persona que sostiene que esas protecciones son superfluas, una manera de explotar económicamente a la gente y crear aislamiento, y que se opone a leyes que impongan más vigilancia y control sobre los individuos.

1. *La seguridad como negocio.* Hay un renacimiento del negocio de la seguridad. ¿Creen Uds. que, en general, cumple una función útil o piensan que, en su mayor parte, es un mecanismo para hacer dinero explotando miedos excesivos o injustificados de la población? Ahora imaginen que Uds. van a invertir en un negocio relacionado con la seguridad. ¿En qué área les gustaría invertir? ¿Qué productos o servicios les parecen potencialmente más interesantes como negocio y por su utilidad social?

2. *Tecnología.* Hay innumerables recursos tecnológicos que se utilizan para proteger al individuo dentro y fuera de su casa. ¿Cuáles tienen Uds. en sus casas? ¿Cuáles les gustaría tener? ¿Hay algunos que les parecen exagerados o absurdos? ¿Saben de alguien que haya comprado máscaras durante los ataque con ántrax? ¿Saben de alguien que tenga un refugio subterráneo para protegerse de posibles ataques terroristas con armas bioquímicas? Expliquen qué argumentos darían en apoyo o crítica de esos recursos.

Temas de ensayo o composición

Psicocentro es un portal de Internet dedicado a la psicología, donde se puede obtener clarificación, información y consejo sobre problemas psicológicos. Por ejemplo, Julia Ramírez ha enviado el siguiente mensaje al portal:

Estimados consejeros

Tengo 26 años y en general soy una persona valiente pero desde hace varios años no puedo superar mi miedo de volar. He hecho tratamientos psicoanalíticos y terapia de comportamiento pero sólo obtuve resultados temporarios. Cuando subo a un avión siento enorme ansiedad, palpitaciones y problemas respiratorios. Pienso que el piso del avión se va a caer si la gente camina por los pasillos y al despegar y aterrizar siento que voy a desmayarme. Dentro de una semana tengo que viajar por avión por cuestiones de trabajo y estoy aterrada. ¿Alguien me puede ayudar? Gracias. Julia Ramírez.

Envíe Ud. su propio mensaje solicitando ayuda para enfrentar uno de sus miedos. Explique cuál es ese miedo, qué sensaciones físicas y que emociones le produce, cuándo empezó a sentir ese tipo de temor. Diga también si ha intentado alguna estrategia para vencerlo y si le ha dado algún resultado positivo. Use palabras del vocabulario esencial de este tema.

CAPÍTULO 7

El poder del dinero

El dinero no hace —o hace— la felicidad, pero su importancia es innegable. ¿Cuánto dinero aspiramos a tener? ¿Para qué queremos el dinero? ¿Qué estamos dispuestos a hacer para obtenerlo? ¿Qué lugar tiene entre nuestras prioridades obtener una posición económica elevada?

Por otro lado, otras cuestiones trascienden lo individual: ¿Qué rol tiene el dinero en la política? ¿Cuáles son los efectos de la corrupción en ciertas áreas? ¿Qué hacer frente al creciente problema de la desigualdad económica a nivel nacional e internacional?

Este capítulo incluye los siguientes textos:

1. *Comprad, humanos, comprad* alude al dinero en relación al consumo. El acto de comprar tiene muchas implicaciones tanto individuales como para la familia y para la economía de un país. En ocasiones también puede ser un signo de un problema individual, una adicción al consumo, o parte de la forma de vida de una comunidad.

2. *Cosas que el dinero puede comprar, o no* evalúa la conexión entre riqueza y felicidad o satisfacción personal.

3. *Trabajar menos para vivir más* considera el *downshifting*, o reducir el nivel de vida para aumentar su calidad, y la filosofía del movimiento *slow*, que destaca los beneficios de disminuir el ritmo de nuestras actividades.

Finalmente, hay una actividad titulada "¿Qué hacemos con el dinero?" y un plan para organizarla.

Materiales y actividades en la red

En esta unidad hay un cortometraje sobre nuestra subor-
dinación a los mensajes publicitarios seguido de preguntas
para la discusión y un ejercicio para redactar una queja
sobre un producto que no cumple con lo prometido por la
publicidad.

Hay un anuncio comercial que sirve como modelo para
una actividad de expresión oral en la que los estudiantes
graban un mensaje para su "yo futuro" expresando sus esperanzas y haciéndole recomendaciones.

También hay una actividad para evaluar la efectividad
de varias campañas sociales. Como actividad de expresión
oral para grabar en VoiceThread los estudiantes comparan
los mensajes de las distintas campañas y eligen la más im-
pactante y efectiva entre ellas. Como ejercicio de redacción,
usan las estrategias de las mejores campañas para crear un
anuncio promoviendo una causa de su elección.

1. Cortometraje: Spot
   Dirección: Guillermo Zapata
   País: España Año: 2009 Producción: Elsa Díaz Pirinoli y
   Pepe Jordana
   YouTube: http://youtu.be/N823ELFkbA
2. Anuncio: Marca Perú 2032
   Directora: Claudia Llosa
   País: Perú Año: 2012 Producción: PromPerú
   YouTube: http://youtu.be/42AXjcP-B2U
3. Actividad: Campañas sociales-Seleccionar la campaña
   social más efectiva
   ReSo: Señal Colombia: http://youtu.be/Fi4YnOX20VQ
   Somos: http://youtu.be/lXqFD_Fl0RI
   Plan: Por ser niñas: http://youtu.be/9WIj5X-Bxg0
   Pastillas contra el dolor ajeno: https://www.msf.es/
   pastillascontraeldolorajeno/prensa.php#videospastillas
   contraeldolorajeno

Un techo para mi país: http://youtu.be/l2kgZCE4xVU
Campaña contra el abuso infantil, UNICEF http://
youtu.be/rmVi_z-oIlA
Acción contra el hambre: Si yo fuera presidente:
http://youtu.be/AZU42RKUZjM

Vocabulario esencial

adquirir: obtener algo con dinero, **comprar.** Las personas que
   compran se llaman **compradores o compradoras**

abonar: pagar; dar o satisfacer lo que se debe

ahorrar: guardar dinero como previsión para necesidades futuras. El sustantivo correspondiente es **ahorro** y la persona que
   ahorra se denomina **el/la ahorrista**

caja: en un negocio o banco, el lugar donde se recibe y guarda el
   dinero. La persona que está a cargo de la caja se denomina
   cajero/cajera

cobrar: recibir dinero como pago de un producto o servicio o de
   una deuda

dependiente: ver abajo **vendedor/vendedora**

deuda: obligación que una persona tiene de pagar o restituir a
   otra persona algo, generalmente dinero

deudor/a (sust.): la persona que está obligada a pagar una
   deuda

en efectivo: pago que se hace con dinero físico en monedas o
   billetes.

endeudarse: adquirir o contraer deudas. La persona que tiene
   deudas se dice que está **endeudado o endeudada**

escaparate: espacio exterior de las tiendas, cerrado con cristales,
   donde se exponen las mercancías a la vista del público; también se denomina **vidriera**

liquidación: venta con gran rebaja de precios que hace una
   tienda o establecimiento comercial

mercadería o mercancía: cosa que se compra o se vende. También se puede denominar **producto**

oferta: puesta a la venta de un producto rebajado de precio. Si el producto se compra a un precio muy bajo se puede decir que es una **ganga** (expresión coloquial usada en algunos países)

precio: valor en dinero en que se estima algo

tarjeta de crédito: pieza rectangular magnética emitida por bancos o negocios, que permite a su titular pagar sin dinero en efectivo o cajero automático

tienda: lugar en el que se venden productos directamente al público. Otras palabras para designar a los lugares en que se venden productos son **negocio**, **almacenes**, **supermercado** e **hipermercado**

vender: ofrecer algo al público para quien lo quiera comprar; dar la propiedad de algo a cambio de una suma de dinero. La persona que vende se llama en general **vendedor/vendedora**. El empleado que atiende a los clientes en una tienda puede también llamarse **dependiente**

Actividades pre-lectura

I. Experiencias personales

Contesten las siguientes preguntas, con atención especial al uso de palabras del vocabulario esencial (en grupos de 3):

1. ¿Tienen planes de adquirir algo importante en los próximos meses? ¿O de adquirir algo pequeño o barato la semana próxima? ¿Adquieren mercancía en la red muy frecuentemente? ¿Prefieren comprar en negocios locales? Elaboren sus respuestas.

2. ¿Cómo abonan usualmente sus compras? (en efectivo, tarjeta de crédito). Expliquen por qué.

3. ¿Tienen algo que quieren vender? ¿Cómo van a conseguir compradores? ¿Qué precio aproximado quieren obtener?

4. ¿Qué tipo de mercancía los tienta más? ¿Compran mercancía que no necesitan?

5. ¿Han trabajado alguna vez como dependientes o como cajeros en una tienda? Comenten la experiencia.

6. ¿Ahorran? ¿Qué hacen con el dinero que ahorran? ¿Ahorran con el objetivo de adquirir algo o pagar por algo, o ahorran sin un plan preciso?

7. ¿Tienen deudas grandes o pequeñas? ¿quiénes son sus acreedores?

8. ¿Recuerdan alguna ganga memorable?

9. ¿Les gusta mirar vidrieras? ¿Por qué sí o no?

10. ¿Prefieren comprar en tiendas pequeñas, en grandes negocios o en la red? Expliquen las ventajas y desventajas de cada uno.

II. Narración

Usando palabras del vocabulario, narren la historia de la consumidora en la siguiente imagen.

Vocabulario

cobijo: abrigo, protección

colectivo: grupo

consumismo: tendencia inmoderada a adquirir, gastar o consumir bienes no siempre necesarios

despachar: atender a los clientes (un tendero o dependiente)

enganchada (coloquial): una persona que ha sido atraída con arte que ha captado su voluntad o afecto

exonerar: descargar de obligación; destituir a alguien de un empleo

fidelizar: obtener la fidelidad o la lealtad

fomentar: promover, impulsar algo

mostrador: mesa o tablero que hay en las tiendas para presentar o mostrar los productos

la palma (*fig.*): el premio mayor

trucos: artificios o trampas que se usan para lograr un fin

Comprad, humanos, comprad

Óscar López-Fonseca

Uno de cada tres europeos somos adictos a las compras y en tres casos de cada cien, la afición al consumo se ha convertido en una enfermedad. El marketing, la publicidad, e incluso la medicina nos ofrecen las claves para entender este fenómeno.

¿Quién no ha entrado en un hipermercado a comprar un litro de leche y ha salido con un carro lleno de productos que no pensaba comprar? ¿Quién, mirando escaparates para matar el tiempo, no ha caído en la tentación de adquirir algo que realmente no necesitaba? ¿Quién, buscando algo en su armario, no ha descubierto una camisa comprada como ganga que, al final, nunca se ha puesto? Dicen que el hombre es el único animal que tropieza dos veces en la misma piedra. Habría que añadir que también es el único que compra. Y, en algunos casos, ¡de qué manera! Sólo hay que echar un vistazo al Informe Europeo sobre Adicción al Consumo: una tercera parte de los ciudadanos de la UE (Unión Europea), los españoles entre ellos, son adictos al consumo y tienen serios problemas de autocontrol a la hora de realizar sus compras. Tres de cada cien han convertido dicha adicción en patología. Cifras que se agravan entre la población joven: el 46% son adictos y un 8% por ciento presenta niveles que rozan lo enfermizo.

En EEUU ya proliferan los *spender-menders*, colectivos de auto-ayuda similares a los Alcohólicos Anónimos que intentan rehabilitar a los que han caído en esta adicción. En España se han creado ya los primeros grupos. Uno de ellos lo dirige el psicólogo Javier Garcés, asesor de la Unión Europea sobre Adicción al Consumo y responsable del informe anterior. En su consulta, alguna mujer le ha llegado a plantear, medio en broma medio en serio, su deseo de que cuando muera, sus cenizas sean esparcidas allí donde ha sido más feliz: unos grandes almacenes. "La adicción a las compras siempre ha existido, como han existido otras adicciones —apunta este psicólogo—. De hecho, un antiguo cuento holandés ya hablaba de una mujer que compraba todo lo que podía. Sin embargo, la sociedad actual, mientras nos alerta sobre las consecuencias negativas del abuso del alcohol, del tabaco o del juego, no nos advierte de los peligros del consumismo. Al contrario, todos los días parece incitarnos a ello. Y, encima, nos facilita un instrumento tan maquiavélico como las tarjetas de crédito, que permiten gastar un dinero que no tenemos."

Así, cada mañana, los humanos nos despertamos en un mundo dispuesto a enviarnos unos mil mensajes publicitarios que alimentan la creencia de que adquiriendo productos alcanzaremos la felicidad, seremos más admirados, más deseados . . . Un mundo de ciudades pobladas de estos templos consagrados al ocio y al consumo, que José Saramago retrataba en su novela *La Caverna*: los centros comerciales. Lugares en los que hombres y mujeres se refugian al cobijo de un clima perfecto, más seguridad y la posibilidad de tenerlo todo al alcance de la mano. Por ello no es extraño que los españoles, que en 1980 realizaron únicamente 45 millones de visitas a los 28 centros de las características existentes entonces en nuestro país, realizaran el año pasado, menos de un cuarto de siglo después, más de 1.000 millones de visitas a las ya 551 *catedrales del consumo*. Y entre 2003 y 2008 se abrirán 161 más.

Este nuevo escenario no hubiera sido posible sin una revolución comercial que en sólo cincuenta años ha cambiado de un modo drástico la manera en que los ciudadanos de los países desarrollados tenemos de hacer la compra, tanto por el lugar en que la realizamos, como por la frecuencia, la manera y los artículos que adquirimos. Ya no existen los viejos ultramarinos[1] en los que, tras el mostrador, el dependiente nos despachaba los productos. Ahora

---

1. tiendas o almacenes generales, donde se vendían comestibles y productos traídos de otros países

el consumidor coge personalmente los artículos que desea. Antes
se abonaba siempre en metálico. Ahora las tarjetas han sustituido
a monedas y billetes. Antes los dueños de las tiendas se fiaban de
su intuición para colocar la mercancía. Ahora nada se deja al azar.
Cada producto tiene su lugar. Cada elemento del establecimiento,
su finalidad. La decoración, la intensidad de la luz, el color dominante, la música e, incluso, los olores. Es el marketing, esa pseudo-
ciencia cuyo objetivo final es vender, vender, vender.

En el 65% de los casos, la decisión de compra se toma en la tienda

> Cuando se entra en una gran superficie comercial, nunca se
> sabe cómo saldrá de lleno el carro. Aunque la intención sea
> comprar un par de productos de primera necesidad, podemos
> abandonar el centro con un violín que todavía no sabemos
> tocar.

¿Estamos irremediablemente abocados a consumir cada vez más?
Algunos colectivos piensan que no. En la red, grupos contrarios
al consumismo desbocado ponen a disposición de los internautas
felicitaciones de Navidad —la época en la que más se consume—
para que exoneren a sus conocidos de hacerles regalos y, por tanto,
de consumir. Otros grupos más radicales, como el español autode-
nominado "Yomango," aleccionan sobre cómo robar en las grandes
superficies para sabotear "el capital pasándolo pipa."[2] No obstante,
Javier Garcés asegura que detrás de la claudicación[3] de muchos al
placer de las compras hay algo más que una publicidad eficaz. "Se
cree que en ciertas personas hay una predisposición genética que
activa determinados mecanismos neurológicos que provocan adicciones en general. Lo normal es que una persona que es adicta a
las compras sea también, por ejemplo, ludópata o esté enganchada
a otra cosa." Paradójicamente, durante años, psicólogos y psiquiatras han apoyado el valor terapéutico de hacer trabajar la tarjeta
de crédito, para combatir, por ejemplo, las depresiones. Ahora, sin

---

2. pasándolo bien
3. acto de ceder a una tentación

embargo, se pretende combatir este antiguo remedio con fármacos. Investigadores del departamento de Psiquiatría de la universidad estadounidense de Stanford están probando un producto similar al Prozac con ese objetivo.

Mientras tanto, la publicidad sigue bombardeando con sus sugerentes imágenes a los potenciales consumidores. Mujeres se-midesnudas en insinuantes posiciones, hombres que muestran sus músculos, alimentos que supuestamente atesoran la esencia del Me-diterráneo, jabones que nos harán más atractivos . . . Y no sólo en

los países más desarrollados. "El consumismo se ha exportado a todos los países del planeta," afirma Javier Garcés, quien asegura que,
curiosamente, es una nación como la India la más consumista del
mundo. "La adicción a las compras de sus ciudadanos está enfocada
a cosas pequeñas, de todo a 100, por llamarlo de un modo claro.
Ellos también han sucumbido a la pasión por comprar, aunque no
tengan las temidas tarjetas de crédito."

El ambiente de una tienda actual no tiene nada que ver con el
aspecto que tenían los comercios antiguos. Hoy, la decoración,
la música ambiental, las luces . . . , todo está pensado para vender más. Las tarjetas de crédito sustituyen al pago en metálico
y en las tiendas de ropa, las prendas que más se venden son las
que visten los dependientes jóvenes y guapos.

Las diez trampas de los hiper . . .

1. Ofrecer carros de gran tamaño.
2. Colocar los artículos de mayor venta en lugares distantes
   entre sí, para que haya que recorrer largos espacios.
3. Tener pasillos kilométricos y relativamente estrechos, para
   que sea difícil dar la vuelta con el carro y se recorra hasta el
   final.
4. Colocar las ofertas en las cabeceras, donde se retiene la
   marcha para salir de un pasillo y entrar en otro con el carro.
5. Situar los artículos que se desean vender en los estantes
   intermedios, a la altura de los ojos.
6. Colocar estos productos junto a otros más caros, para que
   parezcan relativamente baratos.
7. Utilizar atractivos carteles de ofertas para tentar a los consumidores, quienes realmente desconocen si se trata o no de
   una buena compra.
8. Colocar al lado de las cajas artículos de capricho. Es más
   fácil que mientras se hace cola para pagar se compre por
   impulso.
9. Emplear colores, luces y música ambiental para crear un
   ambiente agradable y retener al consumidor. Eliminar las

referencias exteriores de espacio y tiempo (no hay ni relojes
ni ventanas).

10. Disponer de multitud de cajas de salida, pero sólo de un
estrecho pasillo vigilado, para que los que no compran se
sientan avergonzados.

. . . y diez trucos para sortearlas

1. Antes de salir de compras, elabore una lista con lo que realmente necesita. Nunca recorra un establecimiento para que
las estanterías se lo recuerden.

2. Cuando vea un artículo que no tenía previsto comprar y que
parece interesarle, déjelo para una próxima ocasión.

3. Evite comprar cuando cobre,[4] tras haber pasado por
dificultades económicas en los últimos días del mes. Tampoco lo haga cuando se encuentre enfadado, deprimido
o triste.

4. Diversifique, tanto como le sea posible, los establecimientos
de sus compras.

5. No compre alimentos con el estómago vacío.

6. Establezca un límite económico para los caprichos y atén-
gase a él.

7. Apunte y sume lo que va comprando.

8. Antes de pasar por caja, compruebe todo lo que ha comprado y compárelo con lo que había presupuestado. Si
ha comprado de más, devuelva a los estantes los artículos
menos necesarios.

9. Tenga siempre envuelta su tarjeta de crédito en un papel
donde vaya apuntando cada gasto que realiza con ella.

10. No tenga ningún reparo en salir de un establecimiento sin
efectuar ninguna compra.

Fuente: Revista *Muy Interesante/Muy Especial*, (Madrid, España), no. 63, http://
www.elartedelaestrategia.com/comprad_humanos_comprad.html.

---

4. cuando reciba su sueldo

Cosas que el dinero puede comprar, o no

Amanda Mars

Un estudio de IESE (Escuela de Dirección de Empresas de la Universidad de Navarra) y la Universidad de California analiza por qué el dinero no logra en ocasiones hacernos felices.

"Hijo mío, la felicidad está hecha de pequeñas cosas: un pequeño yate, una pequeña mansión, una pequeña fortuna" . . . Groucho Marx no andaba tan desencaminado.[5] El dinero no da la felicidad, pero la puede comprar, la única duda es cuánta cantidad. Y no es tanta como uno espera porque no sabemos administrar el dinero, nos acostumbramos demasiado rápido al nuevo tren de vida[6] y nos comparamos con personas más afortunadas, según un estudio elaborado por Manuel Baucells, profesor de la escuela de negocios IESE, y Rakesh K. Sarín, de la UCLA Anderson School of Management de la Universidad de California.

La investigación cifra en 15.000 dólares (unos 11.500 euros) los ingresos mínimos para ser feliz. A partir de ahí, poder adquisitivo y

Admirando un Lamborghini último modelo

---

5. apartado del camino, por camino equivocado
6. nivel de vida

felicidad no crecen al mismo ritmo y el largo inventario de pobres niños ricos que ha dado la historia es buena prueba de ello.

Una mujer que conduce un viejo utilitario[7] en su época de estudiante puede hallar una dicha temporal cuando empieza a trabajar y logra comprarse un bonito deportivo,[8] pero pronto se acostumbrará a conducirlo, lo integrará como una parte habitual de su vida y dejará de alegrarla. Es lo mismo que le ocurre a los ganadores de lotería: un estudio de Brickman, Coates y Janojj-Bullman señala que aquellos a los que les toca un gran premio económico sólo experimentan un incremento de felicidad el primer año, mientras que los consecutivos se mantienen igual porque ya se han acostumbrado al nuevo tren de vida y no les resulta extraordinario.

"Lo que da la felicidad es el cambio, el paso de un escalón al otro, por ello mantenerse siempre en uno, aunque sea muy elevado, deja de hacernos felices," explica Manuel Baucells. Para solucionarlo, el profesor del IESE tiene una receta: "Si te toca un millón de euros, debes hacer tus cálculos para que la mejora de tu situación sea paulatina y gastar sólo un 1% de lo ganado el primer año, un 2,5% al siguiente, y así progresivamente hasta alcanzar incrementos del 20% y el 30%."

La sociedad sobrevalora los beneficios que el dinero le reportará. "Los nuevos ricos pasan de repente de un grupo social de menos ingresos a otro mayor y su bienestar sí crecerá, al menos de forma temporal," señala el estudio. Pero llega el día en que esos nuevos ricos pierden a sus antiguos vecinos del barrio como referencia y comienzan a fijarse en el nuevo grupo social al que pertenecen. Es entonces cuando el éxtasis desaparece.

Y es que conducir un deportivo deja de ser tan agradable cuando uno se encuentra en el garaje con el nuevo Lexus del vecino. Tras la unificación de Alemania, los niveles de felicidad de los vecinos del Este cayeron en picada,[9] ya que pasaron de compararse con ciudadanos del bloque soviético a mirarse en el estilo de vida de sus vecinos de la Alemania Occidental.

A los deportistas de élite les ocurre igual. Unas encuestas revelaron en 1995 que los medallistas olímpicos de bronce estaban

---

7. vehículo utilitario
8. auto deportivo
9. muy rápidamente, vertiginosamente

más contentos que los que habían ganado la plata, ya que se comparaban con aquellos que no habían subido al podio, mientras los clasificados en segundo lugar tenían pesadillas porque creían que se les había escapado el oro.

Dos investigadores dieron a elegir en 1998 a los alumnos de la Escuela Pública de Salud de Harvard entre dos escenarios: en uno, ellos ganarían 50.000 dólares cuando el resto del mundo lograría 25.000, es decir, la mitad, mientras que en el segundo escenario ellos ganarían 100.000 dólares cuando el resto ganaría 250.000, más del doble. Todos prefirieron el primer escenario.

"Por eso la felicidad social no ha avanzado pese a que mejore la calidad de vida en un país, porque nos peleamos siempre por tener lo que tiene el vecino," según Baucells. "Si eres capaz de llegar al trabajo y decir qué alegría, hoy no me han atracado[10] viniendo, has conseguido bajar tu nivel de referencia y tienes más posibilidades de ser feliz," añade.

> La rápida adaptación a los nuevos lujos y la comparación social frena en seco la dicha.

En aquellas naciones en las que la economía ha crecido de forma extraordinaria, sus ciudadanos no han experimentando ese mismo salto cualitativo. El estudio pone como ejemplo Japón, donde los ingresos *per cápita* se quintuplicaron entre 1958 y 1991, de 3.000 a 15.000 dólares anuales, pero los niveles de felicidad se mantuvieron entre el 2,5 y el 3 (sobre cuatro) a lo largo de esas tres décadas.

El informe habla de dos tipos de bienes: los básicos, como comer, descansar o disfrutar con los amigos, que son básicos y su placer dura siempre, y los de consumo —bienes de consumo como un coche o un viaje al extranjero— a los que uno se acostumbra mucho más rápido de lo esperado y, por tanto, el éxtasis dura poco. "Son adaptativos," aclara. El dinero puede comprar la mayoría, pero la dicha de los bienes materiales dura menos.

---

10. asaltado con propósito de robo

Por ello es más feliz aquel que centra el bienestar en esos bienes básicos y no los de consumo. Además, el estudio recalca que influyen otras variables como la salud y el hecho de vivir o no en un régimen democrático, con libertad y derechos individuales garantizados. Así que, según el estudio, el viejo latiguillo[11] de que lo importante de la vida es la salud, el dinero y el amor sólo admite discusión respecto al orden de los elementos.

En general, los índices de contento en los países ricos son superiores a los que declara la población de los países pobres. Británicos, estadounidenses y también españoles se sienten mucho más felices que los rusos, los ucranios o los búlgaros. En cualquier caso, a la luz de este nuevo informe, hacerse rico, incluso si es por la vía rápida, no es un proyecto nada descabellado.[12]

Fuente: *El País*, 10 febrero de 2007, http://elpais.com/diario/2007/02/10/economia/1171062006_850215.html.

"No es más rico el que más tiene, sino el que menos necesita." Refrán.

Una casa en un barrio de clase alta

---

11. palabra o frase que se repite innecesariamente en la conversación
12. fuera de orden o razón, insensato

"Tu dinero o tu vida" fue la alternativa que se le dio a Jack
Benny, cómico famoso por actuar como un personaje
avaro en uno de sus shows, por un asaltante que trataba de
robarle. Cuando Benny no respondió, el asaltante repitió
su pregunta. Después de un largo silencio seguido de un
tercer mandato de responder, Benny contestó, "Estoy pensando, estoy pensando."

Trabajar menos para vivir más

Borja Vilaseca

El *downshifting* propone reducir el nivel de vida para incrementar su calidad.

"La vida feliz será imposible mientras no simplifiquemos nuestros
hábitos y no moderemos nuestros deseos." Estas palabras del filósofo griego Epicteto están más de actualidad que nunca. Sobre todo
porque "los valores promovidos por el sistema capitalista están en
decadencia," afirma el *coach* Javier Marigorta, profesor del máster en
Desarrollo Personal y Liderazgo de la Universidad de Barcelona.
   Aunque es cierto que "el exceso de trabajo, la competitividad,
la ambición, la codicia o el afán de reconocimiento nos permiten
lograr el éxito profesional y la respetabilidad social, en el camino
por alcanzar la cima de la vida material, solemos perder algo mucho
más importante: nuestra salud y nuestro bienestar emocional," explica este experto. Es entonces cuando "podemos concluir que, cubiertos unos mínimos, la búsqueda obsesiva de dinero y de riqueza
material, más allá de incrementar la felicidad, nos la quita."
   De ahí que "una minoría cada vez mayor de personas esté
cuestionando el condicionamiento socio-comercial imperante para
iniciar un cambio en su estilo de vida," concluye Marigorta. A este
movimiento social en auge, cuyo origen se remonta hacia finales de

la pasada década de los ochenta, se le denomina *downshifting*, que en inglés significa reducir la marcha de un vehículo. Metafóricamente representa la opción de reducir el nivel de vida para incrementar su calidad.

Su impulsor, el directivo John J. Drake, autor del *best seller* internacional *Vivir más, trabajar menos* ([publicado por la editorial] Paidós), afirma que "esta simplicidad voluntaria tiene la finalidad de redescubrir lo verdaderamente valioso de la vida para recuperar el contacto con la felicidad perdida." Entre otras cuestiones, Drake propone "trabajar para cubrir las necesidades reales, desenmascarando las que no lo son," e invita a "dedicar tiempo y espacio para cuidar conscientemente la salud, la alimentación, el descanso físico y mental, las relaciones con la familia y los amigos," así como para "desarrollar actividades creativas, constructivas y beneficiosas tanto para uno mismo como para los demás y el entorno del que se forma parte."

Para conseguirlo, Drake plantea las siguientes preguntas: "¿De qué te sirve todo lo que tienes si no gozas de tiempo libre para disfrutarlo? ¿De qué te sirve el éxito y la respetabilidad si te pasas el día estresado y cansado? ¿De qué te sirve ganar mucho dinero si no eres feliz?" Y por último y tal vez más importante: "¿Quién o qué te impide cambiar de estilo de vida?" En opinión de este experto, "no hay nada irreversible" y "nunca es tarde para atreverse a cambiar." Y concluye: "Nuestro mayor enemigo es el autoengaño, pues para dejar de ser infelices el cambio es sin duda nuestro mejor aliado."

En España, la reconquista de los valores esenciales tiene cada día más adeptos. Entre otros casos, el de Delfín Massó, de 38 años. Su historia, como la de muchos otros jóvenes de su generación, estuvo marcada por una educación orientada a garantizar las mejores oportunidades laborales posibles, que al igual que hoy, pasaban por estudiar la carrera universitaria de derecho o de administración y dirección de empresas.

Massó enseguida asumió la gerencia de una institución social y, más adelante, un puesto directivo en una empresa de hostelería. Durante sus primeros años laborales trabajaba de siete de la mañana a una de la madrugada. Incluso le tocaba ir a la oficina algunos fines de semana, con lo que le era imposible conciliar su vida profesional con la personal y familiar.

Su punto de inflexión llegó a los 32 años. A pesar de la presión social, decidió dejar su empleo y empezar a apostar por sí mismo. "Por aquel entonces me di cuenta de que los adultos nos tomamos la vida demasiado en serio, cuando en realidad se parece más bien a un juego," explica. Así, Massó echó mano de sus ahorros y decidió recuperar "la gran pasión" de su infancia: "el arte de hacer pasteles." Desde entonces, no tiene ni jefe ni horarios y trabaja como gestor *freelance* para diversos clientes, lo que le permite ser dueño de su propia vida y tener tiempo para formarse y especializarse en lo que realmente le gusta.

Y lo cierto es que su currículo habla por sí solo. Tras seis años de "estudio y diversión," Massó ya cuenta con el grado medio de pastelería y el superior de restauración de Formación Profesional y está a punto de obtener el título de técnico de grado superior de pastelero, otorgado por la Escuela de Pastelería del Gremio de Barcelona. A raíz de esta experiencia, sostiene que "es muy importante ser coherente con lo que te ilusiona, lo que implica vencer el miedo a la libertad y asumir la responsabilidad de tomar las riendas de tu vida."

Algo similar le sucedió a Marc Oromí, de 30 años, que tras varios años trabajando como ejecutivo de cuentas en una agencia de publicidad sintió que "no estaba viviendo la vida al ritmo que quería vivir," como él mismo reconoce. Al tomar conciencia de esa realidad, decidió dejarlo todo y marcharse seis meses de viaje solo. Y resultó ser "una experiencia transformadora," asegura.

Hoy por hoy trabaja como periodista *freelance*. Tampoco tiene horarios y sus días son más flexibles, lo que le permite cultivar sus inquietudes personales y profesionales. Si bien sus ingresos se han reducido, también lo han hecho sus gastos. "Este cambio de vida me ha llevado a redefinir mi concepto de éxito, así como mi escala de valores," explica. Tanto Oromí como Massó aseguran que aplicar la filosofía del *downshifting* les ha permitido "vivir de forma mucho más equilibrada" y ambos confiesan que jamás se habían sentido tan felices y sonriendo tanto.

La filosofía del movimiento slow

Mientras el *downshifting* promueve reducir el nivel de vida para incrementar su calidad, en paralelo ha surgido una nueva iniciativa social, que a su vez invita a reflexionar sobre los beneficios de ralentizar el ritmo de las diversas actividades que componen el día a día de los seres humanos. Se trata del movimiento *Slow*, que en España está liderado por el grupo Natura (www.movimientoslow.com).

"Uno de los síntomas que pone de manifiesto el desequilibrio promovido por el sistema capitalista es que hoy día la lentitud suele asociarse con valores negativos, cuando en realidad se trata del tempo natural de la vida," sostiene la dirección del grupo Natura. No en vano, "cualquier actividad equilibrada, sana y sostenible suele sustentarse sobre pilares como la tranquilidad, la calma, la serenidad y, sobre todo, la capacidad de vivir y disfrutar el momento presente."

Fuente: *El País*, 1 de noviembre de 2009, http://elpais.com/diario/2009/11/01/negocio/1257086852_850215.html.

Actividades post-lectura

I. Comprensión

En parejas, intercambien información sobre el artículo *Cosas que el dinero puede comprar, o no*. Hagan referencia a los resultados de estudios mencionados, estadísticas y conclusiones sobre ingresos, dinero y felicidad, el ejemplo de Alemania y Japón, ganadores de lotería, deportistas, etc. Expliquen qué información les resultó más interesante y si están en desacuerdo con algunas de las afirmaciones.

II. Análisis

Analicen y evalúen el artículo *Trabajar menos para vivir más*, incluida la sección sobre la filosofía del movimiento Slow. Narren las historias mencionadas en el artículo y compárenlas con las de gente que Uds. conozcan, si es posible. ¿Están de acuerdo con que la vida se parece a un juego, como dice Delfín Massó, o les parece algo muy serio?

III. Investigación

Busquen en la red el sitio del movimiento Slow (www.movimiento slow.com) e infórmense sobre sus principios y recomendaciones con

relación a distintas esferas de la vida moderna, como comida, ciudades, educación, etc. Comenten la información que han obtenido,
analícenla y den sus opiniones sobre las posiciones del movimiento.

IV. Diálogo

Hagan uno de los siguientes diálogos:

> Una conversación entre dos amigos, uno que quiere aban-
> donar todo e irse a vivir con lo mínimo necesario y otro
> que no puede vivir sin las comodidades que le propor-
> ciona el dinero y prefiere trabajar intensamente para
> obtener un nivel de vida alto, aún sacrificando otros
> intereses.
> Un diálogo entre Delfín Massó o Marc Oromí y una persona
> que cuestiona las decisiones que han hecho.

Actividad: ¿Qué hacemos con el dinero?

En grupos de 3 o 4, propongan un proyecto o una organización sin
fines de lucro para presentarse al siguiente concurso.

Situación

Una fundación ofrece la suma de $200.000 al mejor *proyecto u
organización,* nacional o internacional, destinado a aliviar o resolver
alguno de los graves problemas del mundo. Dada la enorme cantidad de causas que merecen la ayuda económica, un jurado o comité
tiene que decidir a cuál de esos proyectos u organizaciones otorgar
el dinero. Para maximizar el beneficio se ha decidido conceder la
ayuda monetaria sólo a uno de los proyectos u organizaciones presentados a concurso.

Organización

Una semana antes de la fecha prevista para la actividad se forman
los grupos que van a participar.

En la clase siguiente, o dos clases después, cada grupo tiene que entregar a su profesor/profesora un resumen de su propuesta (aproximadamente 200 palabras) que incluya una breve descripción del problema y explique el objetivo del proyecto y la importancia de ayuda monetaria para la causa seleccionada por ellos. Pueden citar algunas fuentes de información y tener en cuenta que:

1. El proyecto u organización puede ser local, nacional, extranjero o internacional.
2. Es más útil buscar un proyecto o emergencia específico en lugar de proponer entregar el dinero a una organización, por ejemplo Oxfam, la Cruz Roja, Save the Children, etc., sin especificar cómo debe usar el dinero. Sería posible proponer dar el dinero a la misma organización pero para un causa específica (por ejemplo, niños huérfanos en Haití).
3. El proyecto puede ser de cualquier índole: de desarrollo, protección de derechos humanos, derechos políticos, salud o bienestar social, educación, prevención, etc.

El día previsto para la actividad, cada grupo va a presentar su propuesta a la clase, contestar preguntas aclaratorias y defender su proyecto justificando por qué es el más merecedor de la ayuda económica.

Finalmente habrá una decisión, por votación de todos los estudiantes, ahora en la forma de comité, sobre cuál de los proyectos será el beneficiario de esos fondos.

Ejemplos de proyectos presentados por estudiantes

Proyecto 1. Un programa para recomprar armas en (nombre de la ciudad)

¿Cuál es el problema?

El crimen es un problema muy grande. La ciudad es una de las más violentas del país, con muchos homicidios por año. Hay un gran número de pandillas y una cantidad considerable de personas que están en la cárcel, dos grupos que usan armas frecuentemente. El año pasado, hubo un record de homicidios en la ciudad y en todos se usaron armas. Es muy claro que tenemos que hacer algo para combatir la violencia, y nuestro programa, en el que pagaremos dinero a cambio de armas, es una opción que puede ayudar.

¿Qué queremos hacer?

Si la fundación acepta nuestro programa, el distrito policial recibirá $100.000 para establecer un programa de recompra de armas. Con el objetivo de disminuir la cantidad de armas en la ciudad, el distrito policial tendrá los recursos para dar dinero a cada persona que entrega una arma a la policía. Creemos que la policía dará la mayoría del dinero a la gente que tiene armas sin licencia. Sin embargo, el objetivo del programa no es castigar a la gente que no tiene licencia, sino aliviar la epidemia de violencia armada en la ciudad. Creemos firmemente que sin la disminución del número de armas, el nivel de violencia aumentará.

¿Por qué necesitamos el dinero?

El dinero es importante porque en una región ya pobre que tiene mucha violencia, como es el caso de nuestra ciudad, la pobreza usualmente es una causa central de la violencia. Si podemos disminuir la presencia de armas, estableceremos una comunidad mucho más segura. El programa no puede funcionar sin dinero. Es importante aclarar que no vamos a dar dinero en efectivo sino cupones de compra en negocios del área, como supermercados y tiendas de descuentos.

Proyecto 2. Salir de la pobreza

La organización Tecnología Intermedia tiene como propósito desarrollar tecnología adecuada que les permita a los pobres salir de la pobreza mediante su propio trabajo. Para ello, dependen de donaciones y fondos para investigar las condiciones y las necesidades locales particulares de las regiones necesitadas.

Tecnología Intermedia señala la ineficacia de enviar a los países pobres grandes cantidades de maquinaria de alta tecnología. Enviar estos equipos es malgastar el dinero ya que no se les puede proveer de mantenimiento adecuado a causa de la falta de conocimiento técnico de los pobladores y el altísimo costo de importar un equipo regular de mantenimiento. Ellos dan ejemplos de complicadas maquinarias que permanecen inactivas y de pesadas sierras industriales que no pueden ser transportadas a los lugares donde son necesarias debida a la falta de caminos o al mal estado de estos.

Esta organización cree que el tipo de tecnología que hace falta en estos países pobres es maquinaria sencilla, manufacturada localmente con materiales locales. Ejemplos de este tipo de maquinaria simple son las que necesitan los fabricantes de redes de pescar en el sur de India para poder competir contra la más sofisticada maquinaria japonesa usada en Bombay y Madras; o molinos de viento para bombear agua en áreas que nunca han podido explotar su agua subterránea y que pueden transformar una pequeña comunidad desértica en una con productividad agrícola. Para estos propósitos de investigación, desarrollo e implementación de proyectos a nivel local esta organización necesita ayuda monetaria. Así se podrán proveer los medios para que estas comunidades mejoren el nivel de vida de sus residentes.

Tema de ensayo o composición

Escriba una carta al gerente de su banco para acompañar una solicitud de crédito por $—. Explique para qué necesita el dinero, cómo puede asegurar que va a devolver el préstamo en el tiempo que el banco determine, cuáles son sus antecedente financieros y cualquier otra información que Ud. crea que puede ayudar a la aprobación de su solicitud.

CAPÍTULO 8

El individuo y la política: Poder y represión en América Latina

Durante los años 70 y 80 los países del Cono Sur (Argentina, Chile, Uruguay y, geográficamente, Paraguay y parte de Brasil) fueron víctimas de golpes de estado que llevaron al poder a juntas militares. Éstas implementaron una campaña de represión política y terror, que incluyó asesinatos y "desapariciones" de individuos, armados o no, considerados ideológicamente peligrosos. En el contexto de la guerra fría existente, los gobiernos militares se coordinaron para tratar de eliminar, a cualquier costo, la influencia de la izquierda en el continente. La campaña fue conocida como Operación Cóndor o Plan Cóndor.

El nombre posiblemente más representativo de esta época de "guerra sucia," pero desafortunadamente no el único, es el de Augusto Pinochet, de Chile. Aunque no se sabe con certeza el número de las víctimas de la represión en el Cono Sur, hay estimaciones de que fueron 60.000 o más.

En las páginas siguientes, van a encontrar algunos textos relacionados con ese periodo pero que son relevantes en muchos otros contextos:

1. *La tentación de Iván Karamazov*, por Ariel Dorfman, que considera el uso de la tortura en general
2. Actividades basadas en escenas de *Estadio Nacional*, un documental chileno dirigido por Carmen Luz Parot, que presenta a víctimas de la represión en Chile, casi 30 años después del golpe de estado de 1973
3. *El centerfielder*, por Sergio Ramírez, un cuento que alude a la represión durante la dictadura de Anastasio Somoza en Nicaragua
4. *Un problema de conciencia*, una actividad basada en la novela *La larga noche de Francisco Sanctis*, de Humberto Costantini

Materiales y actividades en la red

En esta unidad hay una actividad de lectura y simulación basada en el ficticio país de Cucaramanga. Los estudiantes se familiarizan con la situación socioeconómica y los problemas que enfrenta el país para escoger entre varias opciones aquellas que contribuyan al mejor desarrollo de Cucaramanga. El objetivo es formular un programa coherente para presentarse como candidatos en las elecciones presidenciales. Los estudiantes usan VoiceThread, o un método alternativo, para describir su programa y justificar sus prioridades. Se incluye un ejercicio de vocabulario y un ejercicio de redacción para persuadir al pueblo de que vote por su programa político.

1. Actividad de simulación: *Crisis en Cucaramanga*

La tentación de Iván Karamazov (selección)

Ariel Dorfman

Vocabulario

abusar: usar mal, injusta o indebidamente de algo o alguien; tratar de forma deshonesta a una persona de menor experiencia, fuerza o poder

atormentar: causar dolor o molestia corporal

consentir: permitir algo o aceptar que se haga

crueldad: acción inhumana o cruel

forzar: hacer fuerza o violación física para conseguir algo

humillar: herir el amor propio o la dignidad de alguien; humillación, acto de humillar

malvado: muy malo, perverso

someter: sujetar, humillar, conquistar por la fuerza

Actividad pre-lectura

En muchas películas y programas de televisión de los últimos años se pueden ver escenas más o menos explícitas de tortura (*24*, *Homeland*, *Zero Dark Thirty*, etc.). ¿Qué reacción tienen Uds. frente a estas escenas? ¿Creen que son necesarias para que la obra sea realista? ¿Creen que son innecesarias y perjudiciales porque normalizan —y a veces justifican—, acciones que son ilegales? ¿Cómo resolverían Uds. la cuestión?

Tortura: Definición

Artículo I de la Declaración contra la Tortura, adoptada por la Asamblea General de las Naciones Unidas, el 9 de diciembre de 1975

1. A los efectos de la presente Declaración, se entenderá por tortura todo acto por el cual un funcionario público, u otra persona a instigación suya, inflija intencionalmente a una persona penas o sufrimientos graves, ya sean físicos o mentales, con el fin de obtener de ella o de un tercero información o una confesión, de castigarla por un acto que haya cometido o se sospeche que ha cometido, o de intimidar a esa persona o a otras. No se considerarán tortura las penas o sufrimientos que sean consecuencia únicamente de la privación legítima de la libertad, o sean inherentes o incidentales a ésta, en la medida en que estén en consonancia con las Reglas Mínimas para el Tratamiento de los Reclusos.
2. La tortura constituye una forma agravada y deliberada de trato o pena cruel, inhumano o degradante.

La tentación de Iván Karamazov

Ariel Dorfman

¿Se justifica alguna vez la tortura? . . .

Es una pregunta que fue formulada de una manera inolvidable y temeraria hace más de 130 años atrás por Fedor Dostoievski en *Los hermanos Karamazov*. En aquella novela, el beatífico Alyosha Karamazov se ve tentado por su hermano Iván, confrontado con un dilema intolerable. Supongamos, dice Iván, que sea necesario, para que los hombres sean eternamente felices, que sea inevitable y esencial torturar durante una infinitud a una pequeña criatura, tan sólo a un niño, nada más que uno. ¿Lo consentirías?

Iván ha precedido su pregunta con anécdotas de niños sufrientes: una chica de siete años que fue golpeada hasta el delirio por sus padres y luego encerrada en una letrina de hielo y forzada a comer su propio excremento; un pequeño hijo de siervos, con apenas ocho años de edad, que fue despedazado por perros de caza frente a su madre para deleite de un terrateniente. Casos verdaderos descubiertos por Dostoievski en los periódicos contemporáneos y que meramente insinúan la crueldad casi inimaginable que esperaba a la humanidad en los años por venir. ¿Cómo hubiera reaccionado Iván ante los modos en que el siglo XX terminó por perfeccionar el dolor, industrializar el dolor, producir dolor en una escala masiva y racional y tecnológica, un siglo que crearía manuales de dolor y cómo aplicarlo, cursos de entrenamiento sobre cómo acrecentar ese dolor y catálogos que explicaban dónde adquirir los instrumentos que aseguraran que aquel dolor fuera inagotable, un siglo que iba a prodigar medallas a los hombres que habían escrito esos manuales y felicitar a los que diseñaron esos cursos y enriquecer a los que produjeron los instrumentos de aquellos catálogos de la muerte?

La pregunta de Iván Karamazov —¿lo consentirías?— es tan monstruosamente relevante hoy como ayer, en nuestro mundo donde se practica en forma habitual ese tipo de humillación y daño en 132 países, porque nos interna en el terrible corazón escondido de la tortura, nos fuerza a verificar el dilema real e inexorable que plantea la persistencia de la tortura entre nosotros. . . . Las palabras de Iván Karamazov nos recuerdan que quienes emplean la tortura no tienen problemas con justificarla: ése es el precio, se implica, que deben pagar algunos escasos sufrientes para garantizar la felicidad del resto de la sociedad, la enorme mayoría que recibe la paz y la seguridad a cambio de lo que ocurre en algún sótano oscuro, algún túnel remoto, alguna estación de policía abominable. No seamos ingenuos: todo régimen que tortura o deja que sus aliados torturen, lo hace en nombre de la salvación, algún objetivo superior, la promesa de un paraíso venidero. Llámese comunismo, llámese mercado libre, llámese mundo libre, llámese fascismo, llámese venerable líder, llámese civilización, llámese servicio de Dios, llámese la necesidad de obtener información, llámese lo que se quiera, el costo del paraíso, la oferta de alguna variante de ese paraíso, Iván Karamazov nos sigue susurrando, siempre será el infierno simultáneo para alguna persona lejana en algún lugar vecino.

Una verdad incómoda: los soldados norteamericanos y británicos en Irak, como los torturadores en tantos otros sitios, no se consideran a sí mismos como malvados, pero más bien como los guardianes del bien común, patriotas que se manchan las manos y puede que pasen una que otra noche de insomnio, con tal de liberar de la violencia y la ansiedad a la mayoría ignorante y ciega. Incluso aquellos que torturan deben darse cuenta de que, meramente por razones estadísticas, es probable que por lo menos uno de sus cautivos sea inocente. Y quienes abusan de ese hombre o de esa mujer han decidido que no importa que aquel ser inofensivo sufra el destino brutal de los otros detenidos, presumiblemente culpables. No tengo claro cuántos ciudadanos de los Estados Unidos —o de otro país, para no ir más lejos— reaccionarían si tuvieran que encarar la agresiva pregunta de Iván Karamazov, no sé si serían capaces de aceptar conscientemente que sus sueños de bienaventuranza dependen de la perdición eterna de un niño inocente o si, como Alyosha, responderían suavemente: "No. No lo consiento."

Existe, sin embargo, una pregunta más tenaz, quizás más turbia, que Iván no llega a expresar: ¿qué pasa si es culpable aquella persona torturada sin cesar, torturada para que nosotros seamos felices?

¿Qué pasaría si pudiéramos construir un futuro de armonía y amor sobre el dolor perpetuo de alguien que llevó a cabo él mismo un genocidio, que atormentó a los niños de que hablaba Dostoievski? ¿Qué pasaría si se nos invitara a gozar una vez más del Edén mientras un ser humano despreciable estuviese recibiendo inacabablemente los horrores que impuso a tantos otros? Y una pregunta más urgente: ¿y si esa persona a quien se quema y mutila y electrocuta supiera dónde se esconde una bomba que está a punto de explotar y matar a millones?

¿Responderíamos que no?

¿Responderíamos que la tortura, sea cual sea la amenaza y sea cual sea nuestro miedo, es siempre definitiva y absolutamente inaceptable?

Ésa es la verdadera pregunta para la humanidad al confrontar . . . una agonía que, no debemos olvidarlo, se está repitiendo hoy de nuevo y mañana también en tantas otras prisiones en nuestro triste y anónimo planeta, ahora mismo un hombre se aproxima con sus manos omnipotentes a otro ser humano enteramente desamparado.

¿Tanto miedo tenemos?

¿Tanto miedo que estamos dispuestos a permitir que otros perpetúen, en nuestro nombre y con nuestro pleno conocimiento, actos de terror que han de corroer y corrompernos por toda la eternidad?

Fuente: *El País*, España, 7 de mayo de 2004.

Otra perspectiva

En la última década, el tema ha generado intensas discusiones. Existe la posición de quienes justifican el uso ocasional de la tortura si la información así obtenida puede, potencialmente, salvar vidas, pero también hay una posición más 'legalista,' por así decir. Por ejemplo, Alan Dershowitz, profesor de derecho de la Universidad de Harvard, en su libro *Why Terrorism Works*, sostiene que en lugar de usar la tortura en forma clandestina, o trasladar a los detenidos a países donde pueden ser torturados, sería mejor que hubiera un método "legal" para torturar a los denominados "terroristas de bomba de tiempo."

En esos casos el detenido tendría la opción de evitar la tortura dando la información que se le pide pero sabría que si no lo hace hay una autorización legal para torturarlo. Es un argumento contrario a la Declaración Universal de Derechos Humanos pero basado en un pragmatismo extremo: la tortura es inmoral pero ya que de todos modos va a ser usada es mejor que lo sea dentro del marco legal.

Actividades post-lectura

I. Comprensión

1. ¿Cuál es el dilema que Iván le plantea a Alyosha en la novela de Dostoievski? ¿Cuál es el dilema que la persistencia de la tortura plantea hoy?

2. ¿Qué regímenes, según Dorfman, toleran la tortura? ¿Qué objetivos se trata de defender con el uso de la tortura?

3. Dorfman habla de una "pregunta más turbia" y de "una pregunta más urgente," ¿cuáles son esas preguntas? ¿Por qué llama a la primera "turbia" y a la segunda "urgente"?

II. Discusión (en grupos de 4)

1. Respondan a las preguntas de Iván Karamazov y de Ariel Dorfman. ¿Piensan que en algún caso es tolerable la tortura? Traten de imaginar en qué caso o casos Uds. consentirían el uso de la tortura. Expliquen en qué principios morales, políticos, religiosos o filosóficos basan Uds. sus respuestas.

2. ¿Es la tortura psicológica tan grave, más grave o menos grave que la tortura física? ¿Por qué? ¿Es la humillación de los cautivos o detenidos una forma de tortura o no? Justifiquen sus respuestas.

3. ¿Qué opinan de la propuesta de Alan Dershowitz sobre la tortura? Analicen los distintos aspectos de la misma y evalúenlos.

4. ¿Creen Uds. que debe haber normas internacionales, aplicables por organizaciones supra-nacionales, en los casos de tortura o debe dejarse a la jurisdicción de cada país? Expliquen por qué sí o por qué no.

Junta militar, Chile, 1973

Estadio Nacional (fragmentos del documental dirigido, Chile, 2001)

Carmen Luz Parot

Los estudiantes deben mirar tres escenas de la película antes de realizar las actividades que se detallan más abajo. Pueden acceder a las mismas en los siguientes sitios:

> Primera parte: http://www.youtube.com/watch?v=E7sFMjB1Sy8
> Séptima parte: http://www.youtube.com/
>   watch?v=ooFhBQRMQdY
> Octava parte: http://www.youtube.com/
>   watch?v=Wa3VLMa03xM

Introducción

Después del golpe de estado del 11 de septiembre de 1973, el gobierno militar chileno inició una persecución atroz de los aliados del gobierno del derrocado presidente socialista Salvador Allende. Se ofrecieron recompensas por la captura de los "traidores." Miles de personas fueron arrestadas y transportadas al Estadio Nacional de Santiago, donde un gran número de detenidos fueron muertos o torturados. Los ex-prisioneros que aparecen en estas escenas son Juan Sepúlveda, Alberto "Gato" Gamboa, Adolfo Cozzi y Vladimiro Mimica.

Glosario

gallo (Chile, coloquial): tipo, hombre, muchacho, *guy*

La Legua: población ubicada al sur de Santiago de Chile; fue un foco importante de resistencia al golpe militar encabezado por Augusto Pinochet el 11 de septiembre de 1973

Actividades para después de ver las escenas

I. Comprensión

Contesten, en parejas, las siguientes preguntas:

1. Después de ver estos fragmentos del documental, ¿qué información han adquirido sobre lo que ocurrió en el Estadio Nacional de Santiago de Chile después del golpe militar? ¿Sabían Uds. algo de esto antes de ver el video?
2. Según Adolfo Cozzi, ¿por qué lo detuvieron? ¿Qué le pedían los militares para dejarlo ir a su casa?
3. ¿Qué funciones tenían los médicos en el estadio?
4. En la parte octava, el "Gato" Gamboa explica que en una oportunidad, antes de un interrogatorio, escuchó lo que decía uno de los soldados. ¿Qué es lo que escuchó y por qué le resultó sorprendente?
5. En estos segmentos del video, que están casi totalmente cubierto por relatos de crueldad, hay una referencia a un acto de compasión. Expliquen brevemente en qué consistió tratando de usar las palabras que puedan comprender y no una traducción de los subtítulos.

6. Gamboa dice, "Cuando caminaba hacia el velódromo lo
    hacía con sus propios pies; de vuelta ya no existía ninguna
    seguridad." ¿Por qué?

II. Análisis y discusión (en grupos de 3 o 4)

1. ¿Cuál de los testimonios que han escuchado les resultó más
    fuerte o les causó más impacto y por qué?
2. Casi al final de la octava escena, Juan Sepúlveda, con la voz
    quebrada, hace una pregunta. ¿Cómo creen Uds. que se
    puede contestar esa pregunta?

Actividades pre-lectura

Contesten las preguntas y analicen las cuestiones que se presentan a
continuación (en grupos de 3)

Béisbol

1. ¿Tienen experiencia de haber jugado en un equipo de béis-
    bol? Compartan con sus compañeros/as de grupo algunos
    momentos que recuerden de los partidos de béisbol que
    jugaron. Si no jugaron al béisbol, ¿en qué deportes partici-
    paron? ¿Qué factores los ayudaron a elegir un deporte en la
    escuela?
2. Béisbol es considerado el deporte estadounidense por ex-
    celencia. ¿Por qué? ¿Qué creen Uds. que le da al béisbol su
    lugar especial? ¿Les gusta ver partidos de béisbol en vivo o
    en televisión?
3. Si tuvieran que explicarle a una persona extranjera que no
    sabe nada de béisbol qué es, en opinión de Uds., lo más y lo
    menos atractivo de este deporte, ¿qué le dirían?

La responsabilidad de los padres

1. Se oye frecuentemente a los padres decir que apoyarían a
    sus hijos o hijas en cualquier circunstancia, aunque fueran

criminales. ¿Creen que los padres deben proteger a sus hijos aunque sepan que cometieron un delito o crimen? Si se enteran que los hijos hicieron algo ilegal, ¿deben informar a la policía? Si lo saben pero no los denuncian, ¿deben ser considerados responsables de encubrimiento o es humanamente comprensible y no deben ser castigados?

2. Si un hijo o hija adolescente comete un delito o crimen, como por ejemplo en los casos conocidos de tiroteos en una escuela, ¿se debe considerar responsables en alguna medida a los padres? Expliquen y discutan sus opiniones.

El centerfielder

Sergio Ramírez

Sergio Ramírez es un escritor y periodista nicaragüense. Activo en política desde su juventud, en 1977 lideró el llamado Grupo de los 12, un grupo de intelectuales, sacerdotes, hombres de negocios y miembros de la sociedad civil, que manifestaron públicamente su apoyo al Frente Sandinista de Liberación Nacional en su lucha contra la dictadura de Anastasio Somoza. Fue vicepresidente del país en el periodo 1985-1990. *El centerfielder* narra la historia de un jugador de béisbol ejecutado por la policía política del país, que lo acusa de subversivo.

[Antes de leer esta selección, ver la nota sobre el voseo en el capítulo 1.]

El foco[1] pasó sobre las caras de los presos una y otra vez, hasta que se detuvo en un camastro[2] donde dormía de espaldas un hombre con el torso desnudo, reluciente de sudor.

—Ese es, abrí— dijo el guardia asomándose por entre los barrotes.[3]

---

1. lámpara de luz muy potente
2. cama pobre y desordenada
3. barras metálicas

Se oyó el ruido de la cerradura herrumbrada[4] resistiéndose a la llave que el carcelero usaba amarrada a la punta de un cable eléctrico, con el que rodeaba su cintura para sostener los pantalones. Después dieron con la culata del garand[5] sobre las tablas del camastro, y el hombre se incorporó, una mano sobre los ojos porque le hería la luz del foco.

—Arriba, te están esperando.

A tientas comenzó a buscar la camisa; se sentía tiritar[6] de frío aunque toda la noche había hecho un calor insoportable, y los reos[7] estaban durmiendo en calzoncillos,[8] o desnudos. La única hendija en la pared estaba muy alta y el aire se quedaba circulando en el techo. Encontró la camisa y en los pies desnudos se metió los zapatos sin cordones.

—Ligerito— dijo el guardia.

—Ya voy, que no ve.

—Y no me bostiqués palabra,[9] ya sabés.

—Ya sé qué.

—Bueno, vos sabrás.

El guardia lo dejó pasar de primero.

—Caminá— le dijo, y le tocó las costillas con el cañón del rifle. El frío del metal le dio repelos.[10]

Salieron al patio y al fondo, junto a la tapia, las hojas de los almendros brillaban con la luz de la luna. A las doce de la noche estarían degollando[11] las reses en el rastro al otro lado del muro, y el aire traía el olor a sangre y estiércol.

Qué patio más hermoso, para jugar béisbol. Aquí deben armarse partidos entre los presos, o los presos con los guardia francos.[12] *La barda*[13] *será la tapia, unos 350 pies desde el home hasta el center-field. Un batazo*[14] *a esas profundidades habría que fildearlo corriendo hacia*

---

4. oxidada, *rusty*
5. parte posterior del rifle semi-automático (Garand o US rifle, Caliber .30 M1)
6. temblar
7. persona acusada de un delito o crimen
8. ropa interior masculina
9. no me digas ni una palabra
10. repugnancia
11. cortando el cuello de los animales
12. fuera de servicio
13. pared o cerca que rodea una propiedad
14. golpe con el bate de béisbol

*los almendros, y después de recoger la bola junto al muro el cuadro se vería
lejano y la gritería pidiendo el tiro se oiría como apagada, y vería el corredor
doblando por segunda cuando de un salto me cogería de una rama y con
una flexión me montaría sobre ella y de pie llegaría hasta la otra al mismo
nivel del muro erizado de culos de botellas[15] y poniendo con cuidado las
manos primero, pasaría el cuerpo asentando los pies y aunque me hiriera al
descolgarme al otro lado caería en el montarascal[16] donde botan la basura,
huesos y cachos, latas, pedazos de silletas, trapos, periódicos, animales muertos y después correría espiándome en los cardos, caería sobre una corriente
de agua de talayo[17] pero me levantaría, sonando atrás duras y secas, como
sordas, las estampidas de los garands.*

—Páreseme allí. ¿A dónde creés vos que vas?

—Ideay, a mear.[18]

—Te estás meando de miedo, cabrón.

*Era casi igual la plaza, con los guarumos[19] junto al atrio de la iglesia
y yo con mi manopla patrullando el centerfield, el único de los fielders que
tenía una manopla de lona era yo y los demás tenían que coger a mano
pelada, y a las seis de la tarde seguía fildeando aunque casi no se veía pero
no se me iba ningún batazo, y sólo por su rumor presentía la bola que venía
como una paloma a caer en mi mano.*

—Aquí está, capitán— dijo el guardia asomando la cabeza por
la puerta entreabierta. Desde dentro venía el zumbido del aparato
de aire acondicionado.

—Métalo y váyase.

Oyó que la puerta era asegurada detrás de él y se sintió como
enjaulado en la habitación desnuda, las paredes encaladas,[20] sólo un
retrato en un marco dorado y un calendario de grandes números
rojos y azules, una silueta en el centro y al fondo la mesa del capitán. El aparato estaba recién metido en la pared porque aún se veía
el repello[21] fresco.

---

15. parte superior de un muro cubierto de pedazos de botellas rotas para
evitar que alguien salte encima

16. monte espeso

17. agua jabonosa y sucia que queda después de lavar

18. orinar

19. tipo de árbol

20. pintadas con cal

21. reparación en la pared rellena con *plaster*

—¿A qué horas lo agarraron?— dijo el capitán sin levantar la cabeza.

Se quedó en silencio, confundido, y quiso con toda el alma que la pregunta fuera para otro, alguien escondido debajo de la mesa.

—Hablo con usted, o es sordo: ¿A qué horas lo capturaron?

—Despuecito de las seis, creo— dijo, tan suave que pensó que el otro no lo había escuchado.

—¿Por qué cree que despuecito de las seis? ¿No me puede dar una hora fija?

—No tengo reloj, señor, pero ya había cenado y yo como a las seis.

Vení cená, me gritaba mi mamá desde la acera. Falta un inning, mamá, le contestaba, ya voy. Pero hijo, no ves que ya está oscuro, qué vas a seguir jugando. Si ya voy, sólo falta una tanda, y en la iglesia comenzaban los violines y el armonio a tocar el rosario, cuando venía la bola a mi manos para sacar el último out y habíamos ganado otra vez el juego.

—¿A qué te dedicás?

—Soy zapatero.

—¿Trabajás en taller?

—No, hago remiendos[22] en mi casa.

—Pero vos fuiste beisbolero, ¿verdad?

—Sí fui.

—Te decían "Matraca"[23] Parrales, ¿verdad?

—Sí, así me decían, era por mi modo de tirar a home, retorciendo el brazo.

—¿Y estuviste en la selección que fue a Cuba?

—Sí, hace veinte años, fui de centerfielder.

—Pero te botaron.[24]

—A la vuelta.

—Eras medio famoso con ese tu tiro a home que tenías. Iba a sonreírse pero el otro lo quedó mirando con ira. La mejor jugada fue una vez que cogí un fly en las gradas del atrio, de espaldas al cuadro metí la manopla y caí de bruces en las gradas con la bola atrapada y me sangró la lengua pero ganamos la partida y me llevaron en peso a mi casa y mi mamá echando las tortillas, dejó la

22. arreglos
23. *rattle*
24. te echaron

masa y se fue a curarme llena de orgullo y de lástima, vas a quedarte burro pero atleta, hijo.

—¿Y por qué te botaron del equipo?

—Porque se me cayó un fly y perdimos.

—¿En Cuba?

—Jugando contra la selección de Aruba; era una palomita que se me zafó de las manos y entraron dos carreras, perdimos.

—Fueron varios los que botaron.

—La verdad, tomábamos mucho, y en el juego, no se puede.

—Ah.

"Permiso" quería decir, para sentarme, porque sentía que las canillas se le aflojaban, pero se quedó quieto en el mismo lugar, como si le hubieran untado pega en las suelas de los zapatos.

El capitán comenzó a escribir y duró siglos. Después levantó la cabeza y sobre la frente le vio la roja señal del kepis.

—¿Por qué te trajeron?

Sólo levantó los hombros y lo miró desconcertado.

—Ajá, ¿por qué?

—No— respondió.

—No, qué.

—No, no sé.

—Ah, no sabés.

—No.

—Aquí tengo tu historia— y le mostró un fólder—, puedo leerte algunos pasajes para que sepás de tu vida— dijo poniéndose de pie.

Desde el fondo del campo el golpe de la bola contra el guante del catcher se escucha muy lejanamente, casi sin sentirse. Pero cuando alguien conecta, el golpe seco del bate estalla en el oído y todos los sentidos se aguzan para esperar la bola. Y si el batazo es de aire y viene a mis manos, voy esperándola con amor, con paciencia, bailando debajo de ella hasta que llega a mí y poniendo las manos a la altura de mi pecho la aguardo como para hacerle un nido.

—El viernes 28 de julio a las cinco de la tarde, un Jeep Willys capota de lona, color verde se paró frente a tu casa y de él bajaron los hombres; uno moreno, pantalón kaki, de anteojos oscuros; el otro chele,[25] pantalón bluyín, sombrero de pita; el de anteojos llevaba un

_____

25. rubio

valijín[26] de la Panamerican y el otro un salbeque[27] de guardia. Entraron a tu casa y salieron hasta las diez de la noche, ya sin el valijín ni el salbeque.

—El de anteojos —dijo, e iba a seguir pero sintió necesidad de tragar una cantidad infinita de saliva —sucede que era mi hijo, el de anteojos.

—Eso ya lo sé.

Hubo otro silencio y sintió que los pies se le humedecían dentro de los zapatos, como si acabara de cruzar una corriente.

—En el valijín que te dejaron había parque[28] para ametralladora de sitio y el salbeque estaba lleno de fulminantes.[29] Ahora, ¿cuánto tiempo hacía que no veías a tu hijo?

—Meses— susurró.

—Levántame la voz, que no oigo nada.

—Meses, no sé cuánto, pero meses. Desapareció un día de su trabajo en la mecatera[30] y no lo volvimos a ver.

—¿Ni te afligiste por él?

—Claro, un hijo es un hijo. Preguntamos, indagamos, pero nada.

Se ajustó la dentadura postiza,[31] porque sintió que se le estaba zafando.

—¿Pero vos sabías que andaba enmontañado?[32]

—Nos llegaban los rumores.

—Y cuando se apareció en el Jeep, ¿qué pensaste?

—Que volvía. Pero sólo saludó y se fue, cosa de horas.— Y que le guardaran las cosas.

—Sí, que iba a mandar por ellas.

—Ah.

Del fólder sacó más papeles escritos a máquina en una letra morada. Revisó y al fin tomó uno que puso sobre la mesa.

—Aquí dice que durante tres meses estuviste pasando parque, armas cortas, fulminantes, panfletos, y que en tu casa dormían los enemigos del gobierno.

---

26. valija pequeña
27. mochila
28. municiones
29. materiales para hacer estallar explosivos
30. fábrica de cuerdas hecha con plantas, crin de caballo, etc.
31. dientes falsos
32. en las montañas, en actividades consideradas subversivas por el gobierno

No dijo nada. Sólo sacó un pañuelo para sonarse las narices. Debajo de la lámpara se veía flaco y consumido, como reducido a su esqueleto.

—Y no te dabas cuenta de nada, ¿verdad?

—Ya ve, los hijos— dijo.

—Los hijos de puta, como vos.

Bajó la cabeza a sus zapatos sucios, la lengüeta suelta, las suelas llenas de lodo.[33]

—¿Cuánto hace?

—¿Qué?

—¿Que no ves a tu hijo?

Lo miró al rostro y sacó de nuevo su pañuelo.

—Usted sabe que ya lo mataron. ¿Por qué me pregunta? *El último inning del juego con Aruba, 0 a 0, dos outs y la bola blanca venía como flotando a mis manos, fui a su encuentro, la esperé, extendí los brazos e íbamos a encontrarnos para siempre cuando pegó en el dorso de mi mano, quise asirla en la caída pero rebotó y de lejos vi al hombre barriéndose en home y todo estaba perdido, mamá, necesitaba agua tibia en mis heridas porque siempre vos lo supiste, siempre tuve coraje para fildear aunque dejara la vida.*

—Uno quiere ser bueno a veces, pero no se puede— dijo el capitán rodeando la mesa. Metió el fólder en la gaveta y se volvió para apagar el aparato de aire acondicionado. El repentino silencio inundó el cuarto. De un clavo descolgó una toalla y se la arrolló al pescuezo.[34]

—Sargento— llamó.

El sargento se cuadró en la puerta y cuando sacaron al preso volvió ante el capitán.

—¿Qué pongo en el parte?[35]— preguntó.

—Era beisbolista, así que inventate cualquier babosada[36]: que estaba jugando con los otros presos, que estaba el centerfielder, que le llegó un batazo contra el muro, que aprovechó para subirse al almendro, que se saltó la tapia, que corriendo en el solar del rastro lo tiramos.

Fuente: *El centerfielder* © Sergio Ramírez, 1969.

---

33. barro
34. cuello
35. comunicación que va a ser transmitida oficialmente
36. cosa estúpida, sin sentido

Actividades post-lectura

I. Comprensión (en parejas)

1. Tomen turnos para resumir las ideas principales de la historia: descripción del preso, narración del encuentro con el capitán, desenlace de la historia.

2. ¿Dónde se ubica la acción? ¿Qué observaciones pueden hacer sobre ese lugar?

3. ¿Cómo pueden describir al preso? Hagan referencia a rasgos físicos, su trabajo, su familia, otros datos de su biografía y lo que Uds. perciben de su carácter o temperamento.

4. ¿Qué imagina el preso cuando salen al patio? ¿Qué podría hacer en ese patio?

5. ¿Qué sabemos de su pasado de beisbolero?

6. ¿Qué ocurrió en la conversación con el capitán? ¿Qué le interesaba saber al capitán y cómo respondió el preso a sus preguntas?

7. En varias oportunidades a lo largo del cuento, el protagonista se pierde en su imaginación. ¿Qué piensa? ¿Cómo interpretan Uds. esas fantasías? ¿Qué representan para él?

8. ¿Qué sabemos de la relación del protagonista con su hijo? Expliquen lo que se deduce de las actividades del hijo y de lo que pasó con él.

9. ¿Qué decidió el capitán hacer con el preso? ¿Cómo va a comunicarlo a sus superiores?

II. Diálogos

Improvisen uno de los siguientes diálogos:

1. Dos vecinos comentan el arresto del preso, su inocencia o culpabilidad y la justicia o injusticia de su castigo.

2. Un(a) periodista que está investigando el caso del ex beisbolista entrevista al sargento para descubrir lo que sabe del caso, lo que piensa de la orden del capitán, y si siente algún remordimiento por sus acciones.

3. Cuarenta años después un(a) periodista que está investigando el caso del ex beisbolista entrevista al capitán para informarse sobre el asunto y saber si se ha arrepentido de haber mandado matar al preso.

III. Proceso legal (en grupos de 4)

Imaginen que unos años después de los sucesos del cuento, el capitán es acusado y llevado a juicio por su papel en el asesinato del ex beisbolista. Dos estudiantes toman el papel de fiscales y dos los de abogados o abogadas por la defensa.

Un problema de conciencia

Actividad basada en la novela *La larga noche de Francisco Sanctis* por Humberto Costantini.

Breve nota sobre la novela: La acción ocurre en Argentina, en 1977. Esta novela presenta en forma dramática la situación creada por la "guerra sucia" que afectaba al país, al igual que a Uruguay, Chile y Paraguay en esos años, y el problema de conciencia de su protagonista.

Francisco Sanctis se encuentra misteriosamente en poder de información que puede salvar las vidas de dos disidentes que él ni siquiera conoce. Sin embargo, salvarlos puede significar grandes riesgos personales. Él era un contador[37] apolítico al que un ligero interés en una mujer a la que había conocido en forma casual 17 años antes, una cierta nostalgia por los años de su juventud, y un sentido de decencia, llevan a involucrarse en una operación extremadamente peligrosa.

¿Qué va a hacer Francisco Sanctis? ¿Qué va a decidir? ¿Qué debe decidir?

Los temas que surgen son los de suerte, moral y coincidencias. ¿Qué debemos hacer frente a obligaciones morales que se imponen sobre nosotros por el mero accidente de estar en un

---

37. *public accountant*

cierto lugar, en un cierto momento? Éste problema es el que va
a enfrentar Francisco Sanctis a lo largo de toda la novela.

Un problema de conciencia

Ésta es la historia de un conflicto íntimo, de índole moral digamos.
Es el que sufrió el empleado administrativo Francisco Sanctis a partir de la noche del 14 de noviembre de 1977 y cuya resolución le va
a llevar 10 horas de lucha consigo mismo.

Francisco Sanctis había sido estudiante de medicina 20 años
atrás. Un joven idealista y desconforme, se había unido, allá por el
año 1957, a grupos de estudiantes que estaban luchando por un
cambio de estructuras sociales y la democratización del país. Así
conoció a Elena Vaccaro. Más tarde, problemas económicos, un
divorcio, otro casamiento y tres hijos, lo habían obligado a olvidar
todas sus inquietudes sociales y literarias y hasta a ignorar los eventos políticos que conmovían al país.

Todo empezó con el llamado telefónico de la ex-amiga Elena
Vaccaro, que había sido estudiante de Filosofía y Letras y de quien
no tenía noticias desde hacía 17 años. Ella había averiguado el número de la pequeña empresa en la que Sanctis trabajaba. Lo llamó y
le dijo que quería hablarle, que quería decirle algo personalmente.
También le dijo que tenía que ser esa misma noche. Decidieron
encontrarse en una esquina a las 8 de la noche.

Cuando Sanctis llegó a la cita, ella le pidió que hablaran en el
auto.

"Es urgente," dijo ella, "Anotá lo que te voy a dictar. Son dos
nombres y dos direcciones. . . No, en la libreta no . . . En un papel
cualquiera. Después lo aprendés de memoria y hacemos desaparecer el papelito . . . Julio Cardini . . . Alvarez Thomas 2837 . . .
segundo "C" . . . Bernardo Lipstein . . . Lacarra 4225 . . . Ahora tratá
de memorizarlo."

Sanctis los estudió y se los repitió de memoria. Ella quemó el
papelito.

Finalmente, Elena le dijo,

"Esta noche los van a ir a buscar."

"No me digas, ¿Y quién los va a ir a buscar?" pregunta Sanctis.

"Servicios de la Aeronáutica . . . Y te pido que no me preguntes nada más," responde Elena.

"Ya se sabe lo que quiere decir que a un tipo lo van a buscar los servicios de la Aeronáutica. Quiere decir secuestro, quiere decir tortura . . . y cadáver escondido por ahí o tirado desde un avión. Quiere decir lo que les está pasando a miles de tipos tal vez en este mismo momento."

"Debe ser un procedimiento de rutina . . . para investigar nomás," dice Sanctis.

"No es para investigar nomás. De eso podés estar seguro," le contesta Elena.

"Escucháme bien Sanctis. No me interesa si los conocés o no . . . Pero hay que avisarles, ¿no te das cuenta? Pueden salvarse," dice Elena. "Yo simplemente te di una información. Vos sabrás lo que podés o no podés hacer. Como te darás cuenta puede ser peligroso . . . No hay que eliminar la posibilidad de que todo sea una trampa."

Elena le explica que su marido es un oficial de la aeronáutica y que, por supuesto, los dos muchachos no tienen teléfono.

Y aquí empieza la historia. Francisco Sanctis se queda solo frente a la decisión de qué debe hacer.[38]

Organización de la actividad

1. *Antes de la clase:* Los estudiantes deben leer cuidadosamente las páginas anteriores, que contienen la información esencial del caso. El profesor/la profesora, va a asignar los roles correspondientes a la parte b (ver abajo) para que los estudiantes preparen sus argumentos con anticipación:
   a. En parejas, uno de los estudiantes representa el rol de Francisco Sanctis y otro el de Elena Vaccaro y dramatizan, sin leer, la escena de la cita a las 8 de la noche, en una esquina, y luego en el auto de ella. En el diálogo deben incluir: el encuentro, después de 17 años de no verse, el pedido de Elena, la reacción de Francisco y la despedida (los estudiantes demuestran que cono-

38. *La larga noche de Francisco Sanctis* por Humberto Costantini (Bruguera, 1984, pp. 50-55) © Herederos de Humberto Costantini

cen todos los detalles del caso, entienden la situación
y pueden utilizar el vocabulario apropiado). Tiempo:
10 minutos. Luego una o dos de las parejas repiten el
diálogo frente a la clase (5-6 minutos).

b. Durante las horas en que Francisco estaba analizando la
situación y tratando de llegar a una decisión, habló con
algunas personas en las que confíaba y les pidió consejo
sobre qué debía hacer. La clase se divide en grupos de
3 o 4 estudiantes que representan los siguientes roles:

- Francisco Sanctis
- un compañero o compañera de la facultad de medicina que estaba en el grupo político con Francisco
  cuando eran jóvenes
- la esposa de Francisco, madre de sus tres hijos
- un/a compañero/a de trabajo de Francisco (si hay
  un grupo de 4 estudiantes)

Cada uno debe dar su opinión sobre lo que cree que
debe hacer Francisco Sanctis y evalúa la lógica, la decencia y el peligro de esas acciones. Discuten y analizan las
distintas opciones y tratan de persuadir al protagonista.
Sanctis les hace preguntas, contesta, discute, propone y
analiza cada alternativa con ellos. Tiempo: 20 minutos.

c. Al cabo de los 20 minutos, los estudiantes que represen-
taron el papel de Francisco (deben ser por lo menos
2 personas), se reúnen y conversan por 5 minutos sobre
cuál es su decisión y la informan a la clase. Si no logran
ponerse de acuerdo, explican brevemente (2 minutos)
qué va a hacer cada uno y por qué.

Tema de ensayo o composición

Escriba un ensayo analizando la situación de Francisco Sanctis
desde su punto de vista. Si han realizado la actividad en clase, puede
referirse al desarrollo de la misma explicando qué argumentos de
los que se usaron en clase le parecieron más poderosos y si estuvo de
acuerdo o no con la decisión a la que se llegó, explicando por qué.

Si no hicieron la actividad en clase, lea la situación cuidadosamente y explique a qué decisión habría llegado Ud. si hubiera

estado en la situación de Sanctis. Haga referencia al tipo de razones que ha tenido en cuenta para llegar a esa conclusión; si le habría resultado una decisión difícil o no y cuáles cree que son los principios morales que están en juego. Siga las instrucciones de su profesor/a en cuanto a extensión y requisitos.

CAPÍTULO 9

La hora de los indígenas

En las últimas décadas, en América Latina se ha asistido a la movilización de numerosas naciones indígenas, reclamando el fin a siglos de explotación y marginación.

Uno de los primeros movimientos en atraer la atención internacional fue el del Ejército Zapatista de Liberación Nacional, en Chiapas, México, pero muchos levantamientos, generalmente pacíficos, han ocurrido desde los años 90 en el resto del continente. Bolivia, un país con mayoría indígena, tiene, por primera vez, un presidente indígena, Evo Morales, que fue democráticamente elegido en 2005.

Este capítulo analiza los reclamos de los nuevos movimientos indígenas, los desafíos y obstáculos para integrar las diferentes culturas indígenas en los sistemas existentes y también las críticas al nuevo indigenismo.

Los textos incluidos son:

1. Un fragmento de *Civilización y modernidad: El movimiento indígena*, que explica cuáles son los reclamos de los movimientos en la actualidad y en qué consiste el proyecto político del estado plurinacional.

2. *La nueva Constitución Boliviana y algunos desafíos del sistema plurinacional*, es una nota aclaratoria breve sobre algunos de los obstáculos al sistema plurinacional.

3. *Algunas críticas a los movimientos indígenas*, resume los argumentos usados más frecuentemente en rechazo de los reclamos de estos movimientos.

4. Una guía para analizar el documental *El sexto sol: Rebelión maya en Chiapas* (1995, producido en Estados Unidos por ITVS y filmado en México), que presenta el levantamiento indígena en Chiapas de 1994 en el contexto de la historia mexicana y de los cambios producidos por la globalización.

5. El poema "No te rías de un colla," por Fortunato Ramos (en la red se puede ver a un niño colla recitándolo).
6. Autonomía y poder político. Un plan de debate o panel de discusión.

Materiales y actividades en la red

En esta unidad hay una lectura, un ejercicio de comprensión auditiva y una actividad de toma de decisión sobre un conflicto real entre un pueblo indígena en México, el gobierno mexicano y una empresa minera. Los estudiantes leen un resumen escrito y escuchan un reportaje televisivo sobre la propuesta de explotación minera en el territorio indígena para identificar los argumentos de las partes en conflicto.

Se incluye un ejercicio de pareo para practicar el vocabulario del tema.

Hay una actividad de expresión oral para grabar en VoiceThread, o en un método alternativo. Cada estudiante expone y justifica sus argumentos a favor o en contra del proyecto, escucha los de sus compañeros y responde a ellos expresando su acuerdo o desacuerdo.

Como actividad de composición los estudiantes escriben una carta al presidente y a la comunidad internacional expresando su postura y exhortándolo a que apoye su causa particular.

1. Actividad: *Wirikuta, entre lo sagrado y lo profano*

Vocabulario esencial

Algunas etnias indígenas sudamericanas

aymará, quechua (o kichwa), toba, mapuche, wichí (o mataco)

Expresiones que se usan para referirse a la gente indígena:

americanos raizales (derivado de *raíz; root*): americanos originarios o nativos

etnias originales: grupos étnicos nativos u originarios de las Américas

pueblos originarios: los pueblos indígenas que preexistían la llegada de los conquistadores europeos

En el vocabulario a continuación no se incluyen las definiciones de aquellas palabras que los estudiantes pueden reconocer con facilidad porque su significado, ortografía y pronunciación son similares a su equivalente en inglés.

asimilación

autóctono/a (adj.): nativo/a, originario/a

la barbarie: ausencia de civilización, calidad de bárbaro (*"civilización y barbarie son los polos de oposición que presenta Vargas Llosa en su crítica"*)

cohesión

colectivismo: en general, un sistema que pone el énfasis en un grupo, en oposición al individualismo

combatir: luchar contra algo o alguien (*"es necesario combatir la exclusión de los indígenas"*)

comunal: que se relaciona con la comunidad; comunitaria/o

desafío: reto, *challenge*

descentralización

equidad: igualdad, justicia en la distribución de bienes y derechos

escisión: separación (*"Algunos países sufren el peligro de escisión entre distintas etnias"*)

espíritu de tribu: tribalismo, rechazo de lo que no pertenece al grupo

exclusión: acción de excluir o sacar a alguien o algo de un lugar o de mantenerlo fuera de ese lugar. Su antónimo es **inclusión**

excluyente: Se dice de una persona o acción que tiene el efecto de excluir. Su antónimo es **incluyente**

herencia: bienes, rasgos culturales, económicos, etc., que pasan a generaciones posteriores; *heritage*

indigenismo: movimiento cuyo objetivo es la revalorización de las culturas indígenas y el logro de derechos políticos, sociales y económicos para los pueblos originarios

indignar: causar indignación

iniquidad: falta de equidad; injusticia (*"si hay iniquidad no podemos estar tranquilos"*)

inserción: incorporación

interétnica: entre distintas etnias

interculturalidad: relación entre distintas culturas

levantamiento: insurrección (*"hubo un levantamiento indígena en Ecuador en el año 2000"*)

marginación: acción de poner a alguien o algo al margen, de no incluir (en el sistema social, político, económico o cultural, por ejemplo)

movilización

protesta

raíz (*fig.*): causa u origen de algo; *root*

reto: ver **desafío**

rivalidad: competencia

reivindicación: acción de reclamar o exigir algo a lo que se cree tener derecho. Sinónimos: **reclamo**, **demanda**

resurgimiento: renacimiento, reaparición

viable: que tiene probabilidad de sobrevivir, funcionar o mantenerse. Su antónimo es **inviable**

zapatistas: Se refiere a los miembros del Ejército Zapatista de Liberación Nacional (EZLN), un movimiento revolucionario de base indígena que actúa en el sur de México y que adquirió trascendencia internacional en 1994. El nombre deriva de Emiliano Zapata, uno de los líderes de la revolución mexicana y de la resistencia campesina.

Actividad pre-lectura

En grupos de 3 o 4, contesten las siguientes preguntas:

1. ¿Han tenido oportunidad de contacto con individuos o grupos de indígenas latinoamericanos? Expliquen las circunstancias y qué observaciones pudieron hacer. ¿Han interactuado con americanos nativos en los Estados Unidos? ¿Qué pueden comentar sobre esa experiencia?

2.   ¿Qué saben Uds. de las cuestiones, problemas, logros y reclamos de los pueblos originarios en las Américas (norte, central y sur)?

Civilización y modernidad: El movimiento indígena (selección)

Mónica Bruckmann

Mónica Bruckmann es una socióloga peruana, doctorada en ciencia política por la Universidad Federal Fluminense (Brasil) e investigadora de la Cátedra y Red UNESCO/UNU sobre economía global y desarrollo sustentable.

El movimiento indígena latinoamericano

El movimiento indígena es quizás uno de los elementos más transformadores de esta densa realidad latinoamericana contemporánea. . . . [S]e construye como un movimiento social de dimensión regional con un profundo contenido universal y una visión global de los procesos sociales y políticos mundiales. Al mismo tiempo, ha dejado de ser un movimiento de resistencia para desarrollar una estrategia ofensiva de lucha por el gobierno y el poder, especialmente en la región andina de América del Sur. A partir de una profunda crítica y ruptura respecto a la visión eurocéntrica, a su racionalidad, a su modelo de modernidad y desarrollo inserto en la estructura de poder colonial, el movimiento indígena latinoamericano se plantea como un movimiento civilizatorio, capaz de recuperar el legado histórico de las civilizaciones originarias para re-elaborar, no una, sino varias identidades latinoamericanas; no una forma de producir conocimiento, sino todas las formas de conocimiento y producción de conocimiento que han convivido y resistido a más de quinientos años de dominación. . . .

El movimiento indígena como unidad geográfica e histórica

. . . En el caso América del Sur, el movimiento indígena se construye en el espacio geográfico donde se desarrolló la civilización inca y las varias civilizaciones que la precedieron, ocupando los territorios de Ecuador, Colombia, Perú, Bolivia, Chile y Argentina. Quinientos años de colonización no fueron suficientes para desarticular una unidad histórica y civilizatoria, como fue el "Tawantinsuyo"[1] de los incas, y su profundo arraigo en un espacio geográfico específico: los Andes. Los Estados nacionales conformados a partir del siglo XIX con las guerras independentistas no sustituyeron las profundas raíces históricas de los pueblos indígenas, que se reconocen quechuas, aymaras o mapuches, antes que bolivianos, peruanos o ecuatorianos.

. . . [Durante] el Foro Social Mundial de Belén, [Brasil], en enero de 2009, las organizaciones y redes indígenas ahí reunidas emitieron una declaración llamando a la más amplia unión para articular alternativas a la "crisis de civilización occidental capitalista." Entre los principales ejes movilizadores de este llamado están:

La tierra como fuente de vida y el agua como derecho humano fundamental

Descolonización del poder y el autogobierno comunitario

Los Estados plurinacionales

La autodeterminación de los pueblos

La unidad, equidad y complementariedad de género

El respeto a las diversas espiritualidades

Liberación de toda dominación o discriminación racista, etnicista o sexista

Las decisiones colectivas sobre la producción, mercados y la economía

La descolonización de las ciencias y tecnologías

Por una nueva ética social alternativa a la del mercado

El Estado plurinacional como proyecto político

La plurinacionalidad, planteada como bandera política por el movimiento indígena de los años 90, ha sido asumida por las fuerzas progresistas de países como Bolivia y Ecuador, lo que ha permitido un

---

1. imperio de los incas

amplio movimiento político y social capaz de aprobar en plebiscitos nacionales, o a través de asambleas constituyentes, esta nueva forma política e institucional de Estado. . . . Este nuevo modelo de Estado es profundamente incluyente. Basado en el principio de "unidad en la diversidad," reconoce la existencia de múltiples nacionalidades, culturas, lenguas, religiones, y formas de espiritualidad. Incorpora las formas comunales de organización y autoridad en la propia institucionalidad del Estado, constituyendo una experiencia política absolutamente nueva en la región.

La constitución boliviana, recientemente aprobada por plebiscito nacional, establece en su primer artículo:

> Bolivia se constituye en un Estado Unitario Social de Derecho Plurinacional Comunitario, libre, independiente, soberano, democrático, intercultural, descentralizado y con autonomías. Bolivia se funda en la pluralidad y el pluralismo político, económico, jurídico, cultural y lingüístico, dentro del proceso integrador del país.

La tierra que nos acoge

La histórica lucha de los indígenas latinoamericanos por la tierra no sólo tiene que ver con la recuperación de un medio de producción fundamental que les fue violentamente expropiado desde los primeros momentos de la colonización europea hace más de quinientos años. La tierra tiene un sentido muy profundo en la cosmovisión y en la forma misma de existencia de los pueblo indígenas: ella es la "madre que nos acoge" o "Pachamama," el espacio donde la vida se crea y se recrea. En la visión indígena, el hombre debe "criar a la madre tierra y dejarse criar por ella." Esta relación profunda entre el hombre y la tierra como fuente de vida se contrapuso radicalmente a la visión del colonizador que veía la tierra como objeto de posesión y espacio de saqueo y extracción de metales y piedras preciosas, objeto de depredación. Estas visiones contrapuestas produjeron enormes tensiones y sufrimientos en los pueblos indígenas de nuestro continente, pues fue justamente la mano de obra indígena la que sustentó la minería en las colonias, que permitió la acumulación de capital que sustentó la hegemonía portuguesa y española en el sistema mundial. El trabajo esclavo en las minas fue uno de los principales mecanismos de exterminio de la poblaciones indígenas en nuestro continente.

Después de varios siglos de resistencia, el movimiento indígena contemporáneo recupera el sentido fecundo de su relación con la tierra, exigiendo el respeto a ésta como fuente de vida. Se trata entonces de preservar la tierra, el medio ambiente en que vivimos, el espacio donde nuestros hijos nacen y crecen, donde la flora y fauna nativa debe ser aprovechada por el hombre con un sentido de respeto y preservación. Esta postura ecológica, que corresponde a una visión milenaria del mundo, coloca al movimiento indígena latinoamericano en una posición de vanguardia planetaria, que levanta banderas universales para la sobrevivencia de la humanidad y del planeta, que exige que la extracción de recursos naturales y energéticos se realice sin depredar la tierra y favoreciendo principalmente a las poblaciones que viven en los territorios donde estos recursos se encuentran.

De esta manera, la vida y el ser humano se elevan a la condición de valores fundamentales para la organización de la sociedad y de un nuevo modelo de desarrollo y proyecto colectivo de futuro, sintetizado en el principio indígena del "buen vivir."

Fuente: Extracto de "Civilización y modernidad: El movimiento indígena," por Mónica Bruckmann, publicado en ALAI (América Latina en Movimiento), el 8 de marzo de 2009, http://alainet.org/active/32149.

La nueva Constitución Boliviana y algunos desafíos del sistema plurinacional

La nueva Constitución boliviana en efecto desde el año 2009, representa un cambio muy importante con relación a las constituciones anteriores ya que es la primera vez que se intenta incorporar las distintas visiones del mundo de las naciones indígenas a la vida boliviana.

La Constitución promete respetar los sistemas de educación y de salud y garantiza la provisión de servicios públicos en cualquiera de los 36 idiomas oficiales del Estado. Además se intenta establecer

el estado plurinacional en el derecho y en los sistemas electorales, lo que es en sí mismo muy complicado.

Derecho plurinacional

La Constitución acepta el principio del "pluralismo legal," que permite la existencia en el país de múltiples sistemas legales con igual jerarquía: al sistema legal existente, ordinario, se le agrega el "originario," que es una colección de leyes basadas en las costumbres y creadas por los pueblos indígenas.

Los sistemas judiciales indígenas instituyen una forma de justicia comunitaria que promueve decisiones públicas justas que puedan mejorar la comunidad. Por ejemplo, cuando el castigo es un servicio comunitario, puede consistir en hacer ladrillos de barro para construir una nueva escuela. Está basada en la idea de que una de las mejores formas de prevenir crímenes futuros es el control social.

Es obvio que pueden surgir conflictos entre la jurisdicción "ordinaria" y la "originaria," que representan dos visiones del mundo que a veces son contradictorias. Es posible, por ejemplo, que el acusado y el demandante provengan de territorios distintos o etnias diferentes. Cada uno podría apelar a diferentes tribunales de justicia y ambos tribunales podrían reclamar legitimidad en el caso.

El tema del tratamiento de la tierra y el medio ambiente también entra frecuentemente en colisión con los objetivos de desarrollo económico capitalista en un sistema globalizado.

Estos son algunos de los grandes desafíos que enfrenta el intento de incorporar en el sistema de un país las distintas culturas, idiomas, principios e interpretaciones del mundo de muchas naciones diferentes que comparten el territorio. Y es por esto que el experimento boliviano es seguido con mucha atención, especialmente en América Latina.

Algunas críticas a los movimientos indígenas

El movimiento indigenista tiene también sus detractores. Algunos de los argumentos que se han usado para criticar las movilizaciones indígenas ocurridas a partir de la década de los años 90, son los siguientes:

1. El desarrollo y la civilización son incompatibles con el colectivismo que proponen los indígenas, por ejemplo con sus reivindicaciones de la propiedad comunitaria.
2. El indigenismo en América Latina está provocando desorden político y social, levantándose contra el orden existente, aún contra gobiernos democráticos.
3. En realidad, los movimientos indígenas son excluyentes de todos los no-indígenas. Rechazan la civilización europea y la modernidad.
4. Si los movimientos indígenas triunfan, países como Bolivia, Perú, Ecuador, van a volver al atraso y corren el peligro de desintegrarse, fragmentándose entre las distintas etnias.
5. Es posible ver este conflicto entre los descendientes de europeos y las naciones indígenas, como un conflicto entre civilización y barbarie.
6. Se ha romantizado la cultura e historia de los indígenas, ignorando la violencia, guerras, sacrificios humanos y brutalidad que caracterizaron a las civilizaciones inca o azteca, por ejemplo.

Actividades post-lectura

I. Comprensión

Después de leer el artículo de Mónica Bruckmann, en parejas, contesten las siguientes preguntas:

1. ¿Cuáles son algunas de las características de los nuevos movimientos indígenas?
2. ¿Cuáles son los principales reclamos?
3. ¿Qué significa, en opinión de Uds., "articular alternativas a la crisis de la civilización occidental capitalista"? ¿Cuáles son ejemplos de esa crisis?
4. Evalúen lo que la autora llama "los principales ejes movilizadores" de la lucha de los pueblos indígenas. ¿Cuáles son entre estos diez principios los que les parecen prioritarios? ¿Cuáles son los que consideran más difíciles de lograr? ¿Cuáles son los más polémicos?
5. ¿Qué piensan Uds. de la declaración de pluralismos en la constitución boliviana? ¿Están de acuerdo que es algo importante para las naciones indígenas o los ven como algo problemático para la unidad de un país como Bolivia donde hay tantas etnias diferentes?
6. ¿Qué opinan de la idea de que la comunidad es la fuente de todo poder y el poder del individuo está sometido a la comunidad? ¿Debe la comunidad ser más importante que el individuo?

II. Análisis y discusión

1. En grupos de 3-4 discutan los conceptos de civilización, barbarie y colectivismo
    a. ¿En qué consiste la civilización? ¿Qué requisitos consideran Uds. indispensables para afirmar que un pueblo es "civilizado"?
    b. ¿En qué circunstancias dirían que el comportamiento de un grupo es "bárbaro," o que un cierto sistema social es un ejemplo de "barbarie"?
    c. Algunos han criticado duramente el colectivismo de algunas tribus indígenas, pero los indígenas responden

que con el colectivismo esos pueblos originarios alcanzaron muy altos niveles de desarrollo y de solidaridad social y que el sistema actual los deja morir de hambre. ¿Quién tiene razón? ¿Es necesario combatir esas tendencias colectivistas o dejarlas florecer?

El sexto sol: Rebelión maya en Chiapas

El alzamiento militar indígena en el Estado de Chiapas, México, liderado por el Ejército Zapatista de Liberación Nacional (EZLN), conmovió profundamente a Latinoamérica y tuvo repercusiones internacionales. El levantamiento se produjo el mismo día en que entraba en vigor el Tratado de Libre Comercio de Norte América (TLC o NAFTA, en inglés), el 1 de enero de 1994. Para muchos puso en evidencia la marginación secular, la pobreza y la discriminación que sufren las comunidades indígenas en América Latina y marcó una nueva etapa en la resistencia y en la lucha por la reivindicación de sus derechos. A pesar de que la insurrección fue inicialmente armada, la violencia duró muy pocos días y los zapatistas mostraron rápidamente que este movimiento era muy diferente de las guerrillas latinoamericanas de las décadas anteriores. Se las ha llamado "las guerrillas del neoliberalismo," más en lucha contra un sistema económico que a favor de una ideología determinada.

(Independent Television Service, 1995; Saul Landau, dir., en español e inglés, con subtítulos en inglés. Producción EEUU, filmado en México. Online: http://vimeo.com/5122818.)

Actividades para después de ver la película

I. Comprensión (en parejas)

1. *El sexto sol*: ¿cuál es el significado del título?
2. ¿Por qué el levantamiento ocurrió en ese lugar y tiempo?
3. Explicar en qué términos definen el conflicto los campesinos. ¿Cómo lo explican el obispo don Samuel Ruiz,

Rebelde zapatista en Chiapas, 1994

el Subcomandante Marcos, y el prisionero político Javier Elorriaga?

4. ¿Cuáles son las posiciones de los siguientes actores: el gobierno, los indígenas; los hacendados; los militares; la iglesia?

5. ¿Por qué toman el nombre "Ejército Zapatista de Liberación Nacional"?
6. ¿Cuándo y cómo se inició el movimiento zapatista?
7. ¿Por qué dice el Subcomandante Marcos que en 1986 el EZLN "deja de ser maestro y se convierte en alumno"?
8. ¿Qué relación hay entre el TLC (NAFTA) y el conflicto en Chiapas?
9. ¿Por qué Marcos la llama una "guerra absurda"?
10. ¿Qué son los "Guardias Blancas"?
11. ¿Cuáles son las ventajas de los zapatistas en la lucha contra el gobierno?
12. Marcos dice, "Nunca se nos ocurrió que la moneda no cayera." ¿Qué significa eso?
13. Explicar las referencias al artículo 27 de la Constitución mexicana.

II. Análisis (en grupos de 3)

1. ¿Notan aspectos atípicos en la organización y las acciones del movimiento zapatista?
2. ¿Cuáles eran los obstáculos para la formación de un grupo guerrillero en los años 90?
3. "El neoliberalismo es un gran actor" con su representación de "sueños falsos," según Javier Elorriaga. ¿Por qué los sueños son "falsos"? ¿Cómo explica los resultados del proyecto neoliberal? Evaluar esa explicación. ¿Cuáles son, según el Presidente Salinas, las ventajas del Tratado de Libre Comercio?
4. ¿Hay algún aspecto de la película que les resultó sorprendente o interesante? Expliquen.

III. Discusión

En grupos de 3-4 analicen y discutan estas ideas:
1. *La lucha armada es la única opción inicial.* Marcos dice: "El camino pacífico ya estaba agotado. Acababa en la cárcel o en la tumba."
2. *No es posible basar el presente político en reivindicaciones históricas de hace siglos.* Uno de los hacendados comenta, refiriéndose

a los reclamos indígenas por tierras que antes les pertenecían, "Sería como echarle la culpa a Uds. [los norteamericanos] por el territorio que le sacaron a México. No vamos a vivir de la historia."

3. *Evaluación de Marcos.* ¿Qué observaciones pueden hacer sobre Marcos en base de la película? ¿Cómo lo evaluarían? ¿Qué aspectos positivos y negativos ven en el movimiento zapatista?

4. Evalúen las afirmaciones siguientes. ¿Están más de acuerdo o más en desacuerdo con alguna de ellas? ¿Por qué?

    a. Los movimientos indígenas que están surgiendo en América Latina no tienen futuro. La lucha armada, o la movilización de grupos marginados, no pueden sostenerse simultáneamente con los procesos de globalización económica y democratización política restringida que están ocurriendo en el mundo.

    b. Los movimientos campesinos armados son los únicos que pueden establecer las bases para un debate político nacional sobre los temas de reforma agraria, justicia social, democratización y libre comercio y no van a poder ser ignorados por los gobiernos.

No te rías de un colla (poema)

Fortunato Ramos

Vocabulario

cerro: elevación de tierra no tan alta como un monte o montaña

cabra: mamífero rumiante doméstico; *goat*

oveja: hembra de ganado ovino o lanar; *sheep*

habales: tierras plantadas de habas, una planta con semillas y frutos comestibles

asno: burro

mote: maíz desgranado y cocido que se emplea como alimento

Pachamama: deidad incaica que representa a la Madre Tierra

precavido: cauto, que anticipa los riesgos

Nota: En el campo, en el lenguaje hablado, es frecuente que se haga una contracción de preposición y artículo en expresiones como "para el cerro" o "para el lado" que resultan en "pa'l cerro" y "pa'l lado." En el registro informal que se usa en el poema, se elimina la letra *d* de las palabras terminadas en *-ado*. Así la palabra *lado* se convierte en *lao* y *asustado* se convierte en *asustao*.

Actividad pre-lectura

1. En grupos de 3, comenten si alguna vez han tenido la oportunidad de encontrar a una persona indígena. Si es así, expliquen dónde y en qué circunstancias. ¿Tuvieron oportunidad de hablar con ellos? ¿Qué tipo de interacción tuvieron? ¿Cuáles son las observaciones que hicieron a primera vista? Expliquen con tanto detalle como puedan qué notaron en su vestimenta, comportamiento, actividades, etc.

2. ¿Han visto representaciones de indígenas en el cine o la televisión? ¿Qué imágenes conservan? ¿Les parece que los ayuda a entender más los particulares problemas de esos pueblos?

3. El poema que van a leer se titula "No te rías de un colla." ¿Qué piensan Uds. que puede hacer que la gente se ría de un colla o de un indígena en general? Comparen y analicen las ideas de cada uno de los miembros del grupo.

No te rías de un colla

Fortunato Ramos

Fortunato Ramos nació en 1947 en el Departamento de Humahuaca, Provincia de Jujuy, Argentina. Escritor, músico y recitador, Ramos es uno de los más importantes difusores de la cultura de la Quebrada y Puna Jujeña, región de montaña ubicada en el noroeste de Argentina, en el límite con Bolivia. Es también el autor del relato *Verónico Cruz,* que sirvió de base para el guión de la película *La deuda interna*, premiada con el Oso de Plata en el Festival Internacional de Cine de Berlín.

Un niño colla (perteneciente a un pueblo indígena que habita en el oeste de Bolivia, Chile y Argentina), llamado Eyen Federico Quispe, recitó este poema en la apertura de la edición 2013 de *Tecnópolis*, una megamuestra de ciencia, tecnología, industria y arte, al lado de la presidenta argentina Cristina Fernández de Kirchner. Es emotivo y puede ser visto en la red en YouTube (http://www.youtube.com/watch?v=YFS9LFVQXg0).

No te rías de un colla que bajó del cerro,
que dejó sus cabras, sus ovejas tiernas, sus habales yertos;[2]
no te rías de un colla, si lo ves callado,
si lo ves zopenco,[3] si lo ves dormido.

No te rías de un colla, si al cruzar la calle
lo ves correteando igual que una llama, igual que un guanaco,
asustao el runa[4] como asno bien chúcaro,[5]
poncho con sombrero, debajo del brazo.

No sobres[6] al colla, si un día de sol
lo ves abrigado con ropa de lana, transpirando[7] entero;
ten presente, amigo, que él vino del cerro, donde hay mucho frío,
donde el viento helado rajeteó sus manos y partió su callo.[8]

No te rías de un colla, si lo ves comiendo
su mote cocido, su carne de avío,[9]
allá, en una plaza, sobre una vereda, o cerca del río;
menos si lo ves coquiando por su Pachamama.[10]

---

2. rígido, tieso, áspero
3. tonto
4. hombre indio
5. arisco, bravío
6. no desprecies, no te sientas superior
7. sudando
8. dureza que se forma, por ejemplo, en las manos a causa de una lesión o por roce
9. entre gente de campo, provisión que se lleva para alimentarse durante el tiempo que se tarda en volver al pueblo
10. pensando, meditando en la Pachamama

Él bajó del cerro a vender sus cueros,
a vender su lana, a comprar azúcar, a llevar su harina
y es tan precavido, que trajo su plata,
y hasta su comida, y no te pide nada.

No te rías de un colla que está en la frontera
pa'l lao de La Quiaca o allá en las alturas del Abra del Zenta;[11]
ten presente, amigo, que él será el primero en parar las patas[12]
cuando alguien se atreva a violar la Patria.

No te burles de un colla, que si vas pa'l cerro,
te abrirá las puertas de su triste casa,
tomarás su chicha,[13] te dará su poncho, y junto a sus guaguas;[14]
comerás un tulpo[15] y a cambio de nada.

No te rías de un colla que busca el silencio,
que en medio de lajas[16] cultiva sus habas
y allá, en las alturas, en donde no hay nada,
¡así sobrevive con su Pachamama!

Fuente: Fortunato Ramos, *Costumbres, poemas y regionalismos* 13ª ed. (Editorial: Independiente, 2009).

Actividades post-lectura

I. Comprensión

1. En parejas, hagan una lista de las razones que el colla piensa que podrían provocar la risa o burla de la gente.
2. ¿De dónde vienen los collas a que alude el poema y para qué?

---

11. paso de montaña a más de 4.000 metros sobre el nivel del mar, en las provincias de Salta y Jujuy (Argentina)
12. morir
13. bebida alcohólica que resulta de la fermentación del maíz
14. niños pequeños
15. comida pobre que se prepara con harina de maíz y grasa de oveja
16. piedras a modo de mesetas llanas

3. ¿Qué cualidades de los collas se sugieren en este poema? Mencionen todas las que encuentren.

II. Análisis (en grupos de 3-4 estudiantes)

1. ¿Cómo describirían el tono del poema? ¿Qué ideas, sentimientos o emociones les provoca? Expliquen si hay versos que les parecen especialmente vívidos y fuertes y si hay algunos que les molestan y por qué.
2. ¿Creen que este poema acerca a los lectores a la realidad de los indígenas o no?
3. Si han visto el video del recitado del poema por el niño colla, comparen el efecto de escuchar el poema con el de leerlo.

III. Signos

Busquen en el poema palabras o frases que indiquen las siguientes cualidades:

estoicismo
sufrimiento
generosidad
pobreza
humildad
autosuficiencia
valentía

Autonomía y poder político: Un debate o panel de discusión

En el mundo hay cerca de 5.000 naciones que viven diluidas bajo la actual organización estatal mundial, entre ellas las tribus indígenas del continente americano. "Las poblaciones nativas están confinadas en islas dentro de un mar de estados modernos," afirmó Bernard O. Nietschmann, de la Universidad de California en Berkeley. ¿Es viable la idea de que esas naciones indígenas adquieran autonomía? ¿Deben preservar sus culturas y lenguas, generalmente diferentes de la lengua oficial del país en que viven? ¿O es mejor que se adapten a las "reglas del juego" (idioma, religión, etc.) de la mayoría?

Dividan la clase en grupos de 4 o 6 estudiantes, de los cuales la mitad va a defender la posición A y la otra mitad la posición B. Cada grupo debe buscar información y datos en la red para tratar de persuadir al otro de la verdad de sus argumentos:

Posición A: La posición de los movimientos indigenistas es insostenible en el mundo actual. La tendencia mundial es a la globalización. Las unidades pequeñas, como las naciones de las distintas etnias indígenas, no pueden autosostenerse. La lucha por la autonomía va a causar la desintegración de algunos estados nacionales y cada grupo va a ser más vulnerable y menos capaz de enfrentar las fuerzas de las corporaciones gigantescas o las grandes potencias o bloques (como la Unión Europea.) La idea de mantener las culturas primitivas de muchas tribus es contraria al progreso y además es imposible; no se puede impedir la influencia de la modernización. Los movimientos indigenistas están usando en muchos casos violencia y eso crea tensión con los grupos mayoritarios. Lo más apropiado es la asimilación, mediante la educación y las oportunidades laborales. La idea de "preservar" las culturas originarias está muchas veces motivada por el deseo de comercializarlas con fines turísticos, como lugares congelados en el tiempo.

Posición B: Los indígenas del continente americano han sufrido extraordinariamente desde la conquista española y en las etapas subsiguientes y hoy viven —en su mayoría— marginados, discriminados y en la pobreza. La única forma de lograr mejoras a su situación es organizarse. Es un error alejar a las distintas tribus de su civilización. La "adaptación" a las reglas de la mayoría va a provocar la desaparición de esas civilizaciones. Los indígenas deben obtener el reconocimiento de su igualdad política, económica y cultural. Deben poder mantener sus estructuras familiares, sus lenguas y sus cultos religiosos, lo mismo que sus modos de trabajo. El mundo no es más uniforme ahora; al contrario es multiétnico.

Temas de ensayo o composición

Investigue y escriba un informe sobre uno de los siguientes temas:

1. ¿En qué consistió la protesta por la autopista de Tipnis, en el Parque Nacional Isiboro Sécure, en Bolivia? ¿Cuáles eran los reclamos de los indígenas? ¿Cuál es la situación actual?
2. ¿Cómo es que Evo Morales, indígena y líder de los trabajadores cocaleros, llegó a ser presidente de Bolivia? ¿Cuál fue su camino al poder?

CAPÍTULO 10

Debate sobre inmigración

En las páginas siguientes van a leer textos relacionados con el tema de la inmigración de latinoamericanos, especialmente mexicanos, a Estados Unidos:

1. *Un trabajo sucio en Nueva Orleáns* refiere el caso de un inmigrante de México, y *El premio Pulitzer que es un inmigrante indocumentado* presenta el caso de un inmigrante filipino; ambos casos ilustran situaciones comunes en la vida de los inmigrantes y describen los desafíos que enfrentan

2. *Algunos datos sobre la inmigración a Estados Unidos,* ilustra algunos aspectos del perfil de los inmigrantes y su impacto económico

3. *El reto hispano* es una selección de un artículo de Samuel Huntington

4. Un fragmento de la novela *Missing (una investigación),* por Alberto Fuguet

5. Panel de discusión: un plan para la organización de un debate o panel de discusión y cinco propuestas de temas a considerar

Materiales y actividades en la red

En esta unidad hay cuatro viñetas sobre el tema de la inmigración para que los estudiantes comenten usando VoiceThread. Hay un anuncio de servicio público sobre la inmigración y el racismo con preguntas para la discusión. También se incluye un cortometraje seguido de preguntas para la discusión; un ejercicio de expresión oral para grabar en VoiceThread y un ejercicio gramatical para practicar el uso de las preposiciones.

La actividad final es redactar una seudo-biografía para que los estudiantes reflexionen y escriban sobre sus vidas y experiencias como si fueran inmigrantes y usando un número determinado de palabras y expresiones de una lista de vocabulario.

1. La inmigración en viñetas
2. Anuncio: Puertas PubliTV, S.O.S. Racismo; YouTube: http://youtu.be/3DmYMnMk9bM
3. Cortometraje: *Luciérnaga*; Dirección: Carlota Coronado; País: España; Año: 2010; Producción: Zampano Producciones; YouTube: http://youtu.be/b4tQXP4dGTw
4. Actividad: "Yo, inmigrante"

Vocabulario esencial

coyote: contrabandista (*smuggler*) de inmigrantes sin documentos que recibe dinero para ayudarlos a cruzar la frontera

derrumbar: derribar, demoler una construcción o una parte de ella

disminución: acción de hacer menor o reducir; reducción

escasez: poquedad, falta de algo

impuestos: tributos que se pagan al Estado

incremento: pequeño aumento en el valor de una variable

mano de obra: conjunto de los asalariados de un país o un sector, la fuerza de trabajo

mercado: conjunto de actividades realizadas libremente por los agentes económicos sin intervención del poder público; *market*

remesas: remisión de dinero o una cosa

valla: barrera, obstáculo o impedimento material

Inmigrantes mexicanos en la cosecha de frutillas en California

Actividades pre-lectura (en grupos de 3-4)

1. La cuestión de la reforma inmigratoria ha sido un tema importante y polémico en los últimos meses. Compartan y comenten la información que tengan al respecto.

2. ¿Qué saben de la situación actual en cuanto a inmigrantes de América Latina en Estados Unidos, tanto documentados

como indocumentados? ¿Cuántos son? ¿Qué trabajos realizan? ¿De qué países vienen?

3. Usualmente se designa a los inmigrantes que no tienen documentos para estar en el país como "inmigrantes ilegales," "inmigrantes indocumentados" o "inmigrantes no autorizados." De estas denominaciones, ¿cuál les parece más apropiada y por qué?

4. ¿Algunos de los familiares de Uds. fueron inmigrantes? Si es así, compartan con sus compañeros lo que saben de las circunstancias en que llegaron a los Estados Unidos y de cómo se establecieron en este país.

5. ¿Creen Uds. que los inmigrantes en los Estados Unidos que provienen de América Latina son diferentes en algún aspecto esencial de los inmigrantes anteriores que vinieron de Europa, como italianos, polacos, irlandeses, etc.? Si es así, expliquen los factores que consideran diferencias importantes. ¿La inmigración que viene de México tiene que ser regulada de forma diferente de la inmigración de otro origen? ¿Por qué?

Un trabajo sucio en Nueva Orleáns

David Lida

La reconstrucción de Nuevo Orleans tras el paso del huracán Katrina es, en buena medida, obra del duro trabajo de migrantes hispanos. David Lida narra esta gesta anónima a partir de la labor de uno de sus protagonistas, el operario de maquinaria pesada Víctor Ayala.

Aunque nunca se ha acostumbrado a disfrutar grandes lujos, a diferencia de muchos mexicanos, Víctor Ayala siempre ha ganado un sueldo digno. Durante 25 años ha trabajado como operador de maquinaria pesada. Pasó una década haciendo sus labores en el Distrito Federal [de México], mientras viajaba durante los fines de semana a su casa en Irapuato, que compartía con su esposa y sus tres hijos.

Tenía la existencia resuelta hasta el día, hace seis años, en que su primer hijo, que entonces tenía diecisiete, le notificó que quería

estudiar una carrera en la universidad. El sueldo de Ayala no alcanzaba, y —como muchos mexicanos más— no vio otra opción que
probar suerte del otro lado.

Actualmente Ayala se encuentra en Nueva Orleans, un soldado
en el pequeño ejército de mexicanos y centroamericanos que
participa en la tarea abrumadora de limpiar y reconstruir la ciudad,
luego de que el huracán Katrina la inundó con seis metros de agua
en agosto de 2005. Aunque ha pasado un año y medio desde el
desastre, la limpieza sigue en marcha: según los cálculos de los in-
genieros, la tarea es equivalente a deshacerse de 34 años de basura
acumulada.

Ayala, de 44 años, es bajo y macizo, con bigotes. Su cabellera es
castaña y abundante. Tiene la piel bronceada, las manos callosas y
los ojos cansados de alguien que ha pasado la vida trabajando con la
espalda al aire libre.

Antes de Katrina, Nueva Orleans tenía una población pequeña
de hispanohablantes, principalmente de Honduras y El Salvador,
más un puñado de cubanos. Según el censo de 2000, representaban
el tres por ciento, alrededor de 15.000 almas.

Pero desde el huracán, las cosas han cambiado. Casi todos los
465.000 habitantes de la urbe tuvieron que evacuarla, y sólo 181.000
han regresado. Unos treinta mil hispanos, principalmente mexicanos, han llegado para trabajar en la reconstrucción. La mayoría son
indocumentados.

La historia de Ayala —que dice que tiene permiso para
permanecer— es emblemática de los mexicanos que se encuentran
en la ciudad. Por un lado, es un testimonio de la voluntad y del
triunfo personal. Al mismo tiempo, es indicativa de la política ambi-
gua entre México y Estados Unidos, y lo conveniente que es para el
gobierno mexicano tener a millones de trabajadores del otro lado.

Después de cruzar la frontera hace seis años —como "mojado,"
admite—, Ayala encontró trabajo en Las Vegas. Con su experiencia
como operador de grúas, no fue difícil conseguir un patrón que le
facilitara el paso. Estuvo cuatro años en la ciudad de los casinos, y
después un año en Tampa, Florida, donde trabajaba para una empresa que empleaba principalmente a cubanos. Después de Katrina,
Ayala vio su oportunidad. Llegó a Nueva Orleans un mes después
del huracán.

"Al principio, fue difícil," recuerda, mientras saborea una comida en Taqueros de Coyoacán, el mejor restaurante mexicano de Nueva Orleans, en una zona de Saint Charles Avenue poco afectada por Katrina. Llegó con un grupo de compañeros cubanos de Tampa, pero al principio no encontraban nada. Ayala se sorprendió por la cantidad exorbitante de papeleo burocrático que le tocó antes de conseguir el permiso. En 1985, ayudó en el rescate de la ciudad de México después del temblor. Recuerda que allí, nada más había que subirse las mangas y trabajar.

"Vi lo peor," dice, haciendo memoria de los primeros meses en Nueva Orleans. "Las casas en las calles. Los coches en los canales." Él y los cubanos vivían en tiendas de campaña en los campamentos que montó el ejército de Estados Unidos. "Vivíamos sin agua y sin luz. Nos bañábamos en las regaderas de los campamentos y en la sacristía de una iglesia." . . .

Se han realizado reportajes sobre la victimización de los obreros foráneos en Nueva Orleans. A Ayala y sus compañeros les tocó una experiencia típica. "Trabajábamos con una empresa relacionada con la de Tampa, pero sólo nos pagaban una parte del dinero." Dice que hasta la fecha, le deben 3.500 dólares. El dueño de la firma le asegura que todavía no le ha pagado la Agencia Federal del Manejo de Emergencias[1] (la dependencia del gobierno de Estados Unidos que supuestamente está a cargo del desastre).

Debido al bajo número de ciudadanos que han regresado, y también por la falta de voluntad de muchos habitantes para participar en la limpieza, la labor neorlense representa una instancia más en que los mexicanos hacen el "trabajo sucio" que los estadounidenses, en su mayoría, no quieren hacer. Todas las mañanas, en una glorieta llamada Lee Circle, uno puede ver a grupos de latinoamericanos —a veces hay cientos— que esperan hasta que alguien los recoja para trabajar por un día. Si tienen suerte, les pagan al final de la jornada.

Al mismo tiempo que algunos estadounidenses con pocos escrúpulos se aprovechan de la situación vulnerable de los obreros, algunos mexicanos han visto una ocasión para intentar sus propias *transas*. Guillermo Peters, el chef mexicano de Taquerías de Co-

---

1. Federal Emergency Management Agency (FEMA), en inglés

yoacán, explica que, normalmente, el sueldo de un lavaplatos en el restaurante es de trescientos dólares a la semana. Ahora hay tal escasez de trabajadores, que paga quinientos. "Llegaron unos mexicanos y querían mil," comenta. "Les dije que podía conseguirles otro trabajo, para hacer una doble jornada, y así, de quinientos en quinientos, llegarían a sus mil dólares. Pero debían tanto dinero al coyote que los traía, que me rechazaron."

Después de unos meses, los compañeros cubanos regresaron a Tampa. Ayala fue el único del grupo que se quedó. Aunque durante los primeros seis meses sólo encontró empleos eventuales —"dos días acá, dos días allá"—, sabía que su destino estaba en Nueva Orleans. "Soy muy tenaz para el trabajo," explica. "Si quiero hacerlo, encuentro la manera."

Desde marzo de 2006, su tenacidad ha sido recompensada. Encontró un trabajo fijo con una empresa que recicla la basura acumulada. Él y su equipo —que incluye choferes, albañiles, los operadores de maquinaria pesada y los encargados de desechos químicos y otros materiales peligrosos— recogen la basura y la ponen en los *dumpsters* proporcionados por las autoridades.

Trabaja los siete días de la semana, de las siete de la mañana a las cinco de la tarde. A veces le toca *overtime*, y trabaja hasta las diez u once de la noche. El pago del horario normal es de veinte dólares la hora, pero, si hay que laborar horas extra, pagan treinta.

Debido al ritmo de trabajo, Ayala tiene una vida muy disciplinada. Toma café antes de irse en la mañana, y come con el equipo durante la jornada laboral. "Siempre encontramos un lugar donde haya algo, comida china o pollo," dice. En la noche cena ligero. Cuando le invité un tequila antes de cenar, lo rechazó. "No he tomado una sola copa desde marzo," explica. "Tengo que trabajar sin descanso. Si tomo, sé que no voy a llegar al trabajo al día siguiente."

La vida de Ayala es aislada. Vive en una casa desvencijada de dos pisos, donde comparte un cuarto con otro mexicano. En los otros cuartos viven los compañeros de trabajo, principalmente hondureños. Trabajan en zonas casi desérticas de la ciudad. "A veces alguien se nos ha acercado para darnos las gracias por el trabajo que hacemos," dice Martín. "A veces nos abuchean. No les podemos contestar."

Nueva Orleans, como toda la región sureña de Estados Unidos, es conocida por el racismo, particularmente de parte de los blancos contra los negros. A Ayala mismo le ha tocado un incidente de prejuicios. "Unos compañeros negros se quejaron con el jefe," dice. "Es un gringo." (Ayala distingue entre los "gringos" y los negros, como si los últimos fueran de África y no de Estados Unidos.) "No les gustaba que yo operara la maquinaria pesada, porque tengo un nivel muy bajo del inglés. Le dije que las máquinas no hablan ningún idioma, y tengo más de 20 años de experiencia."

Una de las razones por las que las casas han sido abandonadas desde el huracán estriba en que el rescate de cada una supondría o destriparlas hasta sus esqueletos, o derrumbarlas enteramente. La reconstrucción implica una inversión mínima de cincuenta mil dólares por casa. Muchos de los dueños no querían empezar hasta ver si el gobierno federal participaría económicamente en la reconstrucción. . . .

Tiene un teléfono celular, y utiliza una tarjeta económica que le permite llamar a su familia todos los días. A través de las conversaciones, se mantuvo al tanto del drama postelectoral en México, que aún estaba muy fresco cuando hicimos esta entrevista. Después de que pido su opinión de los hechos, escoge las palabras con cuidado. Aunque no se expresa a favor de ninguno de los candidatos, dice, "Soy de Guanajuato, un estado muy, muy panista.[2] Si el [Partido de Acción Nacional, o PAN] pudiera resolver los problemas del país, no estaría trabajando en Estados Unidos."

Lo importante para Ayala es que podía cumplir uno de sus sueños —aunque la experiencia es agridulce, porque lo tenía que efectuar al otro lado—. El verano pasado, su hijo se recibió como contador público. El orgullo de Ayala es evidente en su voz, aunque también la tristeza, cuando habla de la decepción que sintió por no poder asistir a la ceremonia en que su hijo se tituló. Sus ojos siguen brillando cuando habla de su hija de dieciocho años, que acaba de entrar en la Escuela de Medicina de la Universidad en Irapuato.

Se estima que durante el sexenio de Vicente Fox unos 575.000 mexicanos se fueron a buscar trabajo en Estados Unidos cada año.

---

2. partidario del Partido de Acción Nacional (PAN), un partido político mexicano de tendencia conservadora (el ex presidente Vicente Fox pertenece al PAN)

Esperando para ser contratados por un día de trabajo

Y cada año mandaron una cantidad creciente de remesas a México —quince mil millones de dólares, aproximadamente. Quizás en la próxima generación, gracias a los esfuerzos de gente como Víctor Ayala, el experto operador de maquinaria pesada, habrá más profesionistas y menos necesidad de ir al otro lado.

Fuente: David Lida, Letras Libres, no. 99, marzo de 2007, http://www .letraslibres.com/revista/convivio/un-trabajo-sucio-en-nueva-orleans.

El Premio Pulitzer que es un inmigrante indocumentado

Redacción BBC Mundo

El filipino José Antonio Vargas, al igual que millones de personas en Estados Unidos, ha vivido por años con un secreto: es un inmigrante indocumentado.

Claro que muchos podrían decir que no se trata de cualquier inmigrante sin papeles.

Vargas ganó el Premio Pulitzer de periodismo en 2008 como parte del equipo de reporteros del *Washington Post* que cubrió la matanza en la Universidad Virginia Tech en 2007.

El periodista de 30 años llegó a Estados Unidos en 1993 cuando tenía 12 años.

"Mi madre quería darme una mejor vida. Me envió a miles de millas de distancia para vivir con sus padres en Estados Unidos," relató Vargas en un artículo que escribió en el periódico [el] *New York Times* y que tituló: "Mi vida como un inmigrante indocumentado."

Cuando a los 16 años descubrió que sus abuelos habían comprado su *green card* o tarjeta de residencia permanente, decidió que "nunca le daría razones a nadie para que dudaran de que era estadounidense."

"Me convencí de que si trabajaba duro y conseguía mis objetivos, sería premiado con la ciudadanía. Sentí que podía ganármela," indicó Vargas.

18 años

Han pasado 18 años desde que llegó a Estados Unidos y, aunque admite que ha vivido el sueño americano, todavía es un inmigrante sin papeles.

Pero, después de una vida exitosa como periodista y de haber entrevistado a "la gente más famosa del país," ¿por qué decidió dar a conocer su secreto?

De acuerdo con Vargas, ha sido inspiradora la movilización de jóvenes que buscan que se materialice el proyecto de DREAM Act (siglas en inglés de la Ley para el Desarrollo, Asistencia y Educación de Menores Extranjeros) que le otorgaría estatus migratorio a más de un millón de jóvenes indocumentados, muchos de los cuales llegaron a Estados Unidos cuando eran niños.

"Se estima que hay 11 millones de inmigrantes indocumentados en Estados Unidos. No siempre somos quienes tú crees que somos. Algunos recogen fresas o cuidan a tus hijos. Otros están en la secundaria o en la universidad. Y algunos escriben artículos noticiosos que podrías leer. Crecí aquí. Ésta es mi casa. Aunque me considero

un estadounidense y considero que Estados Unidos es mi país, mi
país no me ve como uno de los suyos."

Por más de una década, Vargas consiguió diferentes trabajos
tanto de medio tiempo como de tiempo completo. Sus empleadores,
explica, muy raras veces le pedían su tarjeta de seguridad social original, que pudo obtener tras hacer el trámite con un pasaporte falso.

"No era nada fácil continuar con el engaño. Mientras más lo hacía, más impostor me sentía, la culpa se hacía más pesada y más me
preocupaba que me descubrieran. Pero, seguí haciéndolo. Tenía
que vivir y sobrevivir por mi cuenta. Decidí que esta era la manera."

Oportunidad de oro

Vargas se postuló para llevar a cabo pasantías en diversos periódicos
como *Wall Street Journal, Boston Globe* y *Chicago Tribune.*

Cuando *Washington Post* le ofreció una oportunidad en su sala
de redacción, el periodista no dudó en continuar con su estrategia
para sobrevivir, pese a que una nueva barrera legal se le había pre-
sentado: le pedían la licencia de conducir.

Tras encontrar la manera de obtenerla en 2003, Vargas contaba
con un documento que le permitía viajar, trabajar y desplazarse sin
mayores dificultades.

Después de cuatro meses de trabajar como reportero para *Washington Post*, Vargas —relata en su artículo— empezó a sentir una
creciente "paranoia," era como si tuviera la frase "inmigrante ilegal"
tatuada en la frente. Le preocupaba que sus colegas periodistas
pudieran descubrir su secreto.

Pero nadie lo descubrió. De hecho fue él quien decidió confe-
sarle la verdad a su editor y mentor Peter Perl.

La verdad

Según Vargas, Perl le dijo que lo entendía y que le recomendaba
esperar un poco antes de decírselo a las instancias superiores del
periódico.

"Vargas reveló que compartió su secreto con un editor [del]
Post, Peter Perl. . . . Perl, sin embargo, no compartió esa informa-

ción con sus superiores. Él se negó a hacer comentario alguno el miércoles," escribe *Washington Post* en un artículo publicado el jueves en el que ofrece la respuesta oficial a la revelación de su ex empleado.

Washington Post decidió no publicar el caso de Vargas, pese a que el periodista les ofreció, en marzo, un artículo sobre su historia personal y migratoria.

El editor ejecutivo Marcus Brauchli mató la historia varios días antes de la fecha pautada para su publicación. "Hicimos un análisis concienzudo (que nos llevó a decidir) no publicar la historia. . . . Sabíamos que José llevaría su caso a otra parte y no nos sorprende que halló un lugar para publicar su interesante relato," señala el artículo [del] *Washington Post*.

Ese lugar fue *New York Times*, que se encargó de reproducir una confesión con la que se pueden identificar millones.

Fuente: BBC Mundo, 23 de junio de 2011, http://www.bbc.co.uk/mundo/ noticias/2011/06/110623_jose_vargas_inmigrante_ilegal_mr.shtml.

Algunos datos sobre la inmigración a Estados Unidos

- La brusca caída en el número de inmigrantes indocumentados que acompañó a la Gran Recesión ha tocado fondo y el número puede estar volviendo a subir. En marzo de 2012 había un número estimado de 11.700.000 de inmigrantes no autorizados viviendo en los Estados Unidos.
- Dos tercios de los inmigrantes mexicanos documentados no son ciudadanos de Estados Unidos.
- Los seis estados en los que viven el 60% de los inmigrantes indocumentados son California, Florida, Illinois, Nueva Jersey, Nueva York y Texas.
- Los hispanos son el 17% de la población total de Estados Unidos y el 24% de la población de menores de 18 años. De estos últimos, la enorme mayoría son ciudadanos nacidos en Estados Unidos y por lo tanto automáticamente tienen el derecho de voto.

- De acuerdo a su origen, los cinco grupos mayores de inmigrantes hispanos son mexicanos, portorriqueños, salvadoreños, cubanos y dominicanos.

- Por primera vez, la proporción de hispanos graduados de la escuela secundaria que se inscribieron en la universidad (49%) superó a la de blancos no hispanos (47%).

- Los hispanos constituirán tres cuartos del crecimiento de la mano de obra en el país entre 2010 y 2020, de acuerdo a proyecciones del Bureau of Labor Statistics. Una razón importante es que la población hispana está creciendo rápidamente gracias a la tasa de nacimientos y a la inmigración. Al mismo tiempo, el envejecimiento de la población blanca no hispana se espera que reduzca su número en la fuerza de trabajo.

- Aproximadamente dos tercios (63%) de los inmigrantes adultos indocumentados han vivido en el país al menos por 10 años y cerca de la mitad son padres de hijos menores.

- El Internal Revenue Service (IRS) estima que 6 millones de inmigrantes indocumentados completan sus formularios para el pago de impuestos. En estudios supervisados por el Congressional Budget Office se indica que entre 50% y 75% de los inmigrantes no autorizados pagan impuestos federales, estatales y locales y pagaron alrededor de $11 mil millones en 2007 por Seguridad Social y $2,6 mil millones por Medicare. El IRS da un número individual de identificación del contribuyente (*individual taxpayer identification number*), independientemente del status inmigratorio.

Fuente: Datos obtenidos de Pew Hispanic Center.

Algunos argumentos sobre el impacto económico de la legalización de inmigrantes

Hay argumentos contradictorios sobre cuál sería el impacto económico de aprobar la legalización de los más de 11 millones de inmigrantes indocumentados que se encuentran actualmente en el país. Estos son algunos de los argumentos más frecuentes, a favor y en contra:

- Los inmigrantes tienen, en general, un nivel educativo bajo y tienden a ganar menos dinero y pagar menos impuestos.
- La legalización puede afectar de forma negativa los salarios y la competencia por trabajos, teniendo en cuenta el desempleo entre los estadounidenses.
- El sistema de seguridad social —que incluye beneficios médicos y pensiones, como Seguridad Social, Medicare y Medicaid— podría aumentar de costo peligrosamente si se incluye a los inmigrantes legalizados.
- Dar ayuda a los inmigrantes que "violaron la ley," permaneciendo en el país sin autorización, va a afectar negativamente a los contribuyentes.
- La estimación de los costos de la legalización de indocumentados no toma en cuenta las contribuciones de los inmigrantes legalizados que, en su nuevo estatus, podrían mejorar su productividad, tener mejores trabajos e invertir en su educación beneficiando a la economía.
- La legalización hace al mercado más productivo y eficiente porque los inmigrantes pueden tener acceso a créditos y permisos que ahora no tienen. Los inmigrantes son emprendedores y pueden generar puestos de trabajo para los estadounidenses con las empresas que creen.
- Muchos estadounidenses están cerca de la edad para jubilarse y van a necesitar que los programas sociales mantengan el nivel de recursos suficientes mediante las contribuciones que paguen por impuestos los inmigrantes.

US Border Patrol interroga a inmigrantes indocumentados que estaban ocultos en un vehículo que chocó

Actividades post-lectura

I. Comprensión y análisis (en grupos de 3)

1. ¿Son necesarios los inmigrantes para la economía norteamericana? Expliquen a quién beneficia y a quién perjudica potencialmente el creciente número de inmigrantes.

2. En el texto *Un trabajo sucio en Nueva Orleáns* se cuenta la historia del inmigrante Víctor Ayala. ¿Por qué emigró Ayala? ¿Cómo vivía en México? ¿Entró al país en forma legal o ilegal? ¿En la actualidad está autorizado a trabajar o no?

3. Expliquen qué es Lee Circle. Narren la rutina de Ayala en Estados Unidos.

4. ¿Cómo describe a Nueva Orleáns a su llegada?

5. En un momento él califica a su experiencia de "agridulce." ¿Por qué?

6. ¿Qué abusos o prejuicios ha enfrentado?

7. ¿Qué opinan Uds. de los centros de ayuda a indocumentados que existen en algunas ciudades norteamericanas?

¿Están de acuerdo con que sean financiados con fondos públicos? Analicen argumentos a favor y en contra.

8. ¿Por qué es tan difícil aprobar una reforma en este tema tan importante para los Estados Unidos?

II. Discusión (en grupos de 4-5)

1. *Un día sin inmigrantes.* En los últimos años se han organizado frecuentes acciones en favor de los inmigrantes pidiendo una reforma de la legislación que permita a quienes están en el país sin documentos una vía para regularizar su situación. Por ejemplo para un 1 de mayo —que es el Día Universal del Trabajo en la mayor parte del mundo— se llamó a "un día sin inmigrantes" para mostrar qué pasaría si los inmigrantes desaparecieran. A ese efecto, se boicoteó el trabajo, la escuela y las compras. Muchos aplaudieron la idea pero otros la criticaron duramente. ¿Qué opinan Uds. de esta medida? ¿Piensan que los inmigrantes sin documentos debían o no participar en ella? ¿Qué aspectos positivos y negativos ven en ese tipo de protesta?

2. *Movilizaciones.* Imaginen que Uds. tienen que planear algún tipo de movimiento de protesta. ¿Qué acciones propondrían para los inmigrantes que quieren presionar por una vía para obtener residencia legal y qué tipo de medidas sugerirían para quienes se oponen a cualquier legislación que implique regularizar la situación de los indocumentados?

3. *Legislación.* Propongan cinco medidas para incorporar a una nueva ley de inmigración.

4. *Dreamers.* Con la información sobre José Antonio Vargas, discutan el caso de este periodista de origen filipino. ¿Creen que fue una buena idea hacer pública su situación? Su licencia de conducir fue cancelada ¿Les parece justo que haya repercusiones negativas para él? ¿Cuál es la resolución del caso que les parece más justa y apropiada?

El reto hispano (selección)

Samuel Huntington

"La llegada constante de inmigrantes hispanos amenaza con dividir Estados Unidos en dos pueblos, dos culturas y dos lenguas. A diferencia de grupos anteriores de inmigrantes, los mexicanos y otros hispanos no se han integrado en la cultura estadounidense dominante, sino que han formado sus propios enclaves políticos y lingüísticos —desde Los Ángeles hasta Miami— y rechazan los valores anglo-protestantes que construyeron el sueño americano. Estados Unidos corre un riesgo si ignora este desafío."

—Samuel Huntington

Un mundo de diferencias

La inmigración que llega ahora de México y, en general, de Latinoamérica, no tiene precedentes en la historia de [los Estados Unidos]. Las lecciones extraídas de inmigraciones pasadas no sirven para comprender su dinámica y consecuencias. La inmigración mexicana se distingue de otras anteriores y de casi todas las actuales por una serie de factores: contigüidad, escala, ilegalidad, concentración regional, persistencia y presencia histórica. . . .

Presencia histórica

Ningún otro grupo inmigrante en la historia de Estados Unidos ha reivindicado o podría reivindicar derechos históricos sobre su territorio. Los mexicanos y los estadounidenses de origen mexicano, sí. Casi todo Texas, Nuevo México, Arizona, California, Nevada y Utah formaban parte de México hasta que este país los perdió como consecuencia de la guerra de independencia de Texas, en 1835-1836, y la guerra entre México y Estados Unidos, en 1846-1848. México es el único país que Estados Unidos ha invadido para ocupar su capital —sus *marines* llegaron hasta los "salones de Moctezuma"— y anexionarse la mitad de su territorio. Los mexicanos no lo olvidan. Como es comprensible, sienten que tienen derechos especiales sobre esos lugares. "A diferencia de otros inmigrantes," dice el politólogo de Boston College Peter Skerry, "los mexicanos llegan procedentes de una nación vecina que sufrió una derrota militar a manos de Estados Unidos y se establecen, sobre todo, en una región que, en otro tiempo, fue parte de su país. . . . Los habitantes de origen mexicano tienen una sensación de estar en casa que no comparten otros inmigrantes." En alguna ocasión, los especialistas han sugerido que el suroeste podría convertirse en el Quebec de EEUU. Ambas regiones están habitadas por católicos y fueron conquistadas por anglo-protestantes, pero, por lo demás, tienen poco en común. Quebec está a 4.500 kilómetros de Francia, y no hay cientos de miles de franceses que intenten entrar cada año en la región, ni legal ni ilegalmente. La historia demuestra que, cuando la gente de un país empieza a referirse al territorio de un país vecino en términos posesivos y a reivindicar derechos especiales sobre él, hay serias posibilidades de conflicto. . . .

"Spanglish," segunda lengua

En el pasado, los inmigrantes salían del otro lado del océano y solían superar terribles obstáculos y penalidades para poder llegar a Estados Unidos. Venían de muchos países diferentes, hablaban distintas lenguas y llegaban de forma legal. Su flujo varió con el tiempo: hubo importantes reducciones como consecuencia de la Guerra de Secesión, la Primera Guerra Mundial y la legislación restrictiva de 1924. Solían repartirse por numerosos enclaves en zonas rurales y grandes ciudades del noreste y el medio oeste del país. Y no reivindicaban ningún derecho histórico a partes del territorio estadounidense.

La inmigración mexicana es totalmente distinta en todos estos aspectos. Y esas diferencias hacen que la integración de los mexicanos en la cultura y la sociedad estadounidenses sea mucho más difícil que en el caso de otros inmigrantes anteriores. Una diferencia que llama especialmente la atención es lo lejos que están todavía los inmigrantes mexicanos de tercera y cuarta generación de la media de Estados Unidos en educación, situación económica y número de matrimonios mixtos.

La dimensión, la persistencia y la concentración de la inmigración hispana ayuda a perpetuar el uso del español generación tras
generación. Los datos sobre el aprendizaje del inglés y el mantenimiento del español entre los inmigrantes son limitados y ambiguos.
No obstante, en 2000, más de 28 millones de personas en Estados
Unidos hablaban español en el hogar (el 10,5% de la población
mayor de cinco años) y, de ellos, casi 13,8 millones hablaban inglés
"no muy bien," un aumento del 66% respecto a 1990. Según un informe de la Oficina del Censo, en 1990, aproximadamente, el 95%
de los inmigrantes mexicanos hablaba español en casa; el 73,6% no
hablaba inglés muy bien, y el 43% de los inmigrantes nacidos en
México estaba "aislado lingüísticamente." Un estudio anterior en
Los Ángeles había dado resultados diferentes en la segunda generación, nacida ya en Estados Unidos. Sólo el 11,6% hablaba sólo
español o más español que inglés, el 25,6% hablaba las dos lenguas
por igual, el 32,7% más inglés que español y el 30,1% sólo inglés.
En ese mismo estudio, más del 90% de los mexicanos nacidos en
EEUU hablaban inglés con fluidez. Sin embargo, en 1999, había
alrededor de 753.505 alumnos en las escuelas del sur de California,
presumiblemente inmigrantes de segunda generación, que hablaban español en casa y tenían dificultades con el inglés.

Es decir, el uso fluido del inglés entre los mexicanos de primera
y segunda generación parece seguir las mismas pautas que entre
otros inmigrantes del pasado. Pero sigue habiendo dos interrogan-
tes. Primero, ¿han variado, a lo largo del tiempo, la adquisición del
inglés y el mantenimiento del español entre los inmigrantes mexicanos de segunda generación? Podría suponerse que, con la rápida
expansión de la comunidad inmigrante procedente de México, la
gente de origen mexicano debería tener menos incentivos para hablar bien inglés en 2000 que en 1970. Segundo, ¿seguirá la tercera
generación el modelo clásico de hablar bien inglés y saber poco o
mal español, o mantendrá el mismo dominio de los dos idiomas que
la segunda generación? Los inmigrantes de segunda generación,
a menudo, desprecian y rechazan su lengua materna, y se sienten
avergonzados ante la incapacidad de sus padres de comunicarse
en inglés. Es de suponer que el hecho de que los mexicanos de
segunda generación tengan o no esta actitud influirá en que la
tercera generación pueda conservar o no su español. Si la segunda

generación no rechaza el español de plano, lo más normal es que sus hijos también sean bilingües, y es probable que el dominio de las dos lenguas se institucionalice en la comunidad estadounidense de origen mexicano.

La conservación del español también se ve reforzada por la abrumadora mayoría (entre el 66% y el 85%) de inmigrantes mexicanos, e hispanos en general, que hacen hincapié en la necesidad de que sus hijos hablen bien español. Su actitud contrasta con las de otros grupos inmigrantes. El Centro de Pruebas Educativas, con sede en Nueva Jersey, afirma que existe "una diferencia cultural entre los padres asiáticos y los hispanos a la hora de hacer que sus hijos mantengan la lengua materna." En parte, desde luego, dicha diferencia se debe al tamaño de las comunidades hispanas, que ofrecen incentivos para hablar la lengua materna con fluidez. Aunque los inmigrantes mexicanos e hispanos de segunda y tercera generación dominan el inglés, se apartan del modelo normal porque mantienen también su dominio del español. Los mexicanos de segunda o tercera generación que se educan sólo en inglés aprenden español ya de adultos, y animan a sus hijos a que lo hablen correctamente. El dominio del español, dice el catedrático de la Universidad de Nuevo México F. Chris García, es "lo que le enorgullece a cualquier hispano, lo que quiere proteger y fomentar."

Se puede alegar que, en un mundo cada vez más reducido, todos los estadounidenses deberían hablar, al menos, una lengua extranjera importante —chino, japonés, hindi, ruso, árabe, urdu, francés, alemán o español— para poder comprender otra cultura y comunicarse con su gente. Pero otra cosa distinta es afirmar que tienen que aprender una lengua distinta del inglés para poder comunicarse con otros compatriotas. Y, sin embargo, eso es lo que pretenden los defensores del español. Fortalecidos por el aumento de su población y su influencia, los dirigentes hispanos pretenden transformar Estados Unidos en una sociedad bilingüe. "El inglés no basta" —dice Osvaldo Soto, presidente de la Liga Hispano-americana contra la discriminación—; no queremos una sociedad monolingüe." Del mismo modo, el catedrático de Literatura de Duke University (e inmigrante chileno) Ariel Dorfman pregunta: "¿Este país va a hablar dos idiomas o sólo uno?"

Y su respuesta, desde luego, es que tiene que hablar dos. . . .

La sangre antes que las fronteras

Hay grandes zonas del país cuya lengua y cuya cultura se están volviendo mayoritariamente hispanas, y el país, en general, está pasando a ser bilingüe y bicultural. La principal zona en la que está avanzando rápidamente la hispanización, por supuesto, es el suroeste. Como afirma el historiador Kennedy, los estadounidenses de origen mexicano en el suroeste tendrán pronto "la suficiente coherencia y masa crítica, en una región delimitada, para poder conservar su cultura particular, si lo desean, indefinidamente. También podrían intentar lo que no habría soñado ningún grupo anterior de inmigrantes: desafiar a los actuales sistemas cultural, político, legal, comercial y educativo, para cambiar . . . no sólo la lengua, sino las instituciones en las que trabajan." . . .

Si continúa esta inmigración sin que mejore el proceso de asimilación, EEUU podría acabar siendo un país dividido en dos lenguas y dos culturas. Es el modelo que siguen algunas democracias estables y prósperas, como Canadá y Bélgica. Pero las diferencias culturales en esos países no son equiparables a las que hay entre EEUU y México, e incluso en esos lugares persisten las diferencias lingüísticas. No hay muchos canadienses angloparlantes que tengan el mismo dominio del inglés y el francés, y el Gobierno canadiense ha impuesto multas para conseguir que sus altos funcionarios hablaran los dos idiomas. Lo mismo ocurre en Bélgica. La transformación de Estados Unidos en un país como éstos no tendría por qué ser el fin del mundo, pero sí sería el fin del país que conocemos desde hace tres siglos. Los estadounidenses no deben dejar que ocurra, a no ser que estén convencidos de que esa nueva nación sería mejor.

Una transformación así no sólo revolucionaría el país, sino que tendría serias consecuencias para los hispanos, que estarían en Estados Unidos pero no serían de EEUU. Sosa termina su libro, *El sueño americano* (Plume, 1998), con unas palabras de aliento para empresarios hispanos ambiciosos. "¿El sueño americano?," pregunta. "Existe, es realista y está al alcance de todos." Sosa se equivoca. No existe el sueño americano. Sólo existe el *American dream* creado por una sociedad anglo-protestante. Si los estadounidenses de origen mexicano quieren participar en ese sueño y esa sociedad, tendrán que soñar en inglés.

Fuente: esglobal, publicación digital, 12 de septiembre de 2007, http://www .esglobal.org/el-reto-hispano. El artículo fue inicialmente publicado en *Foreign Policy en Español*, no. 2, abril-mayo de 2004.

Nueva York, 2012

Nueva York, 1960s-1970s

Actividades post-lectura (en grupos de 3-4)

Analicen y discutan los siguientes puntos haciendo referencias específicas al texto, y justifiquen sus respuestas:

1. Mencionen al menos dos ideas de Samuel Huntington que les parecen válidas y que merecen ser discutidas y fundamenten su opinión.
2. Mencionen dos ideas específicas con las que están en desacuerdo, y por qué.
3. Huntington menciona seis factores que hacen a la inmigración hispana diferente y más amenazante que inmigraciones anteriores. Analicen y evalúen dos de esos factores.
4. ¿Creen Uds. que las preocupaciones de Huntington reflejan la actitud de una parte considerable de la sociedad norteamericana o no? En sus comunidades o grupos sociales, ¿se percibe a la inmigración hispana como una amenaza? ¿Qué argumentos escuchan Uds. a favor y en contra de la creciente presencia de hispanos en el país?

5. ¿A qué valores específicamente creen Uds. que se refiere Huntington cuando dice que los hispanos "rechazan los valores anglo-protestantes"?

6. ¿Cuál es su evaluación de la frase "si los estadounidenses de origen mexicano quieren participar en ese sueño y esa sociedad, tendrán que soñar en inglés"?

Missing (una investigación) (selección)

Alberto Fuguet

Vocabulario

exiliado/a: expatriado/a, generalmente por motivos políticos

desarraigo: acción y efecto de separar a alguien del lugar o medio donde se ha criado o cortar los vínculos afectivos que tiene con ellos

fugarse: escaparse, huir

huir: alejarse velozmente de algo o alguien, por miedo o por otro motivo, para evitar un daño

refugiado/a: persona que por guerras, revoluciones o persecución política tiene que buscar refugio fuera de su país

residencia legal: derecho a tener domicilio y actividades en el país

tarjeta verde: documento que prueba que la persona tiene derecho a residencia en el país

Actividades pre-lectura (en grupos de 3 o 4)

1. ¿Qué razones pueden motivar a una persona a emigrar? Mencionen todas las que se les ocurran.

2. ¿En qué aspectos puede ser diferente la experiencia de los inmigrantes a la de los refugiados o exiliados?

3. Si Uds. tuvieran que emigrar, solos o con sus familias, ¿cuál creen que sería el aspecto más difícil de vivir en otro país? ¿Cuál sería el más atractivo o el menos duro? Sean tan específicos como puedan.

Missing (una investigación)

Alberto Fuguet

Alberto Fuguet (n. 1964) es un escritor, periodista, crítico y ci-
neasta chileno que formó parte de la corriente literaria llamada
McOndo. Su familia emigró a los Estados Unidos poco después
del nacimiento de Alberto y vivió en California hasta que él
tenía 11 años. Entre otros libros es autor de *Por favor, rebobinar,
Tinta Roja, Las películas de mi vida* y *Cortos.*

Treinta años después de que su tío Carlos Fuguet desapa-
reciera sin dejar rastro en Estados Unidos, el país al que había
emigrado, el autor empieza la búsqueda que da forma a esta
novela, a la vez una obra de ficción y una historia familiar. A
continuación pueden leer un fragmento en el que el autor le
da voz a Carlos, su tío desaparecido. El texto no es un poema
pero el autor ha escrito una frase debajo de la otra, quizás para
expresar cierta falta de articulación o los silencios o fallas de la
memoria propios de narrar una historia que no es la suya.

en santiago[3] vivía bien,
como que todo funcionaba,
existía,
tenía planes, ideas,
pensaba en el futuro,
me tincaba,[4]
así que sí:
supongo que no estaba mal,
estaba entusiasmado,
sí.
mi historia es la historia de muchos,
al menos es una historia,
por eso te la cuento:
para que quede,
para que haya valido la pena.[5]

---

3. se refiere a Santiago de Chile, la capital del país
4. intuía
5. para que haya estado bien empleado el esfuerzo que cuesta

no, no soy el único, lo sé:
voy a coffee-shops,
al denny's, tomo buses,
somos muchos, sí,
debe haber mucha gente como yo,
gente que se equivocó,
que manejó mal su rabia[6] y su energía,
tampoco soy el único
que ha cambiado de idioma,
de país, de cultura,
de estatus, de grupo,
todos los exiliados, refugiados,
todos los millones de inmigrantes.
igual es una historia algo particular;
no tuvimos que irnos,
quisimos,
quiso,
mi padre quiso,
no nos estaban persiguiendo,
no corríamos peligro de vida,
no nos estábamos muriendo de hambre,
no, no es que nos fuimos,
huimos,
nos fugamos.

mi historia no tiene que ver con querer irse
sino con caer,
con caer aquí,
en los estados unidos,
con llegar al otro paraíso y no entenderlo,
no procesar o procesarlo tarde,
no haber sido capaz de dominarlo,
aprovecharme de él,
sacarle ventaja.
los inmigrantes hablan del sueño americano,
a veces pienso que más que un mito,

---

6. ira, enojo, enfado grande

una quimera o una mentira,
es una pesadilla,[7]
una pesadilla de la cual
aún sigo intentando despertar.
todo es mi culpa, supongo,
no es de la bandera, no es de washington,
de johnson o nixon o de carter,
de mcnamara
del ejército, o la cia,
no es de este país que tiene cosas increíbles,
alucinantes,[8]
y muchos sí cumplen el sueño,
lo obtienen pero tiene su costo,
pasando y pasando,
nada es gratis,
a cambio del sueño debes dejar mucho,
demasiado,
pero el país en sí tiene esta cosa,
esta cosa que es tan,
tan grande,
tan grande y anónimo,
inabarcable[9] y fragmentado,
que te puedes perder,
te puedes perder
y nadie te va a poder encontrar.

. . .

america the beautiful
a jaime, mi hermano, se le ocurrió que
por qué no buscábamos un trabajo para mí
en hoteles,
que quizás en ese medio
podría haber pega[10] para mí.
jaime vivía cerca del aeropuerto,

---

7. sueño angustioso; preocupación grave y continua
8. fantástico, asombroso
9. que no se puede rodear, comprender
10. trabajo

en inglewood,

cerca de un donut gigante,

jaime trabajaba en el aeropuerto,

limpiando aviones para la air france y la uta,

una línea que viajaba a tahiti y el pacífico,

me contó que recién

se había inaugurado un hotel,

a pasos del aeropuerto,

en century con sepúlveda,[11]

el internacional hotel,

llevaba como dos meses abierto,

así que como al tercer día,

luego de hacer los paseos de rigor por la ciudad,

jaime me llevó una mañana al coffeshop del hotel

a tomar café y ahí le preguntó a una de las meseras

"do you have an application,"

mi inglés era nulo,

admiraba a mi hermano por saber tanto,

por manejar un auto,

por manejarse en una ciudad tan grande,

la mesera le dice que sí,

que necesitan gente,

los estados unidos era un país

que iba para arriba en ese entonces,

todo sobraba,[12]

había de todo,

entonces ella trajo una solicitud, la llené o traté,

lo que no entendía, jaime me ayudó,

se la doy a la mesera, la mesera se la lleva,

tomo un poco más de café,

después viene un señor de terno[13] y corbata,

que era el manager del coffeeshop,

me dice "are you carlos?"

nos sentamos en otra mesa,

me habla en español,

11. se refiere a la intersección de dos bulevares
12. había más de lo que se necesitaba
13. traje de tres piezas (saco o chaqueta, pantalón y chaleco o *waistcoat*)

un español como de centroamericano

pero con acento,

y le digo que recién he llegado de chile,

le muestro mis papeles,

era legal, habíamos ingresado no sólo con visa

sino con tarjeta verde,

con residencia legal,

eran otros tiempos, otros,

parece que había cuotas para cada país,

no sé,

los trámites los hicimos en santiago,

en el consulado del parque forestal,

jaime, desde california, nos ayudó,

se transformó en nuestro aval, nuestro sponsor,

el tipo[14] del hotel me entrevista,

me pregunta cosas y anota,

le cuento que necesito trabajar,

me dice que mi inglés no está malo

para tener sólo cinco o seis días en el país,

me dice que se llama joseph morgernstern,

me acuerdo,

un judío que había manejado un restorán en miami,

y había vivido en panamá, algo con el canal,

y en guatemala,

yo creo que era de la cia porque un día me dijo

"allende[15] no va a ganar y si gana,

nunca lo dejaremos salirse con la suya,"

yo decidí callar,

no meterme,

morgernstern era bajo,

más bajo que yo,

redondito,

se parecía a esos quesos frescos de chile,

me acuerdo que me dice

---

14. individuo, hombre

15. se refiere a Salvador Allende, presidente de Chile de 1970 a 1973, derrocado por un golpe militar liderado por el General Augusto Pinochet; Allende murió el día del golpe, el 11 de septiembre de 1973

"la manera de empezar, chico, es de abajo;
lo bueno de partir de abajo es que sólo puedes subir;
si quieres empezar a trabajar aquí,
tienes que estar mañana a las seis de la mañana,
te paso un uniforme,
a ver si te gusta y a ver si eres bueno."
yo no me afeitaba mucho
porque no me salía casi nada,
pero me dijo:
"si eres puntual, llegarás lejos in this country,
se nota que a pesar de que vienes de un país pobre
eres educado,
tienes buenas maneras:
nos vemos mañana a las 6 am."
de ahí nos fuimos a comprar una bicicleta,
jaime me había dicho que no podía irme a dejar[16]
porque trabajaba toda la noche,
y a la hora que yo entraba,
él todavía estaba trabajando,
llegaba a las siete de la mañana y yo entraba a las seis.
jaime compró un auto del 51, un plymouth, para el papá,
y lo manejaba él mientras tanto,
yo no tenía licencia ni sabía manejar,
qué iba a saber manejar,
compramos la bicicleta, usada,
en un garage sale,
jaime, después me mostró el camino para llegar,
eran unas cuatro a cinco millas,
recto.

la primera mañana me levanté
como a las cuatro y media,
salí un cuarto para las cinco,
llegué al hotel como a las cinco y media,
hacía frío, estaba la niebla del mar,
lo que me alegró porque no transpiré,[17]

16. no podía llevarlo al hotel en su auto
17. sudar, destilar sudor a través de los poros

no hacía nada de calor,
cuando llegué todavía no estaba el manager,
me dijeron que no había llegado,
que lo esperara.
cuando llegó, morgernstern me hizo pasar
a la oficina de personal,
le llevé todos los papeles,
llené otros,
me condujo hacia el subterráneo,
donde estaban los uniformes,
me presentó a un muchacho cubano, omar,
que había estado en el hotel desde su inauguración,
no era muy brillante,
de inmediato me vio como competencia o
enemigo porque me dijo:
"si crees que voy a ser tu traductor,
estás equivocado, chico."

empecé como busboy,
que es el que limpia la mesa,
coloca los cubiertos, trae el agua con hielo:
es el que prepara la mesa para que la waitress,
la camarera, digamos,
pueda atender,
luego tiene que estar atento para limpiar el desastre
y tener la mesa lista, limpia,
para que llegue otro cliente,
me pagaban un dólar 25 la hora,
que era el sueldo mínimo, más las propinas,
este era el año 64,
todos los días las propinas,[18]
sumaban 25 a 30 dólares,
a veces más,
le ayudaba harto[19] a las muchachas,
omar, el cubano, era flojo,
entonces pensé que si yo les ayudaba más,

18. gratificación pequeña con que se recompensa un servicio
19. bastante, de sobra

ellas me iban a dar más dinero,
después aprendí cómo servir café,
cuando el sitio estaba muy colapsado
yo servía el café,
partía los apple pie,
les hablaba en inglés,
les decía a ellas:
"no me hablen en español, quiero aprender el idioma"
el cubano siempre decía que le hablara en español
porque no sabía inglés,
"no entiendo" y "no me interesa," decía,
aunque entendía todo,
omar odiaba california,
odiaba los ángeles,
odiaba usa,
su familia se vino de miami
porque había muchos cubanos allá
y costaba conseguir trabajo,
él me decía que esto era temporal,
que castro[20] caería pronto,
que el otro año, la otra navidad,
ellos estarían de vuelta en la habana.
¿yo cuando estaría de vuelta en santiago?

los primeros meses fueron duros,
a veces pienso en ellos y
se me aprieta el estómago,
me llego a sentir mal físicamente
del puro recuerdo,
a veces siento que
vuelvo a tener diecinueve años
y me da pánico,
ojalá nunca —nunca— si hay otra vida
vuelva a tener diecinueve años y sentir
las cosas que sentí estando tan, tan lejos.
creo que nunca,

---

20. se refiere a Fidel Castro

nunca
me he sentido peor,
he sufrido más,
he sentido que la carne se me abre de dolor,
que durante algunos momentos,
que durante algunos bajones,[21]
que sufrí en los ángeles.
es cierto que no sucedían siempre
pero a veces estaba tan mal que no podía
o no quería seguir,
había momentos buenos, sí,
normales,
cosas mínimas que me sacaban de eso,
que me apretaban el pecho,
que me llenaban de lágrimas los ojos
cuando olía algo que me recordaba santiago,
supongo que fue parte de
hacerse hombre
o de romper con chile,
no sé,
o con el pasado,
no lo tengo claro,
sólo sé que durante esos meses
fue como si hubiera estado solo,
algo que es más o menos cierto,
estaba en un país ajeno
donde no conocía
el idioma
no aún,
balbuceos,[22]
no conocía a nadie realmente,
nadie me conocía,
o le importaba,
era invisible,
tenía un trabajo que me estaba dando algo de dinero
era digno pero que sabía que no era lo mío.

---

21. descenso brusco (en el estado de ánimo, por ejemplo)
22. acción de hablar o leer con pronunciación dificultosa o vacilante

tenía a mis hermanos,
es cierto,
a jaime, el mayor,
pero él tenía su mundo,
. . .
estando en el departamento o
en el hotel
o andando en bus o caminando por
las veredas vacías,
a veces me llegaba la angustia,
a veces todo se me nublaba,[23]
a veces vomitaba,
a veces me pegaba la cabeza contra la pared
de mi pieza
para ver si podía pensar en otra cosa.
no era exactamente chile
y sí lo era,
quizás era muy chico y no sabía lo que me angustiaba,
. . .
yo no tenía nada
y no me gustaba
y las cosas se veían gris.
¿para qué todo esto?
¿por qué sufrir tanto?
a veces me daba risa,
hablaba solo camino al hotel
y trataba de explicar qué hacía acá
en california
y todos, estos amigos imaginarios,
me decían:
regrésate, punto, con eso se acaba todo,
toda tu angustia,
vuélvete,
pero no podía,
no sabía cómo,
no era sólo el dinero,

---

23. la visión se hacía turbia o poco clara; todo se hacía confuso

que no tenía,

pero sentía que chile lo habían quemado,

se había hundido,

que ya no podía regresar,

que ese mundo,

mi mundo, se había terminado

para siempre.

en chile tenía cosas,

tenía la universidad,

la política,

me sentía parte de algo,

en elei[24] no me sentía parte de nada,

no me sentía parte de mí.

. . .

Fuente: Alberto Fuguet, *Missing (una investigación)*, Alfaguara, España, 2011, cap. 8. Courtesy of Indent Literary Agency.

Actividades post-lectura

I. Comprensión (en parejas)

Contesten las siguientes preguntas:

1. ¿Qué dice el narrador de su país? ¿Por qué se fue de Chile?
2. ¿Cuál es, según Carlos, el costo del sueño americano? ¿Qué es lo que le resultó más difícil en Estados Unidos?
3. ¿Cómo consiguió su primer trabajo?
4. ¿Qué observaciones pueden hacer del encuentro y diálogo entre el narrador y Joseph Morgernstern?
5. ¿Por qué creía Carlos que Morgernstern era de la CIA? ¿Les parece una observación correcta?
6. ¿Qué comentarios pueden hacer sobre la relación de Carlos con Omar? ¿Qué ideas les sugiere esta parte del texto?
7. "Los primeros meses fueron duros" dice Carlos. En opinión de Uds., ¿qué era lo más difícil para él? ¿Por qué sufría tanto?
8. En sus diálogos imaginarios con amigos, ¿qué consejos le daban estos "amigos"?

---

24. quiere decir LA (Los Angeles)

II. Análisis y discusión (en grupos de 3)

1. Todos podemos pensar ocasionalmente que sería interesante cambiar nuestras vidas por otras, cambiar nuestra identidad o "dar vuelta la página" y empezar otra vez, sin las cargas de nuestro pasado. ¿Los tienta alguna vez esa posibilidad? ¿Los asusta la idea de perder su identidad?

2. ¿Qué factores consideran más importantes para definir su identidad (lengua, orientación política, religión, costumbres, trabajo, etc.)?

3. ¿Piensan que los inmigrantes pierden necesariamente una parte esencial de su identidad al inmigrar a Estados Unidos? ¿Cómo ven Uds. a los inmigrantes? ¿Como víctimas de circunstancias muy difíciles que los han obligado al desarraigo? ¿Como pioneros, gente decidida y luchadora dispuesta a hacer lo necesario para mejorar sus vidas? Expliquen qué impresiones prevalecen.

4. ¿Qué ventajas o desventajas tiene una persona como Carlos en comparación con la mayoría de los inmigrantes?

5. En el caso de Carlos, hemos leído lo que sentía en sus primeros meses en Estados Unidos. Con la información que tienen, ¿anticipan que la situación va a mejorar con el tiempo o no? ¿Qué le aconsejarían que haga? ¿Qué le dirían que evite?

6. Uno de los problemas dolorosos que generalmente han sufrido los grupos inmigrantes, sobre todo en la etapa inicial, es la falta de aceptación por los otros. ¿Creen que esto es inevitable? ¿Qué cambios serían necesarios para lograr mayor aceptación?

III. Diálogos

Improvisen uno de los siguientes diálogos, y expliquen el contexto de la conversación:

1. Entre Carlos y Omar
2. Entre Carlos y su hermano Jaime
3. Uno de los diálogos imaginarios de Carlos con un amigo
4. Un diálogo entre uno de Uds. y Carlos

Panel de discusión sobre el tema de la inmigración a Estados Unidos

Cinco propuestas de temas de debate y posiciones en cada uno

Debate 1. La 14ª Enmienda de la Constitución de los Estados Unidos garantiza el derecho de ciudadanía basado en el lugar de nacimiento. La sección 1 de la enmienda dice: "Toda persona nacida o naturalizada en los Estados Unidos, y sujeta por ello a tal jurisdicción, es ciudadana de los Estados Unidos y del Estado en que resida. Ningún Estado podrá crear o implementar leyes que limiten los privilegios o inmunidades de los ciudadanos de los Estados Unidos; tampoco podrá ningún Estado privar a una persona de su vida, libertad o propiedad, sin un debido proceso legal; ni negar a persona alguna dentro de su jurisdicción la protección legal igualitaria." ¿Es una buena idea promover una reforma de esa enmienda para eliminar la ciudadanía de los hijos de inmigrantes indocumentados nacidos en Estados Unidos?

   Posición A. Sí. Es muy claro que gran cantidad de indocumentados tratan de protegerse contra una eventual deportación teniendo hijos en el territorio de Estados Unidos que, por ley, son automáticamente ciudadanos. Si se elimina ese privilegio, que no fue creado para eludir la ley sino para facilitar la asimilación de los inmigrantes legales, se desalienta la inmigración ilegal y se alienta la legal.

   Posición B. No. En el continente americano, y en Estados Unidos en particular, el derecho a la ciudadanía deriva del lugar del nacimiento y no de la sangre como en los viejos países europeos. Es una norma común a los países jóvenes que necesitan la integración de los inmigrantes a la economía y a la sociedad, y es un valor esencial a la formación y principios de los Estados Unidos que no se puede abandonar.

Debate 2. *Integración y/o asimilación.* (Este debate podría tomar como punto de partida el texto de Huntington.) Muchos expertos consideran que el éxito o fracaso de los sistemas de inmigración depende, en gran parte, en cómo los inmigrantes y sus hijos se integren en las comunidades en que van a vivir y en el mercado de trabajo. Por lo tanto, va a ser necesario que se asignen considerables sumas de dinero para pagar por servicios que contribuyan a esa integración y que definamos qué entendemos por "integración."

Posición A. Es extremadamente importante que los inmigrantes acepten y se adapten a la forma de vida y valores del país al que emigran. Los que llegan a Estados Unidos deben tomar clases de inglés inmediatamente y no podrán ser residentes permanentes si no funcionan adecuadamente en el idioma. Además, los inmigrantes deben respetar y cumplir con las normas sociales de las comunidades que los reciben. Esto incluye respeto a las formas de organización familiar, prácticas religiosas, separación de iglesia y estado, derechos de las mujeres, leyes de protección de la naturaleza y de los animales. Temas relevantes incluyen enclaves en que se habla un idioma que no es inglés, la elección de vestirse en hijab o burka, el sacrificio de animales por razones religiosas, etc.

Posición B. Si bien es esencial que los inmigrantes se integren, y aprender inglés es muy importante para poder progresar en el mercado laboral, no es apropiado interferir con la práctica de sus religiones o con sus valores sociales o la forma en que se organizan y funcionan las familias. Deben respetarse los derechos a la libertad religiosa y los derechos humanos en general de estas personas. Lo único que puede imponerse es el respeto y acatamiento a las leyes vigentes.

Debate 3. Se puede pedir que cada grupo prepare un proyecto de ley que cubra todos los aspectos de una reforma inmigratoria comprensiva. En este caso, cada equipo distribuye los distintos puntos entre sus miembros y en la clase tratan de llegar a un consenso sobre cada una de las propuestas mencionadas u otras que ellos quieran incluir. Tendrían que considerar al menos estos puntos:

1. Requisitos para la regularización de los inmigrantes indocumentados que ya se encuentran en Estados Unidos (tiempo de presencia en el país, calificaciones profesionales, impuestos, multas, tiempo de espera, circunstancias que descalifican, etc.)
2. Reunificación familiar, o qué familiares, actualmente en sus países de origen, estarían autorizados a venir a Estados Unidos y reunirse con el inmigrante que reciba "tarjeta verde."

3. Aumento, o no, del número de visas para que más inmigrantes legales puedan llegar al país, que involucra considerar casos de estudiantes extranjeros, empresarios y profesionales calificados y de trabajadores no calificados.

4. Medidas para impedir que nuevos inmigrantes sin documentos lleguen al país, y el control de las fronteras, sanciones a empleadores, documento de identidad común para todos los inmigrantes que trabajen en Estados Unidos y otras medidas para hacer cumplir las leyes.

5. Medidas para regular el flujo futuro de inmigrantes si la situación económica de Estados Unidos los requiere (permitir trabajadores temporarios, aumentar el número de visas, etc.)

6. Presupuesto para asegurar la integración social y económica de los inmigrantes que se radiquen en el país. ¿De dónde saldrá el dinero? ¿Quiénes son responsables?

Debate 4. ¿Qué debe hacer Estados Unidos con los aproximadamente 12 millones de inmigrantes indocumentados que habitan en el país?

Posición A. Amnistía o una vía hacia la regularización y la ciudadanía con algunos requisitos. Es una solución mucho más práctica y sacaría a esos inmigrantes de las sombras y los incorporaría a la economía y la sociedad. Es obvio que muchos empleadores necesitan esta mano de obra y ellos son los más interesados en que se solucione el problema. Los inmigrantes incorporados pagarían más impuestos y tendrían la protección de la ley y menos incentivos para actividades ilegales. Y es más humano.

Posición B. Esos inmigrantes han violado las leyes de nuestro país y no pueden ser premiados con la ciudadanía. Para eliminar este problema se necesita una política fuerte concentrada en impedir la llegada de nuevos inmigrantes (vallas, policía de fronteras, deportaciones inmediatas), combinada con una política de castigar a los empleadores de inmigrantes indocumentados y llevar a cabo raids en fábricas y empresas donde se sospeche que hay muchos.

Debate 5. ¿Es apropiado eliminar la prestación de servicios sociales para inmigrantes que no puedan exhibir documentación de residencia legal?

Posición A. Sí. En estados del sur y suroeste en particular, la prestación de servicios sociales a millones de indocumentados es una carga insoportable para el resto de los habitantes que pagan impuestos y amenaza la estabilidad financiera de estados que están al borde de la bancarrota. Además estos beneficios son una forma de alentar la inmigración ilegal.

Posición B. No. Hay enorme exageración en la estimación del costo de estos servicios. Los inmigrantes indocumentados tratan de no usarlos por temor a ser descubiertos. Además, los indocumentados contribuyen pagando considerables cantidades de dinero en impuestos y contribuciones. No darles servicios sociales crearía grandes problemas para toda la comunidad ya que habría una gran cantidad de gente sin educación y servicios mínimos de salud, que seguiría viviendo y trabajando en esas comunidades pero sin posibilidades de integración.

Organización del panel

1. Para comenzar, cada estudiante habla por un minuto, no más de un minuto, presentando un resumen de sus argumentos.
2. En los restantes 30-40 minutos de clase la discusión se abre para que todos refuten los argumentos escuchados, hagan preguntas a los otros participantes y defiendan sus ideas en forma más extensa.
3. Al final se puede llegar a una conclusión por votación o consenso y registrar cuál es la posición mayoritaria ya que la discusión puede haber cambiado las ideas de algunos. Si la clase tiene más de 15 estudiantes, puede haber problemas de tiempo. En ese caso es bueno considerar la posibilidad de dejar parte de la clase siguiente para terminar.

Tema de ensayo o composición

Imagine que después de leer el fragmento del artículo de Samuel Huntington *El reto hispano*, Ud. escribe una carta al editor de la publicación digital esglobal en la que articula su reacción frente al texto y explica su posición sobre las ideas del autor dando argumentos para justificarla. Puede comenzar diciendo: "Estimado/a editor/

editora: En relación con el artículo del Profesor Samuel Huntigton titulado 'El reto hispano' quiero expresar algunas ideas."

Incluya en su carta referencias a lo que le pareció interesante o informativo; las ideas con las que Ud. está de acuerdo o en desacuerdo; lo que Ud. propondría para empezar a resolver el problema.

CAPÍTULO 11

Películas

En este capítulo hay guías de análisis y discusión para las siguientes películas:

1. *El secreto de sus ojos*, película ganadora del Oscar a la Mejor Película Extranjera en 2010
2. *Volver*, una película española dirigida por Pedro Almodóvar
3. *Diarios de motocicleta*, película dirigida por Walter Salles y basada en un episodio de la vida del joven Ernesto Guevara

El secreto de sus ojos—Guía de análisis y discusión

El secreto de sus ojos es una película argentina dirigida por Juan José Campanella, basada en la novela *La pregunta de sus ojos*, de Eduardo Sacheri. Está protagonizada por Ricardo Darín, Soledad Villamil, Pablo Rago, Javier Godino y Guillermo Francella. Producida con capital argentino y español, fue la película argentina más exitosa del año 2009 y una de las más taquilleras de la historia del cine argentino. En 2010 se convirtió en la segunda película argentina en ganar el Oscar a la Mejor Película Extranjera, después de *La historia oficial*.

La historia, situada en 1999, es contada en forma de recuerdo: en junio de 1974, un agente de la justicia federal, Benjamín Espósito, empieza a investigar el crimen de una joven mujer, Liliana Coloto de Morales, brutalmente violada y asesinada dentro de su casa en un barrio de la ciudad de Buenos Aires. Su esposo, ahora viudo, Ricardo Morales, queda devastado por la noticia; Espósito le promete encontrar al asesino y llevarlo ante la justicia. Es ayudado por su asistente alcohólico, Pablo Sandoval, y la recién llegada Irene Menéndez-Hastings, una joven abogada que es la nueva secretaria del juzgado.

Vocabulario de *El secreto de sus ojos*

albañil: la persona que construye edificios u obras usando ladrillos, piedra, yeso, cemento o materiales semejantes; *mason*

apasionado/a: que siente pasión por algo o alguien

cadena perpetua: condena a pasar el resto de la vida en la cárcel

confesión: declaración personal que se hace ante el juez o la
policía

detenido/a: persona privada de su libertad por una autoridad

estar a mano: no deberse nada uno al otro; *to be even*

jubilado/a: que ha dejado de trabajar y percibe una pensión

pena de muerte: castigo máximo que conlleva la ejecución del
prisionero

pinche: persona que presta servicios auxiliares, de bajo nivel

Expresiones coloquiales

nene (*lit.*): niño pequeño; pibe (*kid*); tiene un tono algo despec-
tivo si se refiere a un adolescente o joven

contento como perro con dos colas: muy, muy feliz; en la película
el protagonista lo usa irónicamente

perejil: el que "paga los platos rotos"; el inocente al que se le
carga la culpa por algo que no cometió (Espósito acusa a
Romano de haber agarrado "a dos perejiles," refiriéndose a
los albañiles detenidos)

la Cochinchina: una expresión para indicar que se fue a, o está
ubicado en, un lugar remoto y extraño; (*lit.*) se refiere al
nombre que la región sur de Vietnam tenía durante el periodo de la colonización francesa (el juez dice que a Romano,
como castigo, lo mandaron "a la Cochinchina")

meterse en algo o con alguien: involucrarse en algo; interferir en
las acciones de otra persona (Romano amenaza a Espósito:
"No sabés con quiénes te estás metiendo")

Expresiones vulgares y "malas palabras" usadas más frecuentemente por los personajes

boludo (adj.): estúpido; **boludez** (sust.): la acción de una persona
estúpida o tonta

dejar de hinchar: dejar de molestar

pelotudo (adj.), **pelotudez** (sust.): sinónimos de boludo y
boludez

tarado: imbécil, estúpido; un insulto común, más fuerte que *estúpido* aunque no tan fuerte como el equivalente en inglés

---

Nota importante: Algunas personas, lugares y organizaciones a las que se hace referencia en la película

María Estela Martínez de Perón (conocida popularmente
como "Isabel Perón"): En su condición de vicepresidenta,
asumió la presidencia de Argentina en julio de 1974 a raíz
de la muerte de su esposo, Juan D. Perón. Fue derrocada
por un golpe de estado militar el 24 de marzo de 1976. Durante su gobierno aumentaron las tensiones entre distintos
grupos peronistas, hubo descontrol económico y altísima
inflación y una agravación de la violencia política de la que
participaban grupos armados de la izquierda (Montoneros,
Ejército Revolucionario del Pueblo) y grupos paramilitares
apoyados por el gobierno (ver abajo "Triple A"). En la película, aparece en un programa de noticias en televisión que
es visto, independientemente, por Espósito y por Ricardo
Morales.

Racing Club: Es un club deportivo fundado en 1903,
ubicado en Avellaneda, un suburbio de la ciudad de Buenos Aires, cuya actividad principal es el fútbol. Lo identifican los colores azul y blanco. En su periodo amateur consiguió siete campeonatos locales consecutivos por lo que
obtuvo el apodo "La Academia," que lo identifica hasta la
actualidad. Es uno de los cinco equipos mayores del fútbol
argentino. Es uno de los dos equipos cuyo partido aparece
en la escena en el estadio.

Huracán: El club atlético Huracán es una institución de-
portiva del barrio de Parque Patricios, de la ciudad de Buenos Aires cuya principal actividad es el fútbol. Fue fundado
en 1908, su apodo es "El Globo." Ha sido reconocido como

el sexto grande del fútbol argentino. Es el otro equipo en la escena en el estadio.

Triple A: La Alianza Anticomunista Argentina (AAA), conocida como "Triple A," fue un grupo parapolicial de extrema derecha de la Argentina, que llevó a cabo cientos de asesinatos contra guerrilleros y políticos de izquierda durante la década de 1970, además de amenazar a artistas e intelectuales. Sus acciones fueron catalogadas como delitos de lesa humanidad por un juez federal en 2006. Durante el gobierno de Isabel Perón se ha comprobado la participación de la Triple A en 50 homicidios en 1974 y 359 en 1975; se sospecha además de su participación en centenares de otros. En la película, en el programa de noticias en que aparece Isabel Perón y se ve en el fondo a Isidoro Gómez está implícita la información de que Gómez es parte de un grupo de choque que trabaja para la presidenta, o con la aprobación de ella, como las Triple A. En la escena siguiente, cuando Espósito y la doctora Menéndez-Hastings increpan a Romano, y éste explica por qué dejaron en libertad a Gómez, es claro que Gómez por su "inteligencia y coraje" les es útil para actividades antisubversivas aunque sea un violador y un asesino.

Chivilcoy: Es una ciudad ubicada en el centro-este de la provincia de Buenos Aires, a 164 kilómetros de la capital. Es el lugar al que van Espósito y Sandoval para buscar la casa en que vivía Gómez. Logran entrar a la casa cuando la señora, la madre de Gómez, sale a hacer compras y se llevan algunas cartas que su hijo le envió.

Algunas estaciones de tren en la ciudad de Buenos Aires: Retiro, Once, Constitución: son algunas estaciones en las que Ricardo Morales espera, todos los días de la semana, para ver si encuentra a Gómez.

Secretaria/o de juzgado: En el sistema criminal de justicia en Argentina, el juez de instrucción (como el juez Fortuna Lacalle) está a cargo de la investigación de los crímenes o delitos y decide si hay evidencia suficiente para juzgar al acusado en cuyo caso pasa el caso al juzgado de sentencia donde se decidirá si el acusado es culpable y cuál debe ser el castigo. El secretario o secretaria del juzgado, como la doctora Irene Menéndez-Hastings, tiene a su cargo una de las secciones en que se divide el juzgado. Los secretarios son funcionarios de la carrera judicial que ocupan un cargo inmediatamente abajo de juez en la jerarquía y frecuentemente llegan a ser jueces. Todos los abogados en Argentina reciben el tratamiento de "doctores" de ahí que Irene sea la "Doctora Menéndez" y que Espósito insista en que no lo llamen doctor, ya que él no es un abogado sino el oficial primero del juzgado, un empleado sin título de abogado.

Personajes principales

Irene Menéndez-Hastings
Benjamín Espósito
Ricardo Morales
Isidoro Gómez
Pablo Sandoval
Liliana Coloto

Algunos personajes secundarios

Juez Fortuna Lacalle
Romano
Escribano Andretta

Actividades

I. Preguntas de comprensión (en grupos de 3)

1. ¿Por qué razones Espósito decide, más de 20 años más tarde, escribir una novela con la historia del caso Morales? ¿Qué cuestiones está enfrentando él en su vida? ¿Por qué creen que él e Irene nunca volvieron a hablar del caso?

2. En opinión de Uds., ¿qué es lo que conmueve tanto a Espósito en el caso del asesinato de Liliana Coloto?

3. ¿Cómo ha cambiado la vida de Irene en los 25 años cubiertos en la película? ¿Y la de Espósito?

4. ¿Cómo es la vida de Pablo Sandoval? Según Espósito, ¿por qué lo mataron y en qué circunstancias?

5. ¿Por qué fueron arrestados los albañiles y cómo se obtuvo su confesión?

6. ¿Qué es lo que descubre Sandoval en las cartas de Isidoro Gómez?

7. ¿Qué representa, en opinión de Uds., la escena en que Irene interroga a Gómez?

8. La película alude de forma muy breve e indirecta al contexto político en la época del crimen, ¿qué observaciones de la situación política argentina de esa época (mediados de los años 70) se pueden hacer?

9. ¿Por qué Espósito no le cree a Morales cuando le cuenta cómo mató a Gómez?

10. ¿Qué significa el título de la película? ¿En qué escenas los ojos o las miradas tienen un rol importante?

II. Personajes

En grupos de 3 o 4, describan en profundidad uno de los siguientes personajes: Irene Menéndez-Hastings, Benjamín Espósito, Ricardo Morales, Pablo Sandoval, Isidoro Gómez. ¿Cuáles son sus cualidades sobresalientes y sus defectos más visibles? ¿Qué tipo de relaciones tienen con los otros personajes? Luego, expliquen a la clase sus conclusiones.

III. Análisis (en grupos de 3-4)

1. *Tres tipos de historia.* Se podría enfocar el análisis de la película en tres líneas distintas y convergentes de la acción:
   a. Historia o caso judicial
   b. Historia policial
   c. Historias de amor

Analicen una de estas líneas lo más detalladamente posible, explicando cómo empieza esa historia, qué acciones de los personajes la van avanzando y cuál es su desenlace. Ubiquen cuál es el evento o eventos centrales. ¿Cuál de estas líneas narrativas les interesa más?

2. *Vidas vacías.* En la película se hace referencia reiterada a la idea de "vivir una vida vacía, una vida llena de nada." ¿A qué personajes se refieren? ¿Quiénes consideran Uds. que están viviendo "vidas vacías"? ¿Cuándo dirían Uds. que una vida es vacía y por qué? ¿Qué hace a la vida valiosa o plena?

3. *El individuo y sus pasiones.* Sandoval observa que una persona se define por sus pasiones; puede cambiar casi todo lo demás pero no puede cambiar de pasión. ¿Qué piensan Uds. de esta idea? ¿Tienen algún ejemplo entre las personas que conocen, o Uds. mismos, que ilustre esa idea? ¿Hay algo que verdaderamente los apasione?

4. *Romanticismo y realismo.* Identifiquen los elementos románticos y los elementos realistas en la película. ¿Cuáles predominan en la percepción de Uds.?

5. *Humor.* Hay varios momentos de humor. ¿Cuáles recuerdan? ¿Cuáles son los más efectivos?

6. *Conexiones.* ¿Qué conexiones podrían hacer entre esta película y el resto de los textos que han leído en el semestre? Expliquen detalladamente y hagan la mayor cantidad de conexiones posibles.

7. *Oportunidades perdidas y el penoso paso del tiempo.* Se ha observado que en la película están presentes estos dos temas. Expliquen dónde los ven Uds. y cómo afectan la historia.

8. *"Discutir por horas."* En la reseña de la revista *The New Yorker* (15 de abril de 2010), David Denby dice que esta película es un entretenimiento laberíntico, finamente tejido, cuyos rincones y pasajes serán discutidos por horas cuando los espectadores salgan del cine. ¿Hay aspectos laberínticos en el film? ¿Qué pasajes quisieran discutir Uds.? Propongan puntos de discusión para sus compañeros de clase.

9. *El final.* Ante el fracaso del sistema judicial, Morales encuentra una forma de concretar la "cadena perpetua" que Gómez merecía. ¿Es una forma de justicia? ¿Es una venganza

criminal? ¿Lo justificarían Uds.? ¿Lo castigarían? Piensen otro final para la película, teniendo en cuenta los hechos que conocen.

IV. Citas (en parejas)

Identifiquen quién dice estas frases y expliquen el contexto:

1. "Mi vida entera ha sido mirar para adelante. Atrás no es mi jurisdicción."
2. "Me vi cenando solo y no me gusté."
3. "No le de más vueltas. . . . Va a tener mil pasados y ningún futuro."
4. "Lo que daría yo por una inyección así."
5. "Banco de Esperma, Sección Préstamo."

Temas de ensayo o composición

Completen los dos puntos siguientes:

1. Escriba sobre uno de los temas de la sección Análisis.
2. Escriba cuatro o cinco preguntas interesantes para uno de los personajes, principales o secundarios, y contéstelas de forma creativa pero manteniendo fidelidad a la esencia del personaje.

Volver—Guía de análisis y discusión

Pedro Almodóvar nació el 24 de septiembre de 1949 en la región Calzada de Calatrava en Castilla, España. Es uno de los directores más aclamados e influyentes del mundo y uno de los más populares fuera de España desde la era de Luis Buñuel. Ha ganado numerosos premios de gran prestigio, incluyendo Oscar, Palma de Oro de Cannes y Premio Goya de España, como director y escritor. Con *Volver*, Almodóvar retorna después de varios años a trabajar con las actrices Carmen Maura y Penélope Cruz.

Vocabulario de *Volver*

anuncio: mensaje publicitario

aparecerse: dejarse ver, por lo general causando sorpresa o admiración

    parecerse: asemejarse

    parecer: opinar, creer, tener determinada apariencia

desaparición: acto de ocultar, quitar de la vista, dejar de existir

despedir: decir adiós

el disparate: algo que está fuera de la razón, ridículo

enfadada: enojada

entierro: acción de poner bajo la tierra, un cuerpo, una urna, una cosa

liada/o: envuelta/o en una relación

no hacer caso: no prestar atención

reunirse: juntarse, congregarse

rodar una película: filmar

el rodaje: proceso de grabación de una película u obra de televisión

tumba: lugar en que está enterrado un cadáver

Palabras y expresiones idiomáticas

caer gordo: caer mal

caerse de culo: sorprenderse de algo, recibir una noticia inesperada

ensañarse contra: deleitarse en causar el mayor daño y dolor posible a quien ya no está en condiciones de defenderse

estar de cachondeo: estar para bromas o para divertirse sin control

estar molido/a: estar agotado/a, muy cansado/a

flipar: perder la compostura, enloquecer

habladurías: rumores que corren sin mucho fundamento

mala leche: con mala intención, mala índole; estar de mal humor

la María: marihuana

un mogollón: muchísimo

mojito: bebida alcohólica cubana

porro: cigarrillo de marihuana

tomar la palabra: creer en la palabra de una persona, aceptar una promesa de alguien; empezar a hablar

volverse loco/a: perder el juicio, perder la razón

Actividades

I. Comprensión (en parejas)

1. Según la versión de Raimunda, ¿cómo murieron sus padres?
2. ¿Qué hace Agustina en el cementerio? ¿Qué tumba va a limpiar?
3. ¿Por qué Sole se sorprende cuando entra en el cuarto de la casa de la tía? ¿Qué sospecha ella?
4. ¿Qué le pasó a la madre de Agustina? ¿Qué imagen tiene ella de la vida de su madre?
5. ¿Qué decidió hacer Raimunda con el cadáver de Paco? ¿Quién le prestó ayuda y bajo qué condición?
6. ¿Cuándo se aparece físicamente Irene y por qué? ¿Dónde ha estado todos estos años?
7. ¿Cuál es el favor que le pide Agustina a Raimunda? ¿Qué la motiva a pedirle ese favor? Explique.
8. ¿Por qué Sole tarda tanto en revelarle la verdad sobre su madre a Raimunda?
9. ¿Qué representa el equipo de cine dentro de la trama de la película?
10. ¿Por qué Agustina asiste al programa de televisión *Dondequiera que estés* (*Talk-Show*)? ¿Qué consecuencias traen sus comentarios frente a las cámaras?
11. ¿Cómo reacciona Raimunda cuando se entera de que su madre está viva?
12. ¿Cuántos secretos se revelan al final de la historia?

II. Los personajes (en parejas)

1. Describan en profundidad al personaje que les asigne su profesor/a de la lista que sigue: Raimunda, Sole, Agustina y la pequeña Paula. ¿Cuáles son sus cualidades sobresalientes y sus defectos más visibles? ¿Qué tipo de relaciones tienen

con los otros personajes y con sus madres en particular? Después, expliquen a la clase sus conclusiones.

2. Contesten las siguientes preguntas:

    a. ¿Por qué Sole no quiere quedarse mucho tiempo en la casa de la tía Paula? ¿Cómo la describiría Ud. a ella?

    b. ¿Cómo es la tía Paula? ¿Cuál de sus sobrinas es la más unida a ella? ¿Por qué?

    c. ¿Qué papel cumplen Regina y las otras vecinas en la película?

    d. ¿Qué tipo de persona parece ser Paco? ¿Cómo es su relación con Raimunda?

    e. ¿Quién es Emilio y qué tipo de relación tiene con Raimunda?

    f. Irene, la madre de Raimunda y de Sole, se le aparece de repente a Sole como si fuera un fantasma. ¿Por qué se aparece después de tres años y medio? ¿Cómo cambia ese personaje al final de la película?

    g. Hable de la evolución de Raimunda a lo largo de la historia.

    h. ¿Qué relaciones parecen existir entre las mujeres de *Volver* (entre madre e hija, entre hermanas, entre tías y sobrinas) y entre hombres y mujeres (entre padre e hija, entre esposos)?

    i. ¿Cuál es el destino de cada uno de los personajes principales?

III. Temas de conversación (en grupos de 3-4)

1. El viento tiene una presencia fuerte en el pueblo manchego de Alcanfor de las Infantes. ¿Qué puede simbolizar ese viento solano?

2. ¿Por qué Raimunda y Paula deciden ocultar la muerte de Paco? ¿Por qué no van a la policía y denuncian el caso? ¿Qué harían Uds. en esas circunstancias? Expliquen.

3. Las mujeres en *Volver* llevan una vida de sufrimientos, abusos y traiciones de seres queridos. En ese entorno, ¿se justifican los crímenes que han cometido, las mentiras que han dicho y las actitudes que han asumido a lo largo de sus vidas?

4. En *Volver* sobresalen algunos ritos y tradiciones sociales, religiosas, familiares y vecinales de la cultura española de Castilla-La Mancha. Enumere al menos dos de ellos y discútalos con su grupo.

5. ¿Qué actitud asumen los personajes frente a la muerte? ¿Cómo se presentan la vida y la muerte en *Volver*? Apoyen su posición con ejemplos específicos de la película. Tomen en consideración la siguiente cita de Pedro Almodóvar: "El guión se llama *Volver* y habla justamente de la muerte, pero en un tono menos angustiado . . . Más que de la muerte en sí, el guión versa sobre la rica cultura de la muerte en la región manchega donde nací. Sobre el modo (nada trágico) con que varios personajes femeninos de distintas generaciones, se manejan dentro de esa cultura."

IV. Análisis (en grupos de 3)

1. ¿Qué efecto tiene en Raimunda la escena sobre los incendios que ve en la televisión de la tía Paula y por qué? ¿Cuáles son las causas de tantos incendios en España? Explique.

2. ¿Qué papel juegan las vecinas en la historia y qué reflexiones les sugiere ese rol?

3. ¿Qué quiere decir Agustina cuando dice: "*Los trapos sucios debemos lavarlos entre nosotras . . . Esas son cosas nuestras.*" ¿Están Uds. de acuerdo con esa idea?

4. Al principio de la película Raimunda y Soledad le explican a Paula varias cosas sobre las idiosincrasias de su pueblo manchego. ¿Qué diferencias se notan entre la vida de pueblo y la vida en Madrid? ¿De dónde vienen las amigas de Raimunda en Madrid?

5. En el programa de televisión *Dondequiera que estés* dicen que el pueblo de la familia de Raimunda, Alcanfor de las Infantes en La Mancha, tiene el mayor índice de locura por habitante. ¿Por qué piensan Uds. que se asocia La Mancha con la locura? ¿Qué papel tiene la locura en la trama de la película?

6. Las violaciones incestuosas son un fenómeno que afecta a las comunidades urbanas y rurales de todas las socieda-

des del mundo. En zonas rurales el índice de violaciones incestuosas tiende a aumentar mucho más. Raimunda es una víctima de ese fenómeno. Sin embargo, su hija logra salvarse antes de que se cometa el acto. Imagínense que Paula hubiera consentido tener relaciones con su padrastro. ¿Habría hecho este "consentimiento mutuo" la relación menos incestuosa? ¿Se habría justificado? ¿Considerarían Uds. que todavía es incesto, a pesar de que no eran de la misma sangre? Expliquen.

7. Almodóvar utiliza un antiguo tango de Carlos Gardel, en versión flamenca, como tema musical de la película. ¿Por qué habrá escogido Almodóvar esa canción para representar y nombrar su película? Escuchen las versiones del tango que se mencionan abajo y lean cuidadosamente la letra. ¿Qué conexiones encuentran entre el tango y la película?

V. Creación

En parejas, imaginen que van a hacerle una entrevista al director Pedro Almodóvar, o a una de las actrices principales. Preparen varias preguntas sobre la película, sus personajes, ideas, etc.

Temas de ensayo/composición

1. Escriban sobre uno de los Temas de conversación, actividad III (1-5), o de Análisis, actividad IV (2 o 7).

2. Analicen las distintas partes de la película que pueden entrar en la categoría de comedia, género policial y melodrama y evalúen la efectividad de esas escenas y su relevancia en el conjunto de la película.

3. Analicen el significado de la escena en que Raimunda canta el tango "Volver" frente al equipo de filmación, sin saber que su madre también está escuchándola.

> *Volver* (**tango**)—Carlos Gardel y Alfredo Le Pera
> Yo adivino el parpadeo
> de las luces que a lo lejos
> van marcando mi retorno.

Son las mismas que alumbraron,
con sus pálidos reflejos,
hondas horas de dolor.
Y aunque no quise el regreso,
siempre se vuelve al primer amor.
La quieta calle donde el eco dijo:
"¡Tuya es su vida, tuyo es su querer!"
Bajo el burlón mirar de las estrellas
que con indiferencia hoy me ven volver.
Volver,

    con la frente marchita,
    las nieves del tiempo
    platearon mi sien.

Sentir,

    que es un soplo la vida.
    que veinte años no es nada,
    que es febril la mirada
    que errante en las sombras
    te busca y te nombra.

Vivir,

    con el alma aferrada
    a un dulce recuerdo,
    que lloro otra vez.

Tengo miedo del encuentro
con el pasado que vuelve
a enfrentarse con mi vida.
Tengo miedo de las noches
que pobladas de recuerdos,
encadenan mi soñar.
Pero el viajero que huye
tarde o temprano detiene su andar.
Y aunque el olvido,
que todo destruye,
haya matado mi vieja ilusión,
guardo escondida una esperanza humilde,
que es toda la fortuna de mi corazón.

Buscar en YouTube: Carlos Gardel y Estrella Morente (quien canta la versión flamenca en la película, doblada por Penélope Cruz), cantando el tango "Volver."

Diarios de motocicleta—Guía de análisis y discusión

Director: Walter Salles; Año de producción: 2004; Actores: Gael García Bernal, Rodrigo de la Serna, Mia Maestro.

Diarios de motocicleta es una película biográfica basada en los libros *Notas de Viaje* por Ernesto Guevara y *Con el Che por Latinoamérica* por Alberto Granado. La película sigue el trayecto de los dos amigos en un viaje en motocicleta que realizaron en 1952 a través de América Latina y que tuvo un profundo impacto en ambos. Las observaciones que hacen a lo largo del viaje les dan una comprensión mucho mayor de la situación latinoamericana y, al mismo tiempo, le permiten a Guevara descubrirse a sí mismo. El film se concentra en un momento en la vida del joven Ernesto Guevara antes de que se convirtiera en el Che y uno de los subtextos del film es el del potencial transformador de los viajes.

La película ganó el Oscar a la canción original por "Al otro lado del río," de Jorge Drexler, en 2005 y otros 21 premios internacionales.

Puntos del itinerario que se mencionan en la película

Argentina

Salida de Buenos Aires, 4 de enero de 1952
Miramar, 13 de enero
Piedra de Águila, 29 de enero
Bariloche, 11 de febrero

Chile

Temuco, 18 de febrero
Los Ángeles, 27 de febrero
Valparaíso, 7 de marzo
Desierto de Atacama
Chuquicamata, 13-15 de marzo

Perú

Cuzco, 31 de marzo y 6-7 de abril
Machu Picchu, 5 de abril
Lima, 1 de mayo
Pucallpa, 24 de mayo
A borde de *El Cisne* (navegando por el Amazonas rumbo al
    leprosario de San Pablo), 6 de junio
Leprosario de San Pablo, 8-19 de junio
A bordo de la balsa *Mambo-Tango* por el Amazonas, 21 de junio

Colombia

Leticia, 23 de junio-1 de julio

Venezuela

Caracas, 17-26 de julio

Vocabulario de *Diarios de motocicleta*

asmático: que sufre de asma, enfermedad de los bronquios
despedida: acto de separarse de alguien, generalmente con al-
    guna expresión de cortesía o afecto
escasear: faltar, haber poca cantidad de algo
franco: sincero, sencillo, leal en el trato
labia: verbosidad persuasiva y gracia al hablar
lepra: enfermedad infecciosa crónica
leprosario o leprosería: hospital de leprosos
peones: personas que trabajan por día, en cosas materiales que
    no exigen calificaciones especiales
periplo: viaje o recorrido
quirófano: lugar donde se realizan operaciones de cirugía

rebuscarse: ingeniarse para enfrentar y resolver dificultades

ruta: camino, itinerario de un viaje

soberbio: arrogante, altivo

trillado: común y sabido

Expresión

sentar cabeza: hacerse juicioso/a y moderar su conducta

Actividades

I. Práctica de vocabulario (en parejas)

Las palabras o expresiones del vocabulario son importantes para explicar la película. Usen al menos 8 para narrar algún aspecto relacionado con la historia o los personajes.

II. Comprensión (en parejas)

Contesten las siguientes preguntas:

1. ¿Cuáles eran los objetivos del viaje? ¿Con qué recursos contaban? ¿Qué planeaban hacer para el cumpleaños de Alberto y qué hicieron realmente ese día?

2. ¿Qué observaciones pueden hacer Uds. sobre la familia de Chichina Ferreira? ¿Qué opinión tienen ellos sobre la relación entre Chichina y Ernesto? Expliquen por qué creen Uds. que tienen esa opinión y que tipo de novio les gustaría para su hija.

3. En opinión de Uds. ¿cuáles son los momentos más difíciles que viven Ernesto y Alberto durante el viaje y cuáles son los más satisfactorios? Elaboren.

4. En un momento dado, Alberto le dice a Ernesto, *"Mirá que sos soberbio, pendejo . . ."* ¿Creen Uds. que es una observación justa? Busquen ejemplos en la película que justifiquen su respuesta.

5. ¿Qué aprenden los viajeros de sus contactos con Don Néstor (el guía) y con el grupo de mujeres indígenas en Cuzco?

6. En varias ocasiones Alberto le pide a Ernesto los quince dólares que le dio Chichina. ¿Para qué los quería? Mencionen
   tres razones. ¿Por qué no se los dio Ernesto?

III. El diario de Ernesto

Estas son citas del diario de Ernesto. Expliquen, en parejas, en qué
lugar y circunstancias fueron escritas:

1. *"Esa fue la noche más fría de mi vida; Pero conocerlos me hizo
   sentir más cerca de la especie humana . . ."*
2. *"¿Cómo es posible que sienta nostalgia por un mundo que no
   conocí?"*
3. *"Querida viejita, ¿Qué es lo que se pierde al cruzar una frontera.
   Cada momento parece partido en dos: melancolía . . .
   y entusiasmo . . ."*
4. *"Se me olvidaba, hoy Alberto cumplió los 30 años pero no en Venezuela como lo había previsto. Estamos tan fundidos vieja, que ni
   siquiera pudimos celebrarlo."*
5. *"La división de América en nacionalidades es incierta e ilusoria, es
   completamente ficticia. Constituimos una sola raza mestiza, desde
   México hasta el estrecho de Magallanes . . ."*
6. *"Querida mamá yo sabía que no podía ayudar a esa pobre mujer,
   que hasta hacía un mes había servido mesas jadeando[1] como yo,
   tratando de vivir con dignidad."*

IV. Conversaciones (en grupos de 3 o 4)

Elijan algunos de estos temas para una charla:

1. **Conciencia social y política**
   a. Mencionen ejemplos concretos de contrastes socia-
      les que se observen en la película. ¿Quiénes están en
      los extremos de la escala social y económica? ¿Tiene
      algo en común cada grupo —además de su situación
      socio-económica?

---

1. jadear = respirar con dificultad a causa de un gran esfuerzo o de una
enfermedad

b. En la película se lee una cita de un texto del peruano J.C. Mariátegui en la que el ensayista sostiene que *"el problema del indio es el problema de la tierra."* ¿Qué situaciones de las representadas en la película parecen ilustrar esta cita? ¿Qué otros factores contribuyen al "problema del indio" —o sea, a su marginación— según la película?

2. **Pícaros y anti-héroes**

La película nos muestra un viaje y unas relaciones donde abundan los elementos de la picaresca y el anti-heroísmo. ¿Cuáles son algunos de estos elementos? ¿Les sorprende esa representación de Guevara?

3. **La amistad y los amigos**

a. Comparen la personalidad, estilos, virtudes y defectos de Ernesto y de Alberto. ¿Qué rasgos predominantes los caracterizan como individuos? ¿Describirían la relación de amistad entre ellos como saludable, problemática, contradictoria . . . ? ¿Por qué? ¿Por qué son amigos estos dos hombres, en su opinión, a pesar de las diferencias?

b. En la literatura y la historia hay muchos ejemplos de parejas famosas de amigos, a veces de corte "heroico," a veces cómico. Mencionen algunas de estas parejas. ¿Alguna de ellas se parece a la de Mial y el Fuser?

4. **Experiencias personales**

a. **Ya no soy yo . . .** Un viaje como el que hacen Ernesto y Alberto tiene la capacidad de transformar a una persona. En grupos de 3-4 expliquen si han tenido alguna experiencia personal (puede ser un viaje o cualquier otra cosa) que haya tenido poder transformativo para Uds. ¿Qué fue lo que descubrieron? ¿En qué sentido se sintieron cambiados por esa experiencia? ¿El cambio los hizo hacer algunas decisiones concretas que no habrían hecho de otro modo? ¿Qué es lo más interesante o importante que recuerdan de sus viajes? ¿Cuáles son los momentos más difíciles o penosos que recuerdan?

b. **Viaje ideal.** Si ustedes pudieran emprender ahora mismo el viaje de sus sueños, ¿con quién viajarían, cómo, a dónde, por cuánto tiempo y por qué? Tracen un breve itinerario de su viaje ideal y compártanlo con sus compañeros. ¿Qué viaje no están interesados en hacer?

c. **Escasez.** *"La plata y la comida escasean, pero cada vez que pinta la ocasión, nos la rebuscamos para comer y dormir gratis"* (en San Martín de Los Andes, Argentina. 31 Enero 1952.) ¿Han tenido Uds. alguna experiencia en que la plata o la comida escasearan? ¿De qué modo resolvieron la situación?

d. **Futuros profesionales.** Silvia, la joven enferma, le pregunta a Ernesto si se ha hecho médico porque está enfermo. En su opinión, ¿son los factores biográficos o las experiencias personales los más influyentes a la hora de decidir un futuro profesional, o se trata de una decisión más bien intelectual o práctica? En su propio caso, ¿cuáles han sido o van a ser los factores de más peso a la hora de tomar una decisión?

V. Discusión (en grupos de 3 o 4)

1. *Injusticias.* Casi al final de la película, cuando Ernesto y Alberto se están despidiendo, Ernesto dice "¡Cuánta injusticia, ¿no?!" Identifiquen al menos cuatro situaciones que han visto durante el viaje que le pueden haber hecho decir eso. Describan los hechos y en qué creen Uds. que consistía la injusticia.

2. *La honestidad.* En por lo menos dos ocasiones importantes en la película, se representa lo que se podría llamar la "honestidad brutal" de Ernesto. Comparen ambas instancias (el caso del hombre con el tumor y el de la novela del doctor Pesci). En su opinión, ¿se justificaba tal honestidad brutal en cada caso? ¿Por qué sí o no? ¿Habría sido justificable una "mentira blanca"? ¿Qué habrían hecho Uds. en esos dos casos?

VI. Reportajes (en grupos de 3)

Imaginen que uno de ustedes es un reportero del pequeño diario chileno que publicó el anuncio sobre la visita de los "célebres doctores." Ahora, el reportero entrevista a dos de los ciudadanos chilenos que conocieron a Mial y al Fuser durante su estadía (por ejemplo, las hermanas que los invitaron a comer empanadas, el mecánico y su esposa, doña Rosa y su hijo), y les piden que comenten sus percepciones sobre los viajeros.

VII. Escenas

1. Después de ver una escena que les mostrará en clase su instructor/instructora, recreen en parejas el diálogo.

2. Después de ver la escena que les mostrará en clase (sin sonido) su instructor, escriban el diálogo entre los personajes. Pueden tratar de recordar el diálogo original en la película o inventar un diálogo apropiado al contexto.

3. Inventen una escena para incorporar a la película en cualquier parte que Uds. decidan. Indiquen en qué parte de la película quieren incorporarla, quiénes participan de la escena, describan las circunstancias de tiempo y lugar de la acción, y escriban un diálogo de no menos de 10 líneas entre los personajes.

Temas de ensayo o composición

Escriba una de las siguientes cartas:

1. En Valparaíso Ernesto recibe una carta de Chichina cuyo contenido no vemos. Teniendo en cuenta el contexto de la historia y lo que sabe de los personajes, imagine el texto de esa carta.

2. Ernesto escribe frecuentes cartas a su madre. Imagine la carta que le escribe después de uno de los siguientes eventos, a su elección:
   a. Después de la visita a Chichina, en Miramar
   b. Después de la fiesta en la colonia de leprosos el día antes de su partida, cuando también celebraron el cumpleaños de Ernesto

CAPÍTULO 12

Novelas

En este capítulo se presentan guías completas de trabajo para tres novelas. Las guías incluyen vocabulario, ejercicios de comprensión, análisis, discusión y actividades creativas para cada capítulo o sección. En orden creciente de dificultad, las novelas son

1. *Rosaura a las diez,* de Marco Denevi
2. *Crónica de una muerte anunciada,* de Gabriel García Márquez
3. *La invención de Morel,* de Adolfo Bioy Casares

Rosaura a las diez

Marco Denevi

La acción en la novela transcurre en una hospedería o casa de huéspedes o casa de pensión, llamada "La Madrileña." Este tipo de establecimiento era muy popular en el pasado (hasta las primeras décadas del siglo XX) para dar alojamiento a forasteros; gente que viene de otros lugares. En una hospedería, los propietarios alquilan habitaciones amuebladas y contratan con el huésped la comida. En casas grandes, hay varias habitaciones alquiladas a distintas personas.

Actividades pre-lectura

En parejas, contesten estas preguntas:

1. ¿Qué posibilidades dramáticas ofrece este contexto en el que varias personas que no se conocen viven juntas?
2. ¿Quiénes imaginan que irían a vivir a una casa de pensión?

3. Imaginen que son dueños de una casa de pensión y hagan una lista de los requisitos que impondrían para aceptar un huésped y de las prohibiciones que existirían en sus hospederías. Por ejemplo, en esta hospedería sólo se admite a personas que . . . Y se prohíbe que los huéspedes de esta casa . . .

4. Lean la primera página y hagan tantas observaciones como puedan sobre el texto. ¿Qué pueden deducir de estas primeras líneas (personajes, tono, posibles problemas, etc.)?

Plan de trabajo para la novela

I. Cronología de eventos según los testimonios de Milagros, Réguel, Eufrasia, Camilo y Rosaura

1. Toda la clase leerá la declaración de la señora Milagros. Luego se asignarán las declaraciones de los demás personajes (David Réguel, la señorita Eufrasia, Camilo Canegato y Rosaura) a distintos estudiantes. Tomen notas de la cronología de los hechos principales a medida que leen. Observen que la novela empieza con dos referencias de tiempo: "hará unos seis meses" y "empezó hace doce años." En clase se van a comparar los testimonios para tratar de determinar su veracidad en el juicio a Camilo Canegato. Deben prestar atención a lo siguiente:

    • la relación de Camilo con el viudo
    • los relatos de la restauración
    • el encuentro de Rosaura con Camilo
    • los días previos a la llegada de Rosaura a La Madrileña
    • los días en La Madrileña
    • la pelea a la hora de la siesta
    • el casamiento
    • la ida al hotel
    • el desenlace

II. Perfil de los personajes

Imagine que Ud. es un detective y tiene que hacer un archivo con la información de cada uno de los personajes de esta novela. A medida que aparezcan cree una ficha y complétela al descubrir nueva información. Trate de incluir la mayor cantidad posible de datos con la información que obtiene y con lo que su lógica le indique. Si puede, incluya fotos.

Ficha individual

Nombre y apellido

Domicilio actual y tiempo que ha vivido allí, y domicilio
     anterior si corresponde

Lugar y fecha de nacimiento

Estado civil, profesión y/o ocupación, y estudios

Apariencia física y señas particulares

Carácter (gustos, actitudes, vicios, virtudes, etc.)

Modo de vestir

Familiares o amigos

Rutina diaria

Situación económica

Relación con los demás huéspedes

Relación con la dueña y sus hijas

Notas o detalles importantes

Primera parte: Testimonio de Milagros Ramoneda, viuda de Perales

Capítulo 1

I. Comprensión (en parejas o grupos de 3)

Contesten estas preguntas:

1. El capítulo uno se introduce como "declaración de la señora Milagros Ramoneda, viuda de Perales." ¿Qué les sugiere esto? ¿Qué anticipan?

2.   ¿Cómo aparece Camilo a primera vista, según la señora Milagros? ¿Qué detalles de su apariencia física ella observa? ¿Qué información obtiene en ese primer encuentro?

3.   ¿Cuáles son las condiciones que ella impone a los huéspedes de la pensión? ¿Qué está prohibido y qué está permitido? ¿Cuál es el horario? ¿Cómo es la forma de pago?

4.   ¿Cómo es la familia de Milagros cuando Camilo llega a vivir en la pensión?

5.   ¿Qué preguntas interesantes se les ocurren sobre este capítulo? Hagan una lista y formulen las preguntas en voz alta para que las contesten sus compañeros.

II. Análisis (en grupos de 3-4)

1.   ¿Cuál es la imagen de Milagros que surge de esta declaración? ¿Qué tipo de persona parece ser? ¿Qué aspectos de ella les parecen positivos y cuáles negativos?

2.   En este capítulo Milagros describe su primera impresión de Camilo (pregunta 2 de la sección "Comprensión"). Hablando de "primeras impresiones," cuando Uds. recién conocen a una persona, ¿qué aspectos tienen en consideración para formarse opinión de ella? ¿Qué elementos son más importantes para hacer esa primera impresión positiva o negativa? En su experiencia, ¿sus primeras impresiones han sido generalmente correctas o no? ¿Recuerdan algún caso en que estuvieron muy equivocados? Explíquenlo.

III. Diálogo

Recreen el diálogo entre Camilo y Milagros o improvisen un diálogo entre un huésped potencial y el dueño o la dueña de una hostería.

Capítulos 2 y 3

I. Comprensión (en parejas)

1.   ¿Por cuánto tiempo se quedó Camilo a vivir en La Madrileña? ¿Qué tipo de huésped era?

2. ¿Cómo trataban los otros huéspedes a Camilo?

3. ¿Por qué necesitaba Camilo tantos medicamentos? ¿Quién se los había recetado? ¿Nos dice algo esto sobre su personalidad? ¿Cómo reacciona Milagros? ¿Qué le recomienda?

4. ¿Cuál es la rutina de Camilo? ¿Cuáles son sus amistades? ¿Qué familia tiene?

5. ¿Cómo se describe Milagros a sí misma en su relación con Camilo? ¿Cómo es la relación entre Camilo y las hijas de Milagros?

6. ¿Cómo cambiaron los tiempos para Milagros y la pensión? ¿Qué tipo de pensionistas toma ahora?

7. ¿Cómo describe a la mucama?

8. ¿Cómo se desarrollan sus hijas? ¿Cómo cambia la relación de Camilo hacia ellas?

9. ¿Qué personas sabían que Camilo vivía en La Madrileña?

10. Según Milagros, todo comenzó, unos seis meses antes, con un hecho insólito. ¿A qué se refiere y por qué lo consideraba algo raro o extraño?

11. ¿Cómo nos presenta Milagros a Eufrasia Morales?

12. Describan el sobre dirigido a Camilo. ¿Qué deducen las mujeres? ¿Qué se imaginan?

13. ¿Cómo descubre Milagros los amores de Camilo?

14. ¿Cómo afectan las cartas a Milagros? ¿Por qué se siente con derecho a reprocharle algo a Camilo? ¿Qué opinión tiene ella de las cartas y de quién las envía?

15. ¿Cómo afectan las cartas a Eufrasia?¿Por qué creen que reacciona así? ("A la que más afectaron las cartas rosas y el misterio que las rodeaba fue a la señorita Eufrasia. Las cartas terminaron por enfermarla.")

16. ¿Qué opinan las hijas sobre la autora de las cartas? ¿Por qué?

II. Análisis (en grupos de 3-4)

¿Cómo aparece Camilo en la descripción de Milagros? ¿Les resulta ella una observadora astuta? ¿Podemos confiar en sus impresiones? Expliquen si hay algo en su narración que no los convence o alguna interpretación que les parece demasiado subjetiva.

III. Claves *(en forma individual)*

El lector no sabe cuáles de los hechos que va narrando Milagros van a ser importantes para la historia y hay varios detalles que no son claros por ahora. Trate de identificar y marcar los hechos o comentarios que le parecen significativos o que Ud. sospecha que van a ser relevantes en el argumento. Mantenga una lista de enigmas para evaluar si, al final del libro, se han resuelto o no.

Capítulo 4

I. Comprensión *(en parejas)*

1. ¿Cómo era la octava carta de Rosaura? ¿Por qué la abrió Milagros? ¿Qué argumentos usó la señorita Eufrasia para justificar que la abrieran? ¿Les parecen legítimos esos argumentos o no? Expliquen.

2. Según Matilde, la carta le recuerda a sus lecturas de la juventud. ¿Por qué?

3. ¿Cómo presenta Milagros a David Réguel? ¿Qué imagen de Réguel crea en quien la escucha? Expliquen qué detalles de la descripción de Réguel les parecieron más reveladores y cuál es la primera impresión que tienen de él.

4. Además de la carta sin nombre, ¿qué otras cosas fueron inusuales ese día en La Madrileña?

5. ¿Qué tono usa Milagros para hablar con Camilo en el comedor esa noche?

II. Análisis *(en grupos de 3-4)*

1. Presten atención a la forma en que Milagros va describiendo a los distintos huéspedes ¿Logra hacer a esos personajes vívidos para el lector? Si es así, ¿cómo lo logra?

2. ¿Cómo describirían a Milagros después de haber leído los primeros cuatro capítulos? ¿Conocen o han conocido a alguna persona que se parezca un poco a Milagros? ¿Qué aspectos de su personalidad le inspiran confianza y cuáles le inspiran dudas?

3. ¿Qué observaciones podrían hacer Uds. sobre las hijas de Milagros?

4. ¿Por qué es importante la octava carta en La Madrileña? ¿Qué consecuencias produce?

Capítulos 5 y 6

I. Comprensión (en parejas)

1. ¿Dónde y cómo conoció Camilo a Rosaura?
2. ¿Cómo describe a Rosaura?
3. ¿Cómo describe Doña Milagros el romance entre Camilo y Rosaura?
4. ¿Qué obstáculos hay en la relación?
5. ¿Cómo explica Camilo el no haber dicho nada a doña Milagros?
6. ¿Por qué no quiere que le digan nada a Réguel?
7. ¿Quién fue testigo de toda esta confesión?
8. ¿Por qué le teme Camilo a Réguel?
9. ¿Por qué es tan imposible, según él, su relación con Rosaura?
10. ¿Cómo cambia la actitud de Doña Milagros hacia Rosaura?
11. ¿Cómo reaccionan las hijas de Doña Milagros?
12. ¿Cómo está representada Rosaura en el retrato? Hagan una descripción detallada.
13. ¿Cómo reacciona Réguel al ver el retrato? ¿Cómo reacciona Camilo?
14. ¿Cuál era el dilema de Camilo al terminar el cuadro?
15. ¿Cómo es la despedida de Rosaura?
16. ¿Qué le recomienda la tía y qué le recomienda Doña Milagros? ¿Qué opinión tienen de estos consejos? Expliquen por qué.
17. ¿Acepta Camilo los consejos de Doña Milagros? ¿Por qué creen que lo hace?
18. ¿Es razonable esta actitud de Camilo?

II. Análisis (grupos de 3-4)

1. ¿Cuáles son aspectos de la narración de Camilo en el capítulo 5 que son extraños o inusuales?

2. Hasta este momento, ¿qué preguntas sin respuestas tienen? ¿qué puntos de la historia quisieran aclarar?

Capítulos 7 y 8

I. Comprensión (en parejas)

1. ¿Qué ha decidido Rosaura, según la última carta? Analicen cuidadosamente la carta. ¿Qué deducciones concretas pueden hacer basándose en el texto? ¿Contra qué ha luchado Rosaura? ¿Cuál es la causa de la despedida? ¿Qué opinión tiene Rosaura de Camilo? ¿En qué situación se encuentra Rosaura?¿Cuál es la actitud de Camilo frente a esa carta? ¿Cómo explica su aceptación? ¿Es normal? ¿Cúal es la actitud de Doña Milagros? ¿Qué le sugiere?
2. ¿Cuál es la historia que les contó Réguel? ¿Qué reacción tienen ante esa historia? Elaboren.
3. ¿Cuál es la reacción de todos, incluyendo Camilo, frente a la llegada de Rosaura?
4. ¿Cúal es la reacción de Rosaura ante tal recibimiento?
5. ¿Les sorprenden las reacciones de Camilo y las de Rosaura? ¿Por qué?
6. ¿Cómo es la relación entre ambos? ¿Cómo se comportaba Rosaura con Camilo? ¿Y con los demás?
7. ¿Qué episodio de un sábado por la tarde Doña Milagros no puede explicar?
8. ¿Qué nuevos detalles sobre Rosaura descubrimos?
9. ¿Qué pasa la noche de bodas? ¿Quién da la noticia?

II. Análisis (en grupos de 3-4)

1. La aparición de Rosaura, ¿aclara alguna pregunta fundamental en la historia? ¿Cuál?
2. ¿Es el comportamiento de Rosaura y Camilo comprensible dadas las circunstancias o no?
3. ¿Confirma o no Rosaura la historia que ha contado Camilo sobre la relación entre ellos? Den detalles.
4. ¿Hay contradicciones en el testimonio de Milagros?

5. Hagan una lista de cinco preguntas sobre esta historia. ¿A quién o a quiénes se las quieren hacer? ¿Por qué? ¿Cuál creen que puede ser la respuesta en cada caso? ¿Qué pueden conjeturar?

Segunda parte: Testimonio de David Réguel

I. Comprensión (en parejas)

1. ¿Cómo describe Réguel a Camilo? ¿Cómo relaciona su apariencia externa con lo que es capaz de hacer? ¿Qué piensan de esa interpretación basada en sus observaciones minuciosas?
2. ¿Cómo interpreta Réguel la relación entre Camilo y la señora Milagros y las hijas de ésta?
3. ¿Cómo explica Réguel el amor de Rosaura por Camilo? ¿Les parece una explicación convincente o no?
4. ¿Cómo explica Réguel el cambio de actitud de Camilo hacia Rosaura? ¿Cómo explica su afirmación de que Camilo la "detestó"?
5. ¿Qué le consulta Rosaura a Réguel?
6. ¿ Cómo explica Réguel el episodio del sábado por la tarde? ¿Qué vio y escuchó?
7. ¿Cómo describe o explica el estado de ánimo de Camilo y el de Rosaura el día de la boda?
8. ¿Cuál es la versión de Réguel de los hechos en el hotel?
9. ¿Cómo describe al Turco? ¿Cómo actúa el Turco hacia Réguel?
10. Comparen la interpretación de Réguel y la de Doña Milagros, teniendo en cuenta sus declaraciones respecto a
    - la apariencia y personalidad de Camilo
    - la relación entre Camilo y la familia
    - el romance entre Camilo y Rosaura y la carta de Rosaura
    - el incidente de la siesta del sábado
    - la boda

II. Análisis (en grupos de 3-4)

1. ¿Cómo describirían Uds. la versión de Réguel? ¿Cómo describirían la versión de doña Milagros?
2. ¿Cuál de los dos personajes les parece más objetivo?¿A cuál testimonio le dan mayor credibilidad? ¿Por qué?

Tercera parte: Testimonio de Camilo Canegato

I. Comprensión (en parejas)

1. ¿Cómo describe Camilo su relación con la Sra. Milagros y sus hijas?
2. ¿Cuál fue el más terrible de los sueños de Camilo? ¿Cuándo dice que se despertó después de un largo sueño? ¿Fue Rosaura un sueño? ¿Cómo explica su idea del "tercer sueño concéntrico"?
3. ¿Qué inferimos del padre a partir de lo que Camilo dice de él?
4. ¿Es convincente la explicación que da Camilo sobre Rosaura? ¿Qué aspectos les parecen más y menos creíbles?
5. ¿Qué descubre el lector sobre los verdaderos sentimientos de Camilo?
6. ¿De quién era el rostro que él pintó en la miniatura que llevó a la pensión?
7. ¿Cuáles son los motivos para hacer desparecer a Rosaura?
8. ¿Cómo explica él su reacción ante la llegada de Rosaura a La Madrileña?
9. ¿Qué explicación da para los eventos del sábado por la tarde?
10. ¿Qué explicación da Camilo sobre los eventos de la noche de bodas?
11. ¿Cómo describe Camilo al Turco y su comportamiento?
12. ¿Qué inconsistencias hay en el testimonio de Camilo Canegato?
13. Después de leer esta declaración, ¿qué impresión tienen de Camilo? ¿Les parece sincero? ¿Puede haber matado a Rosaura? ¿Tienen confianza en lo que dice? Expliquen qué frases o ideas en su declaración justifican esa opinión, favorable o desfavorable.

II. Análisis (en grupos de 3-4)

1. ¿Tienen Uds. una explicación preferida de los sueños? ¿Son los deseos insatisfechos? ¿Las preocupaciones de la víspera? Den ejemplos de sueños de Uds. que puedan ilustrar algunas de esas interpretaciones.

2. ¿Hay sueños premonitorios? Comenten si han tenido sueños premonitorios o han conocido gente que los tuviera. ¿Cómo pueden explicarse?

3. Camilo dice, "Soñar, vivir, ¿dónde está la diferencia? Yo no percibo la diferencia. Para mí todo es lo mismo. Soñar una muerte es vivir esa muerte. Soñar un goce es vivir ese goce." ¿Qué piensan Uds. de esa afirmación? ¿Es posible decir que nuestras fantasías son también parte de nuestra realidad?

Cuarta parte: Testimonio de la señorita Eufrasia

I. Comprensión (en parejas)

1. ¿Qué nueva información revela la señorita Eufrasia?
2. ¿Por qué considera ella a Elsa un personaje clave?
3. ¿Qué nuevos elementos nos revela sobre la discusión del sábado a la tarde? ¿Qué escucha ella ese día?

II. Análisis (en grupos de 3-4)

1. ¿Qué elementos hacen a la señorita Eufrasia diferente de Milagros y de Réguel? ¿Confían o no en las observaciones de ella? Expliquen por qué.

2. La señorita Eufrasia tenía información y sospechas que nunca había comentado con ninguno de los otros pensionistas. ¿Cuál puede ser la explicación para esa discreción? ¿Es consistente o no con la imagen que tenemos de este personaje?

3. ¿Cómo interpretan Uds. su comentario final: "La piedra desechada por los arquitectos puede ser la clave del ángulo"?

Quinta parte: Fragmento de la carta de Marta Córrega
(o María Correa)

I. Comprensión (en parejas)

1. ¿Qué nueva información sobre Rosaura descubrimos en este capítulo?
2. ¿Había alguna relación entre Marta Córrega y la pensión La Madrileña? ¿Cómo y cuándo se habían conectado? ¿Qué personas que vivían o habían vivido en La Madrileña conocían a Marta/Rosaura?
3. En dos ocasiones en la novela Rosaura aparece como un fantasma, como algo irreal. ¿Cuáles son esas ocasiones?
4. ¿Conocía Marta al "Turco Estropeado"? ¿Por qué? ¿Sabía cuál eran sus actividades? ¿Por qué iba a denunciarlo?

II. Análisis

1. La carta de Marta tiene un rol principal en la explicación de la historia. Hagan una lista de los hechos o eventos anteriormente mencionados en la novela a los que se hace referencia en esta carta.
2. ¿Qué misterios quedan aclarados con la carta de Marta?
3. ¿Es posible concluir que en un momento el sueño más aterrador de Camilo se hizo verdad? Expliquen este punto detalladamente.

El juicio de Camilo Canegato

Parte de la clase representará al abogado defensor, la otra a la fiscalía que trata de condenar al acusado, Camilo, y una tercera parte a los testigos. Preparar la defensa, las acusaciones y las declaraciones testimoniales. Tomar una postura y defenderla dentro de la lógica del personaje y sin contradecir los hechos.

Temas de la novela

1. *Tema de la identidad.* Es posible distinguir al menos tres versiones de nosotros mismos: 1. La imagen que proyectamos y que los demás perciben, 2. La autoimagen, o sea la imagen que tenemos de nosotros mismos y 3. La realidad, lo que somos. ¿Podemos describirle a un tercero cómo es una persona verdaderamente? ¿Qué es lo que determina mi verdadero yo? ¿Qué es lo que determina la verdad?

2. *Tema de la realidad y el sueño.* Estas son algunas frases claves:

   "Desde niño he soñado siempre, he soñado mucho. De niño soñaba unos sueños absurdos, unas pesadillas que me hacían despertar de terror, y despierto y todo seguía gimiendo y sollozando en la cama, hasta que venía mi padre, encendía la luz, y con una sola mirada de sus ojos me levantaba al día frío y lúcido donde reinaba su cólera."

   "Soñar, vivir, ¿dónde está la diferencia? . . . Para mí todo es lo mismo . . . Soñar un goce es vivir ese goce. También he soñado que soñaba . . . Y soñé que despertaba del segundo sueño, del sueño soñado, y decía: "Ah, fue un sueño," y creía estar despierto. Quizás la vida sea eso, un sueño metido dentro de otro. Quizá la vida sea el tercer sueño concéntrico del que uno despierta cuando se muere."

   "Yo soñé hasta el punto de hacer que mi sueño penetrara en la realidad."

3. *Tema de la imposibilidad de una visión objetiva de la realidad.* La novela explora la idea de que es imposible el conocimiento del otro, de uno mismo, del mundo.

   "Creo que lo que llamamos realidad es un hojaldre de realidades, creo que toda supuesta verdad es un poliedro de tantas caras cuantos ojos la miran."
   —Marco Denevi

"En este mundo traidor / nada es verdad ni mentira /
todo es según el color / del cristal con que se mira"
—Ramón de Campoamor

Crónica de una muerte anunciada

Gabriel García Márquez

Gabriel García Márquez es un escritor, novelista, cuentista y guionista y periodista colombiano (1927-2014). En 1982 recibió el
Premio Nobel de Literatura. Su novela *Cien años de soledad* es considerada una de las obras más representativas del "realismo mágico."

    Crónica de una muerte anunciada fue publicada en 1981 y ha sido
incluida entre las 100 mejores novelas del siglo XX. Está basada en
un hecho real y en la narración García Márquez usa su talento de
novelista junto a su experiencia de periodista.

Personaje y sus relaciones

Familia Vicario			
		Ángela Vicario	

Familia San Román			
		Bayardo San Román	

Personas del pueblo			
Clotilde Armenta			

Relaciones de Santiago Nasar

Plácida Linero (madre)				

Familia del narrador

Luisa Santiaga				

Primera parte

Vocabulario esencial (en orden de aparición de palabras o expresiones)

augurio aciago: presagio desgraciado, funesto

presagiar: anticipar el futuro, conjeturar, anticipar

arma cargada: un arma, como un revólver o rifle por ejemplo, con balas

coincidencias funestas: coincidencias fatales, fatídicas, desdichadas, infelices

sumario: conjunto de actuaciones escritas de un proceso judicial

prevenir: avisar, informar, advertir; evitar, impedir

puerta fatal: fatídica

puerta sin tranca: sin llave u otra forma de cerradura

revelar los motivos: contar los motivos

consumar un crimen: cometer, hacer un crimen

confabularse: ponerse de acuerdo para emprender algún plan, generalmente ilícito; conspirar

buen partido (coloquial): un buen candidato para casarse

correr peligro: estar en peligro

enredo: lío, conflicto, confusión

estar comprometido en un enredo: estar involucrado, metido en un lío o conflicto

estar de parte: estar a favor

Vocabulario pasivo

en ayunas: antes de tomar el desayuno

fue destazado: destripado, descuartizado

olor a bautisterio: el olor de la iglesia durante los funerales

desbravar: tener edad para mantener relaciones sexuales

arrancar de cuajo las entrañas: sacar las tripas de un sólo golpe

alboroto de los gallos: canto ruidoso de los gallos

vestido de aluminio: vestido de blanco, color de plata

catadura espesa: tenían aspecto rústico, grosero

devastado: destruido, desolado

parranda: fiesta

sentir pasar un ángel: momento en que en una conversación se hace un silencio completo

visita de pésame: visita de duelo que se hace después de una muerte para ofrecer condolencias

hombre de mala ley: delincuente

Actividades post-lectura

I. Práctica de vocabulario

Repasar la lista de vocabulario y usar las palabras y expresiones en frases sobre la parte de la novela que han leído.

II. Comprensión y análisis del texto (en parejas)

1. Identifiquen en el texto malos augurios o signos ominosos que observaron.
2. Señalen qué eventos mencionados en esta primera parte creen Uds. que van a ser importantes para la historia y expliquen por qué piensan eso.
3. Analicen la descripción de la casa. ¿Hay algo en la descripción que les parezca que va a tener importancia para la historia?
4. ¿Qué se sabía sobre la amenaza de muerte a Santiago? ¿Cuándo se supo y cómo?

5. Con la información relevante de la primera parte, contesten las siguientes preguntas: ¿Qué pasó? ¿Cuándo? ¿Dónde? ¿Cómo? ¿Quiénes fueron responsables?

6. ¿Cómo era Santiago Nasar? Busquen la descripción que hace el narrador, las opiniones de algunos personajes y las acciones del propio Santiago. Después de leer estas primeras páginas, ¿qué percepción tienen Uds. de Santiago? Expliquen.

7. ¿Quiénes eran los hermanos Vicario? ¿Cómo podrían describirlos? ¿Hay algo en las acciones de los hermanos que les llame la atención o les parezca extraño o inusual?

8. ¿Creen Uds. que la llegada del obispo es importante para la historia o es una circunstancia no relevante para el drama? Expliquen por qué.

9. ¿Hay frases u observaciones en este capítulo que les parezcan especialmente significativas o intrigantes? Por ejemplo, cuando Clotilde dice que los mellizos miraban a Santiago "más bien con lástima," ¿qué podrían deducir de ese comentario?

10. ¿Cuáles son algunos casos de premonición y casualidades que aparecen en esta primera parte?

11. Expliquen si los siguientes personajes sabían o no que iban a matar a Santiago y qué hicieron cuando se enteraron:
    - Victoria Guzmán
    - Divina Flor
    - Coronel Lázaro Aponte (alcalde)
    - Plácida Linero
    - Padre Carmen Amador
    - Clotilde Armenta
    - Luisa Santiaga (madre del narrador)
    - Cristo Bedoya
    - Narrador
    - Margot

III. Sueños (en grupos de 3)

En el comienzo de la novela, los sueños del protagonista tienen el carácter de presagios o augurios. ¿Han tenido alguna experiencia personal de sueños premonitorios? ¿Conocen a alguien que la haya tenido? ¿Tratan Uds. de interpretar sus sueños?

IV. Dramatizaciones

Dramaticen dos breves escenas usando la información de los textos pero improvisando y recreando los diálogos entre Santiago y su madre cuando él se levantó o entre Santiago y Victoria Guzmán cuando ella está destripando los conejos.

Nota importante

- A medida que lean la historia, completen la tabla que aparece arriba con los nombres de los personajes y sus relaciones.
- Mantengan un record de las opiniones que los otros personajes tienen de Santiago Nasar, Bayardo San Román y los Vicario. Justifiquen con referencia a página o con cita (por ejemplo, sobre Santiago Nasar: El narrador, "era alegre, pacífico y de corazón fácil." Victoria Guzmán: "un mierda."

Segunda parte

Vocabulario esencial

devolver a (la esposa): llevarla de vuelta a su hogar

nadador diestro: muy buen nadador

nadar en oro: ser muy rico, tener una gran fortuna

formalizar el compromiso matrimonial: comprometerse en matrimonio

detestar: despreciar, odiar

altanero (con ínfulas): orgulloso, arrogante, que se siente superior

guardar luto: vestirse de negro por un tiempo en señal de duelo

verbena de caridad: fiesta popular que se celebra al aire libre con motivo de una festividad

ortofónica: aparato musical para tocar discos

aire desvalido (desamparado): tenía aspecto débil, enfermizo

seducir: hechizar, encantar

custodiar la honra: cuidar el honor

emperrarse: obstinarse, insistir

matarife: carnicero, que mata animales

profanar los símbolos de la pureza: deshonrar, tratar sin respeto los símbolos de virginidad

Vocabulario pasivo

parece marica: expresión derogatoria para decir que alguien parece afeminado

alforjas guarnecidas: bolsas adornadas

no era hombre de conocer a primera vista: era inescrutable, misterioso

requerir de amores: explicar su deseo o pasión amorosa

fiebres crepusculares: una enfermedad no identificada

velar los enfermos: cuidar a los enfermos

ya está de colgar en un alambre: está para vestir santos, es una solterona

borboritar las lágrimas: se lo sentía llorar por dentro

exhibir la sábana de hilo con la mancha del honor: mostrar la sábana con la mancha de sangre que prueba que la novia ha perdido la virginidad

quedarse plantada con el vestido de novia: quedarse vestida de blanco, esperando al novio y que éste no viniera a la ceremonia

consumar el desastre: realizar un desastre en forma total

Actividades post-lectura

I. Personajes y familias (en parejas)

Hagan un resumen de las características principales de Ángela y de la familia Vicario y de Bayardo y de la familia San Román.

II. La boda *(en grupos de 3)*

1. Expliquen, con el mayor detalle posible, cuáles fueron los preparativos de la boda, quiénes fueron invitados y cómo fue la fiesta.

2. Si tienen la intención de casarse, ¿qué tipo de boda imaginan para Uds.? ¿Qué aspectos de la boda y la parranda que siguió les parecen mejores? ¿Cuáles no les gustan?

III. Preguntas de comprensión *(en parejas)*

1. Después de leer lo que distintas personas dicen de Bayardo San Román, ¿qué percepción tienen de este personaje? ¿Qué aspectos —físicos o de su personalidad— influyen más en esa percepción?

2. ¿Por qué lleva luto Ángela Vicario?

3. ¿Cómo se conocieron Bayardo y Ángela?

4. ¿Cómo, por qué y por cuánto compró Bayardo San Román la casa del viudo de Xius? ¿Por qué el viudo le pidió que le pagara de a poco y no todo junto?

5. ¿Qué representaba el matrimonio para la mujer en este tiempo y lugar? (Den por lo menos tres referencias en el texto para justificarlo.)

6. *La virginidad de Ángela Vicario.* ¿Cuáles fueron las tres opciones que consideró Ángela para enfrentar el problema de que ella no era virgen antes de casarse? ¿Por qué se decidió por una de ellas?

IV. Situación económica y social *(en forma individual)*

Lleven un registro comparando la situación económica y social de los personajes principales: Ángela Vicario, Bayardo San Román, Santiago Nasar y el narrador. En clases futuras van a comentar sus observaciones con sus compañeros/as de grupo.

V. Análisis y discusión (en grupos de 3-4)

1. Teniendo en cuenta todas las circunstancias familiares y sociales que conocen hasta ahora, ¿qué le habrían aconsejado a Ángela que hiciera respecto a la cuestión a que se refiere la pregunta 6 de la sección III?
2. ¿Creen que hay algún valor —para hombres y mujeres— en llegar virgen al matrimonio?

Tercera parte

Vocabulario esencial

rendirse: entregarse a la justicia o a la policía

a conciencia: estar consciente de lo que se hace; hacer algo deliberadamente

ser absuelto: ser declarado libre de responsabilidad criminal

afilar: darle al cuchillo más filo para que corte con facilidad

carniceros: las personas que venden y cortan carne para sus clientes

degollar: cortar el cuello de un animal o de una persona

escapulario: un amuleto religioso que protege al creyente de los peligros

esclarecer la verdad: investigar para saber cuál o cuáles son los hechos verdaderos

contar sus propósitos: decir a otros cuáles son sus intenciones; qué tiene pensado hacer

divulgar: publicar, poner algo al alcance del público; decirlo a muchos, sin reservas

prevenir: impedir, evitar

pordiosera: una mujer pobre que pide dinero

sacar las tripas: abrirle el estomago y sacarle los intestinos

mamar gallo: hacer bromas; no hablar en serio (literalmente, *to milk a rooster*)

blenorragia: inflamación infecciosa de la uretra

artimaña: artificio o astucia para engañar

dar tumbos: caminar tropezándose por falta de equilibrio

recado: mensaje

Vocabulario pasivo

pagar la fianza: pagar una cantidad de dinero para poder estar fuera de la cárcel mientras dura el proceso judicial y dar garantía de que el acusado se va a presentar ante el juez

indicio de arrepentimiento: señal de sentir culpa por un acto cometido

la puerta quedó desportillada: deteriorada, maltratada, llena de huecos

víveres: comestibles para el alimento de las personas

aguardiente de caña: bebida alcohólica hecha de la caña de azúcar

puras bravuconadas: solamente palabras para dar la apariencia de ser peligroso y causar temor

porqueriza: lugar donde están los cerdos o cochinos

alboroto: gritería y desorden

despachó a los músicos: les dijo a los músicos que se fueran

disfraz: ropa que se usa, especialmente durante carnaval, para cambiar de identidad

tambos de pobres: pequeñas tiendas

Actividades post-lectura

I. Preguntas de comprensión (en parejas)

1. ¿Quién era más decidido, Pedro o Pablo Vicario?
2. ¿Cuál de los hermanos parecía más dispuesto a matar a Santiago Nasar? Den ejemplos del texto para justificarlo.
3. ¿Por qué Clotilde Armenta llama "matón de cine" a Pedro Vicario? ¿Qué "matones de cine" conocen Uds.?
4. El narrador dice: "Santiago Nasar entró en su casa a las 4.20, pero no tuvo que encender ninguna luz para llegar al dormitorio . . . Se tiró sobre la cama en la oscuridad." ¿Tiene alguna importancia este comentario o es sólo una descripción de situación, sin particular relevancia para la historia?
5. ¿Cuál de estas palabras les parece que define mejor el sentimiento de María Alejandrina Cervantes por Santiago Nasar: amor, cariño, admiración, temor, pasión, o simpatía?

II. Cronología (en parejas)

1. Sabemos que Santiago Nasar estuvo hasta más de las 3.00 de la madrugada en la casa de María Alejandrina Cervantes, junto con el narrador. También sabemos que entró en su casa a las 4.20. Detallen lo que hizo Santiago durante ese tiempo.

2. En ese tiempo, ¿qué hicieron los hermanos Vicario? ¿Y Bayardo San Román?

3. Indiquen quién o quiénes realizaron las siguientes acciones después de las 4.20:
   - ir al negocio de Clotilde Armenta
   - ir a la plaza
   - dormir/ dormir mal
   - beber café

III. Análisis (en grupos de 3-4)

1. En cierto momento, mientras atiende a los hermanos Vicario, Clotilde Armenta dice: "¡Ese día me di cuenta . . . de lo solas que estamos las mujeres en el mundo!" ¿Por qué dice eso? ¿Las mujeres en la historia se quejan abiertamente de los hombres, o de su propia situación, en algún otro momento?

2. En esta parte de la novela, ¿qué les pareció más importante y por qué? Expliquen cuál es, en su opinión, la relevancia de esos hechos o de otros que a Uds. les hayan parecido significativos.
   Algunas de las cosas de las que el lector se entera en esta parte son las siguientes:
   a. Las considerables diferencias de carácter entre los hermanos Vicario
   b. La posición de Prudencia Cotes y su madre frente a la decisión de matar a Santiago
   c. Que Santiago y sus amigos fueron a dar una serenata a los novios
   d. Que la casa de María Alejandrina Cervantes era un burdel o casa de prostitución

e. Que Luis Enrique les dijo a los hermanos Vicario que Santiago Nasar estaba muerto

f. Que el Padre Amador había recibido los mensajes sobre la muerte inminente de Nasar pero lo había olvidado ya cuando llegó a la plaza un rato después

3. ¿Hay referencias raciales en la historia? Identifíquenlas.

IV. Los gemelos Vicario (en parejas)

Enumeren las diferencias y similitudes entre los hermanos en cuanto a personalidad, servicio militar, condición física y actitud frente a la acción de matar a Santiago.

Cuarta parte

Vocabulario esencial

autopsia (hacer la autopsia): examen anatómico de un cadáver

juez instructor: juez que está a cargo de investigar un crimen y preparar el sumario

párroco: cura o sacerdote a cargo de una parroquia o iglesia local

desvanecerse: desmayarse, perder el sentido y el conocimiento

reconfortar: consolar

descartar: desechar, rechazar

colerina pestilente: diarrea maloliente

abrigar propósitos de venganza: tener ideas de venganza

expiar la injuria: pagar la ofensa

el ánima: el fantasma, el espíritu

intoxicación etílica: borrachera, intoxicación con bebidas alcohólicas

inconsciente (estar inconsciente): estar desmayado, sin conocimiento

putrefacto: en estado de descomposición

envejecer (estar envejecida): volverse vieja o viejo (parecer visiblemente más vieja)

ingeniosa: inteligente, hábil

aparentar vergüenza: fingir que se siente vergüenza

rebatir el argumento, la explicación: refutar, negar

pudor: modestia, recato

no conseguir sosiego: no tener paz

volverse loco de remate (por algo o por alguien): enloquecer, perder la razón

lúcida: luminosa, perspicaz (lo opuesto de boba, tonta, apagada)

esperar en vano: esperar inútilmente, sin resultados

insensible a (algo): ser indiferente a algo

Vocabulario pasivo

abrasar las entrañas: arder (quemar) las vísceras, el interior

antiparras: anteojos, lentes, gafas espejuelos

baratijas: cosas de poco valor, baratas

causar perjuicio: causar daño

cerradas de luto: vestidas totalmente de luto

gavilán pollero (coloquial): Don Juan, mujeriego

parecía un estigma del Crucificado: marca en la palma de la mano, como Jesucristo

perder los estribos: perder la paciencia, enfurecerse

rostro de galán: cara de hombre atractivo, de buena apariencia y galante

tener el corazón hecho trizas: tener el corazón roto; estar desolado, angustiado en extremo

vainas de los turcos: cosas de los árabes (familiarmente llamados "turcos" en muchos países); responsabilidad de los árabes

Actividades post-lectura

I. Narración (en parejas)

Expliquen los siguientes hechos, y usen el vocabulario apropiado y la mayor cantidad de detalles que recuerden:

1. La autopsia de Santiago
2. La situación de los gemelos en la cárcel y la partida de la familia Vicario
3. La partida de Bayardo
4. La casa del viudo de Xius
5. La transformación de Ángela y el encuentro con Bayardo

II. Comprensión (en parejas)

1. ¿Qué pasó con Bayardo San Román cuando finalmente lo encontraron en su casa?

2. ¿Qué pasó con los muebles de la casa del viudo de Xius que Bayardo había comprado?

3. Los consejos que las amigas le dieron a Ángela para la noche de boda no fueron útiles porque . . .

4. Enumeren las razones por las que es difícil creer que Santiago Nasar haya sido el responsable de las desgracias de Ángela Vicario.

5. ¿Cómo logra Ángela ser finalmente "dueña de su destino"?

6. Después de 23 años el narrador se sorprendió de ver a Ángela "lúcida," "imperiosa," "maestra de su albedrío," "de buen juicio," "con sentido del humor," "madura," "ingeniosa." Considerando que ella había cambiado mucho, ¿cómo podrían describirla al tiempo de la muerte de Santiago? (Usen antónimos o expresiones opuestas a las dadas).

III. Análisis (en grupos de 3 o 4)

1. En el rompecabezas que es la historia del asesinato de Santiago Nasar, ¿cuál les pareció la pieza más importante que descubrió el lector en esta parte? ¿Por qué les parece importante para la historia?

2. Si en este punto en la historia tuvieran que ordenar a los personajes de acuerdo a su conformismo respecto a las normas sociales, ¿cómo los ordenarían? Empiecen con los más respetuosos de las normas y terminen con los más dispuestos a desafiarlas. Personajes a incluir son Pedro y Pablo Vicario, Ángela Vicario, su madre Pura, Santiago Nasar, Bayardo San Román, Clotilde Armenta, el alcalde, el párroco, Victoria Guzmán, Flora Miguel, Plácida Linero, Cristo Bedoya y Luisa Santiaga. Busquen en el texto referencias que justifiquen su opinión.

3. Con las referencias que tenemos hasta este momento, ¿qué inferencias podemos hacer sobre las relaciones entre

distintos grupos en esta sociedad? Por ejemplo, ¿qué podríamos decir de las relaciones

- familiares?
- entre clases sociales?
- entre hombres y mujeres?
- entre individuos e instituciones (políticas o religiosas)?

4. Dividan esta sección en partes (al menos tres) y den subtítulos a cada una.

5. Dice el narrador que Ángela sentía "un rencor feliz" contra su madre. ¿En alguna otra relación entre personajes de esta historia se identifica este sentimiento de "rencor"? ¿Entre quiénes?

6. A esta altura de la historia el personaje más interesante me parece . . . porque . . . El personaje más despreciable me parece . . . porque . . .

7. Al final Bayardo decidió ir a la casa de Ángela "para quedarse" porque . . .

8. ¿Cuál fue la frase o párrafo de esta parte que les gustó más? Indiquen si les gusta en especial la forma o el contenido.

Quinta parte

Vocabulario esencial

esclarecer (misterios): aclarar, explicar

alertar: avisar, prevenir

impedir (el crimen): evitar, imposibilitar

fugarse: escapar, huir

por despecho: por rencor o celos

vejiga: *bladder*

sobrevivir: vivir después de un determinado evento

alarmarse: preocuparse

liberarse de la culpa: superar la culpa

expedientes: sumarios, conjuntos de escritos del juicio

perplejo: confuso, desorientado

mojigato: melindroso, beato, que no es audaz

atreverse a: ser capaz de hacer algo

temores infundados: miedos sin justificación

alborotarse: hacer ruido, ladrar los perros, por ejemplo

demorar: tardar

diferir: postergar

parsimonioso: calmo, lento

santiguarse: para los católicos, hacer la señal de la cruz

derrumbarse de bruces: caerse de boca, de frente

Vocabulario pasivo

en carne viva: muy sensible

sucumbir: ceder, ser vencido

perniciosa: dañina, perjudicial

abrasado por la fiebre de la literatura: apasionado por la literatura

imputar: acusar

ínfulas mundanas: pretensiones de ser experimentado, sofisticado

lívido: pálido

desgreñado: desordenado

ya no se cocinaba en dos aguas: ya no era muy joven

verde de cólera: furiosa, indignada

paralizados de susto: inmovilizados por el miedo

Actividades post-lectura

I. Comprensión (en parejas)

1. *Excusas.* Estas personas explican por qué no previnieron a Santiago: Celeste Dangond, Yamil Shaium, Sara Noriega, Escolástica Cisneros, Meme Loaiza, Polo Carrillo, Fausta López, Indalecio Pardo. Mencionen algunas de las excusas que han dado y expliquen cuál o cuáles les parecen razonables y cuál o cuáles les parecen menos creíbles o verosímiles.

2. *Casualidades.* Hablando del juez instructor, el narrador dice que "sobre todo, nunca le pareció legítimo que la vida se sirviera de tantas casualidades prohibidas a la literatura, para que se cumpliera sin tropiezos una muerte tan anunciada." Expliquen a qué se refiere y den tantos ejemplos como recuerden de esas "casualidades."

3. *Destinos penosos y trágicos.* Santiago no es el único personaje que encuentra una suerte trágica en esta historia. ¿Qué otros personajes tienen un triste destino y qué pasó con ellos?

II. Análisis y discusión (en grupos de 4)

1. *Prejuicios.* El instructor del sumario escribió: "Dadme un prejuicio y moveré el mundo." ¿Cómo interpretan esa frase? ¿Cómo la conectan con la historia?
2. *¿Inocencia?* Mencionen qué indicios han encontrado hasta ahora de que Santiago Nasar fuera inocente o culpable de la acusación de Ángela.
3. *Preguntas y respuestas.* Con la información que han obtenido en esta parte de la novela, imaginen que dos de Uds. son jueces de instrucción y que han llamado a declarar a Cristo Bedoya y a Shamil Shaium. Háganles tres o cuatro preguntas originales a cada uno. Los otros dos estudiantes tomen los roles de Cristo y Shamil y contesten esas preguntas teniendo en cuenta la información que tienen de las acciones de estos personajes, lo que saben del contexto de la historia y su propia imaginación.

III. Diálogos

Como forma de repasar toda la novela, improvisen los siguientes diálogos que ocurren antes del crimen:

1. Faustino Santos (el carnicero) y Pedro o Pablo Vicario, cuando van a afilar los cuchillos
2. Santiago Nasar y Cristo Bedoya (durante la fiesta o en la mañana del crimen)
3. Santiago y Bayardo, durante la fiesta de la boda

Y estos diálogos, que tendrán lugar en los días posteriores a la muerte de Santiago:

1. Divina Flor y Victoria Guzmán
2. Pura Vicario y Clotilde Armenta

3. Luisa Santiaga y Pura Vicario
4. Prudencia Cotes y Flora Miguel

ATENCIÓN, ATENCIÓN, ATENCIÓN
HOY
REUNIÓN EN LA PLAZA PÚBLICA DEL PUEBLO

Se convoca a todos los testigos del asesinato de Santiago Nasar al juicio público que tendrá lugar hoy a las 15 horas en el Aula Magna del Palacio de Justicia.

Los jueces oirán las declaraciones de todos los testigos y resolverán:

1. Si Pedro y Pablo Vicario fueron los únicos responsables del crimen
2. Si hubo cómplices y/o encubridores del asesinato, quiénes fueron y si deben ser castigados
3. Si las normas religiosas y sociales pueden ser invocadas para justificar crímenes o delitos; en tal caso, específicamente si la falta de virginidad de la novia se considera una afrenta al honor que debe ser lavada
4. Establecer de una vez y para siempre cuáles fueron los motivos del asesinato de Santiago Nasar

Jueces (tres)

Acusados: Pedro Vicario, Pablo Vicario
Testigos principales: Ángela Vicario, Padre Amador, Pura Vicario, Bayardo San Román, Coronel Aponte, Clotilde Armenta, María Alejandrina Cervantes

---

Puede encontrarse información sobre el caso real en estos sitios:

- Raúl Mendoza, "El crimen que gabo no inventó." La República, Lima, Perú, 16 de octubre de 2011, http://www.larepublica.pe/16-10-2011/el-crimen-que-gabo-no-invento.
- "La verdadera historia" en Revista La Semana, Bogotá, Colombia, 13 de octubre de 2007, http://www.semana.com/gente/articulo/la-verdadera-historia/88772-3.

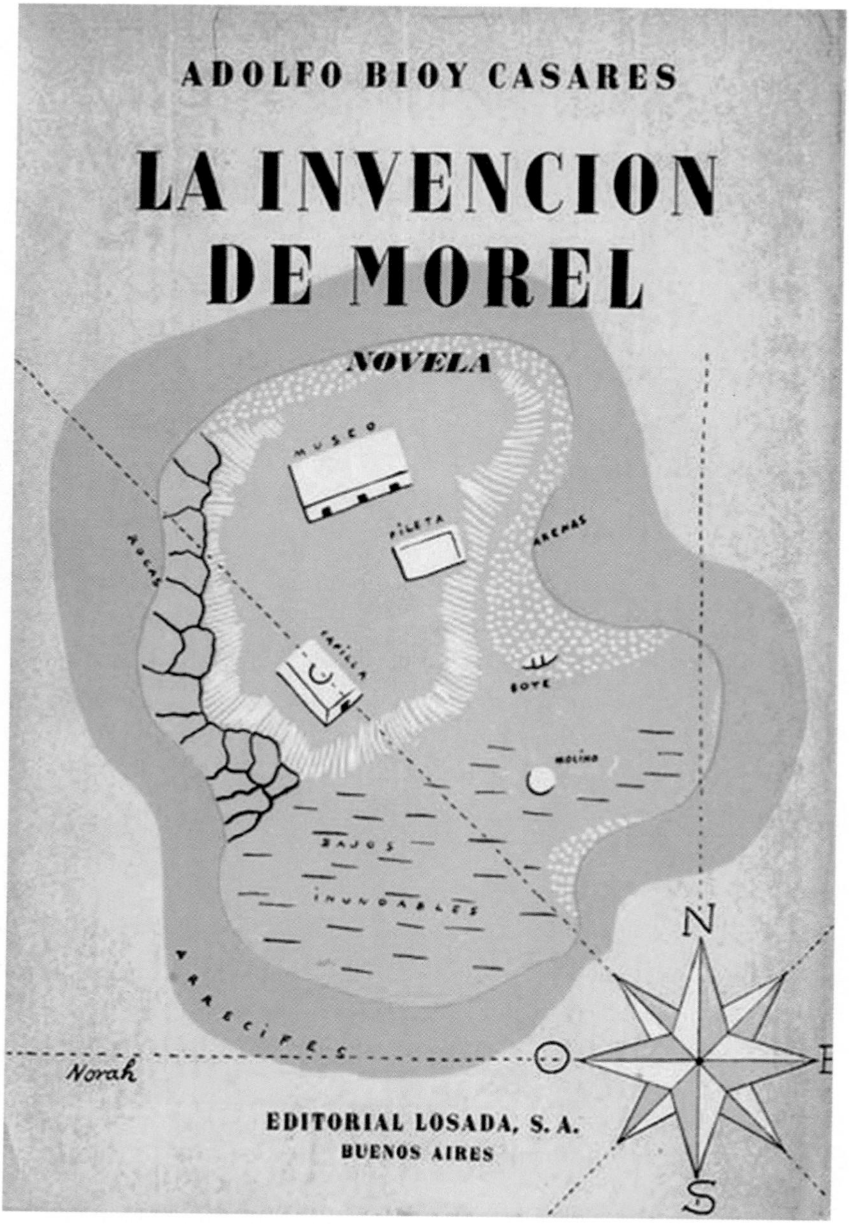
ADOLFO BIOY CASARES
LA INVENCION DE MOREL
NOVELA
MUSEO
PILETA
ARENAS
ROCAS
CAPILLA
BOTE
MOLINO
BAJOS INUNDABLES
ARRECIFES
Norah
N
O
S
EDITORIAL LOSADA, S. A.
BUENOS AIRES

La invención de Morel

Adolfo Bioy Casares

Índice de las partes de la novela

Actividades pre-lectura

1. La isla desierta como escenario de una historia es popular en la literatura, en el cine y en la televisión. ¿Por qué creen que es así? ¿Cómo puede ayudar a la historia ubicarla en una isla habitada por seres extraños o deshabitada? ¿Qué historias de este tipo conocen Uds. y cómo las describirían?

2. ¿Han tenido alguna experiencia personal en lugares inhóspitos, islas deshabitadas o lugares donde se encontraron en soledad? Cuenten las circunstancias y las mayores dificultades y satisfacciones que recuerdan de esa experiencia.

3. Si estuvieran en una isla deshabitada, ¿qué harían? ¿Cómo se organizarían? ¿Cuáles serían sus objetivos? ¿Tienen habilidades que serían útiles para sobrevivir? ¿Cuáles serían, para Uds. personalmente, los mayores obstáculos?

Introducción a la lectura de la novela

Personajes, por orden de aparición

Narrador

Dalmacio Ombrellieri, italiano que vendía alfombras en Calcuta

Faustine, la mujer

Morel, tenista barbudo

Alec, joven, tipo oriental, ojos verdes

Dora, pelo rubio y frisado, risueña, cabeza grande
Irene, alta, pecho hundido, brazos largos, expresión de asco
Joven moreno, de cejas cargadas y pelo negro, ojos vivos
Hombre barbudo, canoso, gordo
Otros personajes mencionados: **Jane Grey, Haynes, Stoever**

Vocabulario esencial de la primera parte: La isla

Estados de ánimo y emociones

Estado de ánimo es la disposición en que se encuentra alguien, causada por la alegría, la tristeza, el abatimiento, etc. y **emociones** son alteraciones del ánimo, intensas y pasajeras, agradables o penosas, que van acompañadas de cierta conmoción somática. En la tabla que sigue se mencionan sustantivos comúnmente usados para describir algunos estados de ánimo y emociones, junto con los verbos y adjetivos relacionados con los mismos.

VERBO	SUSTANTIVO	ADJETIVO QUE CALIFICA A LA PERSONA AFECTADA	ADJETIVO QUE CALIFICA A LO QUE PRODUCE EL ESTADO DE ÁNIMO
abatir	abatimiento	abatido/a	
alarmar	alarma	alarmado/a	alarmante
amargar	amargura	amargado/a	
angustiar	angustia	angustiado/a	angustiante
	ansiedad	ansiosa/o	
asombrar	asombro	asombrado/a	asombroso/a
asustar	(susto)	asustado/a	
atemorizar	(temor)	atemorizado/a	atemorizante
aterrar	(terror)	aterrado/a	aterrorizante
avergonzar	(vergüenza)	avergonzado/a	vergonzoso/a
desconfiar	desconfianza	desconfiado/a	
descorazonar		descorazonado/a	
espantar	espanto	espantado/a	espantoso/a
inquietar	inquietud	inquieto/a	inquietante
mortificar	mortificación	mortificado/a	mortificante
molestar	molestia	molesto/a	molestoso
sorprender	sorpresa	sorprendido/a	sorprendente

Para practicar, elijan tres de los adjetivos y expliquen con detalle en qué situaciones se han sentido afectados por ese estado de ánimo o emoción.

Paisajes de la isla

arrecifes de coral: bancos de coral formados en el mar, cerca de la superficie: ("el bote encalló en las arenas del este (sin duda los arrecifes de coral que rodean la isla estaban sumergidos)."

arroyos: caudal corto de agua: "sucios arroyos hasta la cintura"

bajos: lugares que están a baja altitud: "estoy en los bajos del sur"

barrancas: borde en pendiente de un terreno: "huí por las barrancas"

colina: elevación natural del terreno, menor que una montaña: "veo la parte alta de la colina," "subí a la colina"

mareas: movimientos periódicos y alternativos de ascenso y descenso de las aguas del mar: "me toca vivir en estos bajos en un momento en que las mareas suben más que nunca"

matorrales: campo no cultivado, lleno de matas; *thicket, field full of brambles*: "debo construir guaridas ocultas en los matorrales"

peñascos: piedras grandes y elevadas: "los peñascos, el mar, parecían trémulos"

pantanos: *marshes, swamps*: "pantanos que el mar suprime una vez por semana"

pastizales: terreno con pastos abundantes

pajonales: terrenos, cubiertos de pajón o paja brava (*coarse straw*): "los pajonales de la colina se han cubierto de gente"

yerbas: hierbas, plantas pequeñas y tiernas: "o bien que las yerbas están sacando la fuerza del suelo"

Viaje por agua

bote: barco pequeño y sin cubierta

buque: barco con cubierta que es adecuado para navegaciones marítimas de importancia

brújula: instrumento que señala el norte magnético

desembarcar (v.): salir de una embarcación. Se usa la palabra **desembarco** (sust.) para referirse a la acción de desembarcar

embarcación: barco, construcción capaz de flotar

encallar: dar en arena o piedra, quedando la embarcación sin movimiento

naufragar, naufragio, náufrago/a: irse a pique, hundirse o perderse; pérdida o ruina de la embarcación; persona que sufre el naufragio del barco en que viaja

remar: trabajar con el remo (*oar*) para impeler la embarcación

transbordar: trasladar objetos o personas de una embarcación a otra

tripulante: persona dedicada al manejo o servicio de una embarcación

vapor: barco de motor, de pasajeros, con itinerario fijo y regular

Construcciones en la isla

arcadas de piedra: conjunto de arcos de piedra: "por arcadas de piedra, en ocho direcciones vi repetirse, como en espejos, ocho veces la misma cámara"

baldosas: *floor tiles*

biombos de espejos: *mirrored folding screens*: "un biombo de espejos que tiene veinte hojas, o más"

bomba de agua: máquina o artefacto para sacar agua u otro líquido

cálices de alabastro: copas o vasos de piedra blanca, translúcida: "cuatro cálices de alabastro . . . irradian luz eléctrica"

capilla: lugar privado para rezar u orar: "un museo, una capilla, una pileta de natación"

carbonera: lugar donde se guarda el carbón (*coal*)

corredor: lugar de paso de un edificio; pasillo

despensa: lugar donde se guardan los comestibles: "habían empezado a mermar las provisiones de la despensa"

escalera de caracol: escalera de forma espiral, sin ningún descanso

estuco: *stucco*

horno de ladrillos: fábrica para calentar, en este caso *bricks*: "lo fácil que hubiera sido levantar un horno de ladrillos"

lavadero: lugar donde se lava la ropa

pileta de natación: piscina

porcelana: especie de loza fina, transparente, clara y lustrosa

rodillo con aletas: *roller with flaps*: "ese molino hidráulico o rodillo que hay en los bajos," "no he podido averiguar el destino . . . de ese rodillo con aletas que está en los bajos del sur"

sótano: cuarto subterráneo de un edificio: "mis enemigos estaban o en hall o en el sótano"

usina de luz: instalación destinada a la producción de electricidad: "intenté poner en funcionamiento la usina de luz"

Actividades post-lectura para la primera parte: La isla

I. Comprensión e interpretación (en parejas)

Describan y expliquen lo siguiente:

1. ¿Por qué está el narrador en la isla? ¿Qué sabía de esta isla antes de llegar y por qué decidió ir allí a pesar de lo que le habían dicho?

2. ¿Cómo llegó y quiénes lo ayudaron? ¿Cuánto tiempo hace que está allí?

3. ¿Cómo es el paisaje y terreno de la isla?

4. ¿Qué construcciones existen? ¿Dónde decide vivir y por qué?

5. El narrador describe múltiples dificultades de su vida en la isla. ¿Cuáles son las principales? ¿Qué recursos usa para superar esas dificultades? ¿Cuál es su mayor preocupación?

6. ¿Por qué dice el narrador, "Hoy en esta isla ha ocurrido un milagro"?

7. El narrador escribe. ¿Para qué? ¿Para quién? ¿Por qué decide "poner ese informe bajo la divisa de Leonardo" (*ostinato rigore*: uno de los lemas favoritos de Leonardo; el rigor consiste en la aplicación disciplinada de la razón a temas del conocimiento o la comunicación, y es muchas cosas: insatisfacción con la incertidumbre, con las respuestas inexactas, con las mediciones poco precisas)?

8. *Extraño o inusual.* Hagan una lista de todos los eventos, situaciones o descubrimientos inusuales o inexplicables que han encontrado en esta parte.

9. Expliquen la siguiente frase: "el mundo . . . es un infierno unánime para los perseguidos."

10. *Claves.* Busquen en el texto frases o expresiones que indiquen
    - emociones o estados de ánimo del narrador
    - su condición de prófugo o de perseguido; paranoia

II. Análisis *(en grupos de 3)*

1. *Huir* (perseguido, prófugo). El narrador huye de la justicia, de la cárcel. ¿Qué ventajas y desventajas tiene el camino elegido por el narrador?¿De qué otras cosas se puede huir?

2. *Ecos y espejos.* Busquen referencias a ecos y espejos en el relato. ¿Alguna vez han estado en un lugar donde el eco era muy fuerte? ¿Qué impresión les causó? ¿Qué asocian Uds. con los espejos? ¿Tienen muchos espejos en sus casas? ¿Les gustan o disgustan? ¿Son similares los espejos y las fotografías? Expliquen.

3. *Visitantes o veraneantes.* Analicen lo que les parece llamativo de estos visitantes, tanto físicamente como en sus actividades. Escuchen las canciones que difunden los fonógrafos. (En YouTube pueden escuchar distintas versiones de "Té para dos" y "Valencia")

4. *El "museo."* El narrador hace una descripción minuciosa del museo. ¿Qué aspectos son más sorprendentes? ¿Qué explicación podría existir para esta construcción en la isla?

5. *Los sótanos.* ¿Qué les sugieren las descripciones de los sótanos? ¿Cuáles son los elementos bellos y los grotescos? ¿Cómo los interpretan? ¿Qué objetos útiles encuentra en los sótanos y para qué le sirven? ¿Qué objetos no entiende? ¿Qué rol tuvo el tragaluz en esos descubrimientos?

Actividades post-lectura para la segunda parte: El amor

I. Comprensión y análisis (en parejas)

1. *Las mareas.* ¿Cuál es el problema que el narrador tiene con las mareas? ¿Cómo las calcula? ¿Por qué es tan importante para él hacer cálculos precisos? ¿Qué irregularidad o error ocurrió?

2. *Circunstancias físicas.* En esta sección el narrador detalla algunos de sus problemas físicos inmediatos. Expliquen cómo consigue "no morirse de hambre," cuál es la "tradición de los solitarios" y cómo ha aprendido a distinguir las plantas venenosas de las comestibles. Comenten el problema con el bote, la actitud del narrador frente a la pérdida y la frase "sé el infierno que encierra ese bote."

3. *Eventos sorprendentes.* En esta parte del relato hay algunos acontecimientos particularmente asombrosos para el narrador. ¿Cuáles son y qué interpretación le da él a esos hechos? ¿Cómo los interpretarían Uds.?

4. *La mujer.* Desde una mención casual ("en las rocas hay una mujer mirando las puestas de sol, todas las tardes") hasta esta parte de la historia, el narrador hace referencia a los sentimientos y emociones confusos que él tiene en relación a esta mujer. ¿Cuáles son? ¿Cómo van cambiando? ¿Qué riesgos está dispuesto a correr para comunicarse con ella?

5. *El plan.* El narrador planea cuidadosamente cómo acercarse a hablar con la mujer. ¿En qué consistía su plan y cómo lo ejecutó? ¿Logró su objetivo? Expliquen qué circunstancias fueron desfavorables y analicen críticamente los distintos pasos del plan (la llegada, su forma de presentarse, la ubicación, la frase y el tono, etc.).

6. *Evaluación del plan.* Si Uds. hubieran podido aconsejar al narrador sobre este primer acercamiento a la mujer, ¿qué le habrían sugerido? ¿Cómo se ve el narrador a sí mismo? ¿Cuáles fueron los aspectos más penosos, más 'insultantes' de este encuentro? ¿Cómo interpretarían Uds. la reacción de la mujer? ¿Fue diferente el segundo encuentro?

¿Cursi?

7. *El desagravio.* Expliquen detalladamente el plan y los detalles del jardincito (riesgos, trabajo que debe hacer, tipos de flores, imágenes e inscripciones.) Analicen las inscripciones que consideró y la que finalmente puso. ¿Qué interpretación les dan? ¿Cuál les parece mejor? ¿Se les ocurre alguna otra inscripción para el jardincito?

8. *La reacción de la mujer.* ¿Cuál fue la reacción de la mujer y cuál fue la "asombrosa equivocación" del narrador?

II. Comentarios y opiniones personales (en grupos de 3 o 4)

1. *Esperar y esperanzas.* "Debo temer las esperanzas." ¿Por qué dice esto el narrador? ¿Creen Uds. que es peligroso en general tener esperanzas? ¿Qué argumentos pueden pensar para justificar la idea de que las esperanzas son amenazas a la felicidad y cuáles les parecen válidos para sostener que las esperanzas acercan a la gente a la felicidad?

2. *Puntualidad.* El narrador se lamenta de su propia impuntualidad y dice que antes, en "esa corte de los vicios llamado el mundo civilizado" era "un trabajoso adorno." ¿Qué quiere decir con eso? ¿Son Uds. impuntuales frecuente-

mente? ¿a veces? ¿nunca? ¿Qué reacción tienen ante la impuntualidad de los demás? (tolerancia, irritación, enojo intenso, etc.) ¿Alguna vez son impuntuales "a propósito," deliberadamente?

3. *Desagravio.* ¿Cómo harían Uds. un "desagravio" a una persona querida a la que creen haber ofendido? ¿Es el plan del narrador "una cursilería"? ¿Qué otras cursilerías se les ocurren a Uds.? Recuerden algo realmente cursi que hayan hecho o presenciado o algún objeto cursi que Uds. hayan regalado o recibido. ¿Hay cosas o acciones cursis que les gustan?

4. *Jardincito.* Traten de dibujar el jardincito siguiendo la descripción del narrador.

Actividades post-lectura para la tercera parte: El misterio

I. Comprensión y análisis (en parejas)

1. ¿Qué quieren decir las primeras ocho líneas de esta sección? ¿Por qué se siente así el narrador?

2. ¿Qué reacción tiene el narrador frente al tenista? ¿Por qué el tenista barbudo debe calmar los celos?

3. El narrador se entera del nombre de la mujer (Faustine) pero dice que "ha perdido toda importancia," ¿cómo podemos interpretar ese comentario?

4. El narrador sigue expresando sentimientos y reacciones contradictorios respecto a la mujer. ¿Cuáles son y qué los provocan?

5. Analicen la conversación entre Faustine y el tenista. Hagan tantas observaciones como puedan sobre la misma. ¿Qué podemos deducir de la relación entre ellos? ¿Hay frases que no son claras? ¿Cómo las interpretarían?

6. ¿Qué eventos en este capítulo no son explicables para el narrador o para el lector? (Mencionen por lo menos seis.) ¿Por qué son misteriosos? ¿Qué explicaciones intenta el narrador? ¿Qué explicaciones posibles encuentran Uds.?

7. ¿Por qué lo aterra la tranquilidad de la mujer? ¿En qué nota él esa tranquilidad?

8. ¿Cuáles son los peores momentos de terror y angustia que vive el narrador en esta parte de la historia?

9. ¿Qué otros personajes conoce el lector en esta parte?

10. Expliquen la frase y el diálogo:
   - "Las conversaciones se repiten." ¿Qué conversaciones se repiten?
   - "¿Y me creería si pudiera llevarla a un rato antes de esa tarde en Vincennes?"
   - "Ya nunca podría creerle. Nunca."
   - "La influencia del porvenir sobre el pasado."

II. Comentarios y opiniones personales (en grupos de 3-4)

1. *La percepción del narrador.* ¿Qué sienten Uds. hacia el narrador? Expliquen si sus sentimientos hacia él cambian, si se hacen más positivos o negativos y por qué.

2. *El sueño.* Interpreten el sueño con el lupanar de mujeres ciegas en Calcuta.

3. *Las conversaciones.* El narrador hace una observación general sobre las conversaciones. ¿Qué opinión tienen Uds. sobre lo que él dice? ¿Podrían agregar o corregir algo en esa observación? ¿Son Uds. muy conversadores, un poco conversadores o más bien reservados? ¿Qué valor tienen para Uds. las conversaciones? ¿Cuáles son sus temas preferidos de conversación?

Actividades post-lectura para la cuarta parte: Morel

I. Análisis (en grupos de 3)

Analicen los temas centrales de esta parte del relato:

1. *Dos lunes y dos soles.* ¿Qué puede estar ocurriendo? ¿Cuál puede ser la explicación? ¿Hay algún precedente?

2. *Interpretaciones de sus relaciones con los intrusos.* El narrador propone cinco hipótesis. Analicen las cinco hipótesis y ordénenlas de más a menos verosímil.

3. *"¡Qué yo estuviera muerto!"* ¿Cómo reacciona el narrador frente a esta posibilidad? ¿En qué momentos podría la muerte haberse cruzado con su vida?

4. *La llegada del buque: peligros y posibilidades.* ¿Cuál sería la mejor opción para el narrador y cuál la más peligrosa?

5. *Hechos inverosímiles.* El narrador dice "La situación que vivo no es la que yo creo vivir." Hay situaciones inexplicables en esta parte de la historia y hay diálogos incomprensibles para el narrador (por ejemplo, "Todavía tenemos que prepararnos"). Identifiquen esas situaciones y esas palabras.

6. *La reunión con Morel.* ¿Qué detalles importantes pueden observarse en la preparación y el ambiente de la reunión? ¿Qué es lo que Morel les dice y qué reacciones provoca? ¿Por qué? Analicen cuidadosamente las palabras de Morel. ¿Qué frases consideran esenciales? ¿Qué palabras o frases les resultan misteriosas? ¿Qué información recogieron sobre Morel en estas páginas?¿Cuáles son los comentarios sobre los amigos ausentes?

7. *El discurso de Morel.* Según el narrador el discurso de Morel fue "repugnante y desordenado." ¿Están Uds. de acuerdo? ¿Qué ejemplos se podrían dar para justificar esa evaluación? Si no están de acuerdo, ¿cómo describirían ese discurso?

8. *El sueño.* ¿Cómo interpretarían el sueño en que el narrador se encuentra en un manicomio y que describe al hablar de la cuarta hipótesis?

9. *Paréntesis y notas de editor.* ¿Para qué los usa el autor?

10. *Swedenborg.* El narrador hace una referencia a Emanuel Swedenborg. Busquen información sobre este científico, teólogo y filósofo sueco y expliquen cómo se puede conectar con la historia.

Actividades post-lectura para la quinta parte: El invento

I. Comprensión (en parejas)

1. *Mecanismos para suprimir y contrarrestar ausencias.* El narrador hace una descripción minuciosa de estos mecanismos. Expliquen lo que dice sobre estos puntos: a. ¿Cuáles son los

mecanismos y cuáles son sus funciones? b. ¿Cuáles son más precisos y cuáles más defectuosos? c. ¿Cómo se podrían extender los mecanismos? d. ¿Cómo se pueden perfeccionar los medios? e. ¿Cuáles son las partes de la máquina?

2. ¿Cuál era el plan original de Morel y cuál fue su sorpresa?

3. Estas personas reconstituidas, ¿tienen conciencia? ¿Se diferencian de las personas vivas? ¿Cómo "confirma" Morel que las imágenes tienen alma? ¿Es Morel un creador de vida?

4. ¿Ha disminuido el temor de ser perseguido en el narrador? Busquen indicaciones en el texto.

5. El narrador se sorprende de no haber oído nada sobre este invento cuando estaba en Caracas. ¿Qué podría haber ocurrido? ¿Qué podría hacer él para difundirlo y qué ventajas y peligros podría tener comunicar este invento al mundo?

Medios según Morel

medios de alcance: radio, TV, teléfono
medios de alcance y retención: cine, fonógrafo, fotografía
(archivos)

¿Otras posibilidades de inventos? El logro de la inmortalidad. Recomponer las presencias de los muertos.

II. Análisis y comentarios (en grupos de 3-4)

1. *Stoever.* Analizar la actitud de Stoever frente a las revelaciones de Morel. Compararla con la de otros personajes (Dora, Alec, Irene, el hombre "de los dientes salidos").

2. *Otro sueño.* El narrador describe otro sueño, que le causa desesperanza y consuelo. ¿Por qué?

3. *Las revelaciones del discurso y los papeles amarillos.* Con esta información el narrador entiende mejor la situación de la isla y de los visitantes. ¿Qué es claro para él ahora? ¿Qué ha aprendido del proyecto de Morel? ¿Qué opciones se plantea en cuanto a su relación con las imágenes?

4. *Distintos tipos de ausencias.* "Distinguir por las ausencias (espaciales o temporales) los medios de superarlas lleva

a confusiones" (Morel) ¿Es posible que toda ausencia sea espacial? ¿Qué consecuencias tendría esto?

5. *La vida del narrador después de las revelaciones de Morel.* Describan cómo ha cambiado su vida, física y anímicamente y qué se propone hacer.

6. La invención de Morel parece coincidir con la idea del narrador de que "no debe intentarse retener vivo todo el cuerpo." Expliquen esa relación.

7. El narrador concluye que "las imágenes no viven." ¿Por qué llega a esa conclusión y qué ideas sugiere esto?

III. Especulaciones (en parejas)

Completen estas frases con información relevante de esta sección:

Si el narrador hiciera público el invento probablemente . . .

No está seguro de lo que pasó con Morel, pero si Morel hubiera muerto . . .

Por otro lado es posible que Faustine haya muerto o que haya habido una muerte colectiva a causa de, por ejemplo, . . .

Si todos hubieran muerto, el narrador podría . . .

Si Morel vive y ha comunicado su invento es posible que . . .

Si el narrador fuera el que comunica al invento quizás . . .

Y si el narrador finalmente encontrara a la Faustine real . . .

Morel se pregunta "¿Insistiré en que todas las vidas, como los mandarines chinos, dependen de botones que seres desconocidos pueden apretar?" La referencia es, probablemente, a la famosa pregunta de Chateaubriand, hecha célebre por Balzac: "Si tú pudieras, por un simple deseo, matar a un mandarín en China, y heredar su fortuna en Europa, con la seguridad sobrenatural de que nunca nadie sabría nada, ¿lo harías?"

La idea es que uno podría matar a este mandarín simplemente deseándolo, o apretando un botón, y plantea el tema del efecto de la distancia sobre la conciencia.

Actividades post-lectura para la sexta parte: Un sitio encantado

I. Análisis y comentario (en grupos de 3)

Analizar y comentar los siguientes temas:

1. Una "eternidad rotativa" ¿es atroz? ¿es satisfactoria en alguna medida? ¿Cómo afecta para el narrador la percepción de su propia vida?

2. El narrador en un momento imagina un encuentro con Faustine, la llegada a su casa. ¿Qué cuestiones se le presentan? ¿Es posible ir al encuentro de ella? ¿Qué obstáculos materiales debería superar? ¿Cómo imagina que sería el encuentro con Faustine?

3. *El cuarto de las máquinas.* El narrador va al cuarto de las máquinas porque quiere comprenderlas ¿Cómo se transforma la sorpresa y felicidad que sintió inicialmente, en pavor? ¿Por qué concluye que está en un sitio encantado? ¿Qué es lo que comprendió finalmente el narrador? ¿Qué encontró en el cuarto de máquinas?

4. El narrador está atrapado en un sitio del que no puede salir a menos que los motores dejen de funcionar. ¿Cómo quedó encerrado? Él entró por el agujero que había abierto antes (ver la quinta sección del libro), ¿por qué entonces no podía salir? ¿Qué pasará si los motores dejan de funcionar? ¿Debería el narrador tratar de destruirlos? ¿Podía hacerlo? Si no, ¿qué otras posibilidades tenía de escapar? ¿Cómo lo logró finalmente?

5. El narrador experimenta con las máquinas que descubrió, usando distintos "emisores." ¿Qué hace y qué resultados obtiene? ¿Qué imprudencia comete? ¿Qué explicación le da a los efectos de las máquinas sobre los emisores que usó y sobre su mano?

6. *Un descubrimiento ominoso en el discurso de Morel.* El narrador recuerda un párrafo del discurso de Morel (sección 26) y trata de entender el significado de sus palabras. ¿Cómo las interpreta en un principio y cómo finalmente llega a una

conclusión sobre el invento de Morel y su referencia a los "efectos de mi máquina sobre las personas, los animales y los vegetales emisores" (secciones 43 y 27)? ¿Qué concluye sobre el crucero *Namura*, que había mencionado antes, en la primera sección? ¿Qué concluye sobre Faustine?

7. *Correcciones y aclaraciones.* El narrador vuelve atrás y con su nueva comprensión de la situación explica todos los hechos misteriosos que había registrado, específicamente:

las mareas

las apariciones y desapariciones de los visitantes

los dos soles y las dos lunas, que mencionó en la sección 20ª

los intrusos que sentían frío en días de calor y que se bañaban en aguas sucias (sección 23) y que bailaban entre matorrales o en el temporal (sección 7)

el calor excesivo

lo que ocurre con árboles y otros vegetales

llaves de luz, pasadores, cortinas (sección 20) y puertas (sección 33)

persona que apaga la luz (sección 20)

Charlie (sección 26)

los españoles (sección 18)

¿Cuáles son las explicaciones de todos esos misterios?

8. ¿Cuál fue el objetivo de Morel, en opinión de Uds.? ¿Qué especula el narrador?

9. *La decisión final.* ¿Qué resuelve el narrador y por qué? ¿No era satisfactorio seguir viviendo entre las imágenes y ser feliz contemplando a Faustine?¿Cómo ejecutó su plan? Podemos calcular que para completarlo necesitó 21 días. ¿Cómo usó ese tiempo? ¿Qué opina del resultado?

10. *Las últimas imágenes.* ¿Qué representan las imágenes que evoca en los últimos párrafos del libro, cuando dice "eres también los tiempos de El Cojo Ilustrado . . . Eres el pan cazabe"?

11. *La súplica.* Expliquen la súplica que hace en el último párrafo de la narración.

12. *Conclusión.* En grupos de 3-4, comenten los siguientes puntos:

a. Al finalizar la novela, ¿cómo describirían a *La invención de Morel*? ¿una novela de misterio o policial? ¿una obra de ciencia ficción? ¿un melodrama? ¿un romance? ¿una historia fantástica?

b. Comparen *La invención de Morel* con *Robinson Crusoe* y *La isla del Dr. Moreau.*

c. Si han visto en clase alguna escena de la película *Hace un año en Marienbad,* expliquen la relación entre la novela y la película.

d. Hagan una evaluación y crítica de *La invención de Morel.*

e. Vean ejemplos de portadas para el libro en Internet. Consideren portadas para ediciones de distintos países (Argentina, Brasil, Francia, Grecia, Italia, España, Estados Unidos, etc.) ¿Qué portada piensan que es más apropiada?

Algunas referencias a nombres y lugares:

- Autopista La Guaira: La Autopista Caracas–La Guaira es una importante autopista de Venezuela, inaugurada a fines de 1953, que comunica la ciudad de Caracas con el principal puerto y aeropuerto del país (el Aeropuerto Internacional Simón Bolívar)
- *El Cojo Ilustrado*: Es una revista venezolana que se publicó desde 1892 hasta 1915
- Tito Salas: Pintor venezolano (1887-1974)

Vocabulario para la novela

abatir: derribar, derrocar o echar por tierra

abertura: en una superficie, hendidura o espacio libre; separación de las partes de algo, de modo que su interior quede descubierto: "por dos aberturas [el cuarto] da al hall y a una sala chica," "busqué el sitio de la abertura que yo había hecho"

achatadas: (ver **chatas**) **achatar:** poner chato o hacer que algo sea más plano o que sobresalga menos en relación con otra cosa de la misma especie o clase: "flores muertas, achatadas contra la tierra"

aciago: referido a un periodo de tiempo, infeliz, nefasto o que presagia desgracias: "después vinieron los días aciagos"

acoger: recibir, referido a una persona, recibirla y aceptar su trato; dar protección, refugio o amparo

acumuladores: generadores de corriente eléctrica, que acumulan energía durante la carga y la restituyen en la descarga: "que sirve para cargar los acumuladores que ha de tener la usina"

adusto: quemado, tostado, ardiente: "no pude lograr ese color adusto que me repugna y que me atrae"

afición: inclinación o amor por alguien o algo: "que denote afición a la jardinería"

afluir: fluir hacia un punto, correr hacia un lugar: "afluiría juntamente el socorro que tiene el hombre en los amigos, en las novias"

afrentar: ofender, humillar: "de afrentarlo de algún modo que lo ridiculizara mucho"

agachado: encogido, con el cuerpo muy doblado hacia la tierra: "pasé un rato, inmóvil, agachado, en postura incómoda"

ahogado: persona que muere por falta de respiración, especialmente en el agua: "si en pocos días no muero ahogado"

ahumados: sometimiento de un alimento a la acción del humo, como método de conservación o para darle sabor

ahuyentar: referido a una persona o a un animal, hacerlos huir o no dejar que se acerquen; referido a algo que aflige o entristece, desecharlo o apartarlo

aislamiento: *insulation*: "revestido de aislamiento"

alarmar: dar la alarma o avisar sobre la inminente llegada de un peligro

alarmarse: angustiarse, preocuparse por alguna eventualidad

alfileres: barritas delgadas de metal, terminada en punta por uno de sus extremos y en una bolita o cabeza por el otro, que se usa generalmente para unir o prender cosas ligeras, *pins*: "cartas prendidas con alfileres"

amargar: referido específicamente a un alimento, tener sabor o gusto amargo; causar aflicción o disgusto

amenas: agradables, alegres o que entretienen de forma tranquila y placentera: "esto permitiría amenas explicaciones"

amparo: ayuda o protección que el más fuerte proporciona al más débil y desvalido; defensa o protección que se proporciona a alguien: "pero no olvido el amparo de la ley"

angustiar: causar angustia, alarma o sentimiento de intranquilidad, preocupación o sufrimiento: "angustiado por mi falta de méritos"

aquejar: referido específicamente a una enfermedad, afectar o causar daño: "me aquejaron una ardiente enfermedad y sueños"

arrancada (de **arrancar):** sacar de raíz o con violencia, o separar con fuerza; quitar con violencia

arremeter: acometer o atacar con ímpetu y fuerza: "he arremetido contra el tragaluz"

áspero: que no es suave al tacto por tener la superficie desigual; falto de amabilidad o de suavidad en el trato

asombrar: causar o sentir asombro; **asombro:** gran admiración o sorpresa

asustar: causar o sentir susto, temor o desasosiego; **susto:** impresión, generalmente repentina, causada por la sorpresa, el miedo o el temor: "estoy asustado"

atardecer: última parte de la tarde; empezar o caer la tarde: "mira los atardeceres todas las tardes"

atemorizar: causar temor, intimidar

atenerse: ajustarse, sujetarse en sus acciones a algo; *to bear in mind*: "yo sabía a qué atenerme con ese buque"

aterrar: causar terror, aterrorizar: "su tranquilidad todavía me aterra"

atestiguar: ser testigos, dar testimonio

atrancar: asegurar una puerta o ventana por dentro; obstruir, quedar detenido por un obstáculo: "la llave se había atrancado"

atropellar: derribar o empujar violentamente a alguien; pasar precipitadamente por encima de alguien

avergonzar: causar vergüenza

barbudo: que tiene muchas barbas: "el barbudo fue a buscar el pañuelo"

bohemias: gitana: "parece una de esas bohemias o españolas"

bolso de costura: bolsa que contiene el material para coser (*sewing*)

borroso: se dice de un escrito, dibujo o pintura cuyos trazos aparecen desvanecidos y confusos; que no se distingue con claridad: "mi jardincito . . . es hoy un sitio borroso"

brioso: que tiene valor, resolución, garbo, espíritu: "como caballo brioso"

burlesca: festiva, sin formalidad, que implica burla o broma: "sospeché que todo fuera una representación burlesca"

calabozo: lugar seguro, donde se encierra a los presos

canalla: persona despreciable; gente baja, ruin: "estaba indignado con ese canalla ridículo"

canteros: cada una de las porciones o cuadros, bien delimitados, de un jardín: "me apliqué a preparar los canteros"

carecer: no tener, faltar algo: "carezco de estética para jardines"

caritativo: que es solidario con el sufrimiento ajeno

cataratas: cascada o salto grande de agua (como Iguazú o Niágara)

cavilaciones: acto de pensar con intención o profundidad en algo

celada: engaño o fraude hecho con artificio o disimulo: "temí encontrar la explicación en una celada"

celeste: color azul claro

ceño: espacio que hay entre las cejas, entrecejo: "de ojos vivos y ceño cargado de concentración"

cíngara: gitana o romaní (de un pueblo en gran parte nómada procedente de la India, que se estableció en épocas diferentes en el norte de África, Europa (y posteriormente en América y Australia): "la mujer, con la sensualidad de cíngara"

chapas: láminas delgadas de cualquier material duro: "con las paredes recubiertas por chapas"

chata: más plana y corta que otras cosas de su misma clase, plana: "la capilla es una caja oblonga, chata"

ciempiés: animal invertebrado (artrópodo) terrestre de cuerpo anillado que tiene entre 10 y 175 pares de pies, según las especies

cinematógrafo: cine

clarividencia: facultad de comprender o discernir con claridad

compostura: modestia, mesura, circunspección: "le hablé . . . .con una compostura que sugería obscenidades"; **compuesto/a:** mesurado, circunspecto

contrarrestar: neutralizar una cosa los efectos negativos de otra

corcho: tejido vegetal formado por células muertas que recubre la parte exterior, el tronco y las ramas de algunos árboles; *cork:* "unas de un material como el corcho"

crecida: suba de la marea: "libre de las crecidas"

cursilerías: acciones o cosas que, con apariencia de elegancia o riqueza, son ridículas y de mal gusto; **cursi:** persona (o cosa) que presume de fina elegante sin serlo; *kitsch*

delatar: poner en conocimiento de una autoridad un delito o falta y la identidad de la persona que lo ha cometido

deletéreo: mortífero, venenoso: "me arrinconan contra el mar en pantanos deletéreos"

desagraviar: reparar el agravio (ofensa contra el honor o la dignidad) hecho a alguien

desconfiar: no tener confianza

descorazonar: quitar el valor o la energía para superar dificultades o comenzar algo difícil, desalentar: "me descorazoné"

descuidos: distracción, falta de atención: "tuve descuidos que pueden privarme de la mujer"

desdoblamiento: acción de formar dos o más cosas separando elementos que suelen estar juntos: "un desdoblamiento en actor y espectador"

desembarco: acción de salir de un barco o avión

desmesurado: excesivo, mayor de lo común: "estratagema desmesurada," "entre motores desmesurados"

desvelar: quitar, impedir el sueño; no dejar dormir: "mi muerte en esta isla has desvelado"

detestable: abominable, execrable, pésimo: "parece una de esas bohemias o españolas de los cuadros más detestables"

discordar: (cosas) ser opuestas, desavenidas o diferentes entre sí; (personas) no estar de acuerdo con otra persona

ditirambo: alabanza exagerada, elogio excesivo: "ahora veo el acto de Morel como un justo ditirambo"

encorvado: de forma curva, inclinado: "con la cabeza grande y ligeramente encorvada hacia adelante"

enmienda: corrección o eliminación de un error: "los propósitos de enmienda son vanos"

entibiar: poner tibia (ni muy fría ni muy caliente) una cosa, especialmente un líquido; templar, moderar una pasión o un sentimiento: "quizás esta mujer, entibiada por soles de todas las tardes"

entreverarse: mezclarse desordenadamente: "tenía la muerte dos oportunidades para entreverarse en mi historia"

enturbiar: hacer o poner turbia una cosa

erguirse: levantarse o ponerse derecho: "empecé a erguirme, temeroso"

escuerzo: sapo, anuro

espantar: causar espanto, asustar

estanque: depósito construido para remansar o recoger el agua para criar peces, o para mera ornamentación: "uno se imagina caminando mágicamente sobre un estanque"

estratagema: astucia, engaño artificioso: "tal vez todo fuera una estratagema desmesurada"

exiguo/a: insuficiente, muy pequeño: "un hombre exiguo, hecho de hojas"

fastidioso/a: enfadoso, importuno; que causa disgusto, desazón y hastío

flojedad: debilidad, falta de fuerza: "a pesar de la flojedad de mis convicciones"

frailejón: planta de la familia de las Compuestas, que alcanza hasta dos metros de altura, crece en los páramos, tiene hojas anchas, gruesas y aterciopeladas, y flor de un color amarillo de oro: "me cubrieron con hojas ardientes y peludas de frailejón"

fuerza motriz: poder que mueve o genera movimiento

fuga: escapada, huida, acción y resultado de fugarse: "después de la fuga . . . logré la calma"

granate: color rojo oscuro: "llevaba un saco de tenis granate"

grosería: descortesía, falta grave de atención o respeto: "la espontaneidad es fuente de groserías"

guarecerse: refugiarse en alguna parte para librarse de un daño o peligro, o de las inclemencias del tiempo: "me guarecí detrás de las cortinas"

harina: polvo que resulta de moler el trigo u otras semillas gramí-
neas; se usa para hacer pan, pastas, etc.

hediondo/a: que despide mal olor: "a mi cuarto de la pensión
hedionda"

hendiduras: abertura o corte profundo en un cuerpo sólido que
no llega a dividirlo del todo; grieta más o menos profunda en
una superficie: "hendiduras en el tronco de los árboles son la
contabilidad de los días"

herramienta: objeto que se utiliza para trabajar en diversos oficios
o realizar un trabajo manual: "acabo de llegar; estoy sin
herramientas"

hirsuto: pelo áspero, duro y disperso; que está cubierto de este
tipo de pelo o de púas o espinas

hondo/a: que tiene profundidad: "barranco hondo"; intenso, ex-
tremado: "siente una honda pasión." (superlativo: **hondísima:**
"mi tristeza fue hondísima")

hormiguero: colonia de hormigas (*ants*), lugar donde viven las
hormigas en comunidad: "mirando las montañas de los hor-
migueros, oscuras"

implorar: pedir con ruegos o lágrimas una cosa: "insistí, imploré
de un modo repulsivo"

inagotable: abundante, que no se agota

infranqueable: que hace imposible o difícil el paso: "hasta las
puertas interiores se volvían infranqueables"

inquietar: quitar la tranquilidad, poner nervioso: "tal vez les in-
quiete mi conocimiento de la isla"

inquietud: falta de quietud, desasosiego, agitación: "estuve in-
quieto largo tiempo"

insalubridad: cualidad de insalubre; **insalubre:** que es dañoso
a la salud; un espacio que no tiene higiene: "pienso que la
insalubridad extraordinaria de la parte sur de esta isla ha de
haberme vuelto invisible"

insolación: malestar o daño causado por una exposición excesiva
a los rayos solares: "la insolación, el cansancio eran mayores
que mi cuerpo"

intercalar: interponer o poner algo entre dos cosas

intruso: persona o algo que se presenta o introduce sin permiso
ni derecho

inverosímil: algo en lo cual no se puede creer; algo que no parece verdadero

irresoluto: indeciso, que no puede tomar una decisión en relación a algo: "me escondí —irresoluto, con torpeza— debajo del altar"

jirones: pedazos o piezas desgarradas o rotas de una prenda de vestir o ropa: "un bolsillo de estos jirones de pantalón que llevo puestos"

labrada: materia trabajada para darle la forma conveniente: "para vender una lapicera labrada"

laca: sustancia dura y brillante que se emplea para decorar algunos muebles: "y las columnas de laca negra"

lagartos: reptiles terrestres: "hay menos lagartos y víboras"

lana: pelo de las ovejas u otros animales; **negocio de lanas:** hacer negocio con ese pelo: "intentó narrar sus negocios de lanas"

lancha: bote grande de vela o remo o de vapor o motor

lampiño: hombre que no tiene barba: "frente al biombo de espejos, supe que estoy lampiño"

lupanar: burdel o lugar donde se practica la prostitución: "tuve un sueño con el lupanar de mujeres ciegas"

macizos (de flores): agrupación de plantas de adorno con que se decoran los canteros de los jardines: "quedaban algunos macizos alrededor de la pileta y del museo"

mampostería: *masonry*

manicomio: hospital para la internación de enfermos mentales: "(o los pensionistas de un manicomio abandonado)"

mariscos: crustáceos o moluscos comestibles

mermar: bajar o disminuir: "habían empezado a mermar las provisiones de la despensa"

mesurada: proporcionada de manera de que nada le falte o sobre: "le hablé con una voz mesurada y baja"

molduras: *molding*

molestar: perturbar o causar molestia

mortificar: causar molestia o pesadumbre

mueble: una cama o una mesa es un mueble: "[que] hubiera un mueble con remedios"

mundano: relacionado con la buena sociedad y relacionado o perteneciente al mundo

murallas: muro que sirve para proteger un territorio o un espacio

omnisapiente: persona que tiene conocimiento o sabiduría de muchas cosas: "para un ser omnisapiente yo no soy el hombre que ese jardín hace temer"

osar: atreverse, tener el valor de hacer algo: "en aras de la claridad osaré"

ovillos de hilos: bola que se forma devanando hilo de lana, seda, etc.

paja: *straw*

palcos: en los teatros y otros lugares de recreo, espacio con varios asientos y en forma de balcón: "hay terrazas que son como palcos para cuatro divinidades sentadas"

palmadas: golpes dados con la palma de la mano

palpar: tocar con las manos algo para reconocerlo por el tacto: "palpé todas las paredes"

páramo: terreno raso y desabrigado; lugar muy frío y desamparado

parpadeo: acto de abrir y cerrar repetidamente los párpados (*eyelids*): "Nada anunció que me hubiera visto. Ni un parpadeo, ni un leve sobresalto"

pastosas: cubiertas con pastos

picaporte: instrumento para cerrar las puertas o ventanas: "ni siquiera pude mover el picaporte"

pisotear: pisar repetidamente, maltratando algo: "¿por qué hacerlo pisotear por un barbudo?"

pisoteado: que ha sufrido el acto de pisotear: "¿No estoy ya bastante pisoteado?"

podrido: se dice de una materia orgánica descompuesta, corrompida: "los árboles están podridos"

poniente: el oeste (punto cardinal): "yo miraba al poniente"

prenderme: atraparme, detenerme, privarme de la libertad: "vienen a prenderme"

prescindencia: acto de prescindir, ignorar o hacer abstracción de alguien o algo, de pasarlo en silencio: "quizás Morel no sea más que un énfasis de su prescindencia de mí"

prestidigitador: persona que hace juegos de manos y otros trucos

pulidos: alisados, tersos y lustrosos; *polished*

puntillas: *narrow lace edge*: "me escondí . . . debajo del altar, entre sedas coloradas y puntillas"

rabia: ira, enojo, enfado grande

raptar: secuestrar, retener a alguien contra su voluntad: "podría raptar a Faustine sin ningún peligro"

referir: contar, dar a conocer un hecho verdadero o ficticio: "tal vez esta mujer . . . no les haya referido mi aparición"

regar: echar agua sobre una superficie, como la de tierra: "a regar con agua llovida"

rejas: barras metálicas que se ponen en las ventanas y otras aberturas para seguridad o adorno

remar: usar un remo para impeler una embarcación en el agua ("remé exasperadamente"). El **remo** es un instrumento de madera largo y estrecho que sirve para mover las embarcaciones haciendo fuerza en el agua

rendija: hendidura por donde puede entrar la luz y el aire exteriores: "muchas luces que veía apagarse en las rendijas de las puertas"

resbaladizo: superficie en que es fácil resbalar, *to slip*: "atareado por lo resbaladizo de la pendiente," "contra la superficie resbaladiza del alabastro"

revés: infortunio, desgracia o contratiempo: "después de muchos reveses parciales"

sacar partido: obtener ventaja: "sacar partido de la inspiración"

sanatorio: clínica

sobresalto: sensación causada por un acontecimiento repentino e imprevisto; temor o susto repentino

socorro: auxilio, ayuda en un peligro o necesidad

someter: proponer a la consideración de alguien razones, reflexiones o ideas: "Voy a someterle algo a Ud. y a unos pocos. —Someta."

sorprender: causar sorpresa, tomar desprevenido

sortearlos: evitar o eludir un compromiso, conflicto, riesgo o dificultad: "procuré sortearlos [a los pescadores] por arriba"

sosias: persona que tiene parecido con otra hasta el punto de que puede ser confundida con ella.

suntuosas: grandes y costosas

suprime (de **suprimir**): hace cesar o desaparecer

suspiro: *sigh*: "los ecos de un suspiro hacen oír suspiros, al lado, lejanos, durante dos o tres minutos"

tanteos: intentos de averiguar con cuidado el interés de una cosa o acción: "sus tanteos de perpetuación del hombre"

terrosos: que tiene la naturaleza o propiedades de la tierra; que tiene una mezcla de tierra

testamento: declaración de última voluntad, disponiendo de bienes y asuntos para después de la muerte: "siento con desagrado que este papel se transforma en testamento"

torpeza: cualidad de torpe; que se mueve con dificultad, rudo, lento en comprender

transbordo: acto de trasladar objetos o personas de una embarcación a otra

tragaluz: ventana abierta en un techo o en la parte superior de una pared

tregua: cesación de hostilidades entre enemigos; intermisión, descanso: "aproveché la tregua para serenarme"

trunca: incompleta, mutilada: "salvo en la forma trunca de escribirlas o dibujarlas"

vejar: molestar, hacer padecer: "me vejó la dependencia"

vigas: madero o hierro largo y grueso que sirve para formar los techos

víveres: provisiones, comestibles necesarios para el alimento de las personas

zaguán: espacio cubierto de una casa que sirve de entrada y está inmediato a la puerta de la calle

Material adicional

I. Práctica gramatical (en parejas)

Estilo indirecto

A continuación hay una adaptación de la conversación que aparece en la parte V de la novela. Transcriban al estilo indirecto y en el tiempo pasado este fragmento, completando los espacios en blanco.

Modelo: Stoever: *¿Puedes mostrarnos esas primeras imágenes?*
Stoever le preguntó si podía mostrarles esas primeras imágenes.

—Si ustedes me lo piden, cómo no; pero les advierto que hay fantas-mas ligeramente monstruosos— contestó Morel.

Dora dijo: *—.Que los muestre. Un poco de diversión nunca es malo.*

—Yo quiero verlos— Stoever continuó— *porque recuerdo unas muertes inexplicadas, en la casa Schwachter.*

—Te felicito— dijo Alec, saludando—. *Hemos encontrado un creyente.*

Stoever respondió con seriedad:

—Idiota, ¿no has oído?: Charlie también fue tomado. . . .

Morel, tembloroso y amenazador, salió del cuarto.

*— Muy bien —*dijo Dora—: *lo has ofendido. Vayan a bus-carlo. Parece mentira que hayan hecho eso con Morel.*

Stoever pidió:

—¡Traten de entender la situación!

—Morel es nervioso. No veo qué necesidad había de insultarlo.

. . .

—Sin embargo, me molesta bastante que Morel se haya portado mal— dijo el de los dientes salidos—. *Pudo avisarnos.*

—Voy a buscarlo— dijo Stoever.

—Te quedas— gritó Dora.

—Iré yo— dijo el de los dientes salidos—. *No a insultarlo; a pedirle que nos disculpe y que siga.*

Se agolparon alrededor de Stoever. Trataban de cla-marlo, excitados.

Después de un rato volvió el hombre de los dientes:

—No quiere venir. . . . .

Morel le contestó que si ellos se lo pedían cómo no, pero les advir-tió que _____.

Dora le dijo que _____ y que un poco de diversión nunca era malo.

Stoever continuó que él _____ porque _____ en la casa Schwachter.

Alec lo felicitó, saludando, y dijo que _____.

Stoever respondió con seriedad, diciéndole que era un idiota y preguntándole si _____ y que Charlie también _____.

Morel, tembloroso y amenazador, salió del cuarto.

Dora dijo que _____ y pidió que _____. Dijo que _____.

Stoever pidió que _____. Alguien dijo que Morel era nervioso y que no había necesidad de insultarlo.

El de los dientes salidos dijo que le molestaba bastante que Morel _____, y que podía haberles avisado.

Stoever dijo que él iba a ir a buscarlo pero Dora le ordenó que _____. El de los dientes salidos dijo que iría él, pero no a insultarlo sino a pedirle que _____ y que _____.

Después de un rato volvió el hombre de los dientes y les dijo que Morel no quería ir.

II. *Práctica de vocabulario (en parejas)*

Invente una pregunta con cada una de las palabras que le indique su instructor/instructora y luego respóndalas en oraciones de dos o tres líneas cada una:

Modelo: **revés**

Pregunta: ¿Qué **revés** sufrió Morel cuando estaba trabajando en su proyecto?

Respuesta: Parece que hubo fallas en los experimentos con los empleados de la casa Schwachter.

CREDITS

Texts

Grateful acknowledgment is given to authors, heirs, agents, agencies, publishers, and photographers for permission to reprint or reproduce the following copyrighted material. Every effort has been made to determine copyright owners. If there are errors or omissions, please contact Yale University Press so that corrections can be made in future editions.

del mundo al revés by Eduardo Galeano, Siglo XXI Ed., 1999. ©
    Siglo XXI Editores S.A. de C.V., © Eduardo Galeano.

Muy Interesante GyJ España Ediciones, S.L.S en C., for "Comprad,
    humanos, comprad" by Óscar López-Fonseca, published in the
    magazine *Muy interesante/Muy Especial*, No. 63.

El País (Madrid, Spain) for the following articles: "Cosas que el
    dinero puede comprar, o no" by Amanda Mars, published on
    February 2007; "Trabajar menos para vivir más" by Borja Vila-
    seca, published on November 1, 2009; and "La tentación de
    Ivan Karamazov" by Ariel Dorfman, published on May 7, 2004.

Heirs of Humberto Costantini for the selection from "La larga
    noche de Francisco Sanctis" by Humberto Costantini. © Heirs of
    Humberto Costantini.

Antonia Kerrigan Literary Agency for "El centerfielder" by Sergio
    Ramírez. © Sergio Ramírez, 1969.

ALAI, América Latina en Movimiento, for a selection from "Civi-
    lización y modernidad: El movimiento indígena" by Mónica
    Bruckmann, published on March 8, 2009, http://alainet.org/
    active/32149.

Fortunato Ramos for "No te rías de un colla" (poem) from *Costum-
    bres, poemas y regionalismos: Relatos y poesías costumbristas*. Editorial
    Independiente, March 2009.

David Lida for "Un trabajo sucio en Nueva Orleans," published in
    Letras Libres, March 2007.

esglobal for "El reto hispano" by Samuel Huntington (Spanish ver-
    sion), April 4, 2004, http://www.esglobal.or/el-reto-hispano.

Indent Literary Agency, for a fragment of the book *Missing (una
    investigación)* by Alberto Fuguet © 2009, Alberto Fuguet.

Photos

Page 16 (top): Pixland/Thinkstock; page 16 (bottom): Pawel Gaul/
iStock/Thinkstock; page 21: gmast3r/iStock/Thinkstock; page 59:
Courtesy of Douglas/thejourney1972/Flickr; page 87: Photos.com/
Thinkstock; page 88: JHershPhotography/iStock/Thinkstock; page
96: Simone van den Berg/iStock/Thinkstock; page 127: Courtesy of
Todd Huffman/Wikimedia Commons; page 145: luiscarlosjimenez/